PRAXIS DER SOZIALPSYCHOLOGIE

PRAXIS DER SOZIALPSYCHOLOGIE

Herausgegeben von Prof. Dr. Georg Rudinger, Bonn

BAND 5

SOZIALE EINFLÜSSE IM SPORT

DR. DIETRICH STEINKOPFF VERLAG
DARMSTADT 1976

SOZIALE EINFLÜSSE IM SPORT

Herausgegeben von
Dr. Dorothee Bierhoff-Alfermann
Pädagogische Hochschule Rheinland
Abteilung Aachen, Seminar für Psychologie

Mit einem Geleitwort von Prof. Dr. H. Rieder, Heidelberg

Mit 11 Abbildungen und 28 Tabellen

DR. DIETRICH STEINKOPFF VERLAG
DARMSTADT 1976

Dorothee Bierhoff-Alfermann, geb. 1949 in Bonn.
Studium der Psychologie von 1967–1971 in Bonn; Dipl. Psych. 1971 in Bonn; Dr. phil. 1974 in Bonn; seit 1973 am Seminar für Psychologie der Pädagogischen Hochschule Rheinland, Abt. Aachen tätig, zunächst als Wissenschaftliche Assistentin, jetzt als Akad. Rätin.

Interessenschwerpunkte
Sportpsychologie, insbesondere Probleme von Motivation und Sozialisation
Sozialpsychologie, insbesondere interpersonale Wahrnehmung und Sozialisationsforschung

CIP-Kurztitelaufnahme der Deutschen Bibliothek
Soziale Einflüsse im Sport
hrsg. von Dorothee Bierhoff-Alfermann.
1. Aufl. – Darmstadt: Steinkopff, 1976.
(Praxis der Sozialpsychologie; Bd. 5)
ISBN 3-7985-0444-X
NE: Bierhoff-Alfermann, Dorothee (Hrsg.)

ISSN 0340-2150 (5)

© 1976 by Dr. Dietrich Steinkopff Verlag, Darmstadt
Alle Rechte vorbehalten (insbesondere des Nachdrucks und der Übersetzung)
Kein Teil dieses Buches darf in irgendeiner Form (durch Photokopie, Xerographie, Mikrofilm, unter Verwendung elektronischer Systeme oder anderer Reproduktionsverfahren) ohne schriftliche Genehmigung des Verlages reproduziert werden. Bei Herstellung einzelner Vervielfältigungsstücke des Werkes oder von Teilen davon ist nach § 54, Abs. 2 URG eine Vergütung an den Verlag zu entrichten, über deren Höhe der Verlag Auskunft erteilt.
Printed in Germany
Gesamtherstellung: Mono-Satzbetrieb, Darmstadt-Arheilgen

Zweck und Ziel der Reihe

Praxis der Sozialpsychologie liefert Informationen aus der Praxis sozialpsychologischer Forschungsarbeit, deren Ergebnisse Möglichkeiten zur Lösung gegenwärtiger Sozialer Probleme bieten sollen.

Praxis der Sozialpsychologie trägt zur systematischen Sammlung sozialpsychologischer Kenntnisse und Erkenntnisse bei. Sozialpsychologie wird dabei im weitesten Sinne, z. B. im Sinne der Handbücher von *Graumann* und *Lindzey/Aronson**), verstanden.

Praxis der Sozialpsychologie ist als Forum für soziale Psychologie in seiner Erscheinungsform und -weise nicht fixiert: neben Monographien werden auch Sammelbände mit mehreren Beiträgen verschiedener Autoren zu einem übergeordneten Leitthema, kritische Sammelreferate über sozialpsychologische Neuerscheinungen und Reader zur Veröffentlichung angenommen. Hauptgewicht wird auf empirische Beiträge gelegt, seien es Feldstudien, Feldexperimente oder Laborversuche. Der stets angestrebte Praxis-Bezug muß jedoch in jedem Fall den methodischen Anforderungen genügen, wie sie etwa von *Bredenkamp* und *Feger***) zusammengestellt worden sind. Die Bevorzugung empirischer Arbeiten steht jedoch der Publikation von theoretischen Entwürfen und methodologischen Beiträgen nicht im Wege.

Praxis der Sozialpsychologie wendet sich an Psychologen, Soziologen, Sozialwissenschaftler allgemein und an die Fachleute der Praxis, welche in ihrer Arbeit auf empirisch fundierte Informationen aus der Sozialpsychologie angewiesen sind.

Praxis der Sozialpsychologie soll möglichst in 4 Bänden pro Jahr in etwa vierteljährlichen Abständen erscheinen. Manuskripte sind an den Unterzeichneten einzureichen, der über ihre Aufnahme in die Sammlung entscheidet und den Mitarbeitern die entsprechenden Richtlinien für die Gestaltung der Bände auf Wunsch übermittelt. Herausgeber und Verlag sind für alle Anregungen für die weitere Ausgestaltung der Reihe jederzeit dankbar.

Prof. Dr. *Georg Rudinger*
Psychologisches Institut der Universität Bonn,
5300 Bonn 1, An der Schloßkirche

---

*) *Lindzey, G. & Aronson, E.*: (Eds.): The Handbook of Social Psychology, 5 Vols., Addison-Wesley, Reading Massachusetts 1968/1969

Graumann, C.F. (Hrsg.): Handbuch der Psychologie, 7,1: Sozialpsychologie: Theorien und Methoden, Hogrefe Göttingen 1969   und
Handbuch der Psychologie, 7,2: Sozialpsychologie: Forschungsbereiche, Hogrefe Göttingen 1972

**) *Bredenkamp, J. & Feger, H.*: Kriterien für die Entscheidung über Aufnahme empirischer Arbeiten in die Zeitschrift für Sozialpsychologie, Zeitschrift für Sozialpsychologie, 1, 1970, 43 – 47

Geleitwort

Soziale Einflüsse im Sport werden seit einigen Jahren auf zunehmender empirischer Grundlage diskutiert, aus dem großen Interesse heraus, dieses mögliche Feld der Sozialisation auf die psychologische, soziologische, pädagogische und sportwissenschaftliche Fragestellung hin abzusuchen und in die jeweiligen Sichtweisen mit einzubeziehen.

Die lange dominierenden Fragen der Leistungssteigerung und des Freizeitverhaltens erfahren somit eine aktuelle Ergänzung und die Sportpsychologie eine Arbeitsrichtung, die, auf alle Leistungsgruppen anwendbar, sozialpsychologische Aussagen über den Sport auf einer methodologisch sicheren Grundlage vornimmt.

Die Herausgeberin dieses Sammelbandes aus Originalarbeiten und sorgfältig ausgewählten Aufsätzen befaßt sich seit einigen Jahren mit sozialpsychologischen Aspekten im Sport und unternimmt den Versuch, durch die Kombination von sportpsychologisch bekannten und kompetenten Autoren aus der Psychologie diese Fachrichtung zu strukturieren. Der Versuch ist vielversprechend, zumal der Bogen von einer methodologischen Basis über die sozialen Motive, über Einstellung, Interaktion, Vorurteile, soziales Lernen bis zu den gesellschaftlichen Rahmenbedingungen gespannt wird. Angesprochen werden gerade auch schulsportliche Belange der Lernziele, der Sportnote und des Lehrerverhaltens sowie geschlechtsspezifische Unterschiede, aktuelle Thematiken, die je eigene Diskussionen und Bearbeitungsmethoden erfordern.

Dem Bemühen der Autorengruppe, mit dieser Arbeit die Auseinandersetzung mit so zentral wichtigen Fragen der Sportpsychologie kräftig anzuregen und weitere Arbeiten zu provozieren, wird sich anschließen, wer immer aus dem institutionalisierten Sport und den angesprochenen Fachgebieten den wichtiger werdenden sozialen Fragen im Sport einen Vorzug einräumt.

Heidelberg, im Frühjahr 1976   Prof. Dr. *H. Rieder*
Vorsitzender der Arbeitsgemeinschaft
für Sportpsychologie

Vorwort

Das vorliegende Buch wendet sich an einen Personenkreis, der im Bereich des Sports praktisch und/oder theoretisch tätig ist, somit vor allem an Sportlehrer, -studenten und -trainer sowie an (psychologisch interessierte) Sportwissenschaftler und (sportlich interessierte) Psychologen.
Es vereinigt Originalbeiträge verschiedener Autoren aus Psychologie und Soziologie. Lediglich der Beitrag von *A. Tausch* u.a. wurde der „Zeitschrift für Entwicklungspsychologie und Pädagogische Psychologie" entnommen. Dem *Hogrefe*-Verlag und Frau Anne-Marie Tausch sei für die Abdruckerlaubnis gedankt.
Ebenso danke ich *Gabriele Adams, Hans Werner Bierhoff, Walter Edelmann, Ralf Erdmann, Ernst Fürntratt, Christine Möller, Hans Dieter Schmidt* und *Dieter Voigt* für ihre Beiträge, sowie *Gisela Gillmann* und *Therese Richrath* für ihre Hilfe bei der Bearbeitung von Manuskripten. *Bärbel Witte* war bei der Literatursuche behilflich und *Hans Werner Bierhoff* hat durch wertvolle Anregungen, kritische Kommentare und Bereitschaft zu fachlichen Diskussionen wesentlich bei der Entstehung dieses Buches mitgeholfen.

Aachen, im Frühjahr 1976　　　　　　　　　　*Dorothee Bierhoff-Alfermann*

Angaben zu den Autoren

Adams, Gabriele, Grundschullehrerin und Diplompädagogin
Bierhoff, Hans Werner, Dr. phil., Dipl. Psych., Wiss. Assistent am Psychologischen Institut der Universität Bonn
Bierhoff-Alfermann, Dorothee, Dr. phil., Dipl. Psych., Akad. Rätin am Seminar für Psychologie der Pädagogischen Hochschule Rheinland, Abt. Aachen
Edelmann, Walter, Dr. phil., Dipl. Psych., o. Prof. für Psychologie an der Pädagogischen Hochschule Niedersachsen, Abt. Braunschweig
Erdmann, Ralf, Dipl. Psych., Wiss. Angestellter am Seminar für Didaktik der Leibeserziehung der Pädagogischen Hochschule Rheinland, Abt. Aachen
Fürntratt, Ernst, Dr. phil., o. Prof. für Psychologie an der Pädagogischen Hochschule Rheinland, Abt. Aachen
Möller, Christine, Dr. phil., o. Prof. für Psychologie an der Pädagogischen Hochschule Rheinland, Abt. Aachen
Schmidt, Hans Dieter, Dr. phil., Dipl. Psych., o. Prof. an der Fakultät für Soziologie (Lehrstuhl Sozialpsychologie) der Universität Bielefeld
Voigt, Dieter, Dr. phil., Prof. für Soziologie und Sportsoziologie an der Justus-Liebig-Universität Gießen, jetzt an der Ruhr-Universität Bochum

Inhalt

Zweck und Ziel der Reihe von Prof. Dr. *G. Rudinger* – Bonn		V
Geleitwort von Prof. Dr. *H. Rieder* – Heidelberg		VI
Vorwort von *D. Bierhoff-Alfermann* – Aachen		VII
Angaben zu den Autoren		VIII
1. Einführung		1
1.1.	Sozialpsychologische Aspekte des Sports, *D. Bierhoff-Alfermann* – Aachen (Mit 2 Abb.)	1
1.1.1.	Der Beitrag der Psychologie als empirische Wissenschaft	2
1.1.2.	Motivationale Bedingungen und Konsequenzen	4
1.1.3.	Einstellungen und soziale Interaktion	6
1.1.4.	Sozialpsychologie und Sportpädagogik	8
1.1.5.	Soziologische Ansätze	11
	Literatur	13
2. Methodologische Fragestellungen		16
2.1.	Leistungsmotiv und Gesellungsmotiv: Konstruktion zweier Skalen zur Messung sozialer Motive, *D. Bierhoff-Alfermann* – Aachen und *H. W. Bierhoff* – Bonn (Mit 9 Tab.)	16
2.1.1.	Konstruktion der Fragebogen unter Annahme eindimensionaler Konzepte	18
2.1.1.1.	Skalenerstellung	18
2.1.1.2.	Zur Reliabilität und Validität	19
2.1.1.2.1.	Überprüfung der Reliabilität	21
2.1.1.2.2.	Überprüfung der Validität	22
2.1.1.3.	Diskussion	23
2.1.2.	Konstruktion der Fragebogen unter Annahme mehrdimensionaler Konzepte	25
2.1.2.1.	Faktorenanalysen zu n ach und n aff	26
2.1.2.2.	Itemanalysen	27
2.1.2.3.	Diskussion	30
2.1.3.	Anhang	32
2.1.3.1.	Endform des n aff-Fragebogens (Gesamtskala)	32
2.1.3.2.	Endform des n ach-Fragebogens (Gesamtskala)	33
2.1.3.3.	Skala I zu n aff (Faktor I)	34
2.1.3.4.	Skala II zu n aff (Faktor II)	34
2.1.3.5.	Skala I zu n ach (Faktor I)	34
2.1.3.6.	Skala II zu n ach (Faktor II)	35

2.1.3.7.	Pufferitems	35
	Literatur	35
2.2.	**Experimentelle Planung sozialpsychologischer Sportstudien**, *H. W. Bierhoff* – Bonn (Mit 1 Abb. u. 1 Tab.)	37
2.2.1.	Hypothesen, Relationen und experimentelle Planung	38
2.2.2.	Ein Beispiel experimenteller Planung	39
2.2.3.	Einige Grundprinzipien experimenteller Planung	40
2.2.4.	Versuchspläne, in denen die Generalisierbarkeit durch Vortests eingeschränkt wird	44
2.2.5.	Versuchspläne, in denen die Generalisierbarkeit durch Vortests nicht eingeschränkt wird	50
2.2.6.	Soziale Einflüsse in Experimenten	57
	Literatur	58

3. Soziale Motive und Sozialisation ... 60

3.1.	**Wettkampfsport und Aggression**, *E. Fürntratt* – Aachen	60
3.1.1.	Zur Psychologie des Wettkämpfens	61
3.1.2.	Wettkampfaggression	64
3.1.3.	Motive für die Förderung des Wettkampfsports	66
3.1.4.	Zuschaueraggression	68
3.1.5.	Erzieherische Wirkungen des Wettkampfsports im Hinblick auf aggressives Verhalten	73
3.2.	**Einige theoretische Überlegungen zur Motivgenese und weiterführende unterrichtspraktische Gedanken**, *R. Erdmann* – Aachen (Mit 1 Schema)	77
3.2.1.	Zum Motivbegriff	77
3.2.1.1.	Funktion des Motivbegriffs	78
3.2.2.	Schema der Motivgenese	78
3.2.2.1.	Vorbemerkungen	79
3.2.2.2.	Anschlußmotiv (AM)	80
3.2.2.3.	Personalisiertes Einflußstreben (pE)	81
3.2.2.4.	Leistungsmotivation (LM)	82
3.2.2.4.1.	Furcht vor Mißerfolg (FM)	82
3.2.2.4.2.	Hoffnung auf Erfolg (HE)	84
3.2.2.5.	Soziales Einflußstreben (sE)	84
3.2.2.6.	Ausgänge des Schemas	85
3.2.2.7.	Abschließende Bemerkungen zum Schema der Motivgenese	85
3.2.3.	Beziehung zum Sport	86
3.2.3.1.	Folgen für den Sportunterricht	86
	Literatur	89
3.3.	**Sport und soziales Lernen**, *D. Bierhoff-Alfermann* – Aachen (Mit 3 Tab.)	91
3.3.1.	Vorbemerkungen	91
3.3.2.	Zum Problem der Generalität vs. Spezifität des Verhaltens	93
3.3.3.	Zum Begriff der Sozialisation	95
3.3.4.	Sozialisation und Sport	97
3.3.4.1.	Ein Ordnungsschema	97
3.3.4.2.	Sport als unabhängige Variable	99
3.3.4.2.1.	Sport und seine Bedeutung für geschlechtsspezifisches Verhalten	101
3.3.4.2.1.1.	Leistungssport und Emanzipation?	102
3.3.4.2.1.2.	Geschlechtsspezifische Sozialisation im Sportunterricht	103

3.3.4.3.	Sport als abhängige Variable	108
	Literatur	110

4. Einstellung und Interaktion ... 113

4.1.	Sport und Vorurteile, insbesondere nationalistische Einstellungen, *H. D. Schmidt* – Bielefeld	113
4.1.1.	Sport als Politikum	113
4.1.2.	Sport als Gegenstand der Einstellungsforschung	115
4.1.3.	Die Fragestellung	116
4.1.4.	Sport, Frieden und Völkerfreundschaft	117
4.1.5.	Sport und Militarismus	118
4.1.6.	Zur Notwendigkeit der Differenzierung der Fragestellung	119
4.1.7.	Zum Verhältnis von Aktualität und Erforschung des Problems	120
4.1.8.	Sozialpsychologische Formulierung des Problems	122
4.1.9.	Einstellungen und Vorurteile	122
4.1.10.	Nationalismus, nationalistische und verwandte Einstellungen	123
4.1.11.	Entstehung und Veränderung von Nationalismus	124
4.1.12.	Der Sportler: Einstellungsänderung durch Handeln	126
4.1.13.	Das Publikum: Einstellungsänderung durch Beobachtung	129
4.1.14.	Sportpolitik: Einstellungsbeeinflussung durch Sport	131
4.1.15.	Illusionäre Alternativen	133
	Literatur	134
4.2.	Soziale Interaktion und sportliche Aktivität, *H. W. Bierhoff* – Bonn (Mit 3 Abb.)	136
4.2.1.	Beispiele für soziale Interaktion im Sport	137
4.2.2.	Grundlegende Interaktionsmuster	138
4.2.3.	Sportliche Aktivität als rudimentäre Interaktion	145
4.2.4.	Grundlegende Prozesse sozialer Einflußnahme	146
4.2.5.	Kooperation, Führung und hilfreiches Verhalten im Sport	148
	Literatur	152

5. Vermittlungsprozesse sportlicher Fähigkeiten ... 154

5.1.	Lernziele in Sport-Lehrplänen, *Chr. Möller* – Aachen (Mit 2 Tab.)	154
5.1.1.	Welche Fragen werden hier untersucht?	154
5.1.2.	Wie werden Antworten gefunden?	155
5.1.3.	Was soll im Fach Sport alles gelernt werden?	156
5.1.3.1.	Welche Arten von Lernzielen sollen im Fach Sport heute erreicht werden?	156
5.1.3.2.	Welche affektiven Ziele sollen nun im einzelnen erreicht werden?	157
5.1.3.3.	Welche kognitiven Ziele sollen im einzelnen erreicht werden?	159
5.1.3.4.	Wie konkret sind diese affektiven und kognitiven Lernziele beschrieben?	159
5.1.3.5.	Wie groß ist die Wahrscheinlichkeit, daß diese kognitiven und affektiven Lernziele im Sportunterricht tatsächlich angestrebt bzw. erreicht werden?	160
5.1.4.	Sollen Mädchen etwas anderes lernen als Jungen?	161
5.1.4.1.	Wie werden diese geschlechtsspezifischen Unterschiede in den Lerninhalten begründet?	162
5.1.4.1 1.	Geschlechtsspezifische Unterschiede im Entwicklungstempo	162
5.1.4.1.2.	Geschlechtsspezifische Unterschiede im Eigenschaftsniveau	163
5.1.4.1.3.	Olympische Disziplinen als Vorbild des Faches Sport	163

5.1.4.1.4.	Tradierte geschlechtsspezifische Rollenfixierung im Sportunterricht	163
5.1.4.2.	Wie stichhaltig sind die angeführten Argumente?	163
5.1.4.3.	Sollen Jungen und Mädchen gemeinsam oder nach Geschlechtern getrennt im Sport unterrichtet werden?	164
	Literatur	165
5.2.	**Die Auswirkung ermutigender Lehreräußerungen auf die Leichtathletikleistungen von Schülern,** *A.-M. Tausch* et al. – Hamburg (Mit 1 Abb. und 2 Tab.)	166
5.2.1.	Untersuchungsdurchführung	167
5.2.2.	Ergebnisse	169
5.2.3.	Diskussion	171
	Literatur	171
5.3.	**Soll im Sportunterricht benotet werden oder: inwieweit ist Schulsport Leistungssport?** *W. Edelmann* – Braunschweig (Mit 3 Abb.)	172
5.3.1.	Die Funktion der Notengebung	172
5.3.2.	Die Fragwürdigkeit der Zensurengebung	173
5.3.3.	Zielsetzungen des Sportunterrichtes	174
5.3.4.	Bewertung sportlicher Leistungen	175
	Literatur	181
6.	**Gesellschaftliche Rahmenbedingungen**	**182**
6.1.	**Geschlechtsspezifische Unterschiede in den Bereichen Arbeit, Freizeit und Sport,** *G. Adams* – Aachen (Mit 11 Tab.)	182
6.1.1.	Arbeit	183
6.1.2.	Freizeit	184
6.1.3.	Sport	188
	Literatur	194
6.2.	**Hochleistungssport in der DDR; Funktionen und Hintergründe,** *D. Voigt* – Bochum	196
6.2.1.	Körperkultur und Sport in der sozialistischen Gesellschaft	197
6.2.2.	Zum Problem der Leistung	198
6.2.3.	Funktionen des Hochleistungssports in der DDR	201
6.2.4.	Hintergründe sportlicher Spitzenleistung	204
	Resümee	209
	Literatur	210
Sachverzeichnis		215

1. EINFÜHRUNG

1.1. Sozialpsychologische Aspekte des Sports

Dorothee Bierhoff-Alfermann

Mit 2 Abbildungen

Zusammenfassung

Der vorliegende Beitrag versucht die verschiedenen Arbeiten des Bandes in den Rahmen der Sportpsychologie einzuordnen. Dabei werden fünf Themenbereiche angesprochen: (a) Der Beitrag der Psychologie als empirische Wissenschaft; (b) Motivationale Konsequenzen und Bedingungen; (c) Einstellungen und soziale Interaktion; (d) Sozialpsychologie und Sportpädagogik und (e) Soziologische Ansätze.

Summary

In the following an attempt is made to integrate the various articles of the reader into the framework of sports psychology. Five aspects are mentioned: (a) the contribution of empirical psychology; (b) motivational antecedents and consequences; (c) attitudes and social interaction; (d) social psychology and education in sports and (e) sociological approaches.

Eine weitverbreitete Form der Einführung in ein Thema besteht in dem Versuch, eine Definition zu entwickeln oder eine Reihe von Definitionen, die im Laufe der Zeit von verschiedenen Autoren vorgeschlagen wurden, zusammenzustellen. Dies scheint mir aber für einen Einführungsbeitrag zu einem Reader, der den Titel „*Soziale Einflüsse im Sport*" trägt, nicht das geeignete Vorgehen, und das aus einem einfachen Grund. Es geht hier nicht um eine spezifische Erscheinung oder ein spezielles abgegrenztes und abgrenzbares Wissensgebiet, sondern eher um den Beitrag, den Sozialwissenschaften in bezug auf sportliche Aktivität leisten können. Im vorliegenden Band kommt dieser Beitrag v. a. aus dem Bereich der Psychologie und – in kleinerem Maße – auch aus der Soziologie, zumindest was Ausbildung und Tätigkeit der Autoren anbelangt.

Daß aber innerhalb der Beiträge keineswegs nur fachspezifisch, sondern interdisziplinär vorgegangen wird, bitte ich den Leser selbst zu überprüfen, und (hoffentlich positiv) zu beurteilen. Eine solche interdisziplinäre Arbeits- und Betrachtungsweise scheint mir im vorliegenden Falle unumgänglich, weil Sport als vielfältiges und uneinheitliches Phänomen nach einer solchen Vorgehensweise verlangt. Sport beinhaltet nämlich nicht nur physische und physiologische Aspekte, sondern v. a. auch pädagogische, psychologische und soziale Aspekte. Letztere kommen in diesem Buch in den einzelnen Beiträgen zur Sprache. Dabei versteht sich der vorliegende Band – wenn auch eine fächerübergreifende Sichtweise zum Ausdruck kommt – primär als ein Beitrag zur Sozialpsychologie des Sports. Dies zeigt sich an seiner Konzeption, wobei verschiedene Schwerpunkte sichtbar werden, zu denen die Beiträge der einzelnen Autoren wiederum Ausschnitte darstellen.

1.1.1. Der Beitrag der Psychologie als empirische Wissenschaft

Nitsch (1975a, b), *Seitz* und *Rieder* (1972), *Rieder* (1972) betonen die Eigenständigkeit einer Disziplin Sportpsychologie, die als Wissenschaft mit primär Anwendungsproblematik nicht zum „unreflektierten Abklatsch anderer psychologischer Disziplinen" (*Nitsch* 1975b, S. 78) werden dürfe.

Diese Gefahr besteht hierzulande zwar in geringerem Maße, weil Psychologie bisher kaum Eingang in sportliche Tätigkeitsfelder gefunden hat, sieht man einmal von Ausnahmen ab, wie z.B. der Betreuung und Beratung im Spitzensport (vgl. *Allmer* 1974). Andererseits scheint es sinnvoll zu überprüfen, was unter Eigenständigkeit zu verstehen ist. Betrachtet man den Fächerkanon eines Psychologiestudenten, so stellt man fest, daß es sich hierbei um verschiedene Teildisziplinen innerhalb des Fachs Psychologie handelt. Diese sind gleichzeitig aufeinander bezogen, was spätestens dann sichtbar wird, wenn konkrete Fragestellungen angegangen werden. Wenn beispielsweise ein Lehrer über mangelnde Mitarbeit eines Schülers klagt, so tauchen hierbei Probleme aus dem Bereich der Lern-, der Entwicklungs- und der Sozialpsychologie auf, wie auch darüber hinausgehende, etwa evtl. Behindertendiagnose und -betreuung oder die Unterrichtsorganisation des Lehrers.

Nun gibt es bisher in der Ausbildung des Diplompsychologen das (Prüfungs-) Gebiet Sportpsychologie nicht, es scheint mir aber prinzipiell genauso möglich – und nützlich – wie etwa klinische oder pädagogische Psychologie. Aber wie stets bei neuen Entwicklungen – und dazu gehört die Sportpsychologie – gibt es zu Beginn Schwierigkeiten bei der Etablierung einer Fachrichtung. So möchte ich den Begriff Eigenständigkeit so verstanden wissen, daß Sportpsychologie – in Abwandlung einer Definition von *Thomae* (1969) – als Wissenschaft vom Verhalten und Erleben des Menschen im Rahmen sportlicher Aktivität die Anwendung psychologischen Wissens auf dem Gebiet des Sports bedeutet. Dazu gehört selbstverständlich, daß sich der so tätige Wissenschaftler auf den Sport als Gegenstand adäquat einstellt und so (sport)praxisnahe Erkenntnisse erhält. Das bedeutet z.B., daß etwa zur Untersuchung des Erlernens motorischer Vollzüge Studien zum Erlernen sinnloser Silben unangemessen sind. Genauso müssen adäquate Meßinstrumente für den Untersuchungsgegenstand entwickelt werden. Diese und ähnliche Probleme und Forderungen aber betreffen jedes andere Gebiet angewandter Psychologie.

Mir kommt es daher darauf an zu zeigen, daß Psychologie als empirische Wissenschaft, d.h. als Wissenschaft mit gesicherten Meßmethoden, adäquaten Versuchsplänen und auf überprüfbaren Ergebnissen beruhenden Aussagen, durchaus in der Lage ist, ihren Beitrag bei der Untersuchung sportlicher Phänomene zu leisten, wenn dabei der spezifische Gegenstand Sport berücksichtigt wird (s. dazu auch *Kaminski*, 1975, zur Beobachtung sportmotorischer Vollzüge).

Nun ist zweifelsohne eine der wichtigsten Prämissen für eine Psychologie des Sports die einer adäquaten Methodik. Es ist daher nur folgerichtig, daß diese Thematik im vorliegenden Band in einem eigenen Kapitel behandelt wird.

Wie *Bierhoff* in seinem Beitrag über experimentelle Planung zu Beginn anmerkt, hängen gesicherte Ergebnisse eng mit der Hypothesenbildung, die wiederum theoriegeleitet sein sollte, und der experimentellen Planung zusammen. Von dieser und den Meßmethoden wiederum hängt die statistische Auswertung ab, so daß sich vereinfacht folgende Beziehung denken läßt (Abb. 1).

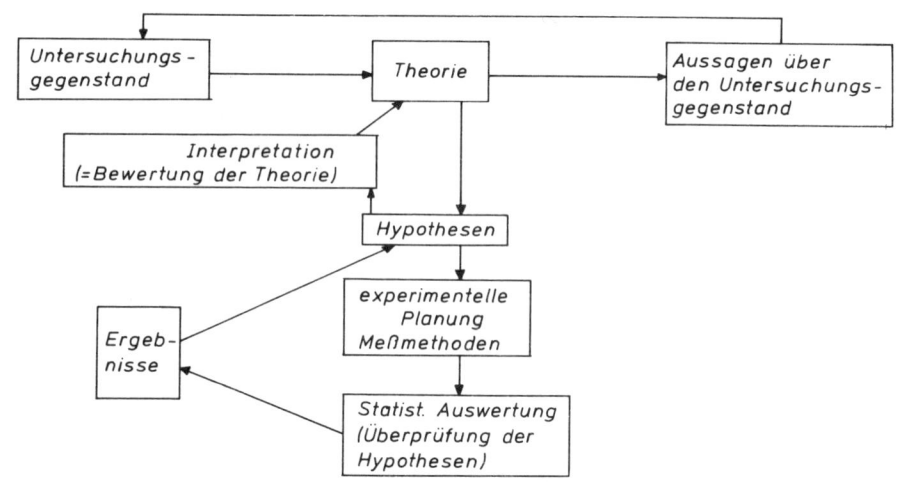

Abb. 1 Verlaufsdiagramm bei empirischen Untersuchungen

Die hier in eigenen Beiträgen behandelten Schritte beziehen sich auf die experimentelle Planung und die Entwicklung (und Anwendung) von Meßmethoden. Dabei stellt der Beitrag von *Bierhoff-Alfermann* und *Bierhoff* ein Beispiel für die Erstellung von Fragebogen als Meßinstrumente dar, wobei zwei für den Sport relevante Motive, nämlich Leistungs- und Gesellungsmotiv (s. auch *Erdmann,* in diesem Band) angesprochen werden. Standardisierte Fragebogen werden nur als eine Möglichkeit der Erfassung verstanden, die zusammen mit anderen Verfahren, v. a. Beobachtung und Experiment eingesetzt werden sollten.

Bierhoff schlägt verschiedene Pläne von Experimenten vor, wobei darauf verzichtet wird, jeweils den gesamten oben dargelegten Prozeß einer Untersuchung zu schildern. Ziel war hier vielmehr, den Leser mit verschiedenen Ansätzen der Versuchsplanung vertraut zu machen.

Die beiden anderen im obigen Schema aufgeführten „Grundpfeiler" empirischen Vorgehens, Theorie und statistische Auswertung, werden im vorliegenden Band nicht mehr als eigene Themen behandelt, und der Leser sei stattdessen auf die bei *Bierhoff* erwähnten Lehrbücher verwiesen. Was die Theorie betrifft, so kommt sie jeweils themenspezifisch in verschiedenen Aufsätzen zur Sprache (und zur Anwendung), wie etwa in den Beiträgen von *Erdmann, Fürntratt, Bierhoff* (4.2), *Bierhoff-Alfermann*. Daß dabei nicht nur die Untersuchungsmethodik, sondern auch der theoretische Ansatz (je nach Fragestellung) aus der Psychologie kommen kann, scheinen mir die genannten Beiträge zu zeigen.

1.1.2. Motivationale Bedingungen und Konsequenzen

1970 veranstaltete der Ausschuß Deutscher Leibeserzieher (ADL) einen Kongreß zum Thema „Motivation im Sport", bei dem im wesentlichen zwei Auffassungen von Motivation zutagetraten:

Zum einen: Motivation verstanden als Interesse für, Neigung zu sportlicher Aktivität, und zum anderen: Motivation als Streben nach Leistung, als Leistungsmotivation.

Diese beiden Richtungen spiegeln zugleich auch zwei Hauptintentionen im heutigen Sport wider, nämlich zum einen sportliche Aktivität aus Freude an der Bewegung, Gesellungsstreben etc. (z. B. bei vielen Freizeitsportlern) und zum anderen aus Leistungsehrgeiz (beispielsweise im Spitzensport).

Dieckert (1974) sieht im Freizeit-/Breitensport und im Leistungs-/Spitzensport zwei grundsätzlich unterschiedliche Phänomene und widerspricht der landläufigen Meinung, der Breitensport sei die Basis, der Sockel, aus dem der Leistungssport hervorgehe. Freizeitsport werde nicht nur aus anderen Motiven und in anderen Formen und Kontexten betrieben, sondern auch mit anderen Effekten. So sieht er eine der wesentlichen Effekte des Spitzensports in der Konkurrenz und Rivalität der betreffenden Sportler durch den Wettkampf (s. S. 75) und seine „politische Funktion zur nationalen Repräsentanz" (S. 75) als gegeben an. Beide Aspekte, die Wettkampfsituation wie auch die politische Funktion des Leistungssports zur Hebung des Nationalprestiges werden auch in dem Beitrag von *Fürntratt* angesprochen (siehe auch den Beitrag von *Schmidt* zum Problem nationaler Einstellungen und von *Voigt* über den Leistungssport in der DDR).

Die politische Funktion des Leistungssports wird auch von Sportvertretern in der Bundesrepublik nicht geleugnet. So äußerte *Willi Weyer*, der Präsident des Deutschen Sportbundes (DSB) im „Sportstudio" des ZDF vom 20. 9. 1975 die Meinung, daß Leistungssportler bei der Studienplatzvergabe als Härtefall berücksichtigt werden müßten, weil sie durch ihre sportliche Betätigung einen Beitrag für die gesamte Nation leisteten.

Fürntratt geht in seiner Analyse über den Wettkampfsport aber noch einen Schritt weiter. Zunächst einmal stellt er fest, daß Wettkampf per se Aggression beinhalte. Er bewegt sich damit auf einer ähnlichen Argumentationslinie wie *Pilz, Schilling* und *H. Voigt* (1974), die statt des Begriffs ‚Aggression' (im weitesten Sinne) den des ‚Dominanzverhaltens' vorgeschlagen und feststellen, daß „sportlicher Wettkampf, Leistungssport schlechthin, gleichgesetzt (ist) mit Dominanzverhalten" (S. 90). Im Gegensatz zu

Fürntratt, der zwischen regelwidriger und regelgemäßer Aggression keinen grundsätzlichen Unterschied sieht, wollen aber *Pilz* u. a. noch deutlicher zwischen ‚intrasportivem' (= regelkonformem) und ‚extrasportivem' (= regelnonkonformem) Dominanzverhalten (letzteres wäre nach der Terminologie dieser Autoren Aggression im engeren Sinne) unterschieden wissen, wobei die intrasportiven Dominanzverhaltensweisen je nach Sportart unterschiedlich stark hervortreten sollen. Eine ähnliche Unterscheidung findet sich auch bei *Fürntratt,* wenn er von verschiedenen Graden der Aggression je nach Sportart spricht.

Wie die auf den Beitrag von *Pilz* u. a. (1974) angeregte Diskussion auf dem 13. Magglinger Symposium zeigt (s. *H. Voigt* 1974), ist die These, Wettkampf = Dominanzstreben, nicht unwidersprochen geblieben. Dies mag an der Argumentation von *Pilz* u. a. gelegen haben, wie auch an der Ich-Beteiligung, das dieses Thema leicht hervorruft. Im Beitrag von *Fürntratt* wird demgegenüber — und darin sehe ich eine Neuerung und einen Vorteil — versucht, auf lerntheoretischer Basis zu argumentieren, die durch eine fundierte Analyse vorliegender empirischer Befunde zur Aggression (*Fürntratt* 1974) gewonnen wurde.

Im Anschluß an eine Abklärung dessen, was Wettkampfsport (auch) beinhaltet, wird dann auf seine nationale Bedeutung eingegangen. U. a. wird die These vertreten, daß wettkampfmäßige sportliche Schulung einen wichtigen Platz in der Vorbereitung auf den „Ernstfall" einnehme. Diese These dürfte vielleicht noch mehr Widerspruch hervorrufen als die erste und fordert nach einer ernsthaften (empirischen) Überprüfung, denn sie ist nicht neu. So stellt *Bengtson* (1965, S. 133/134) mit Blick auf die Situation im antiken Griechenland fest: „Die Ausbildung im Gymnasion (der sportlichen Trainingsstätte; d. Verf.) . . . war mit ihren körperlichen Übungen eine Vorschule für den Kriegsdienst." Zweifelsohne läßt sich Sport hervorragend als Mittel zur Stärkung der aktiven wie auch der psychologischen Kampfkraft einer Nation einsetzen, wenn dies auch den Aktiven und Zuschauern meist nicht bewußt sein dürfte. Denn daß für viele Aktive Leistungssport als Mittel zur Erlangung von bestimmten Belohnungen (wie beruflicher Aufstieg, soziale Anerkennung etc.) und für Zuschauer als angenehme Zerstreuung dient, steht auf einem anderen Blatt.

Diskutiert *Fürntratt* am Schluß seines Beitrags kurz die Möglichkeit von erzieherischen Wirkungen des Sports, so wird dies im Beitrag von *Bierhoff-Alfermann* zum zentralen Thema.

Es geht dabei in erster Linie um die Frage, ob sportliche Aktivität dabei hilft, soziale Normen und Regeln sowie kognitive Interpretationen sozialer Vorgänge zu erwerben. Aufbauend auf dem Modell von *Mischel* (1973) wird die Möglichkeit von Sozialisationswirkungen durch Sport an der Sozialisation geschlechtsspezifischen Verhaltens exemplifiziert. Dabei zeigt sich, daß sich der Sport, speziell der Sportunterricht (und Freizeitsport; s. dazu den Beitrag von *Adams*) nahtlos einfügt in die übrigen Bereiche geschlechtsspezifischer Sozialisation (wie familiäre Erziehung, religiöse Erziehung, berufliche Ausbildung u. a.) (ähnliche Überlegungen finden sich bei *Heinemann* 1974, S. 58/59, und in dem Beitrag von *Adams,* s. unten).

Schließlich wird noch kurz auf mögliche Sozialisationsbedingungen für sportliche Aktivität eingegangen, die in dem Beitrag von *Tausch* u. a. in Form einer Felduntersuchung konkret behandelt werden (s. dazu später). Dies knüpft an den Beitrag von *Erdmann* an, wo danach gefragt wird, welche Bedingungen (Antezedente) die Motiventwicklung beeinflussen, oder genauer: aufgrund welcher Sozialisationsbedingungen sich welche (überdauernden) Motive entwickeln, die dann beim Sporttreibenden (hier exemplarisch dargestellt am Sportunterricht) aktualisiert werden können.
Erdmann zieht dazu bisherige Ergebnisse der Motivationsforschung heran und kommt zu dem Schluß, daß Leistungs- und Anschlußmotiv (= Gesellungsmotiv) sowie das Machtmotiv als die wichtigsten Motive anzusehen sind, wenn es beim Individuum darum geht, die Anforderungen durch die sachliche und personale Umwelt zu bewältigen. Dabei wird das Machtmotiv in zwei verschiedenen Formen gesehen, nämlich als „personalisiertes Einflußstreben" (pE), einer mehr egozentrischen Variante, und als „soziales Einflußstreben" (sE), einer Form, die Belange der Mitmenschen stärker berücksichtigt und sich z. B. in Form von Kooperation, Hilfsbereitschaft u. ä. äußern kann. Die Förderung von sE wird als erstrebenswertes Lernziel vorgeschlagen, das im Sportunterricht durch verschiedene unterrichtspraktische Maßnahmen zu verwirklichen ist. Dazu werden einige Anregungen lernorganisatorischer Art gegeben.

Die Beiträge von *Fürntratt, Erdmann* und *Bierhoff-Alfermann* stellen insgesamt den Versuch dar, Bedingungen und Folgen (Antezedente und Konsequenzen) sportlicher Aktivität genauer zu analysieren, und wurden daher in einem eigenen Kapitel zusammengefaßt. Dabei geht *Erdmann* auf Motiventwicklung allgemein und in bezug auf Sport(unterricht) im besonderen ein, *Fürntratt* untersucht die Bedeutung eines bestimmten (sozialen) Motivs, nämlich (instrumenteller) Aggression beim sportlichen Wettkampf, und *Bierhoff-Alfermann* untersucht die Frage, ob sportliche Aktivität soziale Lernvorgänge begünstigen kann, u. z. speziell in bezug auf geschlechtsspezifisches Verhalten.

1.1.3. Einstellungen und soziale Interaktion

Zu den „klassischen" Gebieten der Sozialpsychologie zählen die Einstellungs- und die Interaktionsforschung. Es ist daher erstaunlich, daß sie sich bisher so wenig speziell mit Einstellungen und Interaktion im Rahmen des Sports beschäftigt hat. Selbst in dem 5bändigen amerikanischen „Handbook of Social Psychology" (hg. von *Lindzey* und *Aronson*) ist kein Beitrag zu einem solchen Thema zu finden. Dasselbe trifft auf das deutschsprachige 2bändige „Handbuch der Sozialpsychologie" (hg. von *Graumann*) zu. *Schmidt* wie auch *Bierhoff* führen für die Vernachlässigung des „Sports" durch die sozialpsychologische Forschung verschiedene Gründe an, wie etwa Tabuisierung oder geringe Attraktivität des Themas.

Bei so großen Themenbereichen wie Einstellung und Interaktion dürfte es verständlich sein, daß die eingangs getroffene Feststellung, daß die Beiträge des vorliegenden Bandes jeweils nur Ausschnitte darstellen können, auf die beiden hier vorzustellenden Arbeiten von *Bierhoff* und von *Schmidt* ganz besonders zutrifft. Es wurde darauf verzichtet, alle möglichen Aspekte der Einstellungsforschung bzw. der sozialen Interaktion im Rahmen des Sports zu erörtern, sondern stattdessen eine Beschränkung auf jeweils bestimmte Aspekte gewählt.

Schmidt beschäftigt sich in seinem Beitrag speziell mit der Frage, ob durch Sport(wettkämpfe) Nationalismus gefördert werde, und kommt zu dem Ergebnis, daß dies zumindest sehr wahrscheinlich sein dürfte. Genau wie *Fürntratt* (s. o.) und auch *Voigt* (s. später) spricht er dem Spitzensport eine stark politische Funktion zu, die nationalistische Einstellungen begünstige.

In diesem Zusammenhang beklagt *Schmidt* die „prekäre Datenlage". In der Tat scheint es bemerkenswert, daß die psychologische Vorurteilsforschung bisher hierzu noch wenig Ansätze geliefert hat, allenfalls wurden Sportberichterstattungen inhaltsanalytisch untersucht (s. dazu *Schmidt*). Auch auf Kongressen und Symposien wie dem zuletzt in Edinburgh abgehaltenen IV. Europ. Kongreß für Sportpsychologie (1975), dem schon erwähnten 13. Magglinger Symposium (1972) mit dem provokanten Thema „Sportpsychologie wofür" oder auf dem Sport-Symposium im Rahmen des 29. Kongresses der Deutschen Gesellschaft für Psychologie (1974) ist dieses Thema offensichtlich keinen Beitrag wert. Dabei läßt sich keineswegs sagen, daß Einstellungsforschung überhaupt gemieden würde. Es handelt sich dann aber stets um Untersuchungen zu Einstellungen *zum* Sport bzw. *zu* sportlicher Aktivität. So entwickelte *Kenyon* (1968) einen Einstellungsfragebogen, der 6 Aspekte (Dimensionen) erfassen soll und auf dessen Grundlage umfangreiche Forschungen im deutschsprachigen Raum betrieben wurden (*Singer* und *Rehs* 1975; *Artus* 1975). Hierbei bleibt die Themenstellung aber gewissermaßen sport„immanent", d. h. es werden Einstellungen erfaßt, die sich unmittelbar auf Sport beziehen, nicht aber auch solche, die darüber hinausgehen, evtl. dadurch hervorgerufen würden. Etwas mehr in diese Richtung könnte eine Studie von *Snyder, Spreitzer* und *Kivlin* (1975) weisen, die über Einstellungen zu Sportaktivität von Frauen berichten. Hier ließe sich die Fragestellung in einen größeren Rahmen einordnen, nämlich Vorurteile gegenüber Frauen, wurde aber von den Autoren nicht versucht.

Bleibt also die Frage, warum Einstellungen *durch* oder im Zusammenhang *mit* Wettkampfsport bisher vernachlässigt wurden. In bezug auf nationale Einstellungen sieht *Schmidt* hierfür in erster Linie politisch-emotionale Gründe als verantwortlich an, aber es fragt sich, ob dies auch für andere Einstellungen gilt, die ebenfalls bisher nicht oder kaum im Zusammenhang mit Sport untersucht wurden, wie z. B. gegenüber Minderheiten, gegenüber Frauen, autoritaristische, konformistische Einstellungen.

Dies hielte ich für ein sehr lohnendes Forschungsthema, wobei aber nicht nur bei der bloßen Deskription stehenzubleiben ist, sondern auch Möglichkeiten erprobt werden sollten, negative Einstellungen zu verändern, wie dies auch in anderen Bereichen der Fall ist (s. dazu *Bierhoff* und *Bierhoff-Alfermann* 1975; *Bierhoff-Alfermann, Niggemann* und *Bierhoff* im Manuskr.).

Der zweite Bereich, der als ein umfangreiches Thema der Sozialpsychologie anzusehen ist, ist der der sozialen Interaktion.

Bierhoff analysiert in seinem Beitrag ausführlich die Bedeutung sozialer Interaktion im Sport, v. a. im sportlichen Wettkampf. Zwar trifft hier die weiter oben getroffene Feststellung, daß Forschungsergebnisse zum angesprochenen Fragenkomplex weitgehend fehlen, nicht zu, sondern es finden sich zahlreiche Untersuchungen zu diesem Thema (s. *Eberspächer* 1975), aber oft handelt es sich um theoretisch wenig fundierte Untersuchungen mit häufig soziometrischem Ansatz, deren Ergebnisse dann post hoc (evtl.) erklärt werden.

Bierhoff geht in seinem Beitrag von einem Modell sozialen Verhaltens aus und kommt zu einer Klassifikation verschiedener, für den Sport relevanter Interaktionsformen. Unter Einbeziehung von Formen sozialen Verhaltens, wie Wettbewerb und Kooperation, erlaubt dieses Klassifikationsschema differenzierte Interaktionsanalysen, die hypothesengeleitet vorgenommen werden können. Außerdem dürfte das vorgeschlagene Modell hohen Erklärungswert besitzen (*Jones* und *Gerard* 1967).

Nun ließen sich — genau wie zur Einstellungsforschung — auch zur sozialen Interaktion weitere Fragestellungen anführen, die im Rahmen des Sports wichtig wären, im vorliegenden Band aber nicht mehr behandelt wurden. So etwa mit der sozialen Interaktion eng zusammenhängende Fragen der interpersonalen Wahrnehmung (s. dazu *Bierhoff* und *Bierhoff-Alfermann* 1976) oder der Organisationspsychologie, etwa Vereinsleben (s. *Lenk* 1972) oder die Politik nationaler Sportorganisationen (s. dazu, vom soziologischen Standpunkt, *Lüschen* 1975). Ebenso wären Mannschaftsbeziehungen hier zu erwähnen, sowie das Verhältnis von Zuschauern und Aktiven beim sportlichen Wettkampf. Diese Themen seien hier nur der Vollständigkeit halber erwähnt, um die Vielfalt von Forschungsfragen zu verdeutlichen, die sich im Rahmen des Sports auch für die „klassische" Sozialpsychologie stellen können.

1.1.4. Sozialpsychologie und Sportpädagogik

Geht man davon aus, daß Sportunterricht und -training fast stets eine soziale Situation darstellen, sei es dadurch, daß hierbei Gruppen (also mindestens 2 Personen) zusammenkommen, sei es durch die Einwirkung eines Lehrers/Trainers, so wird klar, warum dieses Thema Eingang in den vorliegenden Band gefunden hat. Dabei werden nicht alle Fragen angeschnitten. Etwa wäre an dieser Stelle auch ein Beitrag zum Sport als (Psycho-)Therapie oder zur Lernorganisation bei der Vermittlung sportlicher Fertigkeiten denkbar. Stattdessen werden 3 wichtige Fragen behandelt:
Lernplanung (Erstellung von Lernzielen auf der Grundlage von Sport-Lehrplänen), Lehrer-Schüler-Interaktion und Lernkontrolle (Beurteilung sportlicher Leistungen).

Geht man von dem Curriculum-Prozeß aus, wie er bei *Möller* (1973) skizziert wird, so lassen sich drei aufeinander aufbauende Phasen unterscheiden: Lernplanung (LP), Lernorganisation (LO) und Lernkontrolle (LK). Nun besteht Unterricht aber nicht nur aus einem Curriculum, d. h.

nicht nur aus der Vermittlung bloßer Fertigkeiten, sondern auch aus dem (sozial)psychologischen Aspekt der sozialen Interaktion, hier: welches Lehrer(Trainer-)Verhalten (und welches Schülerverhalten) läßt sich konstatieren. Dies ist m. E. nicht zu trennen vom Curriculum, solange ein Lehrer (bzw. Trainer) die Lerninhalte vermittelt. In Abb. 2 wurde versucht, diese verschiedenen Vorgänge in einen Zusammenhang zu bringen, wobei hier das Lehrerverhalten (s. Schüler-Lehrer-Interaktion) in erster Linie bei der direkten Vermittlung (der LO) ins Spiel kommt, was durch entsprechende Verbindungslinien angedeutet wird. Es ist aber zu beachten, daß die Art der Lernplanung (z. B. ob explizite Lernziele; oder ob mit oder ohne Schülerbeteiligung) und der Lernkontrolle indirekt auch in der Schüler-Lehrer-Interaktion relevant werden kann, weshalb in diesen Band auch zwei entsprechende Beiträge eingehen.

Christine Möller stellt eine Analyse der derzeit (1975) gültigen Lehrpläne für den Sportunterricht der Primar- und Sekundarstufe I vor und stellt zunächst fest, daß eine Reihe von affektiven Lernzielen (wie Freude an der Bewegung, Kooperation, selbstverantwortliches Handeln) zwar aufgeführt, aber keinerlei Hinweise dafür gegeben werden, wie diese erreicht werden könnten. Ähnliches gilt für kognitive Lernziele (wie der Erwerb bestimmter intellektueller Fertigkeiten). Lediglich für psychomotorische Lernziele, die wohl die ‚eigentlichen' Lernziele des Sportunterrichts darstellen sollen, werden ausführliche Lehrplananweisungen gegeben. Dabei zeigt sich, daß z. T. geschlechtsspezifische Differenzierungen gemacht werden, die v. a. (a) aufgrund traditioneller Rollenvorstellungen und (b) aufgrund einer Orientierung an olympischen Disziplinen zustandegekommen zu sein scheinen. Hier wird die auch schon von *Bierhoff-Alfermann* (in diesem Band) aufgeworfene Frage erneut gestellt, ob Sportunterricht zu einer Tradierung geschlechtsspezifischen Verhaltens beiträgt. Eine ähnliche Kritik dürfte für die Vereine zutreffen (vgl. *Hoffmann* 1971).

LP: Lernplanung; LO: Lernorganisation; LK: Lernkontrolle; die gestrichelten Linien zu LP und LK bedeuten, daß sich Lehrerverhalten wahrscheinlich auch in der Phase von Lernplanung bzw. Lernkontrolle bemerkbar macht. Die mit 1, 2, 3 und 4 bezeichneten Kästchen stehen für Lehrerverhaltensdimensionen, wie z. B. emotionale Wärme/Kälte oder Lenkung/Dirigierung nach *Tausch*. Die leeren Kästchen beim Schüler stehen für hypothetische Schülerverhaltensdimensionen.

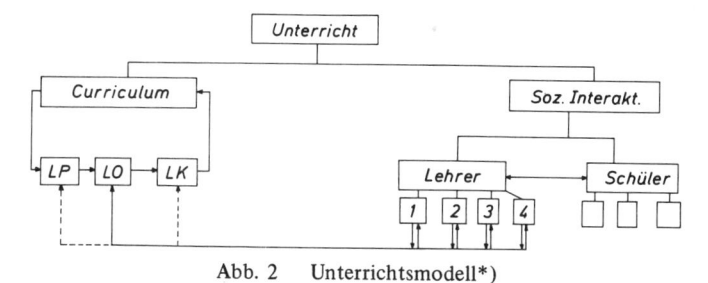

Abb. 2   Unterrichtsmodell*)

*) *Christa Matenaar* sei für Mithilfe bei der Erstellung der Abb. herzlich gedankt.

Bei der Arbeit von *Tausch, Barthel, Fittkau, Langer* und *Theunißen* handelt es sich um eine Untersuchung an Hauptschülern, bei der die Sportlehrer ihre Schüler gezielt nach bestimmten sportlichen Aktivitäten (wie Ballwurf und 50-m-Lauf) positiv bekräftigten. Es zeigte sich, daß diese ermutigenden Äußerungen einen signifikanten Anstieg der Leichtathletikleistungen bei sehr ängstlichen Schülern zur Folge hatten (während eine Verminderung des Angstniveaus nicht festgestellt werden konnte). Die Untersuchung von *Tausch* u. a. unterstreicht zweierlei:
a) die große Bedeutung emotional warmen Lehrerverhaltens, das sich z. B. in positiver Bekräftigung äußert und
b) die Wahrscheinlichkeit differentieller Effekte von Erzieherverhaltensweisen je nach Schüler.

So zeigte sich bei den wenig ängstlichen Schülern keine Verbesserung der sportlichen Leistungen. Da aber auch keine Verschlechterung eintrat, spricht dies nicht gegen positives Lehrerverhalten, sondern höchstens gegen die Erwartung allgemeiner Leistungsanstiege. So ist ja nichts darüber ausgesagt, ob sich nicht die Schüler im Unterricht wohler fühlten oder mehr Interesse zeigten (affektive Lernziele) als vorher. Dies wurde nicht überprüft.

Eine stärkere Beachtung solcher pädagogisch-psychologischer Ergebnisse über angemessenes Lehrerverhalten scheint mir — wie für Lehrer und Erzieher generell — so auch für Sportlehrer und Trainer wichtig. Weitere Ansätze dazu finden sich bei *Jessen* (1974) sowie *Siegmon* und *Jessen* (1974). Der autoritäre Geist, wie ihn *Voigt* für die Verhältnisse in der DDR schildert (s. dort), dürfte z. T. auch im bundesrepublikanischen Sporttraning vorherrschen. In dem Zusammenhang sei als Beispiel eine (zugegeben vorwissenschaftliche) Beobachtung*) bei einem Schwimmtraining von 6 Jährigen des Schwimmclubs Braunschweig angeführt. Danach gab die Trainerin keinerlei positive, sondern lediglich negative Bekräftigungen (so wurde einem Kind, das nach 20 Bahnen aus dem Wasser stieg, vorgeworfen: „Ja, willst du heute auch noch mal schwimmen", für zu langsames Schwimmen — unter einem bestimmten Zeitlimit — hatten die Kinder Strafgeld zu zahlen, und um Pausen beim Training wagten die Kinder nicht zu bitten, sondern gaben stattdessen vor, auf die Toilette gehen zu müssen).

Zwar ist anzunehmen, daß hier ein besonders extremer Fall von Bestrafungslernen praktiziert wurde, aber solche Verhaltensweisen dürften auch in abgeschwächterer Form nicht dazu angetan sein, Freude am Sport zu wecken.

Ebenfalls problematisch stellt sich die Situation bei der Notengebung im Sportunterricht dar.

Daß Noten im allgemeinen nicht den Anforderungen genügen, die an die Ergebnisse objektiver Tests gestellt werden, dürfte allgemein bekannt sein und wird auch bei *Edelmann* (in diesem Band) kurz angesprochen. Sportnoten im besonderen werfen hier außerdem noch spezielle Probleme auf. So berichtet *Dassel* (1971), daß sich die Sportnote laut ministeriellem Erlaß aus drei Komponenten zusammensetzen sollte, nämlich der sport-

---

*) Nach einer Mitteilung von *Gudrun Edelmann*.

lichen Leistungsfähigkeit, dem Leistungswillen und den Leistungsvoraussetzungen des Schülers. *Dassel* fordert — da die Sportnote somit ein ‚mixtum compositum' ohne wirkliche Aussagekraft darstelle — entweder die Abschaffung der Note oder aber die ‚reine' Leistungsnote mit Hilfe von Normen. Die erste Forderung, die Abschaffung der Note, wird auch von anderen Autoren (*Bloss* 1971; *Wiegand* 1973) und von einer Reihe von Schülern erhoben (s. etwa *Bloss* 1971).

Edelmann folgt in seinem Beitrag im Prinzip ebenfalls dieser Linie und sieht den Sinn der Lernkontrolle in erster Linie in der Steuerung des Lehr- und Lernprozesses, somit in der Rückmeldung für Schüler und Lehrer. Die andere Alternative, normorientierte Leistungsmessung, würde für den Sportunterricht gänzlich die Ausrichtung auf den Leistungsaspekt bedeuten, anders ausgedrückt: Es würden nur psychomotorische Lernziele angestrebt, wobei sich die Bewertung der Leistungen der einzelnen Schüler an alters- und geschlechtsgemäßen Normen orientiert. Eine wichtige Chance, auch affektive Lernziele im Sportunterricht zu erreichen und Interesse auch für den außerschulischen (Freizeit-)Sport zu wecken, wäre so vertan.

1.1.5. Soziologische Ansätze

In der Soziologie ist bereits seit längerem — und stärker als in der Psychologie — eine Beschäftigung mit dem Sport festzustellen. Dazu zählen sowohl theoriegeleitete Erörterungen — etwa allgemein über Aufgaben und Standort einer Soziologie des Sports (*Lüschen* 1960) oder speziell z. B. über Funktionen von Sport und Spiel (*Dunning* 1973) — wie auch empirische Studien — beispielsweise über die soziale Schichtung von Freizeitsportlern (*Burdge* 1969) bzw. Leistungssportlern (*Hammerich* 1971).

Im vorliegenden Band finden sich zwei Beiträge, die von einer soziologischen Position ausgehen: *Adams* legt die Ergebnisse einer eigenen Untersuchung vor und versucht dabei eine Beziehung herzustellen zwischen beruflichem Standort, Geschlecht und Freizeit- bzw. Sportaktivität der befragten Jugendlichen, *Voigt* befaßt sich mit den Funktionen des Hochleistungssports in der DDR, wie er sich nach Schrifttum und Erscheinungsbild darstellt. *Voigt* geht dabei u. a. auf die Bedeutung des Leistungssports für den einzelnen Aktiven ein, genauer: auf die (positiven) Konsequenzen, die sich für das Alltagsleben daraus ergeben.

Zunächst einmal läßt sich zu dem Beitrag von *Adams* feststellen, daß dort besonders auf die Konsequenzen sportlicher Aktivität eingegangen wird. Sport wird als ein Bereich unter vielen angesehen, der insbesondere geschlechtsspezifische Sozialisation begünstige (s. dazu auch den Beitrag von *Bierhoff-Alfermann*). Basis ihrer Überlegungen ist eine Befragung an 1000 Jugendlichen (Berufsschülern) in Leverkusen, die zu ihrem Freizeitverhalten allgemein und Sportverhalten im besonderen Stellung nahmen. Darüber hinaus wurden Angaben über die berufliche Situation gemacht. *Adams* wertet die Daten unter dem Aspekt von geschlechtsspezifischen Unterschieden aus und kommt zu interessanten Resultaten. Allgemein besteht bei den befragten Mädchen ein niedrigeres Ausbildungsniveau (ein Ergebnis, das auch mit dem Bericht der Bundesregierung von 1972 übereinstimmt), mehr konsumierendes Freizeitverhalten (wobei ich mir der Fragwürdigkeit dieses Begriffs bewußt bin), sowie ein geringeres Interesse am Sport als bei den männlichen Befragten.

Dieses geringere Interesse wird auch an anderer Stelle berichtet und dürfte durchgängig für die gesamte Bundesrepublik gelten (s. *Hoffmann* 1971).

Hoffmann kommt allerdings zu der interessanten These, daß vielleicht weniger das Sportinteresse von als vielmehr das Angebot für weibliche Jugendliche und Erwachsene zu wünschen übrig lasse, indem Frauen zu wenig Alternativen zum herkömmlichen (meist an „männlichen" Interessen ausgerichteten) Sportangebot fänden.

Tatsächlich ist Sport traditionell eine männliche Domäne, was sich bis heute noch auszuwirken scheint, u. z. zum einen im bestehenden Angebot (z. B. Überwiegen von Fußballclubs: *Hoffmann* 1971) und zum anderen in der Sozialisation (Hinführung zu „weiblichen" Sportarten, die dann aber im Angebot der Vereine wiederum unterrepräsentiert sind).

Ein anderer möglicher Grund könnte in der Ausrichtung des Schulsports gerade der Mädchen an den Olympischen Disziplinen liegen, v. a. in Form bestimmter Turngeräte (vgl. *Möller*) oder leichtathletischer Disziplinen, die sich wiederum weniger als Anregung für Freizeitsport eignen, der meist stark Gesellungsbedürfnissen unterliegt.

Hinzu mögen vielleicht auch gewisse Ressentiments treten, wie sie *Hoffmann* bei Funktionären v. a. von kleineren Vereinen (in eher ländlichen Gebieten) festzustellen glaubt. Ähnlich berichten *Snyder, Spreitzer* und *Kivlin* (1975) von negativen Einstellungen von Einwohnern von Toledo (Ohio) gegenüber bestimmten Disziplinen (wie Basketball) für Frauen.

Voigt analysiert in seinem Beitrag Bedeutung und Funktionen des Leistungssports in der DDR und kommt dabei zu dem Ergebnis, daß man unterscheiden muß zwischen der Bedeutung für den Staat und seine Repräsentanten einerseits und der für die Aktiven andererseits. Danach dient Leistungssport dem DDR-Staat in erster Linie dem Prestigegewinn und als Beweis für die Überlegenheit einer Gesellschaftsordnung, während der Athlet selbst in erster Linie Privilegien erwirbt, die ihm das Leben wesentlich angenehmer machen, als das bei einem durchschnittlichen DDR-Bürger der Fall wäre (besserer Zugang zu Konsumgütern, Reisemöglichkeiten, berufliche Förderung bzw. Erleichterungen usw.). Anders ausgedrückt erhält der DDR-Spitzenathlet eine Menge positiver Anreize (Bekräftigungen), die ihre herausragende Bedeutung v. a. durch den Vergleich mit den sonst üblichen Verhältnissen gewinnen.

Dies ist in westlichen Nationen höchstens vergleichbar mit dem Anreiz, der für unterprivilegierte Gruppen durch den Leistungssport besteht: sie erhalten dadurch Aufstiegsmöglichkeiten, die ihnen sonst verschlossen wären. Beispiele sind Farbige in den USA, ehemalige Kolonialbewohner in europäischen Ländern, die dort im allgemeinen auf starke Ressentiments stoßen (z. B. ehemalige Nordafrikaner in Frankreich), Vorbestrafte u. ä. (s. z. B. *Loy* und *Elvogue* 1971).

Einen kleinen Schritt in diese Richtung stellt aber auch der schon erwähnte Vorschlag von *Willi Weyer* dar, Spitzenathleten bei der Studienplatzvergabe besser abzusichern.

Es bleibt festzuhalten, daß das Streben nach Belohnungen als ein zentrales Motiv menschlichen Verhaltens allgemein, so auch bei Leistungssportlern angesehen werden kann. Entscheidend dürfte sein, welche Bedeutung die angebotenen Belohnungen in den Augen der Aktiven haben. Dies wiederum stimmt überein mit dem Modell von *Mischel* (1973), das in dem *Auftreten* positiver Bekräftigungen Verhalten beeinflußt, sondern auch deren *subjektive Bewertung.*

Dieser Beitrag verfolgte die Absicht, den Leser mit der Konzeption des Bandes und den darin enthaltenen Arbeiten bekannt zu machen. Gleichzeitig sollten Verbindungslinien zwischen den einzelnen Beiträgen aufgezeigt werden. Ich hoffe außerdem, er hat den Leser dazu angeregt, den einen oder anderen Aufsatz genauer unter die Lupe zu nehmen.

Literatur

1. *Adams, G.*, Geschlechtsspezifische Unterschiede in den Bereichen Arbeit, Freizeit und Sport. Exemplarische Ergebnisse einer Befragung (in diesem Band, 6.1). − 2. *Allmer, H.*, Probleme der Anwendung der Sportpsychologie am Beispiel der Olympischen Spiele München 1972. In: *Schilling, G.* und *Pilz, G.* (Hg.), Sportpsychologie wofür? 34−40 (Basel 1974). − 3. *Artus, H.-G.*, Zum Problem der Messung der Einstellung zum Sport. Aufgezeigt am Beispiel des Kenyon-Tests. In: *Rieder, H., Eberspächer, H., Feige, K.* und *Hahn, E.* (Hg.), Empirische Methoden in der Sportpsychologie, 110 bis 117 (Schorndorf 1975). − 4. *Bengtson, H.*, Die Zivilisation und das geistige Leben im Zeitalter des Perikles. In: *Bengtson, H.* (Hg.), Griechen und Perser. Die Mittelmeerwelt im Altertum I. Fischer Weltgeschichte, Bd. 5, 108−148 (Frankfurt 1965). − 5. Bericht der Bundesregierung über die Maßnahmen zur Verbesserung der Situation der Frau. Drucksache VI/3689 des Dt. Bundestags (1972). − 6. *Bierhoff, H. W.*, Experimentelle Planung sozialpsychologischer Sportstudien (in diesem Band, 2.2). − 7. *Bierhoff, H. W.*, Soziale Interaktion und sportliche Aktivität (in diesem Band 4.2). − 8. *Bierhoff, H. W.* und *Bierhoff-Alfermann, D.*, Zur Veränderung der Einstellung zur jungen Generation bei älteren Menschen. aktuelle gerontologie **5**, 281−290 (1975). − 9. *Bierhoff, H. W.* und *Bierhoff-Alfermann, D.*, The use of psychological theories by 'naive' judges: A study in implicit personality theory. European Journal of Social Psychology 6 (1976). − 10. *Bierhoff-Alfermann, D.*, Sport und soziales Lernen. Zur Frage von Sozialisationswirkungen im Sport (in diesem Band 3.3). − 11. *Bierhoff-Alfermann, D.* und *Bierhoff, H. W.*, Leistungsmotiv und Gesellungsmotiv. Konstruktion zweier Skalen zur Messung sozialer Motive (in diesem Band 2.1). − 12. *Bierhoff-Alfermann, D., Niggemann, U.* und *Bierhoff, H. W.*, Prestige, Extremität und Einstellungsänderung bei älteren Menschen (im Manuskr.). − 13. *Bloss, H.*, Schüler-Vorstellungen zu einer zukünftigen schulischen Leibeserziehung in der Oberstufe des Gymnasiums. Leibeserziehung **20**, 189−193 (1971). − 14. *Burdge, R. J.*, Levels of occupational prestige and leisure activity. Journal of Leisure Research **1**, 262−274 (1969). − 15. *Dassel, H.*, Mixtum Compositum − Zur Frage der Benotung im Schulsport. Leibeserziehung **20**, 87−89 (1971). − 16. *Dieckert, J.*, Eigenart und Eigenständigkeit des Freizeitsports. In: *Dieckert, J.* (Hg.), Freizeitsport, 67−81 (Düsseldorf 1974). − 17. *Dunning, E.*, The structural-functional properties of folk-games and modern sports: A sociological analysis. Sportwissenschaft **3**, 215−232 (1973). − 18. *Eberspächer, H.*, Sportgruppe als Objektbereich der Kleingruppenforschung − Möglichkeiten und Ansätze. In: *Tack, W.* (Hg.), Bericht über den 29. Kongreß der Deutschen Gesellschaft für Psychologie in Salzburg 1974, **2**, 311−312 (Göttingen 1975). − 19. *Edelmann, W.*, Soll im Sportunterricht benotet werden oder: Inwieweit ist Schulsport Leistungs-

sport? (In diesem Band 5.3.). − 20. *Erdmann, R.*, Einige theoretische Überlegungen zur Motivgenese und weiterführende unterrichtspraktische Gedanken. (In diesem Band 3.2.). − 21. *Fürntratt, E.*, Angst und instrumentelle Aggression (Weinheim 1974). − 22. *Fürntratt, E.*, Wettkampfsport und Aggression (in diesem Band 3.1). − 23. *Haas, H.*, Insassenkultur und Freizeitsport. Anmerkungen zum Einfluß der subkulturellen Machtordnung auf die Organisation des Freizeitsports in der JVA-Rockenberg (Jugendstrafanstalt). Vortrag auf dem International Seminar for Sociology of Sport in Heidelberg 1975. − 24. *Hammerich, K.*, Bemerkungen zu Thesen über eine Sozialisationsfunktion von Spiel und Sport. In: *Albonico, R.* und *Pfister-Binz, K.* (Hg.), Soziologie des Sports 127−137 (Basel 1971). − 25. *Heinemann, K.*, Sozialisation im Sport. Sportwissenschaft **4**, 49−71 (1974). − 26. *Hoffmann, A.*, Die Bedeutung der Vereine für die sportliche Betätigung der Frau. Deutscher Sportbund, Bundesausschuß Frauensport (1971). − 27. *Jessen, K.*, Erziehung und Unterricht im Sport − Möglichkeiten eines Verhaltenstrainings für Lehrerstudenten. In: *ADL* (Hg.), Sozialisation im Sport 317−322 (Schorndorf 1974). − 28. *Jones, E. E.* und *Gerard, H. B.*, Foundations of social psychology (New York 1967). − 29. *Kaminski, G.*, Einige Probleme der Beobachtung sportmotorischen Verhaltens. In: *Rieder, H.*, *Eberspächer, H.*, *Feige, K.* und *Hahn, E.* (Hg.), Empirische Methoden in der Sportpsychologie 43−65 (Schorndorf 1975). − 30. *Kenyon, G. S.*, Six scales for assessing attitude toward physical activity. Research Quarterly of the American Association for Health and Physical Education **39**, 566−574 (1968). − 31. *Lenk, H.*, Materialien zur Soziologie des Sportvereins (Ahrensburg 1972). − 32. *Loy, J. W.* und *Elvogue, J. F.*, Racial segregation in American sport. International Review of Sport Sociology **5**, 5−24 (1970). − 33. *Lüschen, G.*, Prolegomena zu einer Soziologie des Sports. Kölner Zeitschrift für Soziologie und Sozialpsychologie **12**, 505−515 (1960). − 34. *Lüschen, G.*, Systemleistung und Politik (policy) nationaler Sportorganisationen. Vortrag auf dem International Seminar for Sociology of Sport in Heidelberg 1975. − 35. *Mischel, W.*, Toward a cognitive social learning reconceptualization of personality. Psychological Bulletin **80**, 252−283 (1973). − 36. *Möller, Chr.*, Technik der Lernplanung (Weinheim 1973[4]). − 37. *Möller, Chr.*, Lernziele in Sport-Lehrplänen. (In diesem Band 5.1.). − 38. *Nitsch, J. R.*, Sportliches Handeln als Handlungsmodell. Sportwissenschaft **5**, 39−55 (1975). − 39. *Nitsch, J. R.*, Sportliches Handeln − Grundmodell für eine allgemeine psychologische Handlungs-Theorie. Psychologie heute **2**, Heft 5, 77−78 (1975). − 40. *Pilz, G.*, *Schilling, G.* und *Voigt, H.*, Welchen Beitrag vermag die Sportpsychologie zur Aggressionsforschung zu leisten? In: *Schilling, G.* und *Pilz, G.* (Hg.), Sportpsychologie wofür? 83−109 (Basel 1974). − 41. *Rieder, H.*, Die Sportpsychologie innerhalb der Sportwissenschaft. In: *Bäumler, G.*, *Rieder, H.* und *Seitz, W.* (Hg.), Sportpsychologie 26−46 (Schorndorf 1972). − 42. *Schmidt, H. D.*, Sport und Vorurteile, insbesondere nationalistische Einstellungen (in diesem Band 4.1). − 43. *Seitz, W.* und *Rieder, H.*, Aufgabengebiete der Sportpsychologie. In: *Bäumler, G.*, *Rieder, H.* und *Seitz, W.* (Hg.), Sportpsychologie, 9−25 (Schorndorf 1972). − 44. *Siegmon, H.* und *Jessen, K.*, Auswirkungen emotional-warmen Trainerverhaltens auf jugendliche Leistungsturner. In: *ADL* (Hg.), Sozialisation im Sport, 355−357 (Schorndorf 1974). − 45. *Singer, R.* und *Rehs, H.-J.*, Bericht über eine vorläufige deutsche Fassung der mehrdimensionalen Sporteinstellungsskala von *Kenyon*. In: *Rieder, H.*, *Eberspächer, H.*, *Feige, K.* und *Hahn, E.* (Hg.), Empirische Methoden in der Sportpsychologie, 103−109 (Schorndorf 1975). − 46. *Snyder, E.E.*, *Spreitzer, E.* und *Kivlin, J.*, Attitudes toward female participation in sport. Vortrag auf dem IV. Europ. Kongreß für Sportpsychologie in Edinburgh 1975. − 47. *Tausch, A.*, *Barthel, A.*, *Fittkau, B.*, *Langer, I.* und *Theunißen, R.*, Die Auswirkung ermutigender Lehreräußerungen auf die Leichtathletikleistungen von Schülern (in diesem Band, 5.2). − 48. *Thomae, H.*, Psychologie als Wissenschaft. Ein Definitionsversuch. In: *Thomae, H.* und *Feger, H.*, Einführung in die Psychologie, Bd. 7: Hauptströmungen der neueren Psychologie, 1–4 (Bern–Stuttgart 1969). – 49. *Voigt, D.*, Hochleistungssport in der DDR. Funktionen und Hintergründe (in diesem Band 6.2). – 50. *Voigt, H.-F.*, Aggressionsforschung im Sport. In: *Schilling, G.* und *Pilz, G.*, Sportpsychologie – wofür? 110–113 (Basel 1974). – 51. *Wiegand, M.*, Die Zensur im Schulfach Sport. Sportunterricht **22,** 161–165 (1973).

        Anschrift des Autors:

        Dr. *Dorothee Bierhoff-Alfermann*
        Seminar für Psychologie
        Pädagogische Hochschule
        Ahornstr. 55, 5100 Aachen

2. METHODOLOGISCHE FRAGESTELLUNGEN

2.1. Leistungsmotiv und Gesellungsmotiv: Konstruktion zweier Skalen zur Messung sozialer Motive

Dorothee Bierhoff-Alfermann und *Hans Werner Bierhoff*

Mit 9 Tabellen

Zusammenfassung

Auf der Grundlage der Leistungs- (n ach) und Gesellungs- (n aff) Motivationsskalen des EPPS von *Edwards* (1959) werden zwei deutsche Skalen entwickelt, itemanalysiert und auf Stabilität überprüft, sowie erste Ansätze zu einer Validierung vorgestellt. Zusätzlich erfolgt eine faktorenanalytische Überprüfung der Dimensionalität jeder Skala, die jeweils zwei Faktoren erbringt.

Summary

Two German versions of the n achievement and the n affiliation scales from the EPPS by *Edwards* (1959) are developed, item analyzed and tested for stability as well as–in a first approach at least–for validity. Additionally a factor analysis is carried out for each scale revealing two factors for n ach and n aff.

Geselligkeits- und Leistungsstreben sind zwei Motive, die im Alltag von großer Bedeutung sind. So verdient das Leistungsmotiv (n ach) in einer Kultur, die Chancengleichheit betont (s. *Heckhausen,* 1974) und angibt, Aufstieg und Erfolg seien an Leistung geknüpft, besondere Beachtung, ein Umstand, der sich in den zahlreichen Publikationen zu diesem Thema (etwa *Heckhausen,* 1972; *Meyer,* 1973) auch widerspiegelt.

Obwohl es manchmal so scheint, als sei das Leistungsmotiv das wichtigste Motiv überhaupt, ist doch festzustellen, daß einige andere Motive die gleiche Bedeutung im Alltag aufweisen. Das Gesellungsmotiv (n aff) ist eins dieser Motive, das zudem dadurch charakterisiert ist, daß es in Situationen angeregt wird, die relativ wenig Leistungsanforderungen beinhalten. Wir haben die Vermutung, daß Leistungs- und Gesellungsmotiv voneinander unabhängig sind, und – betrachtet man sie gemeinsam – wesentliche Aspekte der individuellen Motivation erfassen.

Das Gesellungsmotiv hat – ähnlich wie das Leistungsmotiv – in einer ganzen Reihe von sozialpsychologischen Untersuchungen Verwendung gefunden (s. etwa *Schachter,* 1959; *Mehrabian* und *Ksionzky,* 1974). Eine Reihe von Untersuchungsansätzen, die nicht direkt das Gesellungsmotiv einbeziehen, sind doch auf dieses Motiv bezogen, wie etwa Studien zur Attraktion zwischen Individuen und zur Kohäsion in Gruppen. Es scheint durchaus angebracht, ein Lehrbuch über Sozialpsychologie mit dem Gesellungsmotiv zu beginnen (wie es *Freedman, Carlsmith* und *Sears,* 1970, praktiziert haben), da dieses Motiv eine wesentliche Voraussetzung für die Betrachtung individuellen Verhaltens im sozialen Kontext darstellt.

Da beide Motive sowohl im Alltag allgemein wie auch im besonderen im Rahmen des Sports (s. dazu weiter unten, sowie *Bierhoff-Alfermann, 1975*; *Erdmann*, in diesem Band) besonders hervorstechen, waren wir an Meßinstrumenten für n ach und n aff interessiert.

N ach und n aff werden in dem Katalog von Bedürfnissen aufgezählt, der von *Murray* et al. (1938) zusammengestellt und von *Edwards* (1959^2) in Fragebogenskalen operationalisiert wurde. Da wir von dieser Messung der genannten Motive ausgegangen sind, ist es sinnvoll, kurz auf die Fragebogenmessung bei *Edwards* einzugehen. *Edwards* entwickelte einen Fragebogen, der 15 Persönlichkeitsvariable mißt, wobei er versucht hat, den Einfluß der social desirability zu reduzieren. Dieser *Edwards Personal Preference Schedule* (EPPS) soll — im Gegensatz zum MMPI — Variable erfassen, die auch außerhalb des klinischen Bereichs von Bedeutung sind. Um den Einfluß der social desirability zu minimalisieren, verwandte *Edwards* eine forced-choice-Methode, indem er Items, die den gleichen Skalenwert in sozialer Wünschbarkeit aufwiesen, zu Paaren zusammenstellte, wobei dann jeweils ein Item aus jedem Paar auszuwählen war. Während *Edwards* Untersuchungen vorlegte, die dieses Verfahren unterstützen, wurde der Erfolg dieser Methode von *Corah* et al. (1958) und *Feldman* und *Corah* (1960) in Frage gestellt. Da außerdem soziale Wünschbarkeit ein mehrdimensionales Konzept zu sein scheint (*Messick*, 1960), haben wir darauf verzichtet, die Itemanordnung in Paaren durchzuführen.

Im Manual des EPPS (1959^2) werden n ach und n aff eindeutig definiert, wobei die Definitionen in unmittelbarem Zusammenhang zu den einzelnen Items der entsprechenden Skalen stehen. Das Leistungsmotiv wird wie folgt bestimmt:

"To do one's best, to be successful, to accomplish tasks requiring skill and effort, to be a recognized authority, to accomplish something of great significance, to do a difficult job well, to solve difficult problems and puzzles, to be able to do things better than others, to write a great novel or play."

Das Gesellungsmotiv bestimmt sich nach folgenden Kriterien:

"To be loyal to friends, to participate in friendly groups, to do things for friends, to form new friendships, to make as many friends as possible, to share things with friends, to do things with friends rather than alone, to form strong attachments, to write letters to friends."

Diese Definitionen sind geeignet, eine ganze Reihe von Fragebogenitems zu formulieren, die im Zusammenhang mit jedem der beiden Motive von Bedeutung sein können. Ausgehend von diesen Definitionen bildeten wir Itempools für n ach und n aff (wobei wir auch auf die englischen Items Bezug nahmen), die zunächst einer Itemanalyse unterzogen und dann auf Reliabilität und Validität überprüft wurden. Dabei ist die Validitätsprüfung, die im wesentlichen im Sinne einer Konstruktvalidierung erfolgte, als durchaus vorläufig anzusehen.

Im folgenden werden wir diese beiden Schritte der Skalenkonstruktion, Itemanalyse sowie Reliabilitäts- und Validitätsüberprüfung darstellen. Im

Anschluß an die Diskussion dieser beiden Untersuchungsschritte werden wir die Frage erörtern, ob die Konzeption eines Globalmaßes des Leistungs- bzw. des Gesellungsmotivs ergänzt werden kann durch eine mehrdimensionale Erfassung, ähnlich wie etwa bei Intelligenztests unterschieden wird zwischen einem Gesamtmaß und Einzelmaßen der Intelligenz.

2.1.1. Konstruktion der Fragebogen unter Annahme eindimensionaler Konzepte

2.1.1.1. Skalenerstellung

Zur Erfassung von n ach und n aff stellten wir je einen Itempool zusammen. Dabei gingen wir von den beiden Skalen bei *Edwards* aus, indem wir die dort aufgeführten Items übersetzten. Entsprechend der Operationalisierung der beiden Motive bei *Edwards* entwickelten wir darüber hinaus je 16 weitere Items, so daß schließlich jede Skala 30 Items umfaßte. Diese 60 Items wurden zusammen mit 6 Puffer-Items, die sich auf keine der beiden Variablen bezogen und lediglich die Absicht hatten, die Vpn über den eigentlichen Zweck der Fragen im unklaren zu lassen, zu einem einheitlichen Fragebogen zusammengestellt, der somit insgesamt aus 66 Fragen bestand. Die Items waren in der Ich-Form und als Feststellungen formuliert, auf die mit „stimmt" bzw. „stimmt nicht" geantwortet werden konnte.

Die Reihenfolge der Items wurde nach dem Zufallsprinzip durch Losziehung ermittelt. Da der Fragebogen auf die Altersgruppe von 16–30 Jahre abzielte, wählten wir als Stichprobe für die Itemanalyse solche Vpn, die einem solchen Altersbereich ungefähr entsprachen.

Zur Stichprobe der Untersuchung I zählten insgesamt 107 Vpn. Im einzelnen handelt es sich dabei um 39 männliche und 65 weibliche Studenten, Berufsfach- und Fachoberschüler (3 Vpn machten keine Angaben über das Geschlecht). Die Altersverteilung der Versuchspersonen bewegte sich hauptsächlich im Bereich von 16–25 Jahren, einige wenige lagen darüber. Das Durchschnittsalter betrug 20.38 Jahre.

Die Durchführung der Untersuchung erfolgte in Gruppen im Rahmen einer Unterrichtsstunde. Die Befragung erfolgte anonym, lediglich um Angabe von Alter und Geschlecht wurde gebeten. Die Vpn erhielten den Fragebogen mit 66 Fragen und ein dazugehöriges Antwortblatt, auf dem sie zu der entsprechenden Nummer der Frage ein Kreuz in die Spalte „stimmt" bzw. „stimmt nicht" eintragen konnten. Dazu erhielten sie folgende Instruktion in schriftlicher Form:

„Auf den folgenden Seiten finden sich eine Reihe von Feststellungen. Bitte machen Sie auf dem Antwortblatt ein Kreuz in die Spalte *Stimmt,* wenn die betreffende Feststellung für Sie eher zutrifft, und ein Kreuz in die Spalte *Stimmt nicht,* wenn die betreffende Feststellung für Sie eher nicht zutrifft. Sie können dabei gar nichts falsch machen. Es handelt sich um keine Prüfung Ihres Wissens oder irgendwelcher Fähigkeiten, also auch um keinen Intelligenztest.

Ihre Antworten werden anonym ausgewertet und lediglich statistisch verarbeitet.

Antworten Sie bitte zügig und schnell, ohne bei jedem Satz lange zu überlegen, also so, wie es Ihnen nach dem Durchlesen unmittelbar in den Sinn kommt.

Achten Sie bitte darauf, keine Beantwortung auszulassen."

Bei der Auswertung erhielt jede im Sinne des Schlüssels „richtige" Antwort einen Punkt. In der Itemanalyse wurden zunächst Schwierigkeitsgrad und Trennschärfekoeffizient (r_{pbis}) berechnet. Die Güte der Items wurde dann mittels des Selektionskennwerts von *Lienert* (1967) ermittelt. Als Auswahlkriterium legten wir einen Kennwert von ca. .30 fest, so daß solche Items, die diesen Wert unterschritten, eliminiert wurden. Dadurch reduzierte sich die Anzahl der Items der n ach-Skalen um 10 auf 20, der n aff-Skala um 9 auf 21. Mit diesen reduzierten Skalen wurden erneut Itemanalysen durchgeführt, um Auskunft über die Kennwerte der neuen Skalen zu erhalten und evtl. eine weitere Reduzierung des Itempools vorzunehmen. Dies erwies sich aber als überflüssig, da die Ergebnisse zufriedenstellend ausfielen. Die Schwierigkeitsindices (p), Trennschärfekoeffizienten (r_{pbis}), Selektionskennwerte (SK) und andere Maße der zweiten Itemanalyse finden sich in Tab. 9 des Anhangs. Dort finden sich auch die Endformen der n ach- und der n aff-Skala.

2.1.1.2. Zur Reliabilität und Validität

Um die Reliabilität der Skalen über einen größeren Zeitraum hinweg überprüfen zu können, führten wir im Abstand von 6 Wochen nach der ersten Testung Retests durch.

Außerdem unternahmen wir — bei teilweise denselben Stichproben — einen ersten Versuch zur Validierung. In bezug auf die Leistungsmotivation ließen wir uns dabei von folgenden Überlegungen leiten.

n ach

a. Aktivierung des Leistungsmotivs: Es kann angenommen werden, daß das Leistungsmotiv bei angemessenen Aktivierungsbedingungen stärker aktiviert wird als ohne Anregungsbedingungen. Danach müßte der n ach-Wert höher liegen, wenn zuvor das Leistungsmotiv aktiviert worden ist.

Um diese Annahme zu prüfen, verglichen wir die Ausprägung der Leistungsmotivation zwischen 2 Gruppen, von denen die eine vor Ausfüllen des Fragebogens einen Durchstreichtest unter Zeitdruck durchführte. Dieser Test sollte als Leistungstest aufgefaßt werden und zu einer Anregung des Leistungsmotivs beitragen. Dementsprechend sollten sich in der entsprechenden Gruppe im Durchschnitt höhere Werte in n ach finden als in einer Gruppe, die keinen Durchstreichtest durchführte.

b. ‚Chronische' Auswirkungen des Leistungsmotivs: Wenn man davon ausgeht, daß sich die Ausprägung des Leistungsmotivs auf die Bevorzugung bestimmter Aktivitäten im Alltag auswirkt, dann sollten sich Personengruppen finden, deren Verhalten auf ein unterschiedliches Ausmaß von Leistungsmotivation schließen läßt. Eine Gruppe von Personen, die vermutlich ein hohes Ausmaß an Leistungsmotivation aufweisen, sind Leistungssportler. Daher sollte ein Vergleich der n ach-Werte von Leistungssportlern mit denen von nicht aktiven Sportlern (Nichtsportler) systematische Unterschiede im Leistungsmotiv ergeben.

n aff
  a. Geschlechtsunterschiede: Da in unserer Gesellschaft Frauen im allgemeinen mehr als Männer dazu erzogen werden, soziale Kontakte und geselligen Umgang mit anderen zu pflegen (*Lehr* 1972, S. 902–903) sind Geschlechtsunterschiede auf dieser Skala derart zu erwarten, daß Frauen höhere n aff-Werte zeigen.
  b. Zahl der Freunde: Die Zahl der Freunde erschien uns als ein Indikator für Geselligkeitsmotivation, d.h. als Außenkriterium zur Validierung der Skala. Ein Problem besteht dabei allerdings darin, von den Vpn zuverlässige Angaben über die Anzahl ihrer „Freunde" zu erhalten, weil die Ansicht darüber, was als „Freund" zu bezeichnen ist, selbst bei genau vorgegebener Definition stark variieren dürfte. Außerdem hängt natürlich die Anzahl der Freunde auch von den Kontaktmöglichkeiten ab. Wir erwarteten daher — allerdings mit Vorbehalt — eine positive Korrelation von n aff-Scores und Anzahl der Freunde, die die Vpn angaben. Der Übersichtlichkeit wegen werden im folgenden zunächst die einzelnen Stichproben aufgeführt, um dann in der Darstellung der Ergebnisse für Reliabilität und Validität auf diese Aufstellung Bezug nehmen zu können.

Stichprobenbeschreibung
  Stichprobe 1: Zu dieser Gruppe zählen zwei 11. Klassen und eine 12. Klasse einer Fachoberschule für Sozialpädagogik. Die drei Teilstichproben sind folgendermaßen zu beschreiben:
  a. Klasse 11/1: In dieser Klasse nahmen 35 Mädchen an der Untersuchung teil. Ihr Durchschnittsalter betrug 16.83 Jahre, wobei die Verteilung von 15–19 Jahre reichte.
  b. Klasse 11/2: 26 Personen (11 männlich, 15 weiblich) nahmen aus dieser Klasse an der Untersuchung teil. Das Durchschnittsalter betrug 17.23 Jahre mit einem Range von 16–19 Jahre.
  c. Klasse 12: In dieser Klasse nahmen 16 Personen (13 Mädchen, 3 Jungen) an der Untersuchung teil, deren Durchschnittsalter 18.69 Jahre betrug (Range zwischen 17 und 20 Jahre).
  Stichprobe 2*): Eine Beschreibung dieser Stichprobe findet sich bei *Schmitz-Scherzer, Bierhoff-Alfermann* und *Bierhoff* (1974). Zusammenfassend kann festgestellt werden, daß sich in dieser Gruppe 65 Spitzensportler befanden, die ausnahmslos Leichtathleten waren. Zu der Gruppe der Spitzensportler wurden diejenigen gezählt, die die vom DLV festgelegten Qualifikationsleistungen für die Teilnahme an den Deutschen Meisterschaften 1972 erbracht hatten. Im Rahmen der Wettkämpfe zu den Deutschen Meisterschaften 1972 und der Olympischen Spiele 1972 in München wurden insgesamt 70 männliche und weibliche Sportler angesprochen und um die Ausfüllung des Fragebogenmaterials (das neben den beiden n ach- und n aff-Skalen noch Extraversions- und Neurotizismus-

---

*) Die Untersuchungsresultate für die Stichproben 2 und 3 wurden von *Schmitz-Scherzer, Bierhoff-Alfermann* und *Bierhoff* (1974) berichtet. Da ein Teil dieser Ergebnisse Aufschluß über die Validität der n ach-Skala gibt, werden diese Resultate hier dargestellt.

skalen sowie ein Interviewblatt enthielt, in dem im wesentlichen nach sportlichen Aktivitäten gefragt wurde) gebeten. Anhand von Freiumschlägen sollte das Material postalisch zurückgesandt werden. 65 Fragebogen kamen ausgefüllt zurück, was einer Rücksendequote von etwa 93 % entspricht. Diese 65 Sportler wiesen ein Durchschnittsalter von 22.31 Jahren auf (Range: 16–32 Jahre). 65 % der Befragten waren männlich, 35 % weiblich.

Stichprobe 3: Zusätzlich zu der Gruppe der Spitzensportler nahmen 68 „Breiten"-Sportler an der Untersuchung teil, die den Leichtathletikvereinen Bonn und Euskirchen angehörten und seit mindestens $1/2$ Jahr ein regelmäßiges Leichtathletiktraining (1–2mal wöchentlich) unter Aufsicht durchführten. Sie unterschieden sich von den Spitzensportlern im wesentlichen hinsichtlich der erbrachten sportlichen Leistung, die nicht den Qualifikationsanforderungen des DLV genügten. Trotzdem ist es wahrscheinlich, daß die wie oben definierten Breitensportler ebenfalls Leistungssportler in dem Sinne sind, daß sie, gemessen an der überwiegenden Mehrheit ihrer Altersgenossen, einen ausgesprochenen Leistungsehrgeiz auf sportlichem Gebiet zeigen. Dafür spricht die Tatsache, daß diese Gruppe wenigstens 1–2mal wöchentlich trainierte. Die Angehörigen dieser Stichprobe waren im Durchschnitt 21.46 Jahre alt (zwischen 16 und 35 Jahren, 3 unter 16 Jahre) und bestanden aus 40 Männern und 28 Frauen.

Zur Überprüfung der oben beschriebenen Fragestellungen wurde den verschiedenen Stichproben das Untersuchungsmaterial in unterschiedlicher Zusammenstellung vorgelegt. Tab. 1 gibt einen Überblick über diese Aufteilung auf die einzelnen Stichproben.

Tab. 1: Übersicht über die Durchführung verschiedener Verfahren in den einzelnen Stichproben*)

Stichprobe	N	n ach (1)	n aff (1)	n ach (2)	n aff (2)	Durchstreichen (1)	Durchstreichen (2)	Freunde
1a	35	+	+	+	+			
1b	26	+	+	+	+	+ vorher	+ vorher	+ nachher
1c	16	+	+					
2	65	+	+					
3	68	+	+					

*) (1) und (2) bezieht sich auf die 1. bzw. 2. Testung. „vorher" und „nachher" bezieht sich darauf, ob die zusätzlichen Tests vor oder nach der Durchführung der Fragebogen stattfanden.

2.1.1.2.1. Überprüfung der Reliabilität

Um bei der weiteren Analyse des Fragebogens keine veränderten Bedingungen einzuführen, wurde der mit der ursprünglichen Form identische Fragebogen (mit insgesamt 66 Feststellungen) den Vpn vorgelegt, aber nur in bezug auf 20 bzw. 21 Items ausgewertet. Dieses Vorgehen bezieht sich auf sämtliche im folgenden berichteten Studien.

Zur Überprüfung der Retest-Reliabilität legten wir im Abstand von jeweils 6 Wochen den Fragebogen zu n aff und n ach den beiden 11. Klassen (Stichproben 1a und 1b) zur Beantwortung vor. Um trotz des Retests Anonymität zu gewährleisten, wählten die Schüler ein Pseudonym, das sie jeweils auf die Antwortblätter schrieben.

Infolge abwesender Vpn bei der zweiten Testung sowie infolge von Fehlern im Gebrauch der Pseudonyme reduzierte sich die Zahl der Vpn in Stichprobe 1a auf 21 und in Stichprobe 1b auf 23. Die Retest-Reliabilität wurde mithilfe eines varianzanalytischen Plans (*Winer* 1971, S. 283 ff.) berechnet. Da die Vpn aus Stichprobe 1b vor Durchführung der Fragebogen den Durchstreichtest bearbeitet hatten, wurden ihre Daten nur im Zusammenhang mit der Geselligkeit berücksichtigt. Aufgrund der in Tab. 2 dargestellten Varianzanalyse ergibt sich für die Leistungsmotivation eine Retest-Reliabilität von r_2 = .909 (N = 23).

Tab. 2: Zusammenfassung der Varianzanalyse in bezug auf n ach

Quelle	df	MS
Zwischen Personen	22	40.25
Innerhalb Personen	23	3.67

$\hat{\theta}$ = 4.977; r_2 = .909

Anhand der Ergebnisse, die in Tab. 3 dargestellt sind, ergibt sich für die Geselligkeitsmotivation eine Reliabilität von r_2 = .814 (N = 44).

Tab. 3: Zusammenfassung der Varianzanalyse in bezug auf n aff

Quelle	df	MS
Zwischen Personen	43	26.52
Innerhalb Personen	44	4.93

$\hat{\theta}$ = 2.189; r_2 = .814

Aufgrund dieser Ergebnisse zeigt sich, daß beide Fragebogen über einen Zeitraum von 6 Wochen eine relativ hohe Stabilität besitzen, wobei der Leistungsmotivationsfragebogen besonders gut abschneidet.

2.1.1.2.2. Überprüfung der Validität

n ach

a. Aktivierung des Leistungsmotivs: Wie weiter oben dargestellt wurde, könnte die Durchführung eines Durchstreichtests unter Zeitdruck eine Anregungsbedingung für das Leistungsmotiv darstellen. Ein Vergleich der

Mittelwerte der Stichprobe 1a und der Stichprobe 1b (in der ersten und in der zweiten Testung) ergibt jeweils Hinweise auf nichtsignifikante Mittelwertunterschiede (t < 1). Die — wenn auch geringen — Unterschiede in den Mittelwerten liegen allerdings in der erwarteten Richtung.

b. Vergleich von Spitzen-, Breiten- und Nichtsportlern: Die folgenden Resultate beruhen auf Ergebnissen von *Schmitz-Scherzer, Bierhoff-Alfermann* und *Bierhoff* (1974). Ein Vergleich von Spitzen- und Breitensportlern ergab keine bedeutsamen Unterschiede hinsichtlich der Leistungsmotivation (t = .691, df = 131, n. s.). Aufgrund dieses Resultats wurden beide Gruppen zu einer Stichprobe zusammengefaßt, die aktive Sportler umfaßt. Diese Zusammenfassung ist gerechtfertigt, wenn man bedenkt, daß sich die Breitensportler auch durch einen erheblichen Leistungsehrgeiz auszuzeichnen scheinen (s. o.).

Der durchschnittliche n ach-Wert dieser kombinierten Gruppe (15.30) wurde mit dem Durchschnittswert der Nichtsportler verglichen (11.56), wobei in dieser Gruppe alle Personen zusammengefaßt sind, die von keiner regelmäßigen sportlichen Trainingsaktivität berichteten. Der Mittelwertunterschied zwischen diesen beiden Gruppen erwies sich statistisch als signifikant (t = 6.194, df = 197, p < .001). Danach zeichnen sich die Sportler im Vergleich zu den Nichtsportlern durch eine höhere Leistungsmotivation aus.

n aff
a. Geschlechtsunterschiede: Da Mädchen eher als Jungen zu Verhaltensweisen erzogen werden, die sozialen Kontakt zu anderen Menschen ermöglichen (*Lehr* 1972), nahmen wir an, daß sich bedeutsame Geschlechtsunterschiede in den Werten für Geselligkeitsmotivation finden müßten. Dazu wurde ein Vergleich der n aff-Werte zwischen den Schülern und Schülerinnen der Stichprobe durchgeführt. Bei 11 männlichen und 53 weiblichen Schülern ergab sich ein signifikant höherer Wert für die Mädchen (t = 3.817; p < .001; Mittelwert der Mädchen = 18.11, der Jungen = 13.82).

b. Zahl der Freunde: Schließlich wurde noch in Stichprobe 1b bei 23 Versuchspersonen die Zahl der „Freunde" erfaßt. Dabei ergab sich keine signifikante Korrelation mit den n aff-Scores im Fragebogen (r = .173 für die erste Testung; r = .046 für die zweite Testung). Dies erklärt sich evtl. daher, daß das Maß für die Zahl der „Freunde" inadäquat war. So liegt der Mittelwert bei 13.1, was beweist, daß die Versuchspersonen in der überwiegenden Mehrheit eine große Zahl von Freunden angaben. Außerdem muß natürlich die Tatsache berücksichtigt werden, daß es sich bei den Vpn der Gruppe 1b um Schüler handelt, die im Klassenverband sowieso ständige Kontaktmöglichkeiten haben, was ebenfalls eine Differenzierungsmöglichkeit auf der Gesellungsdimension anhand der Freundeszahl erschwert.

2.1.1.3. Diskussion

Bei der Entwicklung des Fragebogens zur Erfassung der Leistungsmotivation gingen wir im wesentlichen von der Skala und dem Konstrukt von

Edwards (1959) aus. Frühere Untersuchungen zum Zusammenhang zwischen TAT-Maßen und Fragebogenmaßen zur Leistungsmotivation zeigten so gut wie keine Zusammenhänge. Dies war auch der Fall, wenn im Fragebogen, ähnlich wie im TAT, versucht wurde, zwischen Mißerfolgsängstlichkeit und Erfolgszuversicht zu unterscheiden (s. etwa *Fisch* und *Schmalt*, 1970). Eine Kreuzvalidierung von Fragebogen mit TAT-Maßen ist also bisher nicht gelungen und erschien uns auch wenig sinnvoll.

Allmer (1973a) berichtet von einer Studie an deutschen und schweizerischen Leistungssportlern (Radfahrer und Leichtathleten), bei der er einen spezifisch auf sportliche Aktivitäten hin konstruierten Fragebogen verwandte, der 4 Dimensionen erfassen soll: Beharrliche Anstrengung, Anspruchsniveau, Ansprechbarkeit auf Leistungsanreize, Erfolgsorientierung. Mit Hilfe eines der Diskriminanzanalyse verwandten Verfahrens konnte *Allmer* 3 Gruppen von Sportlern identifizieren, die sich hinsichtlich der Richtung ihrer Erfolgsorientierung und des Ausmaßes des Anspruchsniveaus voneinander unterschieden. Bei dieser Stichprobe von Leistungssportlern ließen sich somit Unterschiede in zwei spezifischen Dimensionen der Leistungsmotivation konstatieren.

Wir versuchten zunächst, ein Globalmaß der Leistungsmotivation zu entwickeln. Dabei gingen wir von der Annahme aus, daß Leistungsmotivation ein Merkmal ist, das sich — analog dem verwandten Fragebogen — auf Leistungen beruflicher und schulischer Art bezieht. Während die Reliabilitätsangaben zu diesem Meßinstrument (sowohl split-half-Reliabilität wie Retest-Reliabilität) sehr zufriedenstellend ausfielen, sind die Validitätshinweise nicht so eindeutig. Während das Kriterium Sportler/Nichtsportler wie erwartet das Ausmaß der Leistungsmotivation differenzierte, ergaben sich erwartungswidrige Ergebnisse in bezug auf die Anregungsbedingung, die durch den Durchstreichtest konstituiert wurde. Eine mögliche Erklärung dafür könnte darin liegen, daß der Durchstreichtest die Leistungsbereitschaft der Schüler in nur geringem Maße aktivierte, da die verlangten Leistungen u. U. als unangenehm oder langweilig angesehen wurden.

Auch in bezug auf die Gesellungsmotivation waren die gefundenen Reliabilitätswerte (Retest wie split-half) zufriedenstellend. Da die Werte für n aff in unserer Stichprobe linksschief verteilt waren, ergibt sich für diese Stichprobe ein Hinweis auf eine im allgemeinen relativ starke Ausprägung des Gesellungsmotivs. Damit geht das Ergebnis einher, daß im allgemeinen eine hohe Zahl von Freunden angegeben wurde. In Richtung auf die Validität des n aff-Fragebogens weist das Resultat, daß die erwarteten Geschlechtsunterschiede in bezug auf die Gesellungsmotivation eintraten.

Zusammenfassend läßt sich für die beiden Globalmaße des Leistungs- bzw. Gesellungsmotivs feststellen, daß sich jeweils positive Ergebnisse in bezug auf die Stabilität der Fragebogen ergaben sowie ermutigende Resultate hinsichtlich ihrer Validität. Im folgenden werden die Ergebnisse für beide Konzepte unter der Annahme einer Mehrdimensionalität von Leistungsmotiv und Gesellungsmotiv dargestellt. Wir verlassen damit die ursprüngliche Konzeption von *Edwards*, wobei wir von einer faktorenanalytischen Untersuchung der Fragebogenantworten ausgehen.

2.1.2. Konstruktion der Fragebogen unter Annahme mehrdimensionaler Konzepte

Verschiedene Autoren gehen von einer Mehrdimensionalität des Leistungs- bzw. Gesellungsmotivs aus. Was die Leistungsmotivation angeht, so unterscheidet z. B. *Heckhausen* (1972) im wesentlichen zwischen zwei Komponenten, die voneinander unabhängig sein sollen: dem Streben nach Erfolg und dem Vermeiden von Mißerfolg, anders ausgedrückt: Erfolgszuversicht und Mißerfolgsängstlichkeit.

Allmer (1973b) konstruierte, wie weiter oben schon erwähnt, einen vierdimensionalen Fragebogen der Leistungsmotivation, der sich auf eine spezifische Gruppe, nämlich Sportler, v. a. Leistungssportler bezieht und den sportlichen Bereich anspricht. Er unterscheidet sich also von unserem Ansatz in zwei wesentlichen Aspekten: zum einen differenziert er das Maß der Leistungsmotivation nach 4 Kategorien und zum anderen nach einem bestimmten Lebensbereich einer bestimmten Gruppe: dem sportlichen Streben von Leistungssportlern. Er hat damit einen mehrdimensionalen Fragebogen für eine sehr spezifische Zielgruppe konstruiert, der einen ganz spezifischen Aspekt von n ach abdecken soll.

Der Fragebogen als verbales Reaktionsmaß unterliegt leicht mehr oder weniger ungewollten Reaktionstendenzen der Versuchspersonen und kann kaum eine exakte quantitative Aussage über verschiedene Leistungsmotivationsdimensionen machen. Er ist eher als Indikator für den Stellenwert zu bezeichnen, den eine Person dem dort angesprochenen Bereich in ihrem Leben im Durchschnitt zuweist. Aus diesem Grunde halten wir es für sinnvoller, Fragebogen als relativ globale Maße zu entwickeln, die dann in experimentellen Untersuchungen oder in Untersuchungen an Kriteriumsgruppen (wie hier geschehen) eingesetzt werden können. Ein gutes Beispiel für diese Art des Vorgehens ist die Arbeit von *Mehrabian* und *Ksionzky* (1974), die sich auf das Gesellungsmotiv bezieht, wie auch von *Mehrabian* (1969) in bezug auf das Leistungsmotiv. Letztere wurde im Deutschen von *Mikula, Uray* und *Schwinger* (1974) aufgegriffen und führte ebenfalls zur Entwicklung einer allgemeinen Skala des Leistungsmotivs.

In bezug auf n aff gehen *Mehrabian* und *Ksionzky* (1974) von einer Zwei-Faktoren-Theorie des Gesellungsmotivs aus und unterscheiden Personen "by the extent to which they generally expect interactions with others to be positively reinforcing (R_1) and negatively reinforcing (R_2)" (S. 2). Sie entwickeln dementsprechend zwei Skalen, „Affiliative Tendency", die R_1 und „Sensitivity to Reaction", die R_2 entspricht, und benutzen diese Skalen im Rahmen psychologischer Experimente, was gleichzeitig eine Validierung bedeutet. So stellten sie z. B. fest, daß Vpn mit hoher „affiliative tendency" eine andere Person, die zuvor vom Versuchsleiter gleichzeitig als sehr gesellig und als wenig gesellig bezeichnet worden war, insgesamt als gesellig einstufen und somit die widersprüchliche Information im Sinne einer „assumed similarity" verarbeiteten. *Mehrabian* und *Ksionzky* gelingt auf diese Weise die Integration von Persönlichkeitsfragebogen in experimentelle Untersuchungsdesigns, und sie erhalten so gesichertere Aussagen als mit nur einer Meßmethode. Dieser Schritt soll in der vorliegenden Arbeit nicht mehr durchgeführt werden (z. Planung von Experimenten s. *Bierhoff,* in diesem Band). Stattdessen möchten wir zeigen, wie dem Problem von generellen vs. spezifischen Motivationsfragebogen begegnet werden kann. Erfüllt nämlich der im ersten Teil entwickelte Fragebogen zu n ach bzw. n aff die Anforderungen eines Globalmaßes der beiden Motive, so soll im folgenden durch Faktorenanalysen die Frage untersucht werden, ob sich evtl. mehrere Dimensionen (und darauf aufbauend mehrere Skalen) rechtfertigen ließen. Wenn dabei auf das Problem der Anzahl der zu extrahierenden Faktoren (das von *Überla,* 1968, so bezeichnete „Faktorenproblem") ausführlich eingegangen wird, so deshalb, um dem Leser exemplarisch vor Augen zu führen, wie schwierig eine solche Entscheidung im allgemeinen ist.

2.1.2.1. *Faktorenanalysen zu n ach und n aff*

Da das Endergebnis und der Argumentationsweg gleich sind, sollen im folgenden beide Fragebogen zusammen behandelt werden, um unnötige Wiederholungen zu vermeiden.

Mit den 30 Items jeder Skala*) wurde getrennt jeweils eine Hauptachsenanalyse durchgeführt, wobei die Extraktion nach 6 Faktoren (= ca. 40% Gesamtvarianz) beendet wurde. Welche nun sind interpretierbar?

Zunächst einmal läßt sich feststellen, daß allein von der Höhe des Eigenwerts des ersten unrotierten Faktors und seinem Anteil an der Gesamtvarianz unsere Konzeption eines Globalmaßes von n ach und n aff eine Stützung erfährt. Der Varianzanteil ist relativ hoch (15.5 % bei n aff und 19.5 % bei n ach), auch im Vergleich zu anderen Skalen dieser Art (vgl. *Allmer* 1973b; *Fisch* und *Schmalt* 1970), die niedrigere Werte berichten. Führt man eine Faktorenanalyse mit den im ersten Teil entwickelten Endformen (von 20 bzw. 21 Items) durch, so erhöht sich dieser Varianzanteil auf 21.45 % für n aff und 26.79 % für n ach.

Um aber möglichst exakt und unvoreingenommen von unseren Annahmen vorzugehen, haben wir in verschiedenen Schritten versucht, nach objektiven Kriterien die optimale Anzahl zu extrahierender Faktoren zu bestimmen. Das Ergebnis ist, daß sich bis zu zwei Faktoren interpretieren lassen, u. z. sowohl gemäß mathematisch-statistischer wie psychologischer Kriterien. Das gilt für beide Fragebogen.

Aus den Tab. 4 und 5 sind die Eigenwerte und die Anteile der unrotierten Faktoren an der Gesamtvarianz ersichtlich.

Betrachtet man zunächst nur die Höhe der Eigenwerte, so liegen sie bei 5 (n aff) bzw. 4 (n ach) Faktoren über 1. Unter Berücksichtigung des Kriteriums von 5 % erklärter Varianz durch einen Faktor (*Überla* 1968) vermindert sich die Faktorenzahl bei n aff auf 3 und bei n ach auf 2 Faktoren. Dies wird durch die gestrichelte Linie in den Tab. 4 und 5 markiert. Wir entscheiden uns daher bei n ach für 2 Faktoren, während im Falle von n aff

---

*) Benutzt wurden die Daten der 107 Vpn, die auch bei der Itemanalyse der beiden Gesamtfragebogen verwendet worden waren.

Tab. 4: Eigenwerte und Varianzanteil der Faktoren zu n aff

Faktor	Eigen-wert	Varianz	cum. Varianz
1	4.663	15.54	15.54
2	2.303	7.68	23.22
3	1.685	5.62	28.84
4	1.334	4.45	33.29
5	1.029	3.43	36.72
6	.907	3.02	39.74

Tab. 5: Eigenwerte und Varianzanteil der Faktoren zu n ach

Faktor	Eigen-wert	Varianz	cum. Varianz
1	5.861	19.54	19.54
2	2.362	7.87	27.41
3	1.139	3.80	31.21
4	1.025	3.42	34.63
5	.879	2.93	37.56
6	.710	2.37	39.93

3 Faktoren (nach dem *Fürntratt*-Kriterium und dem der erklärten Varianz) möglich wären.

Tab. 6 gibt einen Überblick über die Zuordnung der Items von n aff (bzw. n ach) zu den nach Varimax rotierten ersten drei (bzw. zwei) Faktoren. Dabei wird ersichtlich, daß der 3. Faktor von n aff

a. zu einer schlechteren Rotationslösung führt, indem jetzt mehrere Variablen hohe Ladungen gleichzeitig auf 2 Faktoren aufweisen und

b. nur wenig wirklich neue Items (Nr. 17 und 23) aufweist, während die anderen bereits vorher (auf anderen Faktoren) vertreten waren.

Deshalb plädieren wir für eine Zweifaktorenlösung für beide Skalen (n ach und n aff). Wie noch zu zeigen sein wird, ergibt die Zusammenstellung der Items nach den beiden Faktoren auch ein psychologisch sinnvolles Muster, das interpretierbar ist.

2.1.2.2. Itemanalysen

Nachdem wir uns für 2 Faktoren entschieden hatten, wurden die 30 Items der n aff- und die 30 Items der n ach-Skala nach dem Kriterium der höchsten Ladung einem der beiden Faktoren zugeordnet. Anschließend erfolgte eine Itemanalyse, entsprechend der in Teil A berichteten.

Die Ergebnisse, Schwierigkeitsindices, Trennschärfekoeffizienten (r_{pbis}) und Selektionskennwerte (SK), finden sich zusammen mit den Faktor-

Tab. 6: Lage der Variablen (Items) von n aff (links) bei einer 1-, 2- und 3-Faktorenlösung und von n ach (rechts) bei einer 1- und 2-Faktorenlösung*)

Item	I'	I"	I'''	II"	II''''	III''''	Item	I'	I"	II"
2	x	x	o			x	3			x
7	x			x	x		4			x
8	x	x	o			x	5			x
11							6			
12							9			
14	x			x	x	o	10			x
16							13	(x)	x	
17						x	19			
18	x			x	x		20	x	x	
21							22	x	x	
23						x	25			x
24					x		27	x	x	
28							30	x	x	
29	(x)			x	x		33			
31	x	x				x	34	(x)	(x)	
32							35	(x)		x
37	x	x	x				36			
39	x	x	x				41			x
40							44	x	x	
42	x			x	x		45			
43	x	x	x				47			
46	(x)			x	x		48	x		x
51	(x)			x	x		50	x	x	
54							52	x	x	
57							53			
59							55	x	x	
60							56	x	x	
62							58	x	x	
64	x	x	x				63	x	x	
65							66	x	x	

*) Die Items wurden dem Faktor zugeordnet, auf dem sie die höchste Ladung aufwiesen, sofern $h^2 \geq .20$ und $a^2/h^2 \geq .50$ (*Fürntratt* 1969) (= Symbol x). Variablen, deren Kommunalität knapp unter .20 liegt und noch $a^2/h^2 \geq .50$ aufweisen, wurden mit (x) dem jeweiligen Faktor zugeordnet. Ein o zeigt an, daß diese Variable ihre höchste Ladung zwar auf einem anderen Faktor (dort mit x vermerkt) aufweist, aber auf diesem Faktor eine fast gleich hohe Ladung hat. Die Tabelle ist so zu verstehen, daß die Zuordnung der Variablen nach den Kriterien:

a) der höchsten Ladung auf einem Faktor, bei gleichzeitig
b) $h^2 \geq 20$ und
c) $a^2/h^2 \geq .50$ bei einer 1- (I'), 2- (I", II") und 3-Faktor-Lösung (I''', II''', III''')
erfolgte.

ladungen und Kommunalitäten der Items in den Tab. 7 und 8*.
Um zu den beiden endgültigen Skalen für n aff und n ach zu gelangen, wurden zunächst alle Items eliminiert, die keine befriedigenden Selektionskennwerte (SK $\geq$ .30) aufwiesen. Nach den Kriterien der Faktorenanalyse ($h^2 \geq .20$; $a^2/h^2 \geq .50$) waren außerdem bei den beiden n aff-Skalen 7 Items und den n ach-Skalen 5 Items nicht ganz zufriedenstellend. Für n aff wurden daher zusätzlich die Items 11, 24, 32, 60 und 65 eliminiert, während wir die Items 17 und 23 aufgrund der relativ guten Trennschärfekoeffizienten und der noch akzeptablen Faktorladungen im Fragebogen beließen. Von den n ach-Skalen wurden zusätzlich die Items 33, 36 und 47 eliminiert, Items 19 und 53 hingegen wegen der optimalen Schwierigkeitsindices (p) bei gleichzeitig recht gutem r_{pbis} und relativ guter Faktorladung beibehalten.

Tab. 7: Ergebnisse der 2. Itemanalysen für Skala I (Faktor I) und Skala II (Faktor II) von n aff

Item	FaI	FaII	h^2	p	r_{pbis}	SK
2	.523		.280	.907	.452	.777
7		.537	.332	.907	.452	.776
8	.650		.426	.888	.606	.961
14		.541	.329	.888	.404	.640
17	.342		.157	.916	.319	.575
18		.585	.367	.636	.560	.582
23	.327		.144	.916	.267	.481
29		.618	.390	.776	.521	.625
31	.470		.266	.897	.428	.705
37	.711		.507	.682	.641	.689
39	.798		.638	.766	.684	.808
42		.718	.517	.748	.639	.735
43	.762		.581	.822	.656	.858
46		.637	.413	.636	.605	.628
51		.419	.234	.841	.375	.513
64	.705		.500	.682	.628	.675

M_I = 7.48 (9 Items)
S_I = 2.12
r_{tt_I} (split-half) = .821
r_{tt_I} (mit Spearman-Brown-Korrektur) = .902
r_{tt_I} (Kuder-Richardson) = .826
r_{2_I} (Retest nach 6 Wochen) = .908

M_{II} = 5.43 (7 Items)
S_{II} = 1.83
$r_{tt_{II}}$ (split-half) = .656
$r_{tt_{II}}$ (mit Spearman-Brown-Korrektur) = .792
$r_{tt_{II}}$ (Kuder-Richardson) = .787
$r_{2_{II}}$ (Retest nach 6 Wochen) = .493

Die Zusammenstellung der 2 n aff- und n ach-Skalen findet sich im Anhang am Schluß dieser Arbeit.

---

*) Da die Antworten auf die negativ verschlüsselten Items umgepolt wurden, ergeben sich nur positive Faktorladungen.

2.1.2.3. Diskussion

Wie die Ergebnisse der Faktorenanalysen zeigen, läßt es sich sowohl rechtfertigen, von der Eindimensionalität der verwendeten Konzepte auszugehen wie von ihrer Mehrdimensionalität. Im letzteren Fall ergab sich sowohl für das Leistungs- wie für das Gesellungsmotiv, daß eine Zweifaktorenlösung am günstigsten war.

Eine Auswertung der beiden Fragebogen getrennt für jeweils 2 Faktoren hat den Vorteil, daß differenziertere Aussagen über das Leistungs- und Gesellungsmotiv möglich werden als bei der Verwendung eines Global-

Tab. 8: Ergebnisse der 2. Itemanalysen für Skala I (Faktor I) und Skala II (Faktor II) von n ach

Item	FaI	FaII	h^2	p	r_{pbis}	SK
3		.561	.317	.720	.452	.503
4		.562	.353	.776	.524	.628
5		.451	.204	.869	.336	.498
10		.657	.434	.813	.521	.668
13	.473		.226	.336	.425	.450
19	.393		.163	.495	.386	.386
20	.535		.295	.383	.504	.519
22	.513		.266	.449	.462	.465
25		.530	.281	.757	.432	.504
27	.677		.467	.533	.639	.640
30	.584		.344	.682	.497	.533
34	.406		.182	.888	.382	.606
35		.395	.270	.673	.387	.412
41		.646	.422	.710	.542	.598
44	.557		.357	.879	.520	.796
48		.500	.376	.682	.465	.500
50	.724		.524	.551	.683	.687
52	.544		.297	.794	.469	.580
53	.416		.181	.533	.397	.397
55	.627		.394	.486	.590	.590
56	.461		.250	.505	.433	.433
58	.520		.315	.682	.481	.516
63	.514		.291	.664	.465	.492
66	.562		.325	.692	.462	.500

M_I = 9.55 (16 Items)
S_I = 4.24
r_{tt_I} (split-half) = .817
r_{tt_I} (mit Spearman-Brown-Korrektur) = .899
r_{tt_I} (Kuder-Richardson) = .862
r_{2_I} (Retest nach 6 Wochen) = .911

M_{II} = 6.00 (8 Items)
S_{II} = 2.11
$r_{tt_{II}}$ (split-half) = .551
$r_{tt_{II}}$ (mit Spearman-Brown-Korrektur) = .710
$r_{tt_{II}}$ (Kuder-Richardson) = .765
$r_{2_{II}}$ (Retest nach 6 Wochen) = .860

maßes. In diesem Zusammenhang ist es sinnvoll, die einzelnen Faktoren kurz zu charakterisieren, um die Interpretation der verschiedenen n ach- und n aff-Werte zu erleichtern.

In bezug auf die Leistungsmotivation lassen sich die beiden Itemgruppen, die den zwei Faktoren entsprechen, inhaltlich gut voneinander trennen. Faktor I ist im wesentlichen durch ein Leistungsstreben charakterisiert, das das Ziel hat, anerkannte Leistungen, die womöglich dauerhaften Wert besitzen, zu verwirklichen. Charakteristisch dafür ist etwa Item 27: „Ich möchte gerne etwas Bedeutendes vollbringen." Bei der Erreichung eines solchen Ziels ist impliziert, daß man andere übertrifft und u. U. schwierige Probleme löst, wobei es notwendig werden kann, sich voll einzusetzen.

Faktor II der Leistungsmotivation bezieht sich auf ein Leistungsstreben in dem Sinne, daß die Herausforderung, die eine schwierige Aufgabe darstellen kann, angenommen wird. Dabei erscheint das Leistungsmotiv mehr als intrinsisches Streben, das darauf gerichtet scheint, Probleme, die sich stellen, um ihrer selbst willen zu lösen.

In bezug auf das Gesellungsmotiv findet sich ebenfalls ein deutlicher inhaltlicher Unterschied in den Items, die den beiden Faktoren zugeordnet sind. Faktor I scheint mehr einen quantitativen Aspekt zu erfassen und Faktor II mehr einen qualitativen. In Skala I variiert das Ausmaß des Gesellungsmotivs mit der Anzahl von Freunden und Bekannten. Die Betonung liegt dabei auf der reinen Zahl. Ein starkes Gesellungsmotiv weist danach der auf, der viele Bekanntschaften unterhält. Typisch für diese Variante des Gesellungsmotivs ist etwa das Item: „Ich möchte so viele Freunde wie möglich kennenlernen."

In bezug auf Skala II des Gesellungsmotivs läßt sich feststellen, daß sie sich mehr darauf bezieht, inwieweit ein unmittelbarer Kontakt zu Freunden — und sei es nur ein Freund — erstrebt wird. Diese Variante des Gesellungsmotivs variiert mit der Enge bzw. der Intimität des erwünschten Kontakts zu Bekannten. Damit einher geht der Wunsch, bestimmte Aktivitäten entweder alleine oder mit anderen zusammen durchzuführen.

Wie wir in der Einleitung des zweiten Abschnitts dargestellt haben, halten wir es für wünschenswert, die Validität eines Fragebogens in experimentellen Situationen zu überprüfen. Solche Untersuchungen empfehlen sich insbesondere dann, wenn die Mehrdimensionalität eines Konzepts zur Diskussion steht. Dementsprechend planen wir auch Validitätsuntersuchungen dieser Art, um die Fruchtbarkeit eines mehrdimensionalen Ansatzes in bezug auf Leistungs- und Gesellungsmotiv zu untersuchen.

In der Zwischenzeit läßt sich festhalten, daß die Reliabilitätswerte eine getrennte Auswertung beider Fragebogen nach Skala I und II als legitim erscheinen lassen, wobei Bedenken am ehesten in bezug auf Skala II des Gesellungsmotivs gegeben sind. Eine Verwendung der Globalmaße für beide Motive kann besonders empfohlen werden, wenn eine Messung des Leistungs- und des Gesellungsmotivs im Sinne von *Edwards* beabsichtigt ist. Dabei ist die Vorschaltung von Eisbrecheritems bzw. der Einschub von Pufferitems in jedem Falle sinnvoll (s. Anhang).

2.1.3. Anhang

Tab. 9: Ergebnisse der 2. Itemanalyse für n aff (links) und n ach (rechts)

Item	p	r_{pbis}	SK	Item	p	r_{pbis}	SK
2	0.907	0.366	0.628	4	0.776	0.296	0.354
7	0.907	0.429	0.737	13	0.336	0.418	0.442
8	0.888	0.441	0.699	19	0.495	0.368	0.368
11	0.897	0.216	0.356	20	0.383	0.487	0.501
14	0.888	0.408	0.646	22	0.449	0.434	0.436
17	0.916	0.316	0.570	27	0.533	0.624	0.626
18	0.636	0.455	0.472	30	0.682	0.491	0.527
23	0.916	0.307	0.553	34	0.888	0.404	0.641
24	0.794	0.294	0.364	35	0.673	0.399	0.425
29	0.776	0.399	0.479	44	0.879	0.551	0.844
31	0.897	0.439	0.723	47	0.879	0.346	0.530
32	0.916	0.251	0.453	48	0.682	0.441	0.474
37	0.682	0.509	0.547	50	0.551	0.671	0.674
39	0.766	0.540	0.638	52	0.794	0.477	0.590
42	0.748	0.456	0.525	53	0.533	0.377	0.378
43	0.822	0.485	0.635	55	0.486	0.561	0.561
46	0.636	0.432	0.448	56	0.505	0.462	0.462
51	0.841	0.399	0.545	58	0.682	0.500	0.537
54	0.664	0.283	0.300	63	0.664	0.486	0.514
64	0.682	0.509	0.547	66	0.692	0.476	0.515
65	0.822	0.262	0.342				

M = 17.00; S = 3.80 (21 Items)
r_{tt} (split-half) = .705
r_{tt} (mit Spearman-Brown-Korrektur) = .827
r_{tt} (nach Kuder-Richardson) = .829
r_2 = .814 (Retest nach 6 Wochen)

M = 12.56; S = 4.90 (20 Items)
r_{tt} (split-half) = .793
r_{tt} (mit Spearman-Brown-Korrektur) = .884
r_{tt} (nach Kuder-Richardson) = .871
r_2 = .909 (Retest nach 6 Wochen)

2.1.3.1. Endform des n aff-Fragebogens (Gesamtskala)*)

2. Ich finde gerne neue Freunde (+)
7. Ich unternehme Ausflüge am liebsten alleine (−)
8. Ich knüpfe gerne neue Bekanntschaften an (+)
11. Ich teile nicht gerne mit anderen (−)
14. Ich unternehme lieber etwas gemeinsam mit meinen Freunden als alleine (+)
17. Ich versuche meinen Freunden auch gegen Widerstände zu helfen (+)
18. Ich wünsche mir, daß meine Freundschaften nicht zu eng werden (−)
23. Was ich habe, teile ich nur ungern mit meinen Freunden (−)
24. Ich wünsche mir einen Freundeskreis, in dem Harmonie herrscht (+)
29. Ich möchte mit meinen Freunden engen Kontakt halten (+)
31. Mir liegt nicht viel daran, neue Bekanntschaften zu knüpfen (−)

*) (+) bedeutet: ‚richtige' Antwort ist „stimmt"; (−): „stimmt nicht".

32. Ich bin nicht gerne in Gesellschaft mit Freunden (−)
37. Ich möchte so viele Freunde wie möglich kennenlernen (+)
39. Ich wünsche mir nur eine kleine Zahl von Freunden (−)
42. Ich wünsche mir enge Beziehungen zu meinen Freunden (+)
43. Ich möchte gerne einen großen Bekanntenkreis haben (+)
46. Ich habe gerne eine starke Bindung zu meinen Freunden (+)
51. Ich bespreche gerne die Dinge des Lebens mit meinen Freunden (+)
54. Ich telefoniere nur selten mit meinen Freunden und Bekannten (−)
64. Ein großer Freundeskreis ist mir nicht so wichtig (−)
65. Ich mache gerne in Gruppen mit, in denen alle freundliche Gefühle zueinander hegen (+)

2.1.3.2. Endform des n ach-Fragebogens (Gesamtskala)*)

4. Wenn eine Aufgabe schwierig wird, höre ich am liebsten bald damit auf (−)
13. Ich versuche oft die Leistungen anderer zu übertreffen (+)
19. Ich bemühe mich nicht besonders, Aufgaben besser als andere Leute zu lösen (−)
20. Ich möchte gerne eine anerkannte Autorität für ein bestimmtes Sachgebiet sein (+)
22. Ich möchte gerne etwas schaffen, was auch noch für die Nachwelt von Bedeutung ist (+)
27. Ich möchte gerne etwas Bedeutendes vollbringen (+)
30. In meinem Beruf möchte ich ein anerkannter Fachmann sein (+)
34. Ich habe es gerne, wenn ich alle meine Fähigkeiten einsetzen kann (+)
35. Ich löse gerne Aufgaben, von denen andere annehmen, daß sie Fähigkeiten und Anstrengung verlangen (+)
44. Ich bin gerne in meinen Unternehmungen erfolgreich (+)
47. Es befriedigt mich nicht besonders, wenn ich eine Aufgabe erfolgreich gelöst habe (−)
48. Wenn es schwierig wird, setze ich alle meine Kräfte ein, um zum Ziel zu kommen (+)
50. Auf einem bestimmten Gebiet möchte ich gerne Hervorragendes leisten (+)
52. Ich möchte gerne von mir sagen können, daß ich eine schwierige Aufgabe zur Zufriedenheit gelöst habe (+)
53. Wenn ich etwas unternehme, dann will ich mich nicht immer voll einsetzen (−)
55. Ich möchte nicht unbedingt etwas schaffen, was andere für eine große Leistung halten (−)
56. Wenn ich bei schwierigen Aufgaben keinen Erfolg habe, regt mich das nicht sehr auf (−)
58. In allem, was ich unternehme, möchte ich mein Bestes geben (+)
63. Mir liegt nicht viel daran, auch bei schwierigen Aufgaben zum Erfolg zu kommen (−)
66. Ich wünsche mir, daß alles, was ich anfange, mit Erfolg endet (+)

---
*) (+) bedeutet: ‚richtige' Antwort ist „stimmt"; (−): „stimmt nicht".

2.1.3.3. Skala I zu n aff (Faktor I)

2. Ich finde gerne neue Freunde (+)
8. Ich knüpfe gerne neue Bekanntschaften an (+)
11. Ich versuche meinen Freunden auch gegen Widerstände zu helfen (+)
23. Was ich habe, teile ich nur ungern mit meinen Freunden (−)
31. Mir liegt nicht viel daran, neue Bekanntschaften zu knüpfen (−)
37. Ich möchte so viele Freunde wie möglich kennenlernen (+)
39. Ich wünsche mir nur eine kleine Zahl von Freunden (−)
43. Ich möchte gerne einen großen Bekanntenkreis haben (+)
64. Ein großer Freundeskreis ist mir nicht so wichtig (−)

2.1.3.4. Skala II zu n aff (Faktor II)

7. Ich unternehme Ausflüge am liebsten allein (−)
14. Ich unternehme lieber etwas gemeinsam mit meinen Freunden als alleine (+)
18. Ich wünsche mir, daß meine Freundschaften nicht zu eng werden (−)
29. Ich möchte mit meinen Freunden engen Kontakt halten (+)
42. Ich wünsche mir enge Beziehungen zu meinen Freunden (+)
46. Ich habe gerne eine starke Bindung zu meinen Freunden (+)
51. Ich bespreche gerne die Dinge des Lebens mit meinen Freunden (+)

2.1.3.5. Skala I zu n ach (Faktor I)

13. Ich versuche oft die Leistungen anderer zu übertreffen (+)
19. Ich bemühe mich nicht besonders, Aufgaben besser als andere Leute zu lösen (−)
20. Ich möchte gerne eine anerkannte Autorität für ein bestimmtes Sachgebiet sein (+)
22. Ich möchte gerne etwas schaffen, was auch noch für die Nachwelt von Bedeutung ist (+)
27. Ich möchte gerne etwas Bedeutendes vollbringen (+)
30. In meinem Beruf möchte ich ein anerkannter Fachmann sein (+)
34. Ich habe es gerne, wenn ich alle meine Fähigkeiten einsetzen kann (+)
44. Ich bin gerne in meinen Unternehmungen erfolgreich (+)
50. Auf einem bestimmten Gebiet möchte ich gerne Hervorragendes leisten (+)
52. Ich möchte gerne von mir sagen können, daß ich eine schwierige Aufgabe zur Zufriedenheit gelöst habe (+)
53. Wenn ich etwas unternehme, dann will ich mich nicht immer voll einsetzen (−)
55. Ich möchte nicht unbedingt etwas schaffen, was andere für eine große Leistung halten (−)
56. Wenn ich bei schwierigen Aufgaben keinen Erfolg habe, regt mich das nicht so sehr auf (−)
58. In allem, was ich unternehme, möchte ich mein Bestes geben (+)
63. Mir liegt nicht viel daran, auch bei schwierigen Aufgaben zum Erfolg zu kommen (−)
66. Ich wünsche mir, daß alles, was ich anfange, mit Erfolg endet (+)

2.1.3.6. Skala II zu n ach (Faktor II)

3. Ich löse gerne Rätsel und Probleme, mit denen andere Leute Schwierigkeiten haben (+)
4. Wenn eine Aufgabe schwierig wird, höre ich am liebsten bald damit auf (−)
5. Aufgaben, die von anderen als schwierig bezeichnet werden, widme ich nur geringes Interesse (−)
10. Schwierige Aufgaben reizen mich nur wenig (−)
25. Ich strenge mich nur ungern an, um ein kniffliges Problem zu lösen (−)
35. Ich löse gerne Aufgaben, von denen andere annehmen, daß sie Fähigkeiten und Anstrengung verlangen (+)
41. Einer Aufgabe, die andere für unlösbar halten, wende ich mich nur ungern zu (−)
48. Wenn es schwierig wird, setze ich alle meine Kräfte ein, um zum Ziel zu kommen (+)

2.1.3.6. Pufferitems*)

1. Ich möchte gerne voraussagen können, wie sich meine Freunde in verschiedenen Situationen verhalten werden.
15. Ich habe in meinem Alltag keine Abwechslung.
26. Ich bin gerne großzügig zu meinen Freunden.
38. Ich akzeptiere die Führung von Leuten, die ich bewundere.
49. Ich stehe gerne im Mittelpunkt des Interesses.
61. Ich sage gerne Dinge, die andere Leute für klug halten.

Literatur

1. *Allmer, H.*, Automatische Klassifikation nach Leistungsmotivationsdimensionen an Sportlerstichproben. Schweizerische Zeitschrift für Psychologie **32**, 348−359 (1973a). − 2. *Allmer, H.*, Zur Diagnostik der Leistungsmotivation (Ahrensburg b. Hamburg 1973b). − 3. *Bierhoff-Alfermann, D.*, Zur Motivation von Spitzen- und Breitensportlern. Vortrag auf dem IV. Europ. Kongr. f. Sportpsychologie in Edinburgh (1975). − 4. *Corah, N. L., Feldman, H. J., Cohen, J. S., Green, W., Meadow, A.* und *Ringwall, E. A.*, Social desirability as a variable in the Edwards Personal Preference Schedule. Journal of consulting Psychology **22**, 70−72 (1958). − 5. *Edwards, A. L.*, Edwards Personal Preference Schedule. Manual revised. (New York 1959). − 6. *Feldman, M. J.* und *Corah, N. L.*, Social desirability and the forced choice method. Journal of consulting Psychology **24**, 480−482 (1960). − 7. *Fisch, R.* und *Schmalt, H.-D.*, Vergleich von TAT- und Fragebogendaten der Leistungsmotivation. Zeitschrift für experimentelle und angewandte Psychologie **17**, 608−634 (1970). − 8. *Freedman, J. L., Carlsmith, J. M.* und *Sears, D. O.*, Social psychology (Englewood Cliffs, 1970). − 9. *Fürntratt, E.*, Zur Bestimmung der Anzahl interpretierbarer gemeinsamer Faktoren in Faktorenanalysen psychologischer Daten. Diagnostica **15**, 62−75 (1969). − 10. *Heckhausen, H.*, Die Interaktion der Sozialisations-

---

*) Die Pufferitems wurden (anderen als den beiden hier benutzten) Skalen aus dem EPPS entnommen.

variablen in der Genese des Leistungsmotivs. In: *C. F. Graumann* (Hg.), Handbuch der Psychologie, Sozialpsychologie, Bd. 7, 2, 955–1019 (Göttingen 1972). – 11. *Heckhausen, H.*, Leistung – Wertgehalt und Wirksamkeit einer Handlungsmotivation und eines Zuteilungsprinzips. In: Sinn und Unsinn des Leistungsprinzips. Ein Symposium (München 1974). – 12. *Lehr, U.*, Das Problem der Sozialisation geschlechtsspezifischer Verhaltensweisen. In: *C. F. Graumann* (Hg.), Handbuch der Psychologie, Sozialpsychologie, Bd. 7,2, 866–954 (Göttingen 1972). – 13. *Lienert, G.*, Testaufbau und Testanalyse (Weinheim, 1967^2). – 14. *Mehrabian, A.*, Measures of achieving tendency. Educational and Psychological Measurement **29**, 445–451 (1969). – 15. *Mehrabian, A.* und *Ksionzky, Sh.*, A theory of affiliation (Lexington, Mass. 1974). – 16. *Messick, S.*, Dimensions of social desirability. Journal of consulting Psychology **24**, 279–287 (1960). – 17. *Meyer, W.-U.*, Leistungsmotiv und Ursachenerklärung von Erfolg und Mißerfolg (Stuttgart 1973). – 18. *Mikula, G., Uray, H.* und *Schwinger, Th.*, Die Entwicklung einer deutschen Fassung der Mehrabian achievement risk preference scale. Berichte aus dem Institut für Psychologie der Universität Graz (1974). – 19. *Murray, H. A.* et al., Explorations in personality (New York 1938). – 20. *Schachter, S.*, The psychology of affiliation (Stanford, Calif. 1959). – 21. *Schmitz-Scherzer, R., Bierhoff-Alfermann, D.* und *Bierhoff, H. W.*, Sport, Freizeit und Persönlichkeitsmerkmale: Ein Vergleich zwischen Sportlern und Nichtsportlern. Im Manuskript (1974). – 22. *Überla, K.*, Faktorenanalyse (Berlin–Heidelberg 1968). – 23. *Winer, B. J.*, Statistical principles in experimental design. Second Edition (New York, 1971).

Anschrift der Autoren:

Dr. *Dorothee Bierhoff-Alfermann*
Seminar für Psychologie
Pädagogische Hochschule
Ahornstraße 55, 5100 Aachen

Dr. *H. W. Bierhoff*
Psychologisches Institut der Universität Bonn
An der Schloßkirche
5300 Bonn

2.2. Experimentelle Planung sozialpsychologischer Sportstudien

Hans Werner Bierhoff

Mit 1 Abbildung und 1 Tabelle

Zusammenfassung

Experimentelle und quasiexperimentelle Versuchspläne (s. *Campbell* und *Stanley* 1963) werden auf sportpsychologische Untersuchungen angewandt. Konkrete Fragen der Sozialpsychologie des Sports werden in experimentelle Pläne übersetzt. Soziale Einflüsse in psychologischen Untersuchungen — insbesondere implizite Annahmen der Versuchspersonen und Versuchsleitereffekte — werden besonders hervorgehoben.

Summary

Experimental and quasi experimental designs (s. *Campbell* and *Stanley* 1963) are applied to studies in sport psychology. Concrete questions of the social psychology of sport are translated into different experimental plans. The social nature of psychological research is emphasized, especially the influences of demand characteristics and of experimenter effects.

Die Verwendung experimenteller Pläne bei der Untersuchung von Fragen aus der Sozialpsychologie des Sports scheint noch keine Routine geworden zu sein. Wie etwa Untersuchungen zu Fragen der sozialen Interaktion im Sport (*Bierhoff,* in diesem Band 4.2) zeigen, findet eine experimentelle Planung sozialpsychologischer Untersuchungen im Sport meist nicht statt. Daher muß sich der folgende Beitrag im wesentlichen darauf beschränken, Anregungen zu geben und Möglichkeiten deutlich zu machen, die eine Anwendung von Prinzipien experimenteller Planung für die Sozialpsychologie des Sports mit sich bringen könnte.

Während der erste Teil, der sich mit der Einordnung der experimentellen Planung in den wissenschaftlichen Forschungsprozeß beschäftigt, relativ allgemein gehalten ist, werden im folgenden Versuchspläne besprochen, die für die Sozialpsychologie des Sports von direkter Bedeutung sind. Dazu gehören die gewissermaßen klassischen Versuchspläne 3, 14 und 15, die im wesentlichen bei Laboruntersuchungen Anwendung finden können. Die Designs 4, 5, 7 und 8 sind vor allem auch für den Praktiker von Interesse, der ein konkretes Problem mit wissenschaftlichen Mitteln lösen will und an Fragen der Generalisierbarkeit der Ergebnisse nur ein sekundäres Interesse hat. Die Versuchspläne 9—13 schließlich sind besonders geeignet, um die Auswirkungen von Veränderungen der generellen Sportpolitik auf soziale Verhaltensweisen von Sportlern zu erfassen.

Die nachfolgende Darstellung basiert im wesentlichen auf den Arbeiten von *Campbell* (1957) und *Campbell* und *Stanley* (1963). Aber auch Einflüsse der Arbeiten von *Rosenblatt* und *Miller* (1972a, b), *Kerlinger* (1973) und *Hendrick* und *Jones* (1972) sind unverkennbar. Im deutschen Sprachraum sind die Darstellungen von *Bredenkamp* (1969) und von *Pagès* (1974) für die Sozialwissenschaft hervorzuheben. Im folgenden werden besonders solche Versuchspläne besprochen, die für die Sozialpsychologie des Sports von direktem Interesse sind. Daher wurden solche Pläne ausführlicher dargestellt, die auf Felduntersuchungen anwendbar sind und die von *Campbell* und *Stanley* (1963) als „quasiexperimentelle" Versuchspläne bezeichnet werden.

Fragen der Auswertung bleiben weitgehend im Hintergrund. Daher sei an dieser Stelle auf die Standardwerke von *Winer* (1971), *Edwards* (1968) und *Keppel* (1973) verwiesen. Eine gute Zusammenstellung nichtparametrischer Auswertungsverfahren findet sich bei *Conover* (1971), *Bradley* (1968) und *Lienert* (1973).

Dem methodisch nicht versierten Leser wird empfohlen, den ersten Teil zu überspringen und mit der Darstellung eines Versuchsplans anhand eines Beispiels im zweiten Teil zu beginnen. Im folgenden werden dann dieses Beispiel sowie 2 weitere konkrete Fragestellungen im Hinblick auf die einzelnen Versuchsdesigns analysiert.

2.2.1. Hypothesen, Relationen und experimentelle Planung

Die Erstellung eines Untersuchungsplans ist ein notwendiger Bestandteil sozialwissenschaftlicher Forschung. *Kerlinger* (1973) zeigt — ausgehend von seiner Definition von Hypothesen als Relationen zwischen Variablen — den Stellenwert der experimentellen Planung auf, indem er darstellt, daß Untersuchungspläne Relationen sind, in denen die Teilmengen geordneter Paare Symbole für die unabhängige und die abhängige Variable darstellen (S. 330). Hier ist keine ausführliche Diskussion dieser Beziehungen möglich, und der interessierte Leser sei auf die umfassende Konzeption des Wissenschaftsprozesses verwiesen, die von *Kerlinger* entwickelt wird. Es reicht aus, darauf hinzuweisen, daß ein enger Zusammenhang zwischen der Hypothesenbildung und der statistischen Auswertung empirischer Daten einerseits und der experimentellen Planung andererseits festzustellen ist. Auf den Zusammenhang zwischen Hypothesenbildung und experimenteller Planung ging etwa *Bierhoff* (1974) ein.

Relationen zwischen Variablen lassen sich in unterschiedlicher Weise charakterisieren. Ein Maß der Relation ist die Kovarianz zwischen 2 Meßreihen x und y mit N Meßpaaren, $\text{CoV} = \Sigma\, xy/N$, bzw. als standardisiertes Maß die Korrelation $R = \text{CoV}_{xy}/\sqrt{V_x V_y}$, wobei V_x und V_y die Varianz der beiden Meßreihen bezeichnen. Untersuchungsansätze, die diesen Index der Relation verwenden, lassen sich als Korrelationsstudien bezeichnen. *Rosenblatt* und *Miller* (1972a, S. 24 ff.) zeigen, daß Studien dieser Art Interpretationsprobleme aufwerfen, insbesondere im Zusammenhang mit der Feststellung von Ursache-Wirkung-Bezügen. Man kann sicher sein, daß in vielen Fällen Korrelationsstudien unumgänglich und ergiebig sind, besonders dann, wenn keine Manipulation bestimmter unabhängiger Variabler möglich erscheint. (*Kerlinger* (1973, S. 38 f.) spricht dann von „Attribut Variablen" im Unterschied zu „aktiven Variablen".)

Rosenblatt und *Miller* (1972a) machen deutlich, daß bei vielen Fragestellungen die Verwendung von Experimenten und damit die Erstellung eines experimentellen Plans vorzuziehen ist. Dieses Vorgehen charakterisiert Relationen nicht mithilfe der Kovarianz, sondern anhand des Verhältnisses von der Varianz zwischen bestimmten Versuchsgruppen (experimentelle Varianz = V_b) und der Fehler-Varianz (Zufallsvarianz = V_w), wobei beide Varianzen dieselbe Meßreihe – nämlich die der abhängigen Variablen – unabhängig voneinander charakterisieren. Schätzungen für diese Variationsmaße sind in varianzanalytischen Verfahren anhand der mittleren Quadratsummen gegeben. Das Verhältnis der beiden Varianzquellen, V_b/V_w, ergibt den Quotientwert F, der bekanntlich der F-Verteilung folgt.

Während Korrelationsmaße eine Relation sozusagen direkt beschreiben, stellt das zuletzt dargestellte Verfahren ein indirektes Vorgehen dar. Durch die Manipulation der unabhängigen Variablen wird versucht, die Varianz der abhängigen Variablen zu beeinflussen. Nach der experimentellen Manipulation wird die abhängige Variable erhoben. Die Analyse verschiedener Varianzanteile wird dann durchgeführt, um eine Relation zwischen unabhängigen und abhängigen Variablen zu erschließen.

Im einleitenden Abschnitt ist wiederholt von unabhängigen und abhängigen Variablen die Rede gewesen. Mit *Kerlinger* (1973, S. 35) läßt sich sagen, daß die unabhängige Variable die angenommene Ursache der abhängigen Variable darstellt, die ihrerseits den angenommenen Effekt ausmacht, eine Beziehung, die in logischen Behauptungen wie „Wenn A, dann B" beschrieben wird. In Experimenten wird typischerweise versucht, mehrere Abstufungen der unabhängigen Variablen herzustellen und im Anschluß jeweils die Ausprägung der abhängigen Variable zu erheben. Da im folgenden von experimenteller Planung im Zusammenhang mit der Sozialpsychologie des Sports die Rede sein soll, wird dieses Vorgehen an einem Beispiel kurz veranschaulicht, das diesem Bereich zuzuordnen ist.

2.2.2. Ein Beispiel experimenteller Planung

Zum Ausgangspunkt der weiteren Diskussion soll eine Untersuchung zu der Frage genommen werden, inwieweit sportliches Training eine sozialisierende Wirkung auf die Entwicklung Erwachsener hat[*]. Ein Trainingsprogramm wird eingerichtet, das bisher untrainierte Erwachsene durchführen können. Zu Beginn und zum Abschluß des Programms wird von allen Teilnehmern ein Persönlichkeitsfragebogen ausgefüllt, der verschiedene Persönlichkeitsmerkmale – wie etwa Neurotizismus – erfassen soll. Die Gesamtheit der Teilnehmer an dem Trainingskurs wird auf der Grundlage einer Serie von bewährten physiologischen Messungen, die vor Beginn des Trainings durchgeführt werden, in 2 Gruppen eingeteilt: Die eine Gruppe,

---

[*] Die Idee zu diesem Beispiel basiert auf einer Untersuchung von *Ismail* und *Trachtman* (1975), die im folgenden in verschiedenen Variationen besprochen wird.

die relativ günstige physiologische Meßwerte aufweist und als „trainierte" Gruppe bezeichnet wird, erfährt durch das zusätzliche Trainingsprogramm nur eine geringfügige Veränderung ihrer körperlichen Leistungsfähigkeit. Die zweite Gruppe mit relativ ungünstigen Meßwerten („untrainierte" Gruppe) sollte aufgrund des vielseitigen Trainingsprogramms eine deutliche Verbesserung der körperlichen Leistungsfähigkeit erfahren.

Damit ergeben sich 2 Versuchsgruppen, von denen wir die erstere als Kontrollgruppe (KG) bezeichnen wollen und die letztere als Experimentalgruppe (EG). Bei beiden Gruppen wird ein Vor- und ein Nachtest zur Messung der Persönlichkeitsmerkmale durchgeführt. In der EG ist anzunehmen, daß während des Trainings die experimentelle Manipulation verwirklicht wird: die Versuchspersonen (Vpn) dieser Gruppe zeigen eine deutliche Verbesserung der körperlichen Leistungsfähigkeit. Im Gegensatz dazu sollte in der KG diese Veränderung nicht auftreten, so daß angenommen werden kann, daß in dieser Gruppe die experimentelle Manipulation nicht gegeben ist.

Wenn wir das Vorhandensein der experimentellen Manipulation mit X_1 symbolisieren und das Nichtvorhandensein mit X_0 (bzw. non X), dann kann das Paradigma dieses Versuchsplans wie in Abb. 1 wiedergegeben werden.

	Vortest	Nachtest
X_1		Neurotizismus
X_0		Werte

Abb. 1   siehe Text

Diese Darstellung des Untersuchungsansatzes impliziert, daß in diesem Versuchsplan eine experimentelle Manipulation der Erfahrung zunehmender körperlicher Leistungsfähigkeit stattfindet. Allerdings fällt damit gleichzeitig ein Unterschied in der zu Beginn des Versuchs vorzufindenden Leistungsfähigkeit der Vpn zusammen, die aufgrund einer Vielzahl von Ereignissen vor Beginn des Experiments eingetreten ist und – wie weiter unten noch zu zeigen sein wird – die Interpretation der Ergebnisse dieser Untersuchung erschwert. An dieser Stelle ist festzuhalten, daß der Versuchsplan die Möglichkeit eröffnet, die Veränderung der abhängigen Variable (etwa Neurotizismus) von Vortest zu Nachtest in Abhängigkeit von der experimentellen Manipulation zu analysieren.

2.2.3. Einige Grundprinzipien experimenteller Planung

So unterschiedlich die Versuchsplanung im Einzelfall auch aussieht, es lassen sich doch verschiedene Grundprinzipien nennen, nach denen im allgemeinen vorzugehen ist. *Neale* und *Liebert* (1973, S. 55 f.) nennen als das zentrale Ziel experimenteller Planung, die Wahrscheinlichkeit des Auffindens „wirklicher" Effekte zu maximieren und die Wahrscheinlichkeit von Zweideutigkeiten in bezug auf die Ursache experimentell beobachteter

Differenzen zu minimalisieren. In einem varianzanalytischen Versuchsplan läuft diese Zielvorstellung darauf hinaus, die systematische Varianz aufgrund der experimentellen Manipulation (V_b) zu maximisieren und die Fehlervarianz (V_w) aufgrund einer möglichst großen experimentellen Kontrolle in Form von Konstanthaltung der Versuchsbedingungen sowie der Durchführung möglichst reliabler Messungen und der Herstellung möglichst homogener Stichproben zu minimalisieren.

Diese Zielsetzung wird im folgenden anhand der Analysen von *Campbell* und *Stanley* (1963) und *Kerlinger* (1973) noch etwas differenzierter dargestellt. Zum einen das Ziel der Maximalisierung der experimentellen Varianz: In den meisten Fällen ist dieses Ziel am ehesten dadurch zu verwirklichen, daß die verschiedenen experimentellen Bedingungen in bezug auf die unabhängige Variable so unterschiedlich wie möglich sind. Um aber die Ergebnisse einer experimentellen Studie möglichst eindeutig interpretieren zu können, besteht die Notwendigkeit, daß plausible Alternativerklärungen möglichst weitgehend ausgeschaltet werden.

Dies läßt sich an dem obigen Beispiel veranschaulichen. Die Unterschiede zwischen den beiden Versuchsbedingungen werden vergrößert, wenn die Erfahrung des Leistungszuwachses in der EG möglichst intensiv ist. Wenn sich nun tatsächlich zeigen sollte, daß der Neurotizismus in der EG eine größere Veränderung aufweist als in der KG, dann ist dieser Effekt nur dann auf die experimentelle Manipulation zurückzuführen, wenn nicht gleichzeitig andere (fremde) Variable in den beiden Versuchsbedingungen unterschiedlich ausgeprägt waren. Z. B. könnte es sein, daß die Zuteilung der Vpn zu den beiden Versuchsgruppen – die im Prinzip einer Selbstselektion der Vpn aufgrund ihrer physiologischen Indices entspricht – dazu führt, daß die Ausfälle in der EG größer sind als in der KG. In diesem Fall wäre die Alternativhypothese plausibel, daß der größere Ausfall von Vpn in der EG die Veränderungen in den Neurotizismuswerten in der EG hervorgerufen hat.

Um mögliche Alternativhypothesen bei der Interpretation von Ergebnissen auszuschalten, besteht oftmals die Möglichkeit, eine Zufallsaufteilung der Vpn auf die verschiedenen Versuchsbedingungen vorzunehmen. Eine solche Zufallsaufteilung, auf die weiter unten noch ausführlicher eingegangen wird, stellt die wichtigste und effektivste Methode dar, um Alternativhypothesen auszuschalten. Weitere Prinzipien sind weniger gut geeignet, obwohl sie im Einzelfall das experimentelle Design wesentlich verbessern können. Zum einen besteht die Möglichkeit, den Effekt einer fremden Variablen dadurch zu eliminieren, daß man Vpn auswählt, die in bezug auf diese Variable möglichst homogen sind. Wenn etwa im obigen Beispiel die Möglichkeit gegeben wäre, ein frühzeitiges Aufgeben eines Teilnehmers des Kursus zu verhindern, dann wäre das Aufgeben keine bedeutsame Variable mehr. Oder wenn man meint, daß das Geschlecht der Vpn einen Einfluß auf die Persönlichkeitsveränderung nach dem Training hat, dann wird diese Variable ausgeschaltet, indem nur männliche oder nur weibliche Teilnehmer in den Versuch einbezogen werden.

Eine andere Möglichkeit der Kontrolle einer potentiellen Störvariablen ist dadurch gegeben, daß diese Variable explizit in den Versuchsplan einbezogen werden kann. Etwa in bezug auf die gerade erwähnte Geschlechtsvariable hieße das, daß die statistische Analyse neben der Unterteilung in EG und KG auch eine Unterteilung in männliche und weibliche Teilnehmer berücksichtigen müßte, so daß der Haupteffekt dieser Variablen und ihre Interaktion mit der anderen unabhängigen Variablen erfaßt werden könnte.

Schließlich ist ein weiteres Prinzip zu nennen, daß aber eine Zufallsaufteilung in dem oben besprochenen Sinn genauso wenig ersetzen kann wie die beiden zuvor genannten Prinzipien. Um eine bestimmte Variable in den Versuchsgruppen vergleichbar zu halten, besteht die Möglichkeit, jeweils Paare von Vpn zu bilden, die sich in bezug auf diese Variable möglichst ähnlich sind und diese Paare dann per Zufall auf die beiden Versuchsbedingungen aufzuteilen. Dieses Vorgehen, das oft als „matching" bezeichnet wird, ist nur dann sinnvoll, wenn die „matching"-Variable mit der abhängigen Variable eng korreliert und wenn entsprechende Auswertungspläne, die die Einbeziehung wiederholter Messungen erlauben, gewählt werden.

Ein solches Vorgehen – kombiniert mit einer Zufallsaufteilung – kann zur Verkleinerung der Fehlervarianz beitragen und so das Auffinden experimenteller Effekte erleichtern. Andererseits kann diese Prozedur allein die Zufallsaufteilung in keiner Weise ersetzen, weil sie im allgemeinen nur zur Angleichung einer geringen Zahl von Variablen geeignet ist, während die Zufallsaufteilung zu der Erwartung führt, daß die verschiedenen Versuchsgruppen in bezug auf alle möglichen Charakteristika angeglichen sind.

Campbell und *Stanley* (1963) haben eine Reihe von Kriterien entwickelt, die geeignet sind, die Güte eines experimentellen Plans in verschiedener Hinsicht zu bewerten. Diese Kriterien lassen sich in zwei Gruppen einteilen, nämlich die der internen Validität und die der externen Validität. Interne Validität bezieht sich auf das Ausmaß, mit dem der Effekt nach einer experimentellen Manipulation ausschließlich dieser Manipulation zugeschrieben werden kann. 8 verschiedene Kriterien der Invalidität lassen sich in diesem Zusammenhang unterscheiden:

— Das Eintreten zusätzlicher Ereignisse in der Umwelt – zusätzlich zur experimentellen Manipulation – zwischen einem Vor- und einem Nachtest („Geschichte").
— Veränderungen der Vpn zwischen Vor- und Nachtest, die unter die Rubrik „Reifung" zusammenzufassen sind.
— Nachwirkungen des Vortests auf den Nachtests („Testeffekt").
— Veränderungen des Meßinstruments bzw. veränderte Handhabung der Meßinstrumente („Instrumentarium").
— Statistische Regressionseffekte bei wiederholten Messungen, die insbesondere bei der Zusammenstellung der Gruppen aufgrund von Extremwerten oder in längsschnittlichen Untersuchungen plausible Alternativhypothesen sein können („Regressionseffekt").
— Ungleiche Zuteilung der Vpn zu den Versuchsgruppen (aufgrund fehlender Zufallszuteilung), die die Vergleichbarkeit der Gruppen in Frage stellt („Selektion").

— Unterschiedlicher Ausfall von Vpn in verschiedenen Versuchsgruppen („Mortalität").
— Interaktionen unter verschiedenen der vorgenannten Einflüsse.

Diese Kriterien der internen Validität werden anhand der verschiedenen Versuchspläne, die weiter unten dargestellt werden, noch ausführlicher besprochen. Die letztgenannte Quelle der Invalidität ist in dem oben besprochenen Beispiel schon dargestellt worden, als auf die Möglichkeit des unterschiedlichen Ausfalls von Vpn („Mortalität") aufgrund der fehlenden Zufallsaufteilung („Selektion") hingewiesen wurde.

Externe Validität bezieht sich auf die Generalisierbarkeit der Ergebnisse, die anhand einer spezifischen Stichprobe gefunden wurden. Damit ist zum einen die Frage angeschnitten, auf welche Populationen generalisiert werden kann (vorausgesetzt, die interne Validität ist gewährleistet). Von dieser Frage nach der Populationsgeneralität unterscheiden *Hendrick* und *Jones* (1972, Kap. 5) die Frage nach der Prozedur- und Meßgeneralität. Damit ist die Frage angesprochen, ob ein bestimmtes Resultat auch auftritt, wenn veränderte Meßmethoden verwendet werden, oder auch, ob sich ein Resultat aus einer Laboruntersuchung unter den veränderten Bedingungen einer Felduntersuchung replizieren läßt.

Fragen nach der Prozedur- und Meßgeneralität scheinen von besonderem Interesse zu sein, da sie ein wesentliches Kriterium für die Bewertung einer sozialwissenschaftlichen Studie darstellen. Dementsprechend wird im folgenden auch solchen Versuchsplänen eine besondere Beachtung geschenkt, deren interne Validität in dem einen oder anderen Punkt fragwürdig ist, deren externe Validität aber z. T. sehr günstig ist (*Campbell* und *Stanley* sprechen von quasiexperimentellen Versuchsplänen). Zum anderen soll die Frage besondere Beachtung finden, inwieweit ein Versuchsplan allein aufgrund bestimmter struktureller Eigenschaften die Generalisierung auf alltägliches Verhalten beeinträchtigt. Dabei halten wir es für besonders wichtig, daß ein Versuchsplan die Möglichkeit bietet, den Einfluß von Vortests zu kontrollieren.

Wir hatten schon darauf hingewiesen, daß der Vortest u. U. die interne Validität beeinträchtigen kann. Ein Vortest kann darüber hinaus auch noch negative Auswirkungen in bezug auf die Generalisierung haben, insofern u. U. nur auf solche Personen generalisiert werden kann, die den Vortest absolviert haben. *Campbell* und *Stanley* sprechen in diesem Zusammenhang von der Interaktion zwischen Testeffekt und experimenteller Manipulation.

Das oben ausführlicher dargestellte Beispiel bietet eine gute Illustration für diese Einschränkung der Generalisierbarkeit. Da beide Versuchsgruppen den Vortest absolviert haben, besteht — streng genommen — nur die Möglichkeit, Auswirkungen des Trainings auf die Persönlichkeitsentwicklung immer dann im Alltag für wahrscheinlich zu halten, wenn die entsprechenden Personen einen Persönlichkeitsfragebogen vor Beginn ihres Trainingsprogramms ausgefüllt haben.

Ein wesentlicher Grund dafür, daß ein Vortest die Generalisierbarkeit der Ergebnisse einschränkt, liegt in der Gefahr, daß er bei den Vpn das Bewußtsein erzeugen kann, in einem Versuch zu stehen, so daß ihr nachfolgendes Verhalten von dem üblicherweise gezeigten Verhalten abweichen kann. Vortests können entscheidend dazu beitragen, daß die Vp den Versuch als künstliche experimentelle Anordnung erlebt und Vermutungen über die Hypothesen anstellt, die der Versuch überprüfen soll. Solche „reaktiven Arrangements" im Sinne von *Campbell* und *Stanley* stellen eine starke Bedrohung für die Generalisierbarkeit der Ergebnisse dar (*Rosenblatt* und *Miller*, 1972 b, S. 52).

Bei der Darstellung der folgenden experimentellen Pläne haben wir eine Trennung in Versuchspläne durchgeführt, die eine Kontrolle der Interaktion des Testeffekts mit der experimentellen Manipulation gestatten, und solche, die in diesem Punkt einer Einschränkung der Generalisierbarkeit unterliegen. Diese Versuchspläne werden zuerst dargestellt.

2.2.4. Versuchspläne, in denen die Generalisierbarkeit durch Vortests eingeschränkt wird

[1] $\qquad O_1 \quad X_1 \quad O_2$

Zunächst soll ein häufiger verwendetes, aber inadäquates Versuchsdesign besprochen werden. Zu seiner Darstellung [1] werden — wie auch zur Darstellung der weiteren Versuchspläne — bestimmte Symbole verwendet. Ein „O" kennzeichnet die Erhebung der abhängigen Variablen, wobei die einzelnen Messungen zur besseren Unterscheidung numeriert sind. Die links-nach-rechts-Anordnung der Zeichen symbolisiert die zeitliche Reihenfolge von Beobachtungen bzw. experimentellen Variationen. Ein X_1 symbolisiert das Auftreten der experimentellen Manipulation, also die Herstellung einer Ausprägung der unabhängigen Variablen. Im obigen Beispiel eines Designs mit einer Versuchsgruppe liegt diese experimentelle Manipulation also zwischen Vor- und Nachtest.

Eine Variation des Beispiels, das weiter oben ausführlich dargestellt wurde, soll dieses einfache Design veranschaulichen. Wie oben soll die Hypothese untersucht werden, daß eine Verbesserung der körperlichen Leistungsfähigkeit zu bestimmten Sozialisationswirkungen in bezug auf die Persönlichkeitsstruktur führt. Der Einfachheit halber soll wieder der Neurotizismuswert herausgegriffen werden, der die abhängige Variable konstituiert. Nachdem dieser Wert in einem Vortest bei allen Mitgliedern der Versuchsgruppe erhoben worden ist (O_1), wird das Trainingsprogramm durchgeführt, das geeignet ist, die körperliche Leistungsfähigkeit zu verbessern (X_1), und daran anschließend wird wieder die abhängige Variable bei allen Vpn erhoben.

Dieser Versuchsplan hat den Vorteil, daß keine Randomisierungsprobleme entstehen, da überhaupt nur eine Versuchsgruppe auftritt. Bei einem Vergleich von O_2 mit O_1 werden die Vpn des Nachtests mit ihren eigenen Vortestwerten verglichen. Es entstehen jedoch eine Reihe von Problemen, die sich zunächst einmal auf Fragen der internen Validität beziehen. Bei diesem Design sind verschiedene Quellen der Invalidität zu nennen. Zum einen könnte es sein, daß neben der Verbesserung der körperlichen Leistungsfähigkeit andere Ereignisse parallel aufgetreten sind, die einen möglichen Unterschied zwischen Vor- und Nachtest bewirken. Z. B. könnte es sein, daß sich die Teilnehmer des Programms aus Angehörigen einer bestimmten Institution zusammensetzen. Wenn nun etwa im Verlauf des Kursus ein Führungswechsel an der Spitze dieser Institution stattfindet, dann wäre es denkbar, daß die damit einhergehenden Veränderungen auch Auswirkungen auf die gemessenen Neurotizismuswerte im Nachtest haben könnten. Diese Einflüsse bleiben in diesem Versuchsplan unkontrolliert und stellen eine plausible Alternativhypothese zur Erklärung von möglicherweise auftretenden Differenzen zwischen Vor- und Nachtest dar.

Ähnlich liegen die Dinge, wenn bestimmte biologische oder psychologische Faktoren systematisch mit der Zeit variieren, die zwischen Vor- und Nachtest verstreicht. So ist z. B. daran zu denken, daß der Neurotizismus mit dem Alter der Vpn variiert oder daß jahreszeitliche Einflüsse wirksam werden usw.

Eine dritte Fehlerquelle ist darin zu sehen, daß die Handhabung der Meßinstrumente von Vor- zu Nachtest verändert wird. So wäre etwa im Fall des Neurotizismustests daran zu denken, daß die Auswerter veränderte Schablonen verwenden oder „?" Antworten in veränderter Form bewerten. In anderen Fällen kann die zunehmende Praxis bei der Auswertung dazu führen, daß sich die Auswertung des Nachtests systematisch von der des Vortests unterscheidet. Wenn etwa zur Messung des Neurotizismus ein projektives Verfahren verwendet worden wäre, bestünde die Möglichkeit, daß ein zunehmend geübter Auswerter im Laufe der Zeit ein bestimmtes Bezugssystem entwickelt, das vor allem im Nachtest wirksam wird. Solche Einflüsse können offensichtlich veränderte Meßwerte zwischen Vor- und Nachtest erklären.

Eine vierte Alternativhypothese bezieht sich auf die Wirkung von Testeffekten. Gerade etwa im Beispiel des Neurotizismus liegt die Möglichkeit nahe, daß die Bearbeitung des Vortests die Beantwortung des Nachtests beeinflußt. So ist daran zu denken, daß Vpn nach der Bearbeitung des Vortests die Hypothese entwickeln, daß in dem Verfahren Anpassungsbereitschaft gemessen wird, und die zweite Testung dazu benutzen, ihre Anpassungsbereitschaft unter Beweis zu stellen.

Eine letzte Ursache möglicher interner Invalidität besteht darin, daß wie in dem obigen Beispiel eine Interaktion zwischen Selektion und Reifung etc. auftritt. Jedenfalls wird deutlich, daß dieser Versuchsplan schon allein aufgrund seiner internen Validität inadäquat ist. Im folgenden werden Versuchspläne dargestellt, die dazu geeignet sind, verschiedene dieser Schwächen zu vermeiden.

[2] $$\begin{array}{ccc} O_1 & X_1 & O_2 \\ \hline O_3 & X_0 & O_4 \end{array}$$

Die folgenden zwei Designs verwenden jeweils eine Kontrollgruppe, die in einer zweiten Zeile der symbolischen Darstellung berücksichtigt ist. Während der Untersuchung sollen die beiden Versuchsgruppen möglichst identischen Bedingungen unterliegen, außer in bezug auf die experimentelle Bedingung. Da sich demgemäß die Ausprägung der unabhängigen Variablen in der KG von der EG unterscheidet, wird in der KG das Symbol X_0 verwendet.

Die beiden nun zu besprechenden Versuchspläne sind auf den ersten Blick weitgehend identisch. Sie unterscheiden sich aber in bezug auf die Auswahl der Vpn für die Versuchsbedingungen. In dem zunächst zu besprechenden Versuchsplan findet keine Zufallsaufteilung der Vpn auf die Versuchsbedingungen statt, so daß die Versuchsgruppen nicht äquivalent sind. Dies ist in der obigen Darstellung durch die Linie zum Ausdruck gebracht worden*).

Durch die Hinzunahme der KG werden verschiedene der weiter oben genannten Alternativhypothesen ausgeschaltet. Allerdings führt das Zuteilungsverfahren der Vpn zu den Versuchsgruppen dazu, daß alle diese Einflüsse in Interaktion mit der Selektion als plausible Alternativhypothesen in Frage kommen. Das zu Beginn ausführlich dargestellte Beispiel entspricht diesem Versuchsplan, und die Bedrohung der internen Validität aus diesem Grunde wurde schon weiter oben erläutert. Übrigens entspricht dieser Versuchsplan auch dem Vorgehen, daß *Ismail* und *Trachtman* (1975) in ihrem Versuch wählten.

Eine weitere Fehlermöglichkeit, die auch durch eine Interaktion mit der Selektion zustandekommt, soll noch kurz erläutert werden. Dazu werden die Ergebnisse des Versuchs betrachtet, die von *Ismail* und *Trachtman* (1975) in bezug auf Neurotizismus berichtet werden und die in Tab. 1 dargestellt sind:

Tab. 1

	Vortest	Nachtest
EG	O_1: 4.6	O_2: 5.4
KG	O_3: 6.4	O_4: 6.1

Ismail und *Trachtman* teilten der EG solche Teilnehmer des Kursus zu, die ungünstige physiologische Meßwerte aufwiesen, und der KG die Mitglieder, die günstige Werte aufwiesen. Dieses Zuteilungsverfahren kommt einer Selbstselektion der Vpn gleich. Tab. 1 zeigt nun die Mittelwerte für die „untrainierte" und die „trainierte" Gruppe. Die Autoren berichten nun, daß der Unterschied zwischen beiden Gruppen im Vortest signifikant war, nicht aber im Nachtest. Abgesehen davon, daß diese statistische Verrechnung nicht als optimal anzusehen ist, ergibt sich die Möglichkeit, daß nur aufgrund eines Regressionseffektes der mittlere Neurotizismus in der KG gesunken ist und in der EG gestiegen ist. Dies ist dann anzunehmen, wenn in der KG eher extreme Werte in bezug auf geringen Neurotizismus auftreten und in der EG eher extreme Werte in bezug auf hohen Neurotizismus. Eine Inspektion der ersten Spalte von Tab. 1 sowie der signifikante

---

*) Zur Auswertung: *Kenny* (1975).

Unterschied der Mittelwerte in dieser Spalte geben tatsächlich einen Anhaltspunkt dafür, daß die veränderten Mittelwerte im Nachtest wenigstens z. T. aufgrund eines in beiden Versuchsgruppen entgegengesetzten Regressionseffektes zustandegekommen sind. Damit wird die Interaktion von Selektion und Regressionseffekt zu einer plausiblen Alternativhypothese.

Immer dann, wenn kein besserer Versuchsplan durchführbar ist, sollte Versuchsplan 2 dem ersten Versuchsplan vorgezogen werden. Allerdings kann man nie sicher sein − auch nicht, wenn zusätzlich eine „matching"-Prozedur in Anwendung gebracht wird − inwieweit die Versuchsgruppen äquivalent sind. *Rosenblatt* und *Miller* (1972a, S. 35) schreiben zu recht, daß selbst die Kontrolle von „847" Zusatzmaßen die Vergleichbarkeit der Gruppen nicht gewährleistet.

[3]   R O_1 X_1 O_2
            R O_3 X_0 O_4

Der dritte Versuchsplan, der oben symbolisiert ist, unterscheidet sich von dem vorhergehenden nur dadurch, daß eine Zufallsaufteilung der Vpn auf die Versuchsbedingungen durchgeführt wird (was mit „R" in beiden Zeilen symbolisiert wird). Dies ist einer der 3 Versuchspläne, den *Campbell* und *Stanley* (1963) aufgrund seiner guten internen Validität als „wahren experimentellen Versuchsplan" bezeichnen[*]).

Die Zufallsaufteilung der Vpn gestattet die Annahme, daß die Versuchsgruppen in allen möglichen Charakteristiken vergleichbar sind. Die Zufallszuteilung von Vpn zu mehreren Versuchsbedingungen wird von *Kerlinger* (1973) als eine Form der Randomisierung gekennzeichnet. Dabei wird unter Randomisierung die Zuteilung von Objekten eines Universums zu Teilmengen des Universums in der Art, daß für jede Zuteilung zu einer Teilmenge jedes Mitglied des Universums die gleiche Wahrscheinlichkeit der Wahl für eine Zuteilung hat, verstanden (S. 123). Prozeduren, die eine Zufallszuteilung garantieren, werden etwa von *Kerlinger* (1973, S. 124 ff.) beschrieben. Entscheidend ist, daß die interne Validität des oben dargestellten experimentellen Plans gesichert ist, wenn durch eine Zufallsprozedur die Zuteilung der Vpn zu den einzelnen Versuchsbedingungen geschieht − auch wenn die Stichprobe selbst keine Zufallsstichprobe aus einer bestimmten Population darstellt.

Zugegebenermaßen läßt sich auch der gerade beschriebene Versuchsplan nicht immer verwirklichen. Dies ist z. B. in Felduntersuchungen nicht gegeben, in denen oft keine Zufallsaufteilung der Vpn auf experimentelle Bedingungen möglich ist, weil der Versuchsleiter die Ausprägung der unabhängigen Variablen nicht willkürlich bestimmen kann. Weiterhin ist eine Zufallsaufteilung oft unmöglich, wenn verschiedene Ausprägungen auf einer Attribut-Variable die Zuteilung zu den Versuchsbedingungen bestimmen. Ein Beispiel dafür ist etwa in der Aufteilung der Vpn aufgrund be-

---

[*]) Zur Auswertung dieses Designs s. *Huck* und *McLean* (1975), die eine Kovarianzanalyse empfehlen (s. auch *Bredenkamp*, 1969, im Zusammenhang mit „Kontrolltechniken").

stimmter physiologischer Indices, die als Resultat einer langfristigen Entwicklung angesehen werden können, gegeben. Andererseits zeigt aber auch der Untersuchungsansatz von *Ismail* und *Trachtman* (1975), daß bei vielen Fragestellungen eine Selbstselektion der Vpn vermieden werden könnte. Dies soll anhand einer Modifikation des Versuchsplans von *Ismail* und *Trachtman* (1975) deutlich gemacht werden, die das Design [3] verwendet.

Nachdem eine Personengruppe für ein Trainingsprogramm gewonnen worden ist, die sich erfahrungsgemäß durch eine relativ ungünstige körperliche Leistungsfähigkeit auszeichnet, wird die eine Hälfte der Vpn mithilfe einer Zufallsprozedur der EG zugeteilt und die andere Hälfte der KG. Vor Beginn des Trainings wird mit allen Vpn der Vortest durchgeführt (O_1 bzw. O_3). Danach wird den Mitgliedern der KG mitgeteilt, daß sie einer Wartegruppe zugeteilt wurden, die – nach einem bestimmten Zeitraum – das Training aufnehmen kann. In der Zwischenzeit wird das Trainingsprogramm mit der EG durchgeführt. Um die Beschäftigung der KG in der Wartezeit zu kontrollieren, werden mit ihr – parallel zu den Trainingszeiten der EG – Diskussionsveranstaltungen etwa zu sportlichen Fragen durchgeführt. Nach Abschluß der Trainingsperiode der EG werden alle Vpn erneut getestet (O_2 bzw. O_4).

Dies ist der Grundplan des Versuchs. Um reaktive Arrangements zu vermeiden, wird den Teilnehmern des Versuchs weder die Versuchsdurchführung noch die Zufallsaufteilung auf EG und KG noch der Zweck von Vor- und Nachtest mit Hinblick auf den Versuch erläutert.

Ein Design dieser Art kontrolliert die Quellen der Invalidität, die oben angeführt wurden. Z. B. ist anzunehmen, daß äußere Ereignisse oder Reifungseffekte in beiden Gruppen gleichermaßen auftreten. Auch der selektive Ausfall von Vpn in einer Versuchsgruppe ist weitgehend kontrolliert. Allerdings besteht die Gefahr, daß Vpn der EG zu einigen Trainingsveranstaltungen (oder allen) nicht erscheinen. In diesem Fall empfehlen *Campbell* und *Stanley* (1963), auch diese Vpn in die EG einzubeziehen, auch wenn der Effekt der experimentellen Manipulation verdünnt werden könnte, um ein Ungleichwerden der Versuchsgruppen zu vermeiden. Damit wird gewissermaßen eine Vergrößerung des Typ I-Fehlers in der Entscheidung über Hypothesen in Kauf genommen.

Versuchsplan 3 weist zwar eine gute interne Validität auf, andererseits bringt es die Struktur des Designs mit sich, daß die Generalisierbarkeit Probleme aufwirft. Diese liegen im wesentlichen in der Interaktion des Vortests mit der experimentellen Manipulation und – damit zusammenhängend – in der relativ großen Wahrscheinlichkeit für reaktive Arrangements. Wie schon weiter oben ausgeführt wurde, kann im Prinzip nur auf Personen generalisiert werden, die einen vergleichbaren Vortest absolviert haben. Dieses Problem ist umso schwerwiegender, je stärker der Vortest in den üblichen Ablauf in vergleichbaren Situationen eingreift bzw. je unähnlicher die Versuchssituation zu den Alltagssituationen wird, auf die generalisiert werden soll. Diese Einschränkung der Generalisierung gilt auch für die folgenden zwei Versuchspläne, die keine Zufallsaufteilung der Vpn voraussetzen, aber in bezug auf ihre interne Validität in bestimmten Aspekten den Versuchsplänen 1 oder 2 überlegen sind.

[4] $\quad O_1 \quad O_2 \quad O_3 \quad O_4 \quad X_1 \quad O_5 \quad X_1 \quad O_6 \quad X_1 \quad O_7$

In bezug auf die Sozialpsychologie des Sports lassen sich eine Reihe von Fragestellungen denken, die die Verwendung von Versuchsplänen, die nicht so günstig wie Design [3] sind, wünschenswert und notwendig erscheinen lassen. Ein Beispiel dafür war Versuchsplan 2. Andere Variationen beziehen die Anzahl der Erhebungen der abhängigen Variablen ein, wie dies für die 2 folgenden Versuchspläne gilt.

Design [4] empfiehlt sich immer dann, wenn weder eine äquivalente noch eine nichtäquivalente KG zur Verfügung steht. Dies ist etwa der Fall, wenn ein Versuch mit einer Sportgruppe durchgeführt werden soll, und eine Aufteilung auf verschiedene Versuchsgruppen ohne Widerstand der Betroffenen nicht möglich ist. Dieses Design beinhaltet im wesentlichen die häufige Wiederholung der Erhebung der abhängigen Variablen und weist längsschnittliche Aspekte auf.

Ein Beispiel soll die Nützlichkeit dieses Versuchsplans besonders für die wissenschaftliche Begleitung alltäglicher sportlicher Praxis erläutern. Ein Trainer mag das Problem haben, daß eine von ihm betreute Leichtathletikgruppe die Übungen, die er sich ausdenkt, mit nur geringer Ausdauer ausführt. Um diesem Mißstand abzuhelfen, geht er daran, die Interaktion zwischen Trainer und Sportlern in geplanter Weise zu verändern. Da er die Variable Mitbestimmung am Trainingsprogramm für wesentlich hält, entwirft er ein neues Interaktionsmuster, das eine größere Mitbestimmung der Leichtathleten gewährleisten soll.

Um nun den Effekt der geplanten Veränderung des Interaktionsmusters auf die Ausdauer bei den Trainingsübungen bestimmen zu können, verwendet er den Versuchsplan [4]. Vor Einführung der veränderten Trainingsplanung erhebt er an mehreren Trainingstagen ein Maß für die Ausdauer der Sportler unter Beibehaltung des üblichen Interaktionsmusters. Dann beginnt er an einem vorausgeplanten Termin das neue Interaktionsmuster und erhebt im Anschluß wieder die Ausdauer bei den Übungen. In den folgenden Trainingsveranstaltungen behält er das neue Interaktionsmuster bei und erhebt jeweils die abhängige Variable.

Dieser Versuchsplan hat gegenüber dem Design [1] erhebliche Vorzüge. Dies gilt besonders dann, wenn er in Bereichen angewendet wird, in denen Meßvorgänge alltäglich sind, wie dies etwa im sportlichen Training der Fall ist. Allerdings ist die statistische Auswertung nicht einfach, für die *Campbell* und *Stanley* (1963, S. 42 f.)*) und *Kerlinger* (1973, S. 345) einige Hinweise geben. Aufgrund der Testwiederholungen werden die verschiedenen Quellen der internen Invalidität kontrolliert. Eine Ausnahme bildet allerdings der Einfluß äußerer Faktoren, die parallel zu X_1 auftreten können.

[5] $\quad \dfrac{O_1 \quad O_2 \quad O_3 \quad O_4 \quad X_1 \quad O_5 \quad X_1 \quad O_6 \quad X_1 \quad O_7}{O_8 \quad O_9 \quad O_{10} \quad O_{11} \quad X_0 \quad O_{12} \quad X_0 \quad O_{13} \quad X_0 \quad O_{14}}$

---

*) Die Seitenangabe bezieht sich auf die Separatveröffentlichung dieser Arbeit.

Design [5] vermeidet dieses Problem weitgehend durch die Hinzufügung einer nichtäquivalenten KG. Dieses Design ist ähnlich zu dem zweiten Versuchsplan, weist aber aufgrund der häufig wiederholten Messungen eine größere interne Validität auf. Aufgrund der Vortests können wie in Design [4] Reifungseffekte kontrolliert werden. Außerdem sind verschiedene der Interaktionen mit der Selektion (als Alternativhypothesen) eher kontrollierbar, da ein Vergleich zwischen den Vortesttrends in beiden Gruppen möglich ist.

Wie die vorher dargestellten Versuchspläne findet sich auch hier eine Einschränkung der Generalisierung aufgrund des Vortests, die sich bei zahlreichen Vortests noch verstärken sollte. Für viele Probleme der Praxis (wie das bei der Besprechung von Design [4] dargestellte) sind Fragen der Generalisierbarkeit allerdings eher sekundär.

2.2.5. Versuchspläne, in denen die Generalisierbarkeit durch Vortests nicht eingeschränkt wird

[6] $$\frac{X_1 \quad O_1}{X_0 \quad O_2}$$

Im folgenden werden Versuchspläne dargestellt, die entweder auf Vortests verzichten oder aber die Interaktion von Vortest und experimenteller Manipulation kontrollieren, so daß die Generalisierbarkeit in dieser Hinsicht nicht geschwächt wird. Versuchsplan 6 ist durch das Fehlen eines Vortests gekennzeichnet sowie durch die Verwendung einer KG. Da aber keine Zufallszuteilung der Vpn auf die Versuchsbedingungen gegeben ist, sind diese nicht äquivalent. Aufgrunddessen ergeben sich 2 Alternativhypothesen, die so plausibel sind, daß die Verwendung dieses Designs nicht ratsam ist.

Als erstes ist die Selektion und die Interaktion anderer Einflüsse mit der Selektion als Quelle der Invalidität in diesem Versuchsplan zu nennen. Auch hier gilt, daß die potentielle Ungleichheit der Gruppen auch durch Vergleiche in verschiedenen Variablen vor Beginn des Versuchs nicht beseitigt werden kann, auch nicht durch die besagten „847". Auf der anderen Seite ist mit dem unterschiedlichen Ausfall von Vpn in den verschiedenen Versuchsbedingungen zu rechnen. Probleme dieser Art wurden schon weiter oben erläutert, so daß sich hier eine weitere Diskussion erübrigt.

Ein spezieller Fall soll aber noch kurz erwähnt werden, da er in vielen Experimenten ein mögliches Problem darstellt. Oftmals werden Vpn aus bestimmten Versuchsbedingungen aus der Datenanalyse ausgeschlossen, obwohl bei ihnen die abhängige Variable erhoben wurde. Als Begründung dient etwa, daß diese Vpn den Versuch durchschaut haben oder daß sie die Instruktion nicht verstanden haben. Solche Vpn aus der Datenanalyse auszuschließen, ist sicher nicht unberechtigt. Aber eine opportunistische Verwendung dieser Argumente, die insbesondere zum Ausschluß der Vpn aus der Datenanalyse führt, die einer vorgegebenen Arbeitshypothese entgegenlaufen, ist nicht zu rechtfertigen.

[7] $\quad\quad X_1 \quad O_1 \quad X_0 \quad O_2 \quad X_1 \quad O_3 \quad X_0 \quad O_4$

Design [7] ist als eine Variante von Design [6] anzusehen, in der die Vpn der EG ihre eigene KG bilden, indem nacheinander die Abstufungen der unabhängigen Variable bei denselben Vpn verwirklicht und jeweils die abhängige Variable erhoben wird. Dieser Versuchsplan ist typisch für eine große Zahl von Lernexperimenten in der Tradition von Skinner, wobei die Auswirkungen der An- bzw. Abwesenheit eines Verstärkers zu verschiedenen Zeitpunkten bei derselben Vp bzw. denselben Vpn untersucht wird (s. z. B. *Ayllon* und *Azrin*, 1965).

Bandura (1969, S. 243) hebt die Effektivität dieses Versuchsplans hervor, wenn er anmerkt: "Intrasubject replication is the most convincing means of demonstrating the functional relationship between behavioral phenomena and their controlling conditions." In der Tat ist die interne Validität von Design [7] als gut zu bezeichnen. *Bandura* (1969, S. 243 f.) weist allerdings auf spezifische Probleme des Versuchsplans im Zusammenhang mit Lernexperimenten hin. Außerdem ist die Generalisierbarkeit von Resultaten, die mit diesem Versuchsplan gewonnen werden, sehr eingeschränkt, wie das folgende Beispiel zeigen soll, das in seinen Grundzügen schon bei der Besprechung von Design [4] Verwendung fand.

Ein Trainer sei wieder vor das Problem gestellt, die Ausdauer des Trainings einer Sportgruppe zu steigern, wobei er die Hypothese hat, daß das Interaktionsmuster zwischen Trainer und Sportlern von wesentlicher Bedeutung ist. Nachdem der Trainer nun zwei verschiedene Interaktionsmuster operationalisiert hat, die verschiedene Ausprägungen der unabhängigen Variablen darstellen, kann er so vorgehen, daß er von Trainingsabschnitt zu Trainingsabschnitt die zwei Interaktionsmuster abwechselt und daran anschließend jeweils die abhängige Variable erhebt.

Dieses Vorgehen der wissenschaftlichen Begleitung einer Veränderung des Trainingsablaufs empfiehlt sich besonders dann, wenn die Beeinflussung des Trainingsverhaltens einer konkreten Sportgruppe im Vordergrund steht und weniger das Auffinden genereller sozialpsychologischer Zusammenhänge. In diesen Fällen ist Versuchsplan [7] sehr günstig, da seine interne Validität gut ist und auf eine KG verzichtet werden kann.

In bezug auf die Generalisierbarkeit entsteht ein wesentliches Problem aufgrund der wiederholten Darbietung der Abstufungen der experimentellen Variablen bei denselben Vpn. Dieses Vorgehen kann den Nachteil haben, daß sich die Vpn des Ablaufs des Versuchs zunehmend bewußt werden und bestimmte Erwartungshaltungen in bezug auf Ziele und Zwecke des Experiments bilden. Dies ist das schon weiter oben angesprochene Problem reaktiver Arrangements, das sich gelegentlich durch eine geschickte Einbettung des Versuchs in den alltäglichen Ablauf vermeiden läßt. Das folgende Design bietet im übrigen gelegentlich die Möglichkeit, die Generalisierbarkeit der Ergebnisse zu vergrößern.

[8] M_1 X_1 O_1 M_2 X_0 O_2 M_3 X_1 O_3 M_4 X_0 O_4

„M" bedeutet in der obigen Notation eine bestimmte Menge von Materialien, die von Versuchsperiode zu Versuchsperiode die Verwendung unterschiedlichen Materials gestattet. Dabei soll die Menge der Materialien äquivalente Elemente enthalten, so daß die einzelnen Versuchsperioden mit Hinsicht auf die Materialien vergleichbar sind.

In dem in Zusammenhang mit Design [7] besprochenen Beispiel ließe sich dieses Design z. B. verwirklichen, wenn der Trainer die Umgebung des Trainings von mal zu mal ändert. Eine laufende Veränderung der äußeren Umstände, unter denen das Training absolviert wird, könnte dazu beitragen, eine Beeinträchtigung der Generalisierbarkeit aufgrund reaktiver Arrangements zu vermindern.

In vielen Fällen ist es aufgrund spezifischer Fragestellungen unumgänglich, Design [8] anstelle von Design [7] zu verwenden. Um auf das obige Trainerbeispiel zurückzukommen: Angenommen, die Ausdauer der Sportler läßt zu wünschen übrig und der Trainer hat die Hypothese, daß das regelmäßige Auftreten desselben Trainingsleiters dafür verantwortlich ist, so daß das Auftreten neuer Trainer die Ausdauer heben könnte. Um diese Hypothese zu überprüfen, wäre wiederholt ein neuer Trainer heranzuziehen (X_1), wobei „M" variieren würde. Solange die neuen Trainer in ihrem Trainerverhalten untereinander und mit dem alter Trainer vergleichbar sind, beeinträchtigt diese Variation die Interpretation der Ergebnisse nicht.

Im folgenden werden Versuchspläne besprochen, in denen eine Zufallsaufteilung der Vpn auf die Versuchsbedingungen vorgesehen ist. Zusätzlich ist jeweils die Auswirkung von Vortests kontrolliert.

[9]   R O_1 (X_i)
                     R X_1 O_2

Versuchsplan [9] läßt sich wie die folgenden Pläne als „simulierter Vorher-Nachher-Versuchsplan" bezeichnen. Diese Versuchspläne empfehlen sich generell dann, wenn nicht verhindert werden kann, daß alle Mitglieder einer Population einer bestimmten Ausprägung der unabhängigen Variablen ausgesetzt sind (X_1). Im Zusammenhang mit sportlichen Fragen dürfte eine solche Situation immer dann entstehen, wenn es darum geht, die Auswirkungen der Veränderungen der allgemeinen Sportpolitik auf das Verhalten der Sportler zu überprüfen, wobei alle interessierenden Sportler von der Veränderung betroffen sind. Als Beispiele für solche Ereignisse sind etwa die Errichtung der Deutschen Sporthilfe oder die Einrichtung bzw. Aufhebung einer gesamtdeutschen Mannschaft zu nennen. Fragestellungen dieser Art zeichnen sich im allgemeinen dadurch aus, daß sie eine große praktische Relevanz aufweisen.

In Design [9] soll das in Klammern gesetzte X_1 andeuten, daß zwar auch diese KG der „experimentellen Manipulation" unterliegt, aber zu einem Zeitpunkt, zu dem die relevanten Daten in dieser Versuchsgruppe schon erhoben worden sind. Aufgrund der Randomisierung, die diesen

Versuchsplan auszeichnet, ist die EG aller Wahrscheinlichkeit nach äquivalent zur KG, so daß O_1 sich direkt mit O_2 vergleichen läßt. Versuchsplan [9] ist (wie die folgenden) dann angebracht, wenn der Versuchsleiter nur bestimmen kann, bei wem er wann die abhängige Variable erhebt, nicht aber, wer welcher Ausprägung der unabhängigen Variablen unterliegt. Die interne Validität dieses Versuchsplans wird insbesondere durch zufällige äußere Ereignisse bedroht, die mit X_1 zusammentreffen, sowie durch biologische oder psychologische Reifungsprozesse, die in der Zeit, die zwischen der Erhebung von O_1 und O_2 liegt, ablaufen. Ein weiteres Problem besteht in der Möglichkeit, daß sich die Zusammensetzung der Population zwischen den Zeitpunkten O_1 und O_2 verändert hat, so daß die Versuchsgruppen trotz Randomisierung nicht mehr voll vergleichbar sind (Mortalität).

Je nachdem welche dieser Alternativhypothesen besonders wahrscheinlich ist, ergeben sich mögliche Varianten des Designs, die die eine oder andere dieser rivalisierenden Hypothesen ausschalten. Zunächst läßt sich der Einfluß zufälliger äußerer Faktoren dann kontrollieren, wenn X_1 zu verschiedenen Zeitpunkten für die Mitglieder der Population wirksam wird, wie das in dem folgenden Design impliziert ist.

[10]   R   O (X_1)
        R X_1 O_2
        _____
        R O_3 (X_1)
        R X_1 O_4

Dieser Versuchsplan setzt nur voraus, daß eine Zufallsaufteilung zwischen je 2 Versuchsgruppen möglich ist, die gleichzeitig X_1 unterliegen. Eine Möglichkeit, ein solches Versuchsdesign etwa bei der Untersuchung finanzieller Förderung auf das soziale Verhalten der Sportler zu verwenden, liegt in internationalen Vergleichen. In diesem Fall sind oberhalb und unterhalb der Linie in der obigen Darstellung Versuchsgruppen symbolisiert, die jeweils einem nationalen Sportverband angehören. Die Voraussetzung für einen solchen internationalen Vergleich ist allerdings, daß die Einführung von X_1 (in diesem Fall einer bestimmten Form finanzieller Förderung) in beiden Ländern hinreichend vergleichbar ist. Je mehr die Verwirklichung von X_1 in den Vergleichsländern voneinander abweicht, desto stärker wird die Validität des Designs in Frage gestellt.

[11]   R O_1 (X_1)
        R O_2 (X_1)
        R X_1 O_3

Weniger weitreichend sind die Voraussetzungen, die zu beachten sind, wenn die Auswirkung von Reifungsprozessen als Alternativhypothese ausgeschaltet werden soll, wie dies in Design [11] der Fall ist. Wie in den zuvor dargestellten Designs dieser Gruppe wird auch hier der Testeffekt als rivalisierende Hypothese ausgeschaltet. Zusätzlich eröffnet sich die Möglichkeit, durch einen Vergleich von O_1 mit O_2 die Auswirkungen von Prozessen, die systematisch mit der Zeit variieren, zu kontrollieren. Die oben angesprochene Fragestellung zur Überprüfung von Auswirkungen von Veränderungen der sportlichen Gegebenheit kann auch in dieser Variante eines Versuchsplans effektiv untersucht werden. Dazu ist vor dem Einsetzen der Veränderung (X_1) zu 2 verschiedenen Zeitpunkten bei Zufallsstichproben die abhängige Variable zu erheben. Wiederum ist der Untersucher nur darauf angewiesen zu bestimmen, bei wem er wann die abhängige Variable erheben will. Diese Ausgangslage sollte dieser Variante eines Versuchsplans, der insbesondere auch Reifungseffekte kontrolliert, eine breite Anwendungsmöglichkeit bei Untersuchungen zur Sozialpsychologie des Sports eröffnen.

[12]   R O_1 X_1 O_2
               R X_1 O_3

Bei Untersuchungen, die simulierte Vorher-Nachher-Pläne heranziehen, besteht — wie oben schon erwähnt wurde — u. U. das Problem, daß über den Untersuchungszeitraum hinweg in der zugrundeliegenden Population Verschiebungen auftreten. Im Extremfall — besonders bei relativ langen Zeiträumen — kann sich die Population vom Zeitpunkt der ersten Testung zum Zeitpunkt der zweiten Testung stark verändert haben. Dies ist gerade auch bei Untersuchungen mit Spitzensportlern nicht unwahrscheinlich, da diese eine erhebliche Fluktuation aufzuweisen scheinen. Um diese Veränderungen der Population insbesondere über längere Zeiträume zu kontrollieren, steht Design [12] zur Verfügung, das die Erhebung der abhängigen Variablen in beiden Versuchsgruppen verlangt. Anhand von O_1 und O_2 besteht die Möglichkeit festzustellen, wie sich die Stichprobe in der Zwischenzeit verändert hat. Mit dieser Information kann dann u. U. die Zusammenstellung der zweiten Stichprobe korrigiert werden.

Der Hauptnachteil von Design [12] liegt natürlich in der Gefahr, daß zufällig auftretende äußere Ereignisse oder Reifungsprozesse die Differenz von O_1 und O_3 beeinflussen. Durch Kombination von Design [12] mit den zuvor besprochenen Varianten können diese Alternativhypothesen ausgeschaltet werden. So wird die Wirkung zufälliger äußerer Ereignisse in dem folgenden Design mitkontrolliert.

[12a]   R O_1 X_1 O_2
              R X_1 O_3
              R O_4 X_1 O_5
              R X_1 O_6

Allgemein gilt, daß der Versuchsplan gewählt werden sollte, der die rivalisierende Hypothese, die die höchste Wahrscheinlichkeit besitzt, kontrolliert. Der Vorteil der gerade besprochenen Pläne liegt in ihrer Flexibilität in dieser Hinsicht und in der hohen Generalisierbarkeit, die diese

Versuchspläne, die im allgemeinen die Gewinnung repräsentativer Stichproben in Feldstudien gestatten, auszeichnet.
Dieser Vorteil gilt auch für eine letzte Variante, die noch zu besprechen ist. Diese setzt voraus, daß ein Teil der Vpn von der experimentellen Manipulation ferngehalten werden kann, wie die symbolische Darstellung zeigt.

[13]
$$\begin{array}{ccc} R & O_1 & (X_1) \\ R & X_1 & O_2 \\ \hline R & O_3 & (X_0) \\ R & X_0 & O_4 \end{array}$$

In Design [13] wird in Kauf genommen, daß die Stichproben, die X_0 aufweisen, nicht voll zu den X_1-Stichproben vergleichbar sind. Trotzdem ist dieses Design sehr effektiv, da seine interne Validität recht gut ist. Weder kommen zufällige äußere Faktoren noch Reifungsprozesse noch Selektion der Vpn als Alternativhypothesen in Frage. Nur komplexe Interaktionen dieser Faktoren, die alle die Frage der Selektion einbeziehen, stellen in diesem Versuchsplan eine Bedrohung der internen Validität dar. Die mangelnde Vergleichbarkeit zwischen den Versuchsgruppenpaaren kann zur Folge haben, daß z. B. Testeffekte oder Reifungseffekte sich unterschiedlich auswirken.

Ein Beispiel mag diesen Versuchsplan weiter erläutern. In einem Verein wird versucht, in einigen Sportarten auf Trainer zu verzichten, um die Selbstbestimmung der Sportler des Vereins zu fördern. Dabei führen spezifische Umstände dazu, daß in bestimmten Sportarten auf einen Trainer verzichtet wird (X_1) und in anderen nicht (X_0). Aufgrunddessen ist keine Zufallsaufteilung in bezug auf die Ausprägungen der unabhängigen Variablen möglich. Stattdessen besteht die Möglichkeit, nach Zufall Sportler auszuwählen, die vor dem Einsetzen der Veränderung befragt werden sollen, und solche, die nach ihrem Eintreten befragt werden. Dabei wird eine Zufallszuteilung getrennt für die Sportler durchgeführt, in deren Sportart der Trainer entfällt, und die Sportler, die – wie bisher – unter Anleitung eines Trainers Sport treiben. Wie schon erwähnt, liegt ein Problem dieses Versuchsplans in der Selbstselektion der Vpn in bezug auf VG und KG. So ist z. B. an die Möglichkeit zu denken, daß in der Zwischenzeit in einer der Sportarten eine neue Version eines wichtigen Sportgeräts bekannt wird, die das Interesse an dieser Disziplin vergrößert.

Solche unvorhergesehenen Veränderungen in einem der beiden Versuchsgruppenpaare stellen die Interpretation der Ergebnisse in Frage. Allerdings sollte im sportlichen Bereich oft die Möglichkeit bestehen, solche Veränderungen zu berücksichtigen, da sie in vielen Fällen für den Untersucher leicht wahrnehmbar sein sollten. (Außerdem stellen *Campbell* und *Stanley* (1963) eine spezifische Version dieses Versuchsplans vor, die es gestattet, auch diese Alternativhypothese auszuschalten.)

[14]
$$\begin{array}{ccc} R & X_1 & O_1 \\ R & X_0 & O_2 \end{array}$$

Design [14] läßt sich zusammen mit Design [3] und dem folgenden Design als ein klassischer experimenteller Versuchsplan bezeichnen. Da er die Probleme des Vortests in bezug auf die Generalisierbarkeit vermeidet und sehr ökonomisch durchzuführen ist, weil nur 2 Versuchsgruppen erforderlich sind, ist dieser Versuchsplan in vielen Fällen zu empfehlen. Voraussetzung für seine Verwendung ist die Zufallszuteilung der Vpn auf die Versuchsbedingungen. Die interne Validität dieses Designs ist als gesichert anzusehen. Die statistische Auswertung ist durch die Verwendung varianzanalytischer Versuchspläne auch dann, wenn mehrere unabhängige Variable variiert werden, sehr übersichtlich durchzuführen.

[15] R O_1 X_1 O_2
      R O_3 X_0 O_4
      R X_1 O_5
      R X_0 O_6

Dieser Versuchsplan, der von *Solomon* (1949, s. auch *Solomon* und *Lessac,* 1968) ausgearbeitet wurde, kontrolliert sowohl Testeffekte als auch die Interaktion von Testeffekten mit der experimentellen Manipulation. Dieses Design ist intern valide und hat den zusätzlichen Vorteil, daß der Effekt der experimentellen Manipulation gleich 4mal repliziert wird, u. z. durch die Vergleiche von O_2–O_1, O_2–O_4, O_5–O_6 und O_5–O_3. Wie Design [14] sind die Voraussetzungen für diesen Versuchsplan meist in Laboruntersuchungen gegeben. Damit ist dieses Design für die Sozialpsychologie des Sports besonders dann von Interesse, wenn es gelingt, Hypothesen über soziales Verhalten im Sport in Laboruntersuchungen zu überprüfen.

Design [15] stellt eine Kombination von Design [3] und Design [14] dar und verbindet die Vorteile beider Versuchspläne. Wenn Design [3] nur in der Hinsicht verbessert werden soll, daß die Interaktion von Vortest und experimenteller Manipulation kontrolliert wird, sind nur die folgenden 3 Versuchsgruppen erforderlich:

[16] R O_1 X_1 O_2
      R O_3 X_0 O_4
      R X_1 O_5

Durch die Hinzufügung einer vierten Versuchsgruppe werden generelle Verschiebungen der Antworttendenzen zwischen den beiden Testzeitpunkten faßbar, und zusätzlich eröffnet sich die Möglichkeit einer varianzanalytischen Auswertung mit den Faktoren experimentelle Manipulation und Vortest, die auch die Interaktion des Testeffekts mit der experimentellen Manipulation erfaßt.

Wie bei den übrigen Versuchsplänen, so besteht auch bei Design [15] die Möglichkeit, eine größere Zahl von Abstufungen der unabhängigen Variablen einzubeziehen. Außerdem lassen sich die klassischen Versuchspläne [3, 14 und 15] auch ohne große Veränderungen dann verwenden, wenn mehrere unabhängige Variable gleichzeitig manipuliert werden. Allerdings führen diese Erweiterungen u.U. zu relativ komplexen statistischen Auswertungsverfahren, die es für statistisch nicht versierte Untersucher ratsam erscheinen lassen, einen Fachmann zu konsultieren. Allgemein ist zu hoffen, daß die Verfahren der experimentellen Planung zu der von *Nitsch* (1975) geforderten sportbezogenen psychologischen Methodik beitragen können.

2.2.6. Soziale Einflüsse in Experimenten

Zunehmende sozialpsychologische Untersuchungsaktivitäten haben in den letzten Jahren deutlich werden lassen, daß auch das Experiment als eine soziale Situation aufzufassen ist, in der der Versuchsleiter mit der Vp interagiert. Daraus ergeben sich 2 Problembereiche für die Validität des Experiments (*Rosenblatt* und *Miller*, 1972b, *Hendrick* und *Jones*, 1972, Kap. 3).

Das erste dieser Probleme wurde schon weiter oben angesprochen und bezieht sich auf die Frage, welche Hypothesen die Vpn über das Experiment entwickeln und wie diese Hypothesen ihr Verhalten beeinflussen. Meist gehen die Vpn davon aus, daß der Untersucher ein bestimmtes Ziel hat. Wenn sie außerdem motiviert sind, dem Untersucher zu helfen, wird das Experiment u.U. zu einer Art Problemlöseaufgabe, in der die Vpn versuchen, das Verhalten zu zeigen, das dem Untersucher weiterhilft. Ob die durchschnittliche Vp allerdings wirklich so kooperativ eingestellt ist, bleibt eine strittige Frage (*Orne*, 1962; *Sigall*, *Aronson* und *van Hoose*, 1970).

Um einer Verfälschung von Untersuchungsergebnissen aufgrund dieser Einflüsse zu begegnen, bieten sich verschiedene Möglichkeiten an:
– Versuch, die Vpn über den Zweck der Untersuchung zu täuschen.
– Versuch, die Vpn zu bitten, sich vorzustellen, wie sie unter bestimmten Umständen handeln würden (s. aber die Kritik von *Freedman*, 1969).
– Versuch, die Durchführung des Experiments vor den Vpn zu verschleiern.

Das zweite Problem, das mit der Sozialpsychologie des Experiments verknüpft ist, besteht in sog. Versuchsleitereffekten (*Rosenthal*, 1966). Im allgemeinen laufen diese Effekte darauf hinaus, daß Untersucher bestimmte subtile Verhaltensweisen zeigen, die geeignet sind, die Ergebnisse eines Experiments mit ihren Erwartungen konsistent werden zu lassen. Die zunehmende Beachtung dieser Verfälschungsmöglichkeit hat dazu geführt, daß verschiedene Techniken zur Vermeidung solcher Versuchsleitereffekte in Anwendung gebracht werden:
– Ausschaltung des Experimentators durch eine Automatisierung des Versuchsablaufs.
– Verwendung von Experimentatoren, die die spezifischen Untersuchungshypothesen nicht kennen.
– Aufteilung der Durchführung des Experiments auf mehrere Untersucher, die unabhängig voneinander die experimentelle Manipulation durchführen und die abhängige Variable erheben.

Die Verwendung dieser Techniken ist natürlich abhängig von der spezifischen Fragestellung und den spezifischen Umständen der Untersuchung. Eine Reihe von sozialpsychologischen Experimenten zeigt jedoch, daß nach entsprechenden Vorkehrungen der Versuchsleitereffekt reduziert werden kann (s. etwa *Kiesler, Pallak* und *Kanouse*, 1968; *Bierhoff* und *Osselmann*, 1975).

In diesem Abschnitt wurden 2 Aspekte des Experiments problematisiert, die eng damit verknüpft sind, daß jedes Experiment eine soziale Situation darstellt. Andere Fragen beziehen sich auf die Komplexität der experimentellen Manipulation, die Verwendung von Instruktionen zur Herstellung der Abstufungen der experimentellen Variablen u. a. (s. *Aronson* und *Carlsmith*, 1968). An der Vielzahl dieser Detailfragen wird deutlich, daß die externe Validität des sozialpsychologischen Experiments in jedem Einzelfall neu diskutiert werden muß.

Literatur

1. *Aronson, E.* und *Carlsmith, J. M.*, Experimentation in social psychology. In: *Lindzey, G.* und *Aronson, E.* (Hrsg.), The handbook of social psychology, Bd. **2**, 1–79 (Reading, Mass. 1968). – 2. *Ayllon, T.* and *Azrin, N. H.*, The measurement and reinforcement of behavior of psychotics. Journal of the Experimental Analysis of Behavior **8**, 357–383 (1965). – 3. *Bandura, A.*, Principles of behavior modification (New York 1969). – 4. *Bierhoff, H. W.*, Attraktion, hilfreiches Verhalten, verbale Konditionierung und Kooperation: Eine Integration durch die Austauschtheorie. Zeitschrift für Sozialpsychologie **5**, 84–107 (1974). – 5. *Bierhoff, H. W.*, Soziale Interaktion und sportliche Aktivität. (In diesem Band 4.2.) – 6. *Bierhoff, H. W.* und *Osselmann, J.*, Illegitime Verwendung von Vorinformation: Effekte auf Altruismus und Selbstbestrafung in bezug zu Externalisierung/Internalisierung, VI und Sequenz der Messung. Zeitschrift für Sozialpsychologie **6**, 333–347 (1975). – 7. *Bradley, J. V.*, Distribution-free statistical tests (Englewood Cliffs, N.J. 1968). – 8. *Bredenkamp, J.*, Experiment und Feldexperiment. In: *Graumann, C. F.* (Hrsg.), Handbuch der Psychologie, Sozialpsychologie, **1**. Halbband, 332–374 (Göttingen 1969). – 9. *Campbell, D. T.*, Factors relevant to the validity of experiments in social settings. Psychological Bulletin **54**, 297–312 (1957). – 10. *Campbell, D. T.* und *Stanley, J. C.*, Experimental and quasi-experimental designs for research (Chicago 1963). – 11. *Conover, W. J.*, Practical nonparametric statistics (New York 1971). – 12. *Edwards, A. L.*, Experimental design in psychological research (New York 1968). – 13. *Freedman, J. L.*, Role playing: Psychology by consensus. Journal of Personality and Social Psychology **13**, 107–114 (1969). – 14. *Hendrick, C.* und *Jones, R. A.*, The nature of theory and research in social psychology (New York 1972). – 15. *Huck, S. W.* und *McLean, R. A.*, Using a repeated measures ANOVA to analyze the data from a pretest-posttest design: A potentially confusing task. Psychological Bulletin **82**, 511–518 (1975). – 16. *Ismail, A. H.* und *Trachtman, L. E.*, . . . mal wieder. Psychologie heute **2**, Heft **5**, 27–31 (1975). – 17. *Kenny, D. A.*, A quasi-experimental approach to assessing treatment effects in the nonequivalent control group design. Psychological Bulletin **82**, 345–362 (1975). – 18. *Keppel, G.*, Design and analysis. A researcher's handbook (Englewood Cliffs, N.J. 1973). – 19. *Kerlinger, F. N.*, Foundations of behavioral research (New York 1973). – 20. *Kiesler, C. A., Pallak, M. S.* und *Kanouse, D. E.*, Interactive effects of commitment and dissonance. Journal of Personality and Social Psychology **8**, 331–338 (1968). – 21. *Lienert, G. A.*, Verteilungs-

freie Methoden in der Biostatistik (Meisenheim 1973). – 22. *Neale, J. M.* und *Liebert, R. M.*, Science and behavior. An introduction to methods of research (Englewood Cliffs, N.J. 1973). – 23. *Nitsch, J. R.*, Sportliches Handeln als Handlungsmodell. Sportwissenschaft **5**, 39–55 (1975). – 24. *Orne, M. T.*, On the social psychology of the psychological experiment; With particular reference to demand characteristics and their implications. American Psychologist **17**, 776–783 (1962). – 25. *Pagès, R.*, Das Experiment in der Soziologie. In: *König, R.* (Hrsg.), Handbuch der empirischen Sozialforschung, Bd. **3a**, 273–342 (Stuttgart 1974). – 26. *Rosenblatt, P. C.* und *Miller, N.*, Experimental methods. In: *McClintock, C. G.* (Hrsg.), Experimental social psychology 21–48 (New York 1972) (a). – 27. *Rosenblatt, P. C.* und *Miller, N.*, Problems and anxieties in research design and analysis. In: *McClintock, C. G.* (Hrsg.), Experimental social psychology 49–74 (New York 1972) (b). – 28. *Rosenthal, R.*, Experimenter effects in behavioral research (New York 1966). – 29. *Sigall, H., Aronson, E.* und *van Hoose, T.*, The cooperative subject: Myth or reality? Journal of Experimental Social Psychology **6**, 1–10 (1970). – 30. *Solomon, R. L.*, An extension of control group design. Psychological Bulletin **46**, 137–150 (1949). – 31. *Solomon, R. L.* und *Lessac, M. S.*, A control group design for experimental studies of developmental processes. Psychological Bulletin **70**, 145–150 (1968). – 32. *Winer, B. J.*, Statistical principles in experimental design (New York 1971).

Anschrift des Autors:

Dr. *H. W. Bierhoff*
Psychologisches Institut der Universität
An der Schloßkirche
5300 Bonn

3. SOZIALE MOTIVE UND SOZIALISATION

3.1. Wettkampfsport und Aggression

Ernst Fürntratt

Zusammenfassung

Von einer lernpsychologischen Position aus werden fünf Aspekte des Themas — Motivation wettkämpferischen Verhaltens, aggressives Verhalten von Wettkämpfern, Motive für die Förderung des Wettkampfsports, Motivation aggressiven Verhaltens von Wettkampfzuschauern und erzieherische Wirkungen des Wettkampfsports im Hinblick auf aggressives Verhalten — systematisch analysiert. Dabei werden hauptsächlich folgende Thesen aufgestellt und begründet:
— wettkämpferisches Verhalten, ob im Sport oder in irgendwelchen anderen Bereichen des gesellschaftlichen Lebens, wird, wie jedes andere instrumentelle Verhalten auch, hervorgebracht um bestimmter Belohnungen willen, unter denen soziale Belohnungen die größte Rolle spielen;
— wettkämpferisches Verhalten, regelgemäßes wie regelwidriges, ist per definition immer aggressives, andere schädigendes oder schwächendes Verhalten, wenn auch das aggressive Moment in verschiedenen Wettkampfsportarten sehr verschieden deutlich in Erscheinung tritt; regelwidrige Aggression im Wettkampfsport kann so als Fortsetzung der regelgemäßen Aggression mit anderen Mitteln aufgefaßt werden;
— Wettkampfsport wird von Wirtschaft und Regierungen hauptsächlich gefördert als paramilitärisches Training sowie mit dem Ziel der Erhöhung des nationalen Prestiges;
— Zuschaueraggression beim Wettkampfsport kann aus zwei recht verschiedenen Motivationslagen resultieren: (a) als Antwort auf einen drohenden oder bereits stattgefundenen Verlust von (Selbst-)Sicherheit, nachdem diese durch „Identifikation" an das Wohl und Wehe einer der beiden Mannschaften gebunden worden ist oder (b) als Ausdruck eines mehr oder weniger generalisierten Hasses auf andere Menschen, der in der Anonymität einer großen Sportveranstaltung ungestraft möglich ist;
— es gibt bis dato keine tragfähigen Gründe für die Annahme, daß aktive oder passive wettkampfsportliche Betätigung in irgendeiner Weise zur Lösung der mit aggressivem Verhalten verbundenen gesellschaftlichen Probleme beitragen könne.

Summary

Five aspects of the subject—competitive sports and aggression—are systematically analyzed from a position of learning theory: motivation of competitive behavior, aggressive behavior of competitors, motives for promoting competitive sports, motivation of aggressive behavior of spectators, and educational effects of competitive sports with regard to aggressive behavior. Among others the following propositions are made and substantiated:
— like any other instrumental behavior, competitive behavior, in sports as in other fields, aimes at certain rewards, with social rewards playing the most important role;
— competitive behavior, rule-observing and rule-braking, is, by definition, always aggressive behavior, in that it damages or weakens others (although the aggression component varies in strength and conspicuousness with different sports), and rule-braking aggression in competitive sports can thus simply be viewed as carrying on the rule-observing variant;

— competitive sports are promoted by business and governments mainly as paramilitary training and for reasons of national prestige;
— spectator aggression in competitive sports may result from two rather different sources: (a) as an answer to some loss of (self-)confidence or the threat of such loss after the spectator's (self-)confidence has, by identification, been attached to the weal and woe of one of the teams; or (b) as expression of some more or less generalized hatred of other people which can be gratified without negative sanctions in the anonymity of a big sport event;
— there are to date no convincing reasons for assuming that active ore passive participation in sport events can help in any way to solve social problems connected with aggressive behavior.

Der Titel dieses Beitrags sollte ursprünglich lauten: ,,Sport und Aggression"; doch gibt es so viele Arten der Sportausübung — man denke an den einsamen Waldlauf eines ,,Trimmers" oder die Urlaubssegelfahrt einer Gruppe Segelbesessener —, die so offensichtlich nichts mit Aggression zu tun haben, daß klar wird: ,,Sport und Aggression" kann ein sinnvolles Thema nur sein, wenn man bei ,,Sport" an *Wettkampf*sport bzw. sportlichen *Wettkampf* denkt.

3.1.1. Zur Psychologie des Wettkämpfens

Sportlicher Wettkampf nun — und davon sollte man ausgehen — ist nur *eine* Erscheinungsform des in vielen und besonders in unseren hochindustrialisierten Gesellschaften üblichen Wettkämpfens; der sportliche Wettkampf steht als eine Variante neben dem Wettkampf im Wirtschafts-, im Berufs-, im Kulturleben, in der Schule usw.

Um dieses Wettkämpfen und insbesondere das sportliche Wettkämpfen zu verstehen, wird man sich am besten als erstes fragen, wie Menschen überhaupt dazu kommen, in Wettkämpfe, in Konkurrenzen einzutreten.

Diese Frage wird oft unfaßbar billig und kurzschlüssig, in einer mystifizierenden und jedem naturwissenschaftlichen Denken zuwiderlaufenden Weise damit beantwortet, daß der Mensch eben ein ursprüngliches Bedürfnis, eine natürliche und elementare Freude oder gar einen *Instinkt* oder *Trieb* habe, über andere zu dominieren, der Erste, der Bestimmer zu sein. Dabei beruft man sich auf die Beobachtung, daß *im Tierreich* Rangordnungen und der Kampf um diese Rangordnungen nahezu — aber wohlbemerkt nur nahezu und vornehmlich unter Bedingungen unnatürlicher räumlicher Enge — universal verbreitet sind (was übrigens auch dort nicht beweist, daß es so etwas wie einen Dominanz- oder Konkurrenz*trieb* gibt) und ignoriert einfach die naheliegende Möglichkeit, daß der Mensch in dieser Hinsicht — wie in so vielen anderen auch — anders sein könnte. Und man ignoriert weiterhin die Tatsache, daß es immer wieder und gar nicht so selten Individuen und Gruppen gibt, die nicht wettkämpfen bzw. in denen rangordnungslos kooperiert wird (während es — von krankhaften Ausnahmefällen abgesehen — keine Individuen und Gruppen gibt, die etwa ohne Hunger- oder Sexualtrieb wären — Triebe, für deren Existenz es tatsächlich zahlreiche Belege gibt).

Man wird sich demgegenüber einem realitätsgerechten Verständnis des menschlichen Wettkämpfens leichter nähern können, wenn man die Bedingungen, unter denen Menschen ihre sozialen Verhaltensweisen entwickeln und insbesondere diejenigen Situationen, in denen Wettkämpfen besonders üblich ist, in Augenschein nimmt.

Vorweg wird man allerdings feststellen müssen, daß Wettkämpfen gleichsam „gar nichts Besonderes" ist, daß „Wettkämpfen" eine Klasse von Verhaltensweisen bezeichnet wie tausend andere auch, wie Sprechen oder Sich-Fortbewegen oder Planen oder Arbeiten, und daß folglich die Frage, warum Menschen gelegentlich wettkämpfen, zu ihrer Ergründung keine „Tiefen"psychologie und keine besondere Andachtshaltung erfordert.

Wettkämpfen wird von Menschen wie das meiste, was sie tun, immer betrieben *um bestimmter positiver Konsequenzen („Belohnungen") willen,* oder anders gesagt: weil diese Menschen in schon erlebten Situationen gleicher oder ähnlicher Art erfahren haben, daß Wettkämpfen bestimmte positive Konsequenzen haben kann. Man kann auch etwas unexakt sagen: die Erwartung bestimmter positiver Konsequenzen kann Menschen zum Wettkämpfen „motivieren", und das Ganze läuft auf die Aussage hinaus, daß menschliches Wettkämpfen jeder Form *gelerntes instrumentelles Verhalten* ist. (Wird übrigens diese Aussage akzeptiert, so stellt sie ein weiteres gewichtiges Argument gegen die Annahme dar, das menschliche Wettkämpfen entspringe einem speziellen Urtrieb; denn ein solcher würde ja zweifellos durch die Konsequenzen des aus ihm resultierenden Verhaltens nicht beeinflußt, würde vielmehr unabhängig von ihnen von Zeit zu Zeit einfach blind „treiben").

Was für Belohnungen nun kann menschliches Wettkämpfen, insbesondere sportliches Wettkämpfen, eventuell produzieren? Es sind da vor allem vier Kategorien von Belohnungen zu nennen:
a. *„extrinsische" Belohnungen,* z. B. in Form von materiellem Gewinn, Geld, Geschenken,
b. *soziale Anerkennung,* z. B. in Form von Applaus, Popularität, Trophäen, Medaillen, beruflichem Aufstieg,
c. *Erfolg,* im Sinne eines Bewußtseins, etwas geleistet zu haben (was eine Belohnung aber immer nur dadurch ist, daß es mit anderen Belohnungen, namentlich mit sozialer Anerkennung, assoziiert ist, quasi für sie steht, ihr Auftreten wahrscheinlicher macht) und
d. *Vermeidung von Niederlage und Statusverlust* oder anderen Formen sozialer Mißachtung.

Von der Möglichkeit, daß die Belohnung — wie etwa bei den Gladiatoren im alten Rom — auch in der Vermeidung schwerer körperlicher Schädigung oder der Rettung der physischen Existenz bestehen kann, sei hier als einem heute kaum mehr vorkommenden Fall abgesehen.

Ebenso von dem Fall, in dem die Belohnung in massiver Schädigung, im „Fertigmachen" des Gegners besteht; wenn dergleichen eine Belohnung sein soll, so setzt das Haß voraus, eine Stimmung, die wohl sadistische Exzesse, Pogrome und Lynchakte steuern kann, die aber im sportlichen

Wettkampf sicherlich nur ausnahmsweise eine Rolle spielt (wenn auch schon versucht worden ist, sie systematisch einzusetzen).

Unter Verwendung der vom Autor an anderer Stelle*) vorgeschlagenen Bezeichnungen könnte man auch sagen: Wettkämpfen kann aus verschiedenen „motivationalen Konstellationen" resultieren, namentlich
— aus extrinsischen Motivationen,
— aus Anerkennungsmotivation,
— aus sekundärer Erfolgsmotivation,
— aus Vermeidungsmotivation.

Dabei sollte vermerkt werden, daß diese motivationalen Konstellationen niemals „spontan" oder „automatisch" auftreten, sondern immer nur durch Situationen bestimmter Art hervorgerufen werden.

Damit aber steht die Frage an, welche Arten von Situationen welche Wettkämpfe motivierenden motivationalen Konstellationen hervorrufen können. Man wird da etwa undifferenziert und vergröbernd sagen können:

Extrinsische Motivationen, die zu Wettkämpfen führen, dürften vor allem im Wirtschafts- und Berufsleben eine gewichtige Rolle spielen und kommen im Bereich des Sports nur *eher ausnahmsweise* — Pferderennsport, Berufsboxen, Golf — vor.

Anerkennungsmotivation spielt bei kleineren Kindern und überhaupt bei jüngeren Personen als Motivation zu allen möglichen Aktivitäten, insbesondere auch zu (nicht-wettkämpferischen) „lernerischen Aktivitäten", eine hervorragende Rolle; sie dürfte auch die wichtigste „Triebkraft" hinter den meisten sportlich-wettkämpferischen Aktivitäten — insbesondere bei allen *Massensportarten* — darstellen.

Sekundäre Erfolgsmotivation ist die „Triebkraft" hinter vielen ausdauernd-zielstrebigen und leistungsorientierten Aktivitäten von Menschen, und so vermutlich auch das, was beim sportlichen *Training* — vor allem in allen Arten von Wettkampfsport, aber auch bei manchem „Solo-Sport" — die Hauptrolle spielt; jeder Fortschritt im Training wird als Erfolg und damit als Vorzeichen sozialer Anerkennung oder auch verbesserter Gesundheit oder allgemeiner Leistungsfähigkeit erlebt.

Vermeidungsmotivation tritt in vielen verschiedenen Varianten — v. a. als Angst vor autoritären Repressalien, als Furcht vor Isolierung und Blamage (Minderwertigkeitsgefühl), als Furcht vor Mißerfolg, als Furcht vor Unfreiheit und nicht zuletzt als Furcht vor Niederlage-Statusverlust — auf und bestimmt in der einen oder anderen Variante sehr weitgehend das Verhalten der meisten Menschen im Beruf und im „gesellschaftlichen Leben" und der Schüler in unseren allgemeinbildenden Schulen. Im Bereich des Sports tritt sie vor allem als *Niederlagevermeidungs-Motivation* auf, und zwar namentlich dann, wenn einer ernstlich etwas zu verlieren hat und/oder am Verlieren ist. Die Grenzen zwischen sekundärer Erfolgs- und Niederlagevermeidungs-Motivation sind nicht scharf zu ziehen, oft vermischen sich die beiden oder wechseln einander ab, oft aber ist doch der siegeszuversichtlich erfolgsmotiviert vom verbissen vermeidungsmotiviert Kämpfen-

---

*) Vgl. *Fürntratt, E.,* Motivation lernerischer aktivitäten (Weinheim: 1976).

den sehr deutlich zu unterscheiden. Niederlagevermeidungs-Motivation, die ja in ihrem Kern nichts anderes als Angst ist, führt übrigens wie alle Vermeidungsmotivationen gesetzmäßig zu eher primitivem und undifferenziertem Verhalten und bringt folglich im allgemeinen nur bei solchen Wettkampfarten Erfolg, in denen es auf bloße Kraftentfaltung, nicht aber auf differenziertes und exaktes Reagieren ankommt.

3.1.2. Wettkampfaggression

Nun die zentrale Frage: hat Wettkampf allgemein und sportlicher Wettkampf im besonderen jemals oder manchmal oder gar immer mit Aggression zu tun?

Schon daß man von Wett„kampf" spricht, legt, sofern man hier nicht eine Art „Entgleisung" im Sprachgebrauch unterstellen will, eine bestimmte Antwort nahe. Ganz klar aber wird die Sache, wenn man von einer in dieser oder ähnlicher Form weithin akzeptierten (und auch mit dem allgemeinen Sprachgebrauch übereinstimmenden) Definition von „Aggression" ausgeht, die da sagt: *Aggression bzw. eine aggressive Verhaltensweise liegt dann vor, wenn ein Lebewesen aktiv und zielgerichtet ein anderes Lebewesen oder eine Gruppe von solchen oder eventuell auch eine Sache schädigt, schwächt oder – was natürlich auf Sachen nicht zutreffen kann – in Angst versetzt;* dabei ist mit „zielgerichtet" gemeint, daß die Handlung um des Schädigungs- bzw. Schwächungseffektes willen geschieht (technisch gesprochen: durch ihn „belohnt" wird), wobei es unerheblich ist, ob die Schädigung oder Schwächung das End- oder nur ein Zwischenziel der Handlung ist; weiterhin ist – besonders im vorliegenden Zusammenhang – klarzustellen, daß „schwächen" auch „jemand als schwächer darstellen", „als schwächer erscheinen lassen" einschließt.

So kann kein Zweifel bestehen, daß *alles* Wettkämpfen, einschließlich *jedes* sportlichen Wettkämpfens aggressives Verhalten ist, jedenfalls mit guten Gründen als solches begriffen werden kann – eine Feststellung, die (für Sportfreunde) in dem Maß weniger erschütternd werden dürfte, wie erkannt wird, daß „Aggression" ebenso wenig wie „Wettkämpfen" oder „Arbeiten" oder „Planen" etwas Besonderes, unbedingt und immer mit besonderen Werteinstellungen zu Betrachtendes ist.

Das aggressive Moment im sportlichen Wettkampf tritt bei verschiedenen Sportarten verschieden deutlich zutage. Es gibt alle Übergänge zwischen ganz diskreten Formen sportlich-aggressiver Verhaltensweisen – etwa wenn ein Läufer an einem anderen vorbeizieht und ihn dadurch als den Schwächeren darstellt – und völlig offenbaren, die jeder ohne weiteres als aggressiv erkennt – etwa wenn ein Boxer dem Gegner einen Kinnhaken versetzt. Ja man kann, ohne daß da allerdings scharfe Grenzen zu ziehen wären, unterscheiden zwischen Sportarten, in denen
   a. nur ganz indirekt, ohne unmittelbare Konfrontation und ohne Körperberührung gekämpft wird (z. B. Skilauf, Kunstturnen, gewisse leichtathletische Disziplinen),

b. solchen, in denen eine unmittelbare Konfrontation, aber in der Regel keine Körperberührung vorkommt (z. B. Tennis, Schwimmen, Laufen),
c. solchen, in denen direkte Aggression mit Körperberührung regelmäßig, aber nicht ständig vorkommt (z. B. Fußball) und
d. solchen, in denen der Wettkampf ständig und ganz offen und im engsten Sinn des Wortes aggressiv ausgetragen wird (z. B. Boxen, Ringen, Fechten).

Die praktische und theoretische Relevanz dieser Unterscheidung dürfte aber gering sein.

Besondere Aufmerksamkeit wird oft den in den obigen Kategorien c und d, manchmal aber auch in b, vorkommenden „regelwidrigen" aggressiven Verhaltensweisen („Fouls" im weitesten Sinn) gewidmet. Für manche, die schon den Begriff „Aggression" fürchten und ihn sozusagen nur mit der Pinzette anzufassen, jedenfalls nicht mit so etwas Hehrem wie sportlichem Wettkampf in Verbindung zu bringen wagen, beginnt Aggression im Sport überhaupt erst beim Foul. Hierzu Stellung zu nehmen ist vergleichsweise leicht:

Regelwidrige Aggression im Sport ist nichts weiter als die Fortsetzung der regelgemäßen Aggression mit anderen Mitteln und in jeder Hinsicht zu vergleichen der in tausenderlei Alltagssituationen vorkommenden (und auch dort zumeist als „regelwidrig" empfundenen) Aggression. Da wie dort wird Aggression entweder
a. als eine Art reflexive Reaktion durch irgendeine Provokation, etwa durch Schmerzzufügung oder Beschränkung der Bewegungsfreiheit, ausgelöst („primäre Aggression") oder sie wird
b. vom handelnden Subjekt eingesetzt als eine Art Problemlösungsversuch, oft als eine „ultima ratio", die durch Schwächung oder Einschüchterung eines anderen einen bestimmten Effekt erzielen soll („instrumentelle Aggression")*).

Beides kommt also in beliebigen Alltagssituationen wie auch im sportlichen Wettkampf vor – nicht immer ist klar zu entscheiden, welche Variante gerade vorliegt – und die Bedingungen, die das Auftreten oder Nicht-Auftreten primärer bzw. instrumenteller Aggression im Alltag bestimmen, spielen auch beim sportlichen Wettkampf ihre Rolle:

Primäre Aggression – sie gilt im sportlichen Wettkampf praktisch immer als regelwidrig – wird wahrscheinlicher
unter Bedingungen räumlicher Enge (z. B. auf dem Eishockeyfeld),
infolge wiederholter Frustration (z. B. gegenüber einer besonders konsequent deckenden Verteidigung),
bei streßbedingter Labilität (z. B. gegen Ende eines anstrengenden Spiels) und natürlich durch Wiederholung der Provokation.

Regelwidrige instrumentelle Aggression – das „regelwidrig" muß hier betont werden, weil Wettkämpfen, wie aus dem Gesagten hervorgeht, per definition immer instrumentelle (nur eben normalerweise „regelgemäße") Aggression ist – wird wahrscheinlicher in dem Maß

---

*) Vgl. *Fürntratt, E.*, Angst und instrumentelle Aggression (Weinheim: 1974).

wie differenziertere Problemlösungsmöglichkeiten ausfallen (z. B. Foul an einem gefährlich angreifenden Stürmer), in dem Maß
wie Angst (meist vor der Niederlage, eventuell aber auch vor den Zuschauern) wirksam wird und schließlich in dem Maß
wie die Gefahr bestrafender Sanktionen wegfällt (etwa in der Schlußphase eines Basketballspiels, wo ein Ausschluß wegen Fouls praktisch nicht mehr möglich ist).

3.1.3. Motive für die Förderung des Wettkampfsports

Wenn nun sportliches Wettkämpfen per definition Aggression ist und Aggression in unserer Gesellschaft — in neuerer Zeit jedenfalls — offiziell als etwas Problematisches und gleichsam Steuerungsbedürftiges gilt, so erhebt sich die Frage, wie es kommt, daß gesellschaftlich maßgebliche Kräfte, insbesondere Wirtschaft und Regierungen, den sportlichen Wettkampf — teilweise auf Kosten offenbar notwendigerer Aufgaben — mit beträchtlichen Mitteln fördern.

Eine mögliche Erklärung, daß dies geschähe, *um in den Völkern vorhandene Bedürfnisse zu befriedigen,* soll hier gar nicht erst ernsthaft in Betracht gezogen werden. Es ist allzu offenbar, daß das Bedürfnis, Sportveranstaltungen zu erleben, ein „gemachtes" Bedürfnis ist, und daß andererseits das — wahrscheinlich allgemeinmenschliche — Bedürfnis, gelegentlich Sensationelles zu erleben, auch auf tausend andere Arten befriedigt werden könnte; schließlich ist die Menschheit jahrhundertelang allem Anschein nach schadlos ohne oder fast ohne organisierten Wettkampf- und Zuschauersport ausgekommen und in manchen Gegenden dieser Welt gilt das heute noch.

Eine zweite mögliche Erklärung, die von den Verantwortlichen auch tatsächlich gerne angeführt wird, wäre, daß der Wettkampfsport, zunächst als Schul- und dann auch als Leistungssport, der körperlichen Ertüchtigung im Sinne von *Gesundheitspflege und -vorsorge* dienen solle. Auch diese Erklärung wird man höchst skeptisch betrachten müssen, deutet doch nichts sonst darauf hin, daß den in unserer Gesellschaft wirtschaftlich und politisch Herrschenden ausgerechnet an der Volksgesundheit sonderlich gelegen wäre. Außerdem ist klar, daß, wenn dem so wäre, in und außerhalb der Schule vielfältige andere und vermutlich auch effektivere (und ungefährlichere) Möglichkeiten gegeben wären, Gesundheitserziehung und -vorsorge zu betreiben, von denen aber faktisch kein Gebrauch gemacht wird. Schließlich: wer wollte im Ernst behaupten, daß zwei oder drei Sportstunden pro Woche in der Schule oder auf der anderen Seite elitäres Leistungssporttraining bis an die Grenzen der Leistungsfähigkeit der Betroffenen — und nicht selten über sie hinaus — einen nennenswerten Beitrag zur Volksgesundheit leisten könnten?

Die wahrscheinlich zutreffende Antwort auf die aufgeworfene Frage dürfte für Sportfreunde schwer zu verdauen sein und bei den Mächten, von deren Motiven die Rede ist, Wut auslösen:

Sportlicher Wettkampf wird von den wirtschaftlich und politisch Herrschenden hauptsächlich gefördert
a) *als paramilitärisches Training* und
b) zum Zweck der *Prestigegewinnung und -erhöhung;*
dabei dürfte das erstgenannte Motiv auf den Weltmaßstab gesehen das weitaus Wichtigere sein.

Für die Annahme, daß Wettkampf als *paramilitärisches Training* gefördert wird, spricht schon einmal ganz vordergründig die Tatsache, daß alle stärker militaristischen Länder — man denke besonders an das nationalsozialistische Deutschland, die UdSSR und USA — immer auch den Wettkampfsport in extremem Maße gefördert haben bzw. fördern.

Es gibt aber auch noch differenziertere Argumente für die vorgetragene These. Durch den Wettkampfsport werden tendenziell mindestens drei auch im militärischen Bereich wesentliche „Tugenden" gefördert:

a) Wettkampfsporttraining ist immer zugleich *Gehorsamstraining;* der Sportler gehorcht — ganz naiv und widerstandslos — seinem Trainer, seinem Schiedrichter und den von anderen aufgestellten anscheinend so unschuldigen Spielregeln; man spricht nicht umsonst auch (in zweierlei Sinn) von sportlicher „Disziplin", und jeder weiß, daß es in vielen Sporthallen kaum anders zugeht als auf Kasernenhöfen;

b) Wettkampfsporttraining ist — unter anderem und tendenziell jedenfalls — Training in der Bereitschaft und Fähigkeit, Personen, die potentiell oder auch tatsächliche Freunde, jedenfalls gewöhnliche Mitmenschen sind — wenn auch nur vorübergehend —, *als Gegner, als Feinde zu betrachten und zu bekämpfen;* das aber ist genau die Bereitschaft und Fähigkeit, die auch der Soldat braucht, der auf einen andern schießen und ihn gegebenenfalls foltern soll, der vielleicht genauso wie er selbst Familienvater ist und nichts weiter will, als in Frieden leben;

c) Wettkampfsporttraining kann, wenn es — wie etwa in den USA — in ausreichend breitem Maßstab und ausreichend intensiv betrieben wird, tatsächlich der *körperlichen Ertüchtigung* im Sinne *vorübergehender Erhöhung der Körperkraft, Ausdauer und körperlichen Widerstandskraft* (was etwas anderes ist als Gesundheitsvorsorge) dienen — ebenfalls etwas im Bereich des Militärischen höchst Wertvolles, das, wenn es schon vor der eigentlichen militärischen Ausbildung angebahnt wird, diese wesentlich entlasten, effektivieren und beschleunigen kann.

Die Bedeutung aller dieser Punkte wird unterstrichen durch die Tatsache, daß jede militärische Ausbildung in beträchtlichem Umfang sportliches und namentlich auch wettkampfsportliches Training einzuschließen pflegt, Wettkampfsporttraining also *in* der militärischen Ausbildung als wichtig gilt und folglich *wenn vorgezogen* wohl nur als im Sinne dieser Ausbildung nützlich gelten kann.

Das *Prestigemotiv* dürfte wie gesagt bei der Förderung des Wettkampfsports gegenwärtig und auf den Weltmaßstab gesehen eine eher zweitrangige Rolle spielen. Der Kampf ums nationale Prestige spielt sich heutzutage vorwiegend auf technologischem Gebiet ab. Immerhin: die DDR hat ihre hervorragende internationale Stellung im Bereich des Sports sicherlich wesentlich dem Minderwertigkeitsgefühl zu verdanken, das die wirtschaftlich starken westlichen Länder, vor allem die BRD, ihren Führern durch feindselige Propaganda und Diskriminierung beigebracht haben und auf das sie mit entsprechend krampfhaftem Prestigestreben reagieren *mußten*.

Wenn die genannten Motive der Herrschenden zur Förderung des Wettkampfsports nicht mit den Motiven vieler Sportlehrer und -trainer übereinstimmen, ihnen vielleicht sogar zuwiderlaufen, so ist darin kein Widerspruch zu den vorgetragenen Thesen und überhaupt nichts Verwunderliches zu sehen. Natürlich sind die Motive der Sportlehrer und -trainer auf *die* Belohnungen bezogen, die *sie* empfangen, und diese bestehen überwiegend in sozialer Anerkennung, u. a. von seiten der von ihnen Betreuten, und in den Erfolgen, die diese erzielen, und die für sie, die Trainer, wiederum soziale Anerkennung signalisieren bzw. ihnen das angenehme Gefühl vermitteln, etwas im Sinne ihrer Schützlinge und/oder der ganzen Gesellschaft Wertvolles zu leisten. Wenn sie das Wertvolle an dieser ihrer Leistung dann etwa darin sehen, daß sie zur Entwicklung von Fairneß oder körperlicher Tüchtigkeit im Sinne von Gesundheit beitragen, dann ist das als ein ganz gewöhnlicher Selbstbetrug oder Irrtum bzw. als Ergebnis erfolgreicher Bewußtseinsmanipulation durch die Herrschenden zu betrachten.

Und wenn schließlich manche Sportlehrer und -trainer die „Leibeserziehung" bewußt und im Gegensatz zu ihrer eigentlichen Bestimmung auf Ziele wie die eben genannten hin zu lenken versuchen, dann ist das leider nichts weiter als ein lobenswerter, aber nicht sehr erfolgversprechender Versuch der Umfunktionierung eines Herrschaftsinstruments, das der Wettkampfsport faktisch ist.

3.1.4. Zuschaueraggression

In den letzten Jahren ist immer öfter bekannt und problematisiert worden, daß bei gewissen sportlichen Wettkämpfen, vornehmlich bei Fußballmeisterschaftsspielen, unter den Zuschauern bzw. von den Zuschauern ausgehend wahre Aggressionsexzesse an der Tagesordnung sind. Da gibt es wilde Beschimpfungen und Prügeleien, da fliegen Flaschen aufs Spielfeld, da wird mit Fahrradketten um sich geschlagen und geschossen, da wird der Schiedsrichter bedroht, das Feld gestürmt, da müssen die Spieler in ihre Kabinen flüchten, die Polizei hat alle Hände voll zu tun und das Endergebnis ist regelmäßig eine beträchtliche Zahl Verletzter wie nach einem mittleren Erdbeben.

Diese Art sportbedingter Aggression, die von Ort zu Ort und von Land zu Land verschieden stark in Erscheinung tritt, hat sich im Lauf der Geschichte und im Zuge der wachsenden Popularität vor allem des Fußballsports sozusagen entwickelt und ist vordergründig zu verstehen als vorläufiger Endpunkt einer Eskalation anfänglich unaggressiver engagierter Beteiligung der Zuschauer am Spielgeschehen. Eine stichhaltige und praxisrelevante Erklärung des Phänomens aber muß über eine so banale Feststellung wie diese hinausgehen.

Eine sehr schlichte Erklärung könnte besagen, daß die Aggression, die auf dem Spielfeld stattfindet, sich quasi auf die Zuschauer *„übertrage"* oder, etwas klarer ausgedrückt, von ihnen *nachgeahmt* werde. Gegen diese Deutung spricht, daß die Aggression der Zuschauer ihrer konkreten Erscheinungsform nach eine völlig andere ist als die der Spieler, und man müßte dann schon so etwas wie eine „Stimmung" mit materieartigen Eigenschaften, eine Art Aggressions-Äther, annehmen, der von den Spielern aus- und auf die Zuschauer überwabert und dort aggressives Verhalten hervorruft.

Auch die Annahme, daß die Beobachtung ungestraften aggressiven Verhaltens der Spieler gehemmte aggressive Verhaltenstendenzen bei den Zuschauern *enthemme*, erscheint wenig plausibel oder kann allenfalls einen kleinen Teil der Erklärung liefern, müßte doch die Zuschaueraggression, wenn dem so wäre, bei stark und offen aggressiven Sportarten wie Boxen, Ringen, Catchen, Fechten oder Eishockey deutlich stärker zutagetreten als etwa beim Fußball, was aber nicht der Fall ist.

Eine überaus populäre Erklärung läuft darauf hinaus, daß die aggressiven Zuschauermassen auf den Fußballplätzen dort nichts anderes täten, als die in ihnen infolge permanenter Frustration – vor allem im Berufsleben – „aufgestaute" Aggression *„abzureagieren"*. Dabei bezeichnet der in diesem Zusammenhang pseudo-wissenschaftlich gebrauchte Ausdruck „Frustration" alle Arten aversiver Ereignisse und Bedingungen, die jemand erleben bzw. denen er ausgesetzt sein kann, sowohl solche, auf die man normalerweise aggressiv reagieren würde, es aber nicht wagen kann (z. B. eine Zurechtweisung durch den Chef), als auch solche, auf die gewöhnlich nicht aggressiv reagiert wird (z. B. monotone Fließbandarbeit, Geldmangel).

Abgesehen von diesem nicht vertretbaren Gebrauch des Ausdrucks „Frustration" impliziert die genannte Erklärung, daß „Aggression" (in Wirklichkeit ein abstrakter Begriff) etwas quasi Materielles sei (eine Art Hormon vielleicht oder etwas Urinähnliches), das sich aufstauen könne und dann irgendwie abgelassen werden müsse.

Selbst wenn man, auf den möglichen wahren Kern dieser Erklärung abzielend, die Sache etwas differenzierter und wirklichkeitsentsprechender zu fassen versucht und statt an „aufgestaute Aggression" (oder gar „Aggression*en* – kleine böse Aggressionspartikelchen) an emotional negativ besetzte, immer wieder halb oder voll bewußt werdende und potentiell *aggressionsauslösende Erinnerungen oder Vorstellungen* denkt, klappt es mit der in Rede stehenden Erklärung nicht: die hier angenommenen „Aggressionsimpulse" wären in jedem Fall an die konkreten Erinnerungen und Vorstellungen gebunden (technisch gesprochen: situationskontrolliert), also etwa an die Vorstellung von dem autoritären Chef, von der nörgelnden Ehefrau, vom aggressiven Verkehrspartner, und würden folglich aktualisiert nur durch diese oder ähnliche Reize; die Situation auf dem Fußballplatz aber ist so speziell und so entschieden anders als die Alltagssituationen, in denen typischerweise aggressionsauslösend Aversives erlebt wird, daß mit einem derartigen Transfer kaum zu rechnen ist, ja der Aufenthalt auf dem Fußballplatz dürfte tendenziell und vorübergehend sogar den autoritären Chef, die nörgelnde Ehefrau usw. vergessen lassen.

Jedenfalls: auf die Masse der auf den Fußballplätzen sich verbal oder physisch aggressiv Gebärdenden kann die Abreaktions-Hypothese, auch wenn sie abgewandelt und differenziert wird, nicht zutreffen. Das aber soll nicht heißen, daß, beschränkt auf eine Minderheit, nicht doch etwas Wahres an ihr sein könnte; davon jedoch später.

Eine wissenschaftlich stichhaltigere und allgemeingültigere Erklärung des Phänomens „Zuschaueraggression bei Sport-, insbesondere Fußballveranstaltungen" dürfte zu gewinnen sein, wenn man versucht, die psychologische Situation des einzelnen Zuschauers so exakt wie möglich zu analysieren, d. h. unser spärlich vorhandenes Wissen nutzend sich in sie einzufühlen.
Man kommt da bald zu dem vorläufigen Schluß, daß es (mindestens) zwei grundverschiedene „Typen" aggressiver Zuschauer geben muß (vom nicht-aggressiven „Nur-Zuschauer" braucht hier aus naheliegenden Gründen nicht gesprochen zu werden): einen, der, zunächst nichts weiter als engagierter Zuschauer, durch das Geschehen auf dem Platze zu aggressiven Handlungen irgendwelcher Art provoziert, „hingerissen" wird und einen andern, der, gar nicht eigentlich Zuschauer, den Fußballplatz aufsucht, um dort aggressive Handlungen zu begehen; das aggressive Verhalten des ersteren wäre im weiter oben kurz erklärten Sinn überwiegend „primäre" Aggression, das des letzteren „instrumentelle".

Der erstgenannte Typ dürfte die Mehrheit der aggressiven Zuschauer stellen. Seine psychologische Ausgangslage ist dadurch gekennzeichnet, daß er eine der beiden Mannschaften als die „seine" zu betrachten sich angewöhnt hat, was ihm eine Vorstellung – eine Illusion – von Zugehörigkeit gibt, deren Funktion es ist, ihm ein Sicherheitsgefühl zu vermitteln bzw. sein Selbstwertgefühl zu heben, sein Minderwertigkeits- und Unsicherheitsgefühl zu reduzieren; man nennt das üblicherweise – mit einem eher verdunkelnden als erhellenden Ausdruck – „*Identifikation*" und könnte etwas exakter, dafür aber weniger leicht verständlich, sagen, daß für den Betreffenden die bewußte Mannschaft durch gewisse Lernprozesse (die genauer darzustellen den Rahmen dieses Beitrags sprengen würde) zu einem „*bedingten Sicherheitsreiz*" geworden sei. Wesentlich ist, daß das Selbstwert- oder Sicherheitsgefühl des Mannes und damit sein Wohlbefinden gleichsam mit der Mannschaft, der er anhängt, assoziiert und damit von deren Wohl und Wehe abhängig ist.

Klar, daß die meisten Zuschauer sich mit ihrer Nationalmannschaft bzw. mit der Mannschaft ihrer Stadt oder ihres Wohnbezirks identifizieren, schließlich repräsentiert sie die eigene, die vertraute, die sicherheitsgebende Umwelt.

Bemerkenswert, daß ausgeprägte Identifikation zumeist Mannschaften und weit seltener Individuen gilt – erklärlich: eine ganze Mannschaft, eine Mehrzahl von Menschen kann eher ein Gefühl der Sicherheit vermitteln als ein Einzelner.

Bemerkenswert auch und ähnlich zu erklären, daß die Identifikation mit einer in der näheren Umgebung des Betreffenden oder auch überregional bereits beliebten Mannschaft leichter fällt bzw. wahrscheinlicher ist –

schließlich kann eine Mannschaft um so eher ein Sicherheitsreiz sein, je mehr unterstützende Anhänger ihr zugehören.

Nicht unerwähnt bleiben soll in diesem Zusammenhang auch die Rolle der Massenmedien bei der Herstellung solcher Identifikationen, solcher Zugehörigkeits-Illusionen.

Wenn nun das eigene Selbstwert- und Sicherheitsgefühl in solcher Weise mit einer bestimmten Mannschaft bzw. ihrem Wohl und Wehe assoziiert ist, so erklärt sich alles Weitere von selbst:

Jeder Erfolg der Mannschaft hebt das eigene Selbstwertgefühl, was sich in lautem Jubel oder auch – speziell nach einem gewonnenen Spiel – in entspannter Zufriedenheit ausdrücken kann.

Jeder mögliche, sozusagen in der Luft liegende Erfolg der Mannschaft, etwa ein gut laufender Angriff, schafft Spannung, Schwanken zwischen Hoffnung auf Erfolg und Furcht vor Mißerfolg, die sich in gebannter Aufmerksamkeit oder in Anfeuerungsrufen ausdrücken kann.

Vor allem aber: jeder Mißerfolg der Mannschaft und namentlich jede versuchte oder tatsächliche Schädigung der Mannschaft, sei es durch ein Foul des Gegners, durch eine Entscheidung des Schiedsrichters oder durch das Verhalten der Anhänger der Gegenmannschaft, stellt eine akute Bedrohung des Selbstwert- und Sicherheitsgefühls dar, eine Provokation, auf die – fast zwangsläufig – mit Zorn und irgendeiner Art von Aggression reagiert wird.

Eine Minderheit von Zuschauern reagiert allerdings – und das darf keinesfalls übersehen werden – auf dergleichen auch mit Erschrecken, Angst, Verzweiflung; das aber ist nicht verwunderlich, denn auf Provokationen und Bedrohungen des Selbstwertgefühls kann immer, je nach den in der Situation vorhandenen Hintergrundfaktoren sowohl mit Zorn wie auch mit Angst reagiert werden; nur: auf Fußballplätzen, mit räumlicher Enge, Unmöglichkeit der Flucht, Anwesenheit einer Masse von Artgenossen (namentlich von gleichgesinnten, die das Aufkommen von Angst hemmen können) und eventuell Alkoholeinfluß als „Hintergrundfaktoren" ist die Reaktion des Zorns und daraus resultierende primäre Aggression das weitaus Wahrscheinlichere.

Ob die so provozierte Aggression sich auf Zähnezusammenbeißen und Fluchen oder auf Schimpfen zur eigenen, zur Gegenmannschaft, zum Schiedsrichter oder zu gegnerischen Zuschauern hin beschränkt oder sich als tätlicher Angriff, als Werfen mit Flaschen, als Sturm aufs Spielfeld darstellt, hängt dann nur noch von periferen Bedingungen ab, vor allem
– vom Verhalten der anderen Zuschauer (Vorbildwirkung),
– von der Wahrscheinlichkeit negativer Sanktionen (etwa durch anwesende Polizei),
– von interindividuellen Unterschieden in Art und Grad der Sozialisation des Zorntriebs.

Die in all dem implizierte Annahme, daß die „Identifikation" der Zuschauer mit *einer* der beiden Mannschaften und die darin begründete Verunsicherung durch die Gegenmannschaft den Schlüssel liefere zum Verständnis der bisher besprochenen (üblicheren) Form von Zuschaueraggression, findet eine Stütze auch in folgender Überlegung: Werden Zuschauer, die *mit beiden Mannschaften gleichermaßen* sympathisieren oder auch *mit keiner von beiden* („Fußballästheten"), ebenso zu aggressiven Ausbrüchen neigen wie einseitig engagierte Zuschauer?

Der zweite Typ von aggressivem Zuschauer ist derjenige, der aus einem generalisierten *Haß* auf die Gesellschaft, „die anderen", auf mehr oder weniger alle Menschen den Fußballplatz aufsucht und dort die Anonymität, die Anarchie (Abwesenheit negativer Sanktionen für sonst mißbilligte Verhaltensweisen) und die – wie besprochen – ursprünglich aus dem Engagement der Zuschauer hervorgegangenen aggressiven Verhaltensgepflogenheiten nutzend, seinem Haß in Form von Aggression freien Lauf läßt, ihn gleichsam ausagiert (dabei sollte das Wort „ausagieren" nicht als „abreagieren" gelesen werden, denn nichts spricht dafür, daß dieses Ausagieren zu einer mehr als nur ganz vorübergehenden Reduktion des Hasses führt, bleiben doch dessen wahre Ursachen faktisch völlig unberührt und ungeschwächt). Oft rüstet er sich eigens für diesen Zweck vorher mit Waffen – Fahrradkette, Schlagring oder auch einer Schußwaffe – aus und nimmt sich Gleichgesinnte mit oder schließt sich solchen an.

Sein Haß kann zwar sicher mit einer gewissen Berechtigung als pathologisch bezeichnet werden. Er kommt aber nicht von ungefähr und ist auch keine im statistischen Sinn „unnormale" Erscheinung, so wenig wie die „Identifikation" des gewöhnlichen Fans mit „seiner" Mannschaft. Haß ist immer zu verstehen als Angst, verbunden mit dem Wunsch, den Auslöser der Angst zu schwächen, zu schädigen, gegebenenfalls zu vernichten. Diese Angst des Hassenden – vor einzelnen Menschen, bestimmten Gruppen oder auch mehr oder weniger allen Menschen – ist gewöhnlich Ergebnis tausendfältiger negativer, demütigender Erfahrungen, u. U. auch solcher, die er gar nicht einmal persönlich gemacht hat. Und so wie den wenigsten von uns negative Erfahrungen mit ihren Mitmenschen und geeignete Indoktrinationen ganz erspart bleiben, sind die wenigsten unter uns ganz ohne Haß, mag es sich auch „nur" um den Haß auf Kommunisten oder Kinderschänder handeln. Natürlich ist es bloß eine Minderheit, die ihrem Haß gegebenenfalls freien Lauf läßt, eine Minderheit allerdings, die größer sein dürfte als mancher empfindlichen Seele lieb sein kann – man denke nur an schikanierende Beamte oder Lehrer, an die Kopf-ab-Parolen am bürgerlichen Stammtisch, an Lynchversuche an Kapitalverbrechern usw.

Der Fußball-Rowdy ist so gesehen nur ein Sondertyp des nach Sicherheit und Anerkennung verlangenden, statt dessen aber getretenen, gedemütigten, angstgetriebenen und folglich hassenden Durchschnittsbürgers, ein Sondertyp, der sich dadurch auszeichnet, daß sein Haß relativ stark generalisiert ist, daß er eher jugendlich und meist männlichen Geschlechts, mit Körperkraft oder zumindest gewissen körperlichen Geschicklichkeiten und wenn das nicht, mit der Rückendeckung einer Gruppe ausgerüstet ist und daß er irgendwie herausgefunden hat, daß man auf Fußballplätzen besonders leicht und ungestraft Haßgefühle ausagieren, d. h. sich Belohnungen in Form von Beleidigung oder Schädigung gehaßter Mitmenschen verschaffen kann – vielleicht besteht sein Hauptkennzeichen auch schlicht darin, daß er keine andere Möglichkeit hat, seinen Haß auszuagieren.

Auf den Fußball-Rowdy dürfte also die oben besprochene Abreaktions-Hypothese in gewisser Weise zutreffen.

Wenn hier nun zwei „Typen" aggressiver Zuschauer beschrieben und stark voneinander abgehoben worden sind, so soll damit nicht behauptet sein, daß diese Typen jemals „rein" vorkommen; insbesondere soll nicht bestritten werden, daß mancher Zuschauer beide Typen zugleich repräsentieren kann, ja daß ein klein wenig vom haßgetriebenen Fußball-„Rowdy" auch in sehr vielen Fußball-„Fans" stecken dürfte.

Eine ganz andere Sache aber ist diese: Nach allem, was vorgetragen worden ist, muß zwischen Wettkämpfer- und Zuschauer-Aggression ganz scharf unterschieden werden. Sie haben nicht viel mehr gemeinsam als einen Teil des Namens und sind sowohl ihrer Erscheinungsform als auch ihrer Motivation nach weitgehend verschieden. Wettkämpfen ist notwendig und essentiell mit Aggression verbunden, ja Wettkämpfen *ist* aggressives Verhalten; das aggressive Verhalten von Wettkampf*zuschauern* hingegen ist gewissermaßen etwas Sekundäres und Akzidentelles, was denn auch nicht entfernt bei jeder Art von Wettkampf in Erscheinung tritt. Und wenn auch das Stattfinden eines Wettkampfs die *Voraussetzung* ist für das Auftreten von Wettkampfzuschauer-Aggression, so ist diese doch *keineswegs ein essentielles Produkt des Wettkampfs,* sondern eher eine Randerscheinung; die Wettkampfsituation liefert nicht viel mehr als die *Gelegenheit* für das Auftreten aggressiver Verhaltensweisen, die bei andersartigen Gelegenheiten — z. B. Jahrmärkten, Musikveranstaltungen, Demonstrationen — im Prinzip genauso auftreten könnten.

3.1.5. Erzieherische Wirkungen des Wettkampfsports im Hinblick auf aggressives Verhalten

Von vielen Theoretikern bzw. Verteidigern des Wettkampfsports wird immer wieder die Ansicht vertreten, der Wettkampfsport habe bestimmte — natürlich positive — erzieherische Effekte, unter anderem auch solche, die mit Aggression oder „Aggressivität" zu tun haben.

Da ist zunächst einmal die populäre Ansicht, mit Wettkampfsport könne *„Fairneß"* im Sinne von verantwortungsbewußtem Beachten von Wettkampfregeln eingeübt werden. Hierzu sei zunächst einmal bemerkt, daß schon der Begriff „Fairneß" mit einer gewissen Skepsis betrachtet zu werden verdient; Fairneß ist eng mit „Konflikt" und namentlich „Wettkampf" assoziiert und tendenziell gilt, daß es Fairneß ohne Wettkämpfe nicht zu geben brauchte, daß Fairneß eine wünschenswerte Tugend nur in dem Maße ist, wie Wettkämpfe stattfinden, wie Menschen einander bekriegen, auszukonkurrieren, zu übertrumpfen trachten, zumindest: Konflikte austragen; in dem Maß wie Wettkämpfe und Konflikte zwischen Menschen wegfielen, würde Fairneß überflüssig. Das aber heißt: wer Fairneß trainiert sehen will und sie durch Wettkampfsport trainieren zu können hofft, ist entweder nicht oder zumindest nicht primär an einer Eindämmung von Wettkämpfen und Konflikten zwischen Menschen interessiert (hält vielleicht immer noch den Krieg für den Vater aller Dinge) oder er hält eine solche Eindämmung für grundsätzlich nicht realisierbar (was in Bezug auf Konflikte im weitesten Sinn zutreffen dürfte) oder hält sie unter den gegenwärtig in den hochindustrialisierten Ländern bestehenden Herrschaftsverhältnissen für nicht realisierbar (worin er sicherlich recht hat).

Wie dem auch sei, man möchte Fairneß trainiert sehen, und die Frage wäre, ob das mithilfe von Wettkampfsport möglich ist.

Diese Frage — und damit ist sie schon zur Hälfte beantwortet — resultiert aus einer jener vielen *„Transferhoffnungen"*, mit denen Pädagogen sonst nicht begründbare Lernziele und Vorgehensweisen zu rechtfertigen pflegen, einer Hoffnung vergleichbar der Hoffnung, man könne mithilfe der lateinischen Grammatik die Fähigkeit des logischen Denkens trainieren. Transfer aber, die Übertragung einer in Situation A geübten Verhaltensweise oder Fertigkeit in Situation B, findet — sozusagen strengen psychologischen Gesetzmäßigkeiten gemäß — nur statt in dem Maße, wie Situation A und Situation B einander *konkret ähnlich* sind (Verhaltensweisen und Fertigkeiten sind immer „situationsgebunden") *und* wie in Situation B tatsächlich *dieselbe* Verhaltensweise oder Fertigkeit gefordert ist wie in Situation A. Beide Bedingungen aber, namentlich die erste, sind in dem in Rede stehenden Fall — Übertragung fairen Verhaltens aus irgendeiner sportlichen Wettkampfsituation in irgendeine Alltags-Wettkampf- oder Konkurrenzsituation — nicht erfüllt. Worin bestünde *konkret* die Ähnlichkeit zwischen einem Basketballmatch (wo Fairneß besonders rigoros gefordert wird) und der Konkurrenz um einen bestimmten Posten in einem Betrieb? Und was außer dem Namen hat die Fairneß eines Fußballspielers mit der Fairneß eines Vaters dem von ihm abhängigen Sohn gegenüber gemeinsam? Oder, um ein schlichtes Beispiel zu nehmen: können nicht zwei Geschäftspartner heute höchst fair und alle Regeln beachtend gegeneinander Tennis spielen und morgen bei der geschäftlichen Verhandlung einander nach Strich und Faden übers Ohr hauen?

Kurz: die fromme Hoffnung, man könne mittels Wettkampfsport Fairneß trainieren, ist nicht mehr als eine solche.

Eine weitere erzieherische Leistung, die der Wettkampfsport vollbringen soll, ist nach Ansicht mancher Leute die *„Sublimierung"* oder *„Kanalisierung"* oder *„Umleitung"* in sozial akzeptable Bahnen von Aggression oder gar Aggressionen.

Diese Zielsetzung impliziert die abstruse Annahme eines grund- und ziellos treibenden Aggressions-Instinkts, die zwar — besonders in politisch rechts stehenden Kreisen und in der aggressionsfreudigen Bundesrepublik — überaus populär ist, die aber, wenn man sie kritisch betrachtet, weder plausibel, noch — obwohl sie schon seit geraumer Zeit diskutiert wird — durch entsprechende empirische Forschung an Tieren oder gar Menschen wissenschaftlich untermauert ist. Sie stützt sich, läßt man die völlig freischwebenden Spekulationen gewisser Psychoanalytiker einen „Todestrieb" betreffend außer acht, letztlich auf nichts weiter als einige vereinzelte und wenig aussagekräftige Beobachtungen (namentlich an einer launischen Tante von *Konrad Lorenz* und an einzelnen Fischarten), auf die Mißdeutung gewisser neurophysiologischer Befunde (betreffend das Zorn-Steuerungssystems im Hirnstamm und Großhirn höherer Tiere) bzw. die Mißdeutung des bei höheren Tieren weitverbreitet vorhandenen – reaktiven! – *Verteidigungs*triebes als *Aggressions*trieb, sowie auf die Tatsache der weiten Verbreitung aggressiven Verhaltens, für die es aber genügend andere, realitätsgerechtere und weniger mystifizierende Erklärungen gibt. Im übrigen erscheint es, nach allem was von verschiedensten kompetenten Seiten zu diesem Thema kritisch gesagt worden ist, allmählich überflüssig, diese Diskussion noch fortzusetzen; der Glaube an den Aggressionstrieb, der bei den meisten von ihm Befallenen unerschütterlich sein dürfte – schließlich ist er auch stark ideologisch verankert –, wird sich mit dem Heraufkommen stichhaltigerer Erklärungen aggressiven Verhaltens früher oder später von selbst totlaufen.

Bei dieser Sachlage erübrigt sich natürlich auch eine explizite Stellungnahme zu der Hypothese, durch Wettkampfsport könne Aggression „sublimiert" oder etwas dergleichen werden.

Anders liegen die Dinge bei der ebenfalls recht populären Ansicht, Wettkampfsport könne eine relativ harmlose *Abreaktion* aggressiver Impulse, eine Art *Reinigung* („Katharsis") ermöglichen.

Soweit dieser Annahme der Glaube an einen Aggressionstrieb oder -instinkt zugrundeliegt, braucht sie nach dem eben Gesagten nicht weiter diskutiert zu werden.

Meint man aber, wenn man von „aggressiven Impulsen" oder „Verhaltenstendenzen" redet, so etwas wie Haß – auf konkrete Personen oder Gruppen oder generalisiert auf mehr oder weniger alle Menschen –, so ist die genannte Annahme durchaus ernst zu nehmen. Es erscheint zunächst einmal durchaus plausibel (und auch durch gewisse experimentalpsychologische Forschungsergebnisse nahegelegt), daß etwa bei einem Sportler, der seinen Gegner aus irgendeinem Grunde – beispielsweise als Repräsentanten der unterdrückenden weißen Rasse – haßt, dieser sein Haß reduziert wird, wenn es ihm gelingt, den Gegner zu schlagen, schließlich löst ein geschlagener Gegner weniger Angst und damit gegebenenfalls Haß aus als ein noch kampffähiger. Im Prinzip das gleiche dürfte auch für Zuschauer gelten, die miterleben, wie ein gehaßter Einzelsportler oder eine gehaßte Mannschaft unterliegt. Ganz klar aber ist, daß derartige Haßreduktion in den meisten Fällen nur von eher kurzer Dauer sein kann, ist doch auch die Schwächung des Geschlagenen in der Regel nur eine vorübergehende.

Was aber geschieht, wenn ein Sportler von einem gehaßten Gegner geschlagen wird oder ein Publikum miterleben muß, wie eine gehaßte Mannschaft gewinnt? Zweifellos das Gegenteil: eine Steigerung der Angst bzw. des Hasses.

M. a. W.: die Haßreduktion, die im Zuge eines sportlichen Wettkampfs bei einem Teil der Aktiven und Zuschauer – vorübergehend – stattfinden kann, wird voll kompensiert durch Haßsteigerung beim jeweils anderen Teil, so daß der Effekt netto gleich null ist, wenn nicht sogar negativ, weil die Geschlagenen, namentlich die Anhänger einer geschlagenen Mannschaft, aus ihrem gesteigerten Haß heraus sogar tätlich werden und eine Eskalation der aggressiven Kommunikation in Gang setzen könnten.

Ein auf die Gesellschaft als ganze gesehen positiver Effekt kann sich also auch aus der Tatsache, daß sportliche Erfolge u. U. Haß reduzieren können, nicht ergeben. Dauerhaft kann Haß nur durch eine Veränderung im Verhalten des Gehaßten und – falls der Haß unbegründet ist – durch *friedliche* Begegnung zwischen Hassern und Gehaßten erreicht werden.

Damit ist bereits ein weiteres Thema angesprochen. Dem auf internationaler Ebene betriebenen Wettkampfsport wird häufig eine *völkerverbindende,* Spannungen – d. h. aber in der hier verwendeten Terminologie: Haß – reduzierende Wirkung zugesprochen. Hierzu ist unter Hinweis auf das soeben Ausgeführte nur zu sagen: *Wenn* internationale Sportwettkämpfe, Weltmeisterschaften und Olympiaden völkerverbindend wirken, dann tun sie das eher *trotz* als *wegen* der dabei stattfindenden Wettkämpfe; die Wettkämpfe selbst können im Gegenteil u. U. eine Rivalität zwischen Völkern erst schaffen.

Was nun die oben im Zusammenhang mit der Frage nach den Motiven der Wettkampfsportförderung genannten *„heimlichen"* Lernziele betrifft, so dürften die Dinge in etwa wie folgt liegen:

Die Effekte des *Gehorsamstrainings,* das im Zuge des Wettkampfsporttrainings regelmäßig stattfindet, dürfte in gewissem Maße tatsächlich ins Alltagsleben und namentlich in eine eventuell nachfolgende militärische Ausbildung generalisieren, ein gewisser Transfer dürfte stattfinden. Immerhin sind die Situationen, beispielsweise in der Sporthalle, im Klassenzimmer und auf dem Kasernenhof, durch die jedesmal gegebene Anwesenheit einer befehlenden Autorität in gewissem Maß konkret ähnlich; auch die in diesen verschiedenen Situationen geforderten Varianten des Gehorchens haben einiges – die Konzentration der Aufmerksamkeit auf den Befehler, die Unterdrückung eigener aktueller Wünsche – gemeinsam; hinzu kommt, daß in unserer Gesellschaft Gehorsamstraining in vielen verschiedenen Situationen – Elternhaus, Schule, Straßenverkehr, Sport – stattfindet, was eine Generalisation des geübten Verhaltens in weitere Bereiche erleichtert. Kurz: in dem Maße, wie Gehorsamstraining für wünschenswert angesehen wird, ist auch Wettkampfsporttraning zu bejahen – nur: *ob* Gehorsamstraining tatsächlich gesellschaftlich wünschenswert ist, muß – nicht zuletzt angesichts der erschreckenden Auswüchse gehorsamen Verhaltens in den letzten Kriegen – entschieden bezweifelt werden.

In stark abgeschwächtem Maße dürfte das eben Ausgeführte auch für das mit Wettkampfsporttraining verbundene *Training der Bereitschaft und Fähigkeit, gewöhnliche Mitmenschen zu bekämpfen,* gelten. Stark abgeschwächt deshalb, weil hier ein Transfer erschwert sein dürfte durch die schon einmal besprochene Unähnlichkeit der Situationen, in denen sportliche und andersartige Wettkämpfe stattfinden, wie auch durch die Unähnlichkeit der konkreten Kampfverhaltensweisen.

Bleibt nur das Resumee zu ziehen, daß nach positiven erzieherischen Auswirkungen des Wettkampfsports bezüglich aggressiven Verhaltens weiter geforscht werden muß.

Anschrift des Autors:
Prof. Dr. *Ernst Fürntratt*
Pädagogische Hochschule
Ahornstr. 55, 5100 Aachen

3.2. Einige theoretische Überlegungen zur Motivgenese und weiterführende unterrichtspraktische Gedanken[1])

Ralf Erdmann

Mit 1 Schema

Zusammenfassung

In dem Beitrag wird der Versuch unternommen, vier Motivkonzepte zu integrieren. Anschlußmotiv (AM), personalisiertes Einflußstreben (pE), Leistungsmotiv (LM) und sozialisiertes Einflußstreben (sE) sind dabei berücksichtigt worden.

Eine Graphik faßt diese Ansätze mit zugeordneten Forschungsergebnissen zusammen. Die abschließende Betrachtung versucht, aus vorhandenen Ergebnissen und vermuteten Beziehungen Konsequenzen für die Unterrichtspraxis abzuleiten.

Summary

The author attempts to integrate four different motivations need affiliation, personalized power, need achievement and sozialized power—into a single theoretical model.

The work is based on empirical research and a graph illustrates possible linkages. In closing, the author attempts to put forward some possible consequences for teacher's behavior.

3.2.1. Zum Motivbegriff

Da der Begriff „Motiv" auch in der Umgangssprache häufig verwandt wird, erscheint eine kurze Erläuterung notwendig. Unter Motiv wird hier eine gelernte Verhaltensdisposition verstanden.

In Anlehnung an *McClelland* (1965, 322) bezeichnen Motive affektiv getönte, assoziative Netzwerke, erlernte Bedürfnisse, die sich hinsichtlich ihrer Wichtigkeit im Individuum hierarchisch strukturieren. Mit anderen Worten: Im Laufe seiner langjährigen Lerngeschichte macht das Individuum immer neue Erfahrungen mit der Umwelt, die von positiven und negativen Affekten begleitet sind. Je mehr solcher Assoziationen zu einem Bereich vorhanden sind, desto präziser und möglicherweise auch intensiver können ähnliche Situationen bisherige Erfahrungen wachrufen, die das Individuum in entsprechender Weise handeln lassen.

Mit zunehmendem Alter und wachsenden kognitiven Fähigkeiten gewinnt das Individuum die Möglichkeit, Situationen und Handlungsausgänge zu antizipieren und dadurch sein Verhalten besser zu steuern (vgl. u. a. *Heckhausen* 1963, 1966, 1972; *Schneider* 1973).

---

[1]) Für die kritischen Anmerkungen anläßlich der Tagung der Arbeitsgemeinschaft für Sportpsychologie (ASP) 1975 bin ich den Teilnehmern sehr dankbar.

3.2.1.1. Funktion des Motivbegriffs[1])

Es darf nicht übersehen werden, daß ein Motiv häufig als ein hypothetisches Konstrukt bezeichnet wird. Allerdings verwenden andere Autoren mit *Tolman* (1948) den Begriff „intervenierende Variable"[2]). Entscheidend ist, daß ein Motiv nicht direkt erfaßbar ist, sondern seine Existenz aus vorhandenen Beobachtungs- bzw. Meßdaten erschlossen wird.

Da sich in der Kette zwischen Situationsanreiz und Reaktionen des Individuums intraindividuell Klassen bilden lassen — bzw. über Situationen interindividuell (*Heckhausen* 1974, 96) — nimmt man ein Motiv als steuernde (intervenierende) Variable an.

Solch eine Konstruktion hat solange Gültigkeit und ihre Berechtigung, wie sie nicht durch andere Erklärungskonzepte in ihrer Wirkung übertroffen wird.

Eine Vielzahl von Ergebnissen lassen sich mit Hilfe des Konstruktes „Motiv" in einen theoretischen Zusammenhang bringen. Mit der Lernpsychologie allein gelingt es nicht, die Befunde immer zufriedenstellend und überschaubar zu integrieren, obwohl dies verschiedentlich versucht und empfohlen wird (zur Kritik am Motivbegriff vgl. u. a. *Kelly* 1965). Hier soll eine klare Unterscheidung zwischen dem oben genannten Motivbegriff und Triebmodellen bzw. energetischen Konzepten (vgl. *Freud* bzw. *Lorenz*) betont werden, ohne sie im gegebenen Rahmen näher ausführen zu können. Die Unterscheidung muß bei den weiteren Ausführungen im Auge behalten werden, da es sonst zu gravierenden Mißverständnissen kommt.

3.2.2. Schema der Motivgenese

Eine Beschränkung auf die vier Motive Anschlußmotiv (AM, dem Wunsch nach positiver Beziehung zu Umwelt), personalisiertes Einflußstreben (pE, sich auch auf Kosten anderer Einfluß, Geltung zu verschaffen), Leistungsmotiv (LM, einen Gütemaßstab für verbindlich halten) und sozialisiertes Einflußstreben (sE, Einfluß über sozial verantwortliches Handeln erlangen) soll nicht bedeuten, daß wir der Meinung sind, hiermit alle denkbaren Möglichkeiten umschrieben zu haben. Vielmehr erfolgte die Auswahl, weil
a. für diese Motive mehr oder weniger entwickelte Meßinstrumente vorhanden sind (nur als Gruppenverfahren verwendbar),
b. für sie — besonders die Leistungsmotivation — relativ entwickelte Theorien bestehen und
c. mit Hilfe der vier Motive ein recht weites Verhaltensspektrum umschrieben bzw. — bedingt — erklärt werden kann.

---

[1]) S. a. *Thomae* 1965a, b.
[2]) Die sehr verwandten Termini werden u. a. von *MacCorquodale* und *Meehl* (1948) diskutiert.

Schema der Motivgenese

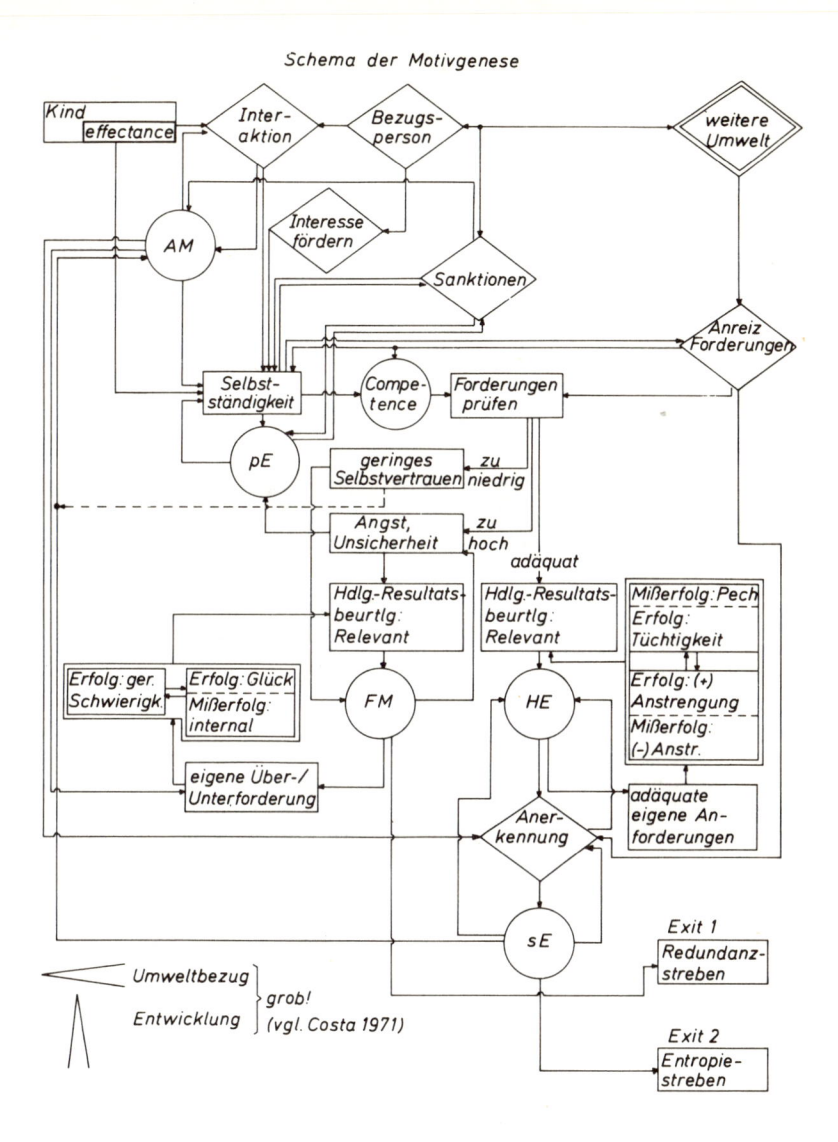

3.2.2.1. Vorbemerkungen

Das Schema erhebt nicht den Anspruch eines kybernetischen Modells; vielmehr soll versucht werden, bisherige Ergebnisse und Theorieansätze in einen anschaulichen Bezug zu bringen, auch wenn die empirische Evidenz teilweise noch schuldig geblieben werden muß.

Hier kommt es auf das Zusammenwirken und mögliche Entstehen von Motiven an, wobei in der Gerafftheit des Schemas die übrigen Felder Begriffe zur inhaltlichen Umschreibung von Befunden enthalten, die in gegebenem Kontext relevant sind. Die gewählten Termini sollten deshalb nur als Beschreibungsversuche gesehen werden. Wir sind uns der Problematik einiger Begriffe, die aus anderem Theoriezusammenhang stammen, durchaus bewußt; die Kürze der Beschreibung muß dafür verantwortlich gemacht werden. Es ist nicht beabsichtigt, unterschwellig ein Theoriekonglomerat zu liefern, um jedem gerecht zu werden.

Um zu Beginn die Eingangsvariablen nicht ins Uferlose wachsen zu lassen, gehen wir von der „normalen" Familiensituation aus; d. h.: wir setzen voraus, daß die Kinder in einem Familienverband mit wenigen – relativ konstanten – Bezugspersonen leben.

Mit der Horizontalen – von links nach rechts – wird ein zunehmender Umweltbezug angedeutet; ein Fortschreiten in der Vertikalen soll – grob – die Entwicklung aufzeigen.

Die Rechtecke in der Darstellung enthalten vornehmlich Prozesse im Individuum, die Rhomben Einflüsse aus und Aktionen mit der Umwelt und die Kreise relativ stabile Systeme, die Motive, die hier von besonderem Interesse sind.

Das Individuum kann nicht als ein geschlossenes System betrachtet werden, sondern man muß es in einem Netz von Wechselwirkungen mit seiner Umwelt sehen. Dieses Netz weitet sich im Laufe der Entwicklung immer mehr aus (es besteht zumindest die Möglichkeit der Ausweitung).

„Motivationen bestehen also in dem Anstreben solcher Beziehungen, welche Lebewesen und Umwelt zu Wechselwirkungseinheiten verschiedener Art zusammenschließen" (*Heckhausen* 1963, 10). Ein Streben nach Beziehungen zur Umwelt stellt demnach ein Hauptkriterium für Motivation im allgemeinen Sinne dar. Da das Anschlußmotiv (AM), das Gesellungsstreben vornehmlich durch das Bemühen um positive Beziehungen zur personalen Umwelt charakterisiert ist (vgl. a. *Laufen* 1967, 76, zit. n. *Kleinbeck* 1975, 115) und diese Beziehungen essentiell für die weitere Entwicklung zu sein scheinen (man denke auch an *Kaspar Hauser*), stellt AM einen Hauptansatz unserer Überlegungen dar.

3.2.2.2. Anschlußmotiv (AM)

Die unerläßliche Pflege des Säuglings ist als eine Interaktion zwischen dem Kind und seiner Bezugsperson anzusehen. Mit der Nahrungsaufnahme sind Körperkontakte und anschließendes beruhigendes Sprechen, Aufmerksamkeit und dgl. verbunden. Diese Vorgänge scheinen beim Kind angenehme Empfindungen hervorzurufen.

So kann der Wunsch nach solchen Beziehungen zur Bezugsperson entstehen, die mit angenehmen Affekten assoziiert sind.

Nach einer gewissen Stabilisierung (u. a. wiederkehrende positive Affekte in genannten Situationen) könnte man von AM oder zumindest von Rudimenten von AM sprechen. Das Anschlußmotiv, Gesellungsmotiv bzw. need for affiliation[1]) (*Atkinson, Heyns, Veroff* 1954; *Laufen* 1967) bezeichnet den Wunsch, das Bemühen – hier –: des Kindes, positive Beziehungen zur Umwelt aufzubauen.

Diese beeinflussen ihrerseits die Interaktionen zwischen dem Kind und seinen Bezugspersonen, wodurch das kindliche Verhalten erneut verstärkt werden kann.

Im Laufe der weiteren Entwicklung vergrößert sich der Erfahrungsbereich des Kindes (u. a. durch Funktionsreifung). Lokomotorische Fertigkeiten werden entwickelt und die dadurch wachsende Umwelt erkundet (Neugier). Durch Ermunterungen, Materialien, Objekte und dgl. können diese Aktivitäten von den Bezugspersonen gefördert werden[2]).

Gegenstände und Funktionen werden zunehmen erprobt, was in der Handlung selbst schon zu einer Befriedigung führt (vgl. *White* 1959/1960; *Meyer* 1973, 155 ff.). Einige Autoren sprechen hier von einem sehr allgemeinen Motiv (vgl. Wirksamkeitsmotiv, u. a. *Heckhausen* 1966), das zur Erklärung spontanen Handelns herangezogen wird und dem Kind angeboren sein soll (effectance, *White* 1959, 60).

Da hier nicht von einem vorwiegend gelernten Motiv die Rede ist, beziehen wir es nicht direkt in unser Schema ein, weshalb der englische Ausdruck „effectance" dem Kind zugeordnet ist.

Die zunehmenden kognitiven Fähigkeiten und die damit verbundene Möglichkeit, sich als Ursache einer Handlung zu erleben, lassen das Kind immer selbständiger agieren. Hier können die vorher gemachten positiven Erfahrungen mit der Umwelt ermutigend wirken, da sie u. U. eine gewisse Sicherheit vermitteln.

3.2.2.3. *Personalisiertes Einflußstreben (pE)*

Die Aktionen des Kindes rufen Sanktionen (wertneutral) der Bezugspersonen hervor. Diese werden ihrerseits bezüglich der Anforderungen und Vorstellungen gegenüber dem Kind von Normen und Erwartungen der eigenen Umwelt beeinflußt oder besser: stehen in einer Wechselwirkung mit ihr (vgl. u. a. *Secord* und *Backman* 1964, 323 ff., 453 ff.). Je nach Art und Intensität der Sanktionen, die den Handlungen des Kindes folgen, kann AM angesprochen und/oder die Ausbildung von pE, dem personalisierten Einflußstreben, gefördert werden (s. a. *Winter* 1973, 227). Beim personalisierten Einflußstreben, personalized power, versucht das Individuum seinen Einfluß für sich geltend zu machen, gleichgültig, ob dadurch andere betroffen werden oder nicht. Dies klingt sehr negativ, wird aber abgeschwächt, wenn man die vermutete Wechselwirkung mit der Selbständigkeit bei sich deutlich manifestierendem pE mit einbezieht. Eine Hartnäckigkeit, ein gewisses Bemühen um „Autarkie" ist zeitweilig notwendig,

---

[1]) Die englischen Termini werden ebenfalls genannt, um die Orientierung in der Literatur zu erleichtern. Sofern keine gängigen deutschen Übersetzungen bekannt sind, behalten wir die angelsächsischen Begriffe bei.

[2]) Als krasses Negativbeispiel denke man an den Hospitalismus (vgl. u. a. *Spitz* 1945/46; zur Reizarmut und Zuwendungsmangel auch *Dennis* 1972).

um bestimmte Fertigkeiten zu erwerben. Erst in übersteigerter Form bzw. mit zunehmendem Alter mag es nicht immer mit den Zielvorstellungen der Erzieher in Einklang zu bringen sein.

Konflikte zeigen sich in Kollisionen mit den Interessen anderer. Die darauf folgenden negativen Sanktionen können vom Kind zunächst mit Trotz beantwortet werden. Da aber AM, sprich: eine positive Assoziation mit dem Kontakt zur Umwelt entstanden ist, läßt sich der Konflikt meist schnell beilegen (vgl. die Empfehlung vieler Erzieher, auf Trotz mit „Nichtbeachtung" zu reagieren)[1]).

Sollten die Sanktionen aber sehr massiv auftreten, als vom Kind erwünschte Aufmerksamkeit erlebt, und/oder die Ursache der Erzieherreaktionen von ihm nicht klar erkannt werden, mag pE als relativ stabiles Gefüge entstehen, sofern sich solche Situationen häufig wiederholen.

3.2.2.4. Leistungsmotivation (LM)

Im Verein mit der Zunahme an Selbständigkeit und einer Erweiterung der Anforderungen scheint sich — wenn pE diese Entwicklung nicht behindert — das Tüchtigkeitsmotiv (competence) ausbilden zu können (vgl. *White* 1959 und 1960, 103). Damit ist ein Kennenlernen der eigenen Möglichkeiten gemeint; das Kind muß Erfolg und Mißerfolg den persönlichen Handlungen zuordnen können (vgl. u. a. *Meyer* 1973, 30 ff., 156).

Maßstäbe werden zunehmend an das Kind herangetragen bzw. von ihm durch Imitation und Identifikation übernommen. Forderungen — sowohl nach Leistung als auch nach Selbständigkeit —, die häufig mit wachsender Präzision an das Kind gestellt werden und deren Erfolg „belohnt" und Mißerfolg „getadelt" wird, führen zu neuen Kognitionen.

3.2.2.4.1. Furcht vor Mißerfolg (FM)

Herrscht seitens der Umwelt eine Unterforderung vor, kann das Kind weniger Fertigkeiten üben. Dies mag langfristig zu mangelnden Fähigkeiten und — im weiteren Verlauf der Entwicklung — zu einer Erhöhung der Mißerfolgswahrscheinlichkeit und damit zur Furcht vor Mißerfolg (FM) führen (s. a. *Meyer* 1973, 177 f.).

Ein geringes Selbstvertrauen kann u. U. die Betonung von AM zur Folge haben. Diese Beziehung zu AM ist im Sinne einer „passive compliance", einer passiven Willfährigkeit zu denken, einem Bemühen, nicht anzuecken.

Häufige Überforderung mag Angst und Unsicherheit induzieren, die — wenn die Maßstäbe und Forderungen für das Individuum Relevanz besitzen — eine Ausbildung von FM ebenfalls fördern. Die Handlungsresul-

---

[1]) Dies hat seinen Grund besonders darin, daß unerwünschtes Verhalten nicht durch Aufmerksamkeit verstärkt werden soll. Unter bestimmten Bedingungen kann nämlich die Aufmerksamkeit, die zwangsläufig auch mit den negativen Sanktionen verbunden ist, für das Kind wichtiger sein als das Vermeiden der negativen Sanktionen.

tate werden dann bei Erfolg eher external attribuiert[1]) und bei Mißerfolg vorwiegend internal (vgl. u. a. *Weiner, Kukla* 1970; *Meyer* 1973, 91 ff.).
Wenn vom Individuum Aufgaben mit Wettbewerbscharakter verlangt werden und es neben der Furcht vor Mißerfolg deutlich positive Anschlußmotivation besitzt, scheinen — bei freier Schwierigkeitswahl — eher eigene Über- oder Unterforderungen die Folge zu sein (*Schneider* 1973, 212 ff.). Dabei attribuiert es die Resultate wieder in entsprechender Weise.

Hier wird der Kreis deutlich, in den Individuen mit vorherrschender FM bei relativ hoher Leistungsmotivation geraten können. Eine Überforderung z. B. führt zum Mißerfolg, der mangelnder Fähigkeit zugeschrieben wird. Dies verstärkt die Furcht vor Mißerfolg. In ähnlicher Situation setzt sich das Individuum erneut zu hohe Maßstäbe, wodurch wiederum Mißerfolg hervorgerufen wird.

Der dissonanztheoretische Erklärungsversuch von Mißerfolgen, wie er von *Schlachet* (1965) vorgenommen wurde, daß nämlich die Inhalte dabei kognitiv anders besetzt werden, läßt ebenfalls die Vermutung der stabilisierenden Wirkung solcher Systeme zu und könnte entsprechende Über- bzw. Unterforderung verdeutlichen.

Da sich auf diese Weise allerdings nicht alle Befunde zur FM umschreiben lassen und eine entsprechende Diskussion den vorgegebenen Rahmen sprengen würde, soll dieser Ansatz mehr der Vollständigkeit halber erwähnt bleiben.

Angst in Verbindung mit FM mag zu einem Verhalten führen, das eine Beziehung zum personalisierten Einflußstreben (pE) hat[2]).

Das vermutete Verhalten ließe sich vielleicht mit „egozentrisch" umschreiben.

Bei einer vorherrschenden Furcht vor Mißerfolg (FM) wird ein Redundanzstreben[3]) erwartet (näheres s. S. 147), ein Bemühen um stabile Wertsysteme und klare, überdeterminierte Orientierungen in der Umwelt[4]).

---

[1]) Unter Attribuierung ist eine Ursachenerklärung der Handlungsausgänge zu verstehen. Hier, bei vorherrschender Furcht vor Mißerfolg, wird das Individuum einen erfolgreichen Handlungsausgang eher dem Glück oder der Leichtigkeit der Aufgabe zuschreiben (external), während die Ursache für einen Mißerfolg in mangelnder Fähigkeit gesehen wird (internal). Diese Konzepte scheinen in der Schule durch die Lehrererwartungen verstärkt zu werden (*Lüdtke* 1975, 240 ff.).

[2]) Eine Faktorenanalyse deutet diese Beziehung an (*Erdmann* 1973, unveröffentlicht).

[3]) Redundanz: Begriff aus der Informationstheorie. Redundanzbildung führt dadurch zu einer Erhöhung der Übertragungssicherheit einer Informationsübermittlung, weil jedes Zeichen mehrmals besetzt ist (vgl. *Klix* 1971, 265 ff.). Wenn ein Lehrer sicher sein will, daß seine Ausführungen von den Schülern aufgenommen werden, wiederholt er die entscheidenden Aussagen mehrmals in Variationen und läßt es nicht bei einem Satz bewenden.
Zu der Wortverbindung „Redundanz" und „Streben" vgl. S. 85.

[4]) Ein Widerspruch zu der erhöhten Risikobereitschaft wie sie von *Meyer* (1973, 43 ff.) berichtet wird, ist insofern nicht gegeben, als hier soziale Bezüge gemeint sind, während sich *Meyer* vorwiegend auf Versuche mit Wettspielen stützt.

3.2.2.4.2. Hoffnung auf Erfolg (HE)

Adäquate Forderungen der Umwelt an das Individuum verstärken die Möglichkeit, Hoffnung auf Erfolg (HE) als überdauernde Disposition auszubilden. Dabei müssen die Handlungsresultate als für eine Leistungssituation relevant erlebt werden.

Ebenso wie die Anforderungen passend empfunden werden, stellt sich das Individuum – bei freier Schwierigkeitswahl – eher adäquate Aufgaben (mit mittlerer Schwierigkeit). Die Ergebnisse werden dann bei Erfolg vorwiegend internal (Fähigkeit, Anstrengung) attribuiert und bei Mißerfolg external (Schwierigkeit, Pech).

Dadurch ergibt sich wieder ein relativ stabiles Selbstbekräftigungssystem (vgl. *Heckhausen* 1972, 956).

Ein Aufsplitten nach Furcht vor Erfolg und Hoffnung auf Mißerfolg – wie es von einigen Autoren besonders im Zusammenhang mit ethnischen und geschlechtsspezifischen Eigenheiten vorgeschlagen wird – soll hier vernachlässigt werden (vgl. u. a. *Winter* 1973, 42 f.; *Veroff* 1973, 94 ff.); methodische Probleme schwächen die wenigen Befunde.

Um das Schema nicht zu unübersichtlich werden zu lassen, sind die möglichen Rückkopplungen und Verläufe bei unterschiedlicher Intensität der Motive nicht aufgeführt.

3.2.2.5. Soziales Einflußstreben (sE)

Bis jetzt – besonders was die Leistungsmotivation mit ihren Komponenten FM und HE angeht – bestand eine möglichst unmittelbare Rückmeldung und vor allem Sachorientierung. Mit dem sozialen Einflußstreben (sE), der socialized power, wird dieser Rahmen erweitert. Hier treten Beziehungen zu anderen Personen in den Vordergrund. Das Individuum kann sein sozial vermitteltes und relativiertes Einflußstreben über die Identifikation mit Gruppeninteressen in verantwortlichem Handeln befriedigen. Um dies zu erreichen, muß der Umweltbezug stärker betont werden. Über die Anerkennung der Umgebung mag HE bzw. spezifisches Verhalten in Situationen mit Leistungsanreiz verstärkt werden.

Aufforderungen vom sozialen Umfeld (vgl. a. *Winter* und *Wiecking* 1971) und AM (als positiver Umweltbezug) mögen durch Anerkennung den Weg für das Heranbilden von sE ebnen.

Nur aus einer gesicherten, zuversichtlichen eigenen Stellung erscheint es sinnvoll, sich für die Belange anderer einzusetzen. Dies setzt voraus, daß Gruppeninteressen und -wünsche sich zu eigen gemacht werden, was meist zu einer zeitlich verschobenen, indirekten Rückmeldung führt. So muß das Individuum verstärkt die Situation überblicken und seine Möglichkeiten realistisch einschätzen können.

Hiermit soll verdeutlicht werden, warum wir die angestrebte Entwicklung (sE) nur über HE erwarten; Individuen mit relativ deutlicher Ausprägung von Hoffnung auf Erfolg scheinen sich u. a. durch ein realistisches Einschätzungsvermögen auszuzeichnen.

Ob sE dabei in gleicher Weise ein stabiles Selbstbekräftigungssystem ist, wie wir es bei den genannten Motiven postuliert haben, bleibt ein empirisches Problem, das noch nicht gelöst ist.

Als pädagogisches Ziel wird soziales Verhalten vielerorts genannt (vgl. u. a. *Kurz* 1971, 198) und wir sind der Meinung, durch unsere Darstellung denkbare Voraussetzungen verdeutlichen zu können.

Die oben zitierte Faktorenanalyse weist auf Beziehungen zwischen sE und AM hin; ein Ergebnis, das allerdings noch wenig gesichert ist und einer Kreuzvalidierung bedarf.

Aus einer stabilen Werthaltung heraus kann das Individuum mit sozialisiertem Einflußstreben eher Unsicherheit in Kauf nehmen. Es wird angenommen, daß solche Personen bereit sind, soziale Systeme in Frage zu stellen, auf Veränderungen flexibel zu reagieren. Sie mögen sogar Alternativen suchen, d. h.: Unsicherheit bewußt in Kauf nehmen, um ggf. Neuerungen zu erreichen oder zumindest neue Erfahrungen zu sammeln. Dieses sehr optimistisch dargestellte Verhalten soll mit dem Begriff Entropiestreben angedeutet werden[1]).

3.2.2.6. Ausgänge des Schemas

Wie eingangs erwähnt, wird das Individuum nicht als geschlossenes System gesehen, sondern es befindet sich in einer Wechselwirkung mit seiner Umwelt. In dieser Wechselwirkung sehen wir primär einen Informationsfluß. Ein Bemühen um stabile Wertsysteme, klare Orientierungen in der Umwelt, impliziert, daß das Individuum konsistente Information sucht und inkonsistente (mit seinem System) meidet. Informationstheoretisch wird damit das System überdeterminiert, es enthält für jede Klasse mehr Information als für ihre Definition notwendig ist, was mit Redundanz(-Streben)[2]) angedeutet werden soll.

Mit dem Begriff Entropie(-Streben) soll gezeigt werden, daß in der Beziehung zur Umwelt die Bereitschaft besteht, inkonsistente Information aufzunehmen und zu verwenden, bestehende soziale Bezüge in Frage zu stellen und damit Unsicherheit in Kauf zu nehmen.

Die Informationstheoretischen Termini betonen den Umweltbezug, der Begriff „Streben", daß vom Individuum eine Aktivität ausgehen kann.

3.2.2.7. Abschließende Bemerkungen zum Schema der Motivgenese

Mit dem Fortschreiten im Schema ist nicht das Aufheben vorheriger Motive gemeint; durchlaufene bzw. erlernte Motive werden nicht gelöscht, sondern vielmehr durch eine Verlagerung der Bedürfnisbefriedigung in der Verhaltensbestimmung abgeschwächt, so daß sich eher graduelle Unterschiede in den verschiedenen Bereichen des Schemas ergeben.

---

[1]) Entropie: Begriff aus der Informationstheorie (ursprünglich aus der thermodynamischen Bereich). Maximaler Entropie entspricht maximale Unsicherheit bei der Informationsübertragung, da jedes Zeichen nur einmal vorkommt und dadurch leicht Übertragungsfehler auftreten können (*Klix* 1971, 59 f.).

[2]) Der Begriff „Negentropie" würde dies nicht in der gewünschten Weise verdeutlichen, zumal er zum Teil wegen des Vorzeichens des logarithmischen Ausdrucks Verwendung findet.

Die Löschungsresistenz (von einigen Autoren wird generell ein Löschen in Frage gestellt) früh gelernter Motive ergibt sich aus der relativ geringen Differenzierungsfähigkeit eines Kindes, die nur eine grobe, globale Erfassung der Verknüpfungen situativer und affektiver Begleitumstände mit dem Verhalten zuläßt (vgl. *McClelland* 1951, 451 ff.; *Veroff* 1965, 3 ff.; *Heckhausen* 1972, 971 f.).

Das Schema würde falsch verstanden, wenn jeweils nur an die Ausprägung einer Variablen gedacht wird. Diesen Eindruck erweckt zwar die Darstellung, aber es ist im Text schon angedeutet worden, daß Wechselwirkungen und komplexe Cluster gesehen werden müssen. In spezifischen Bereichen und zu bestimmten Zeiten mag allerdings die Annahme berechtigt sein, daß einzelne Motive jeweils die Oberhand haben.

3.2.3. Beziehung zum Sport

Die bisherigen theoretischen Ausführungen sollen kurz auf praktische Belange des Sportunterrichts übertragen werden, wobei wir uns möglichst eng an das Schema halten, auch wenn dabei der notwendige Zwischenschritt einer empirischen Prüfung unserer Überlegungen übersprungen wird[1]).

Die deduzierten Forderungen ergeben sich zum Teil direkt aus einschlägigen Untersuchungen, wie sie im Schema angedeutet wurden. Der Sport und besonders der Schulsport bieten sich für unser Ziel an, sE fördern zu wollen. Dieses soziale Einflußstreben erscheint uns bedeutsam, weil erwartet wird, daß dadurch das Individuum in sozial verantwortlicher Weise handeln kann.

Wie oben angedeutet, wird mit dem sE – im Gegensatz zu den bisher genannten Motiven – die Bedürfnisbefriedigung, die Aufmerksamkeit von individuellen oder sachbezogenen Interessen auf den sozialen Bereich ausgedehnt. Der Einsatz für gemeinsame Zielvorstellungen mag in Gruppen erstrebenswert und sinnvoll erlebt werden. Es wurde schon darauf hingewiesen (vgl. S. 84), daß dieses Verhalten nur nach bestimmten vorherigen Erfahrungen entwickelt werden kann.

3.2.3.1. Folgen für den Sportunterricht

Wenn wir mit der Setzung, sE anzustreben, einverstanden sind[2]), ergeben sich eine Reihe von Konsequenzen. Zunächst muß – wie oben erläutert – HE gefördert werden, um die Möglichkeit zu eröffnen, den sozialen Bezug stärker in den Vordergrund rücken zu können[3]). Dabei müßten im Sportunterricht folgende Faktoren berücksichtigt werden:

---

[1]) Einige Befunde aus dem Sportbereich lassen sich recht gut integrieren, so z. B. *Kleine* (1973) und *Hecker* (1974).
[2]) Eine Diskussion des Lernzieles kann im gegebenen Rahmen nicht erfolgen (s. hierzu u. a. *Meyer* 1972).
[3]) Eine Reihe der folgenden Empfehlungen sind aus anderem Kontext vertraut, uns kommt es hier auf den Rahmen und die Verbindung an.

a. Die individuelle Leistungsfähigkeit, die Tüchtigkeit des Schülers muß Maßstab sein. Das hat zur Folge, daß Schüler – wenn möglich – die Schwierigkeiten der Aufgaben selbst bestimmen sollten und das Augenmerk des Lehrers auf die realistische Einschätzung des jeweiligen Schülers gerichtet ist.
b. Die vom Lehrer gegebenen Anreize müssen mittlere Schwierigkeiten haben.
c. Der Lehrer sollte darauf achten, daß die Schüler sich als Handlungsursache erleben und die Möglichkeit erkennen, positive Ergebnisse durch Anstrengung zu erreichen (dies berührt auch die Notengebung!).
d. Die Schüler sollten möglichst aktiv an der Unterrichtsgestaltung teilnehmen können.
e. Ziele müssen für sie erkennbar sein bzw. mit ihnen erarbeitet werden (d. h. u. a.: keine Übungsreihen vorschlagen, ohne daß die Zielsetzung vertraut ist).
f. Es sollten möglichst weite Verhaltensspielräume zur Bewältigung von Aufgaben überlassen werden (Bewegungsaufgaben), die dann gemeinsam den Zielen zugeordnet werden können bzw. dadurch modifiziert werden.
g. Kriterien für die Erfolgskontrolle sollten deutlich gemacht und die Schüler angehalten werden, die eigenen Leistungen selbst zu beurteilen.

Schon die bis hierher angeführten Punkte, die sich sachbereichsbezogen direkt auf den Sport beziehen und helfen sollen, Hoffnung auf Erfolg auf- bzw. Furcht vor Mißerfolg abzubauen, machen deutlich, daß indirekt nicht nur das Lehrerverhalten im Sportunterricht in bestimmter Weise definiert wird, sondern auch der Inhalt betroffen ist. Der angedeutete Unterricht mag das Schulen komplexer Fertigkeiten erschweren; uns erscheint es aber sinnvoll – wenn nicht anders möglich – dies nur in Form von freiwilligen Arbeitsgemeinschaften anzubieten, wie es wohl auch zunehmend mehr geschieht. Sportunterricht hat u. a. betont das Ziel, Interesse zu wecken, angenehme Erlebnisse mit diesen Aktivitäten zu verbinden, um so die Einstellung zum Sport und sportlicher Betätigung zu beeinflussen, was – hoffentlich – über den Schulbereich hinaus Auswirkungen hat.

Wenn auch bisher die Leistungsmotivation in dem skizzierten Sportunterricht besondere Bedeutung hatte, so vornehmlich deshalb, weil wir auf diese Weise näher unserem oben genannten Ziel kommen und die Voraussetzungen schaffen, sE aufbauen zu können. Dieses Ziel mag schon zum jetzigen Zeitpunkt in den Unterricht mit einfließen, wobei die Möglichkeiten des einzelnen Schülers berücksichtigt werden müssen. Das klingt komplizierter als es für einen Pädagogen – zumindest wenn er nicht neu in der Klasse ist – sein muß. HE bleibt ein Teilziel auf dem Weg zu sE.

Die Punkte d und e zeigen schon die Richtung auf eine soziale Orientierung. Da motorische Fertigkeiten ein konstituierendes Element des Sports sind, werden sie zu Beginn des Sportunterrichts zwangsläufig eine große Bedeutung haben. Ist die Streuung der Fertigkeiten in einer Klasse sehr groß, lassen sich bestimmte Sportarten – zumal im Gelände – nur schwer durchführen, ohne von einem Teil der Gruppe große Abstriche zu verlangen (z. B. Skifahren). Hiermit soll aber keine Lanze für leistungshomogene Gruppen gebrochen werden (im Gegenteil, da homogene Gruppen meist eine zu starke Sachorientierung besitzen, was unserem Lernziel entgegenwirken kann). Damit ist nur auf eine gewisse Inkompatibilität von Optimierung einer Fertigkeitsschulung und unserer Setzung, die Entwicklung von sE fördern zu wollen, hingewiesen. Der Lehrer muß sich dieses Problems bewußt sein, um die Möglichkeiten sehen und beachten zu können, im Sportunterricht das gesteckte (übergeordnete) Ziel zu verfolgen.

Ist HE einigermaßen aufgebaut[1]), können die Anreize erweitert werden:

h. Die Forderungen und Stimuli sind mehr auf Gruppenaktionen auszurichten (nicht Konkurrenz mit anderen Gruppen, da dies u. a. schwächere Mitglieder leicht ausschließt).

i. Die Erfolgskriterien sollten auf soziale Anerkennung ausgeweitet und in dieser Richtung akzentuiert werden (nicht die Anzahl der Körbe darf einziges Ziel beim Basketball sein, sondern z. B. der Ballverlauf, die Anzahl der Stationen).

k. Es sollte verstärkt versucht werden, positive Umweltbezüge aufzubauen, Kontakte innerhalb der Gruppe zu intensivieren. Die Art und der Grad, wie schwächere Mitglieder aufgenommen und beteiligt werden, ist wohl ein entscheidender Faktor.

Nach unserem Schema sind HE + Anerkennung + AM entscheidende Variablen und Voraussetzung für sE. Daher ist es nicht damit getan, daß ein Lehrer eingreift oder maßregelt[2]), sondern die Probleme heterogener Gruppen und Gruppeninteressen müssen erkannt und berücksichtigt werden. Dies ist auch mit relativ jungen Kindern möglich, setzt aber von vielen Erwachsenen ein Umorientieren voraus. Hier scheint uns die größte Schwierigkeit zu liegen.

Gelingt es, die letzten Punkte zu realisieren, Schwächeren Aufgaben in der Gruppe zu ermöglichen (von der Gruppe übertragen), Interaktionen zu fördern und als erstrebenswert erleben zu lassen, dann besteht die Hoffnung, daß sozial verantwortlich gehandelt und das Einfluß- und Geltungsstreben in die Gruppe integriert wird.

Der geschilderte Ablauf scheint im Sportunterricht besonders begünstigt zu werden, da hier z. B. weit besser als in anderen Fächern Interaktionen ausgelebt werden können. Darüber hinaus lassen sich die Ziele eher einsichtig machen, Rückmeldungen sind leichter und unmittelbarer zu geben und zu erleben, als in vielen anderen Fächern; außerdem ist der sachbereichsbezogene Anreiz — zumindest in den unteren Klassen — in erhöhtem Maße zu finden (vgl. a. *Hecker* 1974).

---

[1]) Über Möglichkeiten und Strategien, HE im Sportunterricht zu fördern vgl. *Kleine* (1976, in Vorbereitung) und *Beier* (1976, in Vorbereitung).

[2]) Da unser Ziel ein Selbstbekräftigungssystem — soweit möglich — ist, muß sich der Lehrer darauf konzentrieren, den Schülern die Möglichkeit eigener Erfahrung zu bieten. Es ließe sich wohl kaum ein intrinsisches Motiv aufbauen, wenn vom Lehrer alle Verstärkungen, Anregungen und Rückmeldungen kommen, auch wenn dadurch der Eindruck eines guten Unterrichts entstehen mag.

Literatur

1. *Atkinson, J. W.*, *Heyns, R. W.* und *Veroff, J.*, The effect of experimental arousal of the affiliation motive on thematic apperception. Journal of abnormal and social Psychology **49**, 405–410 (1954). – 2. *Beier, A.*, Der Einfluß verschiedener Unterrichtsvariablen auf die motorische, kognitive und motivationale Entwicklung der Schüler im 1. und 2. Schuljahr. Diss. Gesamthochschule Siegen, in Vorbereitung (1976). – 3. *Costa, P.*, Introduction to the Costa Ego Development Manual. Department of Social Relations. Harvard University (vervielfältigt) (1971). – 4. *Dennis, W.*, Gründe für die Retardierung bei Heimkindern: Iran, in: *Ewert, O. M.* (Hrsg.): Entwicklungspsychologie, Bd. **1**, 235–243 (Köln 1972). – 5. *Hecker, G.*, Leistungsentwicklung im Sportunterricht (Weinheim–Basel 1974). – 6. *Hecker, G.*, *Beier, A.* und *Kleine, W.*, Untersuchung zum Einfluß vom Sportunterricht auf die Entwicklung des Leistungsmotivs. Zeitschrift für Entwicklungspsychologie und Pädadogische Psychologie, in Vorbereitung (1975). – 7. *Heckhausen, H.*, Hoffnung und Furcht in der Leistungsmotivation (Meisenheim am Glahn 1963). – Einflüsse der Erziehung auf die Motivgenese. In: *Herrmann, Th.* (Hrsg.): Psychologie der Erziehungsstile. 131–169 (Göttingen 1966). – Die Interaktion der Sozialisationsvariablen in der Genese des Leistungsmotivs. In: *Graumann, C. F.* (Hrsg.): Sozialpsychologie Hdb. Psychol. Bd. **7**, 2 953–1019 (Göttingen 1972). – 8. *Heckhausen, H.*, Leistung und Chancengleichheit (Göttingen 1974). – 9. *Kelly, G. A.*, Der Motivationsbegriff als irreführendes Konstrukt. In: *Thomae, H.* (Hrsg.): Die Motivation menschlichen Handelns. 498–509 (Köln 1965). – 10. *Kleinbeck, U.*, Motivation und Verhalten (Göttingen 1975).– 11. *Kleine, W.*, Untersuchung zur Steigerung der Ausdauerfähigkeit bei Schülern mit einmaligem Ausdauertraining in der Woche. Sportunterricht **7**, 242–245 (1973). – Die Entwicklung der Leistungsmotivation in Abhängigkeit von kognitiven und motorischen Variablen. Diss. PH Rheinland. Abtlg. Aachen 1976 (in Vorbereitung). – 12. *Klix, F.*, Information und Verhalten. (Bern–Stuttgart–Wien 1971). – 13. *Kurz, D.*, Curriculumentwicklung als Werkstattarbeit. Sportwissenschaft **2**, 197–212 (1971). – 14. *Laufen, A.*, Validierungsstudie des TAT-Verfahrens zur Erhebung der Anschlußmotivation. Unveröff. Diplomarbeit Ruhr Univ. (Bochum 1967). – 15. *Lüdtke, A.*, Leistungsmotivation und Schüler- und Lehrerattribuierung bei einer sportspezifischen Aufgabe, untersucht an Schülerinnen des 6. Schuljahres. Unveröff. Arbeit zum 1. Staatsexamen, Seminar für Leibeserziehung PH Rheinland, Abtlg. (Aachen 1975). – 16. *MacCorquodale, K.* und *Meehl, P. E.*, On a distinction between hypothetical constructs and intervening variables. Psychological Review **55**, 95–107 (1948). – 17. *McClelland, D. C.*, Personality (New York 1951); Toward a theory of motive acquisition. American Psychologist **20**, 321–333 (1965). – 18. *Meyer, H. L.*, Einführung in die Curriculum-Methodologie (München 1972). – 19. *Meyer, W.-U.*, Leistungsmotiv und Ursachenerklärung von Erfolg und Mißerfolg (Stuttgart 1973). – 20. *Schlachet, P. F.*, The motivation to succeed and the memory for failure. In: *Zimbardo, P. G.* (Ed.): The cognitive control of motivation. 161–173 (Glencoe/Ill. 1969). – 21. *Schneider, K.*, Motivation unter Erfolgsrisiko (Göttingen 1975). – 22. *Secord, P. F.* und *Backman, C. W.*, Social Psychology (New York–London–Sydney–Toronto 1964). – 23. *Spitz, R. A.*, Hospitalism: An inquiry into the genesis of psychiatric conditions in early childhood. Psychoanalytic Study of the Child **1**, 53–74 (1945). – Hospitalism: a follow-up report. Psychoanalytic Study of the Child **2**, 113–117 (1946). – 24. *Thomae, H.* (Hrsg.): Die Motivation menschlichen Handelns (Köln–Berlin 1965a); Die Bedeutung des Motivationsbegriffes. In: *Thomae, H.* (Hrsg.): Hdb. Psychol. Bd. 2 (Göttingen 1965b). – 25. *Thomae, E. C.*, Cognitive maps in rats and men. Psychological Review **55**, 189–208 (1948). – 26. *Veroff, J.*, Theoretical background for studying the origins of human motivational dispositions. Merill-Palmer Quarterly **11**, 1–18 (1965). – Wie allgemein ist das Leistungsmotiv.

In: *Edelstein, W.* und *Hopf, D.* (Hrsg.), Bedingungen des Bildungsprozesses 94–148 (Stuttgart 1973). – 27. *Weiner, B.* und *Kukla, A.*, An attributional analysis of achievement motivation. Journal of Personality and social Psychology **15**, 1–20 (1970). – 28. *White, R.*, Motivation reconsidered: The concept of Competence. Psychological Review **66**, 297–333 (1959). – Competence and the psychosexual stages of development. In: *Jones, M. R.* (Ed.): Nebraska Symposium on motivation 97–141 (Lincoln 1960). – 29. *Winter, D. G.*, The power motive (New York 1973). – 30. *Winter, D. G.* und *Wiecking, F. A.*, Achievement and power motives of New Left radicals. Behavioral Science **16**, 523–530 (1971).

Anschrift des Autors:

Dipl.-Psych. *Ralf Erdmann*
Pädagogische Hochschule
Ahornstr. 55, 5100 Aachen

3.3. Sport und soziales Lernen*)

Zur Frage von Sozialisationswirkungen im Sport

Dorothee Bierhoff-Alfermann

Mit 3 Tabellen

Zusammenfassung

Zunächst wird ein Ordnungsschema für Untersuchungen zur Sozialisation im Sport entwickelt (Sport als unabhängige/Sport als abhängige Variable). Anschließend wird – ausgehend von der kognitiven Theorie sozialen Lernens von *Mischel* (1973) – vorgeschlagen, mögliche Sozialisationswirkungen im Sport nicht global, sondern jeweils unter spezifischen Themenstellungen zu betrachten. In der Rubrik „Sport als unabhängige Variable" geschieht dies beispielhaft an der Frage, ob sportliche Aktivität Sozialisationswirkungen auf geschlechtsspezifisches Verhalten hat, wobei eine solche Sozialisationswirkung bejaht wird. Schließlich werden zum Bereich „Sport als abhängige Variable" mögliche Sozialisationsvariablen aufgezeigt, die sich in das Modell von *Mischel* einordnen lassen.

Summary

An ordering scheme for studies in sports socialization is developed (sports as an independent variable/sports as a dependent variable). Thereafter–following the cognitive social learning theory by *Mischel* (1973)–a look is suggested at possible socialization effects in sports not globally but in a differentiating way with regard to specific problems. As to "sports as an independent variable" this is exemplified by questioning whether sports can influence the process of sex-typing. This is affirmed. As to the theme "sports as a dependent variable" several socialization variables are put together integrating with the theory by *Mischel.*

3.3.1. Vorbemerkungen

Wenn *Thomae* (1969) Psychologie definiert als „eine Bezeichnung für eine Mannigfaltigkeit von wissenschaftlichen Versuchen, menschliches Verhalten und Erleben adäquat zu erfassen" (S. 2), so ist mit „adäquater Erfassung" gemeint: „Beschreibung bzw. Messung der Variation von Verhalten und Erleben, Analyse der Bedingungen dieser Variation, Vorhersage des Verhaltens aufgrund von Gesetzmäßigkeiten" (S. 2). Damit sind drei Ebenen angesprochen: 1. die der Beschreibung, 2. die der Erklärung und 3. die der Vorhersage des Verhaltens.

Bei der Frage nach den Sozialisationsbedingungen, die zum hier und jetzt gezeigten Erscheinungsbild des Verhaltens führen, wird stets die zweite, meist auch die dritte Ebene berührt. Daß aber nicht einmal die

---

*) Ich danke Dr. *H. W. Bierhoff* für die Unterstützung bei der Konzeption und Ausarbeitung dieses Beitrags.

erste Ebene, die der Beschreibung, bisher zufriedenstellend untersucht wurde, ist eine Erkenntnis, die gerade auf die Sozialisationsforschung zutrifft, man braucht nur an die Bemühungen zur Erforschung von Erziehungsstilen einerseits und Persönlichkeitsmerkmalen andererseits zu denken (vgl. *Schneewind* 1974; *Lukesch* 1975). Auch im Bereich der Psychologie des Sports ist diese Diskrepanz zwischen Anspruch und Wirklichkeit sichtbar. Nicht nur, daß zwischen Beschreibung, Bedingungsanalyse und Vorhersage nicht eindeutig genug unterschieden wird, es fehlt im allgemeinen auch an geeigneten Ansätzen, um der Forderung nach exakter Beschreibung gerecht zu werden. Dieses Problem zeigt sich deutlich in Untersuchungen zu ‚Sport und Persönlichkeit'. Hier wurden Meßinstrumente der Persönlichkeitspsychologie ungeprüft übernommen und auf Fragestellungen im Sport angewandt, ein Zustand, der zuletzt von *Singer* und *Haase* (1975) beschrieben wurde.

In einem früheren Beitrag (*Bierhoff-Alfermann* 1973) habe ich bereits darauf hingewiesen, wie fragwürdig es angesichts des vorhandenen Wissensstandes sein muß, sportliche Aktivitäten als Verursachungsmoment bestimmter Persönlichkeitsentwicklungen anzusehen. Die Behauptung, Sport könne vielleicht Persönlichkeitsunterschiede zwischen Sportlern und Nichtsportlern oder zwischen den Anhängern verschiedener Sportarten erklären, somit als „explikatives Konstrukt" für Persönlichkeit dienen, habe ich dort als problematisch dargestellt (s. dazu auch *Singer* und *Haase* 1975; *Martens* 1975). Umgekehrt habe ich darauf aufmerksam gemacht, daß es vielleicht Moderatorvariablen, i. S. von vermittelnden Variablen geben könnte, die z. B. unterschiedliche sportliche Erfolge beeinflussen. So wäre etwa der Ausprägungsgrad von Angst nach den bisher vorliegenden Erkenntnissen ein wesentliches „vermittelndes" Moment für die Ergebnisse eines Individuums in Leistungs- und Wettbewerbssituationen, wie sie sich gerade im Sport häufig ergeben.

Geht man davon aus, daß exakte Beschreibung nur ein erster Schritt sein kann, so ist die zentrale Frage in der Psychologie (wie auch in anderen Wissenschaften) die nach den Verursachungsmomenten, weil nur mit deren Kenntnis der darauffolgende Schritt, Vorhersage oder Veränderung des Verhaltens, möglich werden. Bezogen auf unsere Fragestellung hieße das: Welche Bedingungen führen zu einer Hemmung oder einer Verstärkung sportlicher Aktivität? Und weiter: Inwieweit (und wenn ja, wie) bewirkt Sport wiederum eine Hemmung oder Verstärkung anderer Verhaltensweisen eines Individuums? Und schließlich (eng mit letzterem verknüpft): kann von Verhalten im Rahmen des Sports auf Verhalten in anderen Bereichen (und Situationen) geschlossen werden?

Damit ist das Hauptproblem umrissen, nämlich das von Sozialisationswirkungen im Sport.

Eine wichtige Frage in diesem Zusammenhang, deren Beantwortung auch — wie zu zeigen sein wird — zur Klärung von Sozialisation beiträgt, ist die nach der zu erwartenden Generalität von Sozialisationseffekten, d. h. sind überhaupt charakteristische und stabile Verhaltensmuster bei einem Individuum zu erwarten, oder zeigt sich eher eine Instabilität? Die Frage, die damit aufgeworfen wird, ist also die nach der Generalität vs.

Spezifität des Verhaltens: Läßt sich dasselbe Verhalten in zeitlic[hen Ab]ständen wiederholt beobachten (= Konstanz) bzw. bleibt es in v[erschiede]nen Situationen gleich (= Konsistenz)? Besonders eingehend ist [diese Frage]stellung im Bereich der Persönlichkeitsforschung diskutiert und untersucht worden. Da Persönlichkeitsmerkmale gleichzeitig ein vieluntersuchtes Feld von Sozialisationswirkungen darstellen, soll das Problem im folgenden ausführlicher erörtert werden.

3.3.2. Zum Problem der Generalität vs. Spezifität des Verhaltens

Mischel (z. B. 1970, 1971, 1973) hat wiederholt darauf hingewiesen, daß „Persönlichkeit" (als Sammelbegriff für interindividuell unterschiedliches Verhalten) nicht so verstanden werden darf, daß hierbei weitgehend situationsunabhängiges, -überdauerndes Verhalten zutage träte. Die Annahme eines solch generellen Musters von Reaktionsweisen liefe auch vielen Erkenntnissen etwa der Verhaltensforschung zuwider, die ja gerade auf die Vielfalt und Differenziertheit menschlichen Verhaltens hinweist (vgl. *Leyhausen* 1965, sowie *Lorenz* 1954, der den Menschen als „Spezialist auf Unspezialisiertsein" bezeichnet).

Im Bereich der psychologischen Persönlichkeitsforschung ist eine Teildisziplin damit beschäftigt, ‚Eigenschaften' (traits) zu ermitteln, die als Abstraktion menschlichen Verhaltens aufgefaßt werden und diesem in unterschiedlichsten Situationen zugrundeliegen sollen. Jemand ist ‚nachgiebig' z. B. bedeutet dann, überspitzt formuliert, daß er allen Interaktionspartnern gegenüber (z. B. Vorgesetzten, Kindern, Eltern, Freunden) stets (und in allen Situationen) nachgibt und nicht auf seiner Meinung oder seinem Vorschlag besteht. Schon 1928 haben *Hartshorne* und *May,* um eine klassische Studie zu zitieren, eine große Unabhängigkeit von verschiedenen Verhaltensmaßen der ‚Ehrlichkeit' bei Schulkindern festgestellt. *Burton* (1963) konnte dieses Ergebnis in einer Nachanalyse im Prinzip nur bestätigen. *Eysenck* (1970, S. 20 ff.) wie auch *Burton* wenden allerdings ein, daß damit nicht Spezifität des Verhaltens bewiesen sei. *Eysenck* geht vielmehr von einem Kontinuum der Spezifität/Generalität aus, dessen Extrempunkte faktisch nicht vorkommen.

Die eingangs gestellte Frage nach Generalität oder Spezifität muß also differenzierter formuliert und beantwortet werden.

Mangelnde Spezifität wird leicht als Unangepaßtheit interpretiert. Dies läßt sich z. B. in Theorien über intelligentes bzw. über soziales Verhalten konstatieren. So gehört zu ‚intelligentem' Verhalten per definitionem die Anpassung an die Anforderungen der Situation. Umgekehrt verhindert Rigidität eine optimale Lösungsstrategie, indem keine neuen Wege zu einer Lösung ausprobiert oder auch nur in den Blick genommen werden. Desgleichen zeigt sich im sozialen Bereich vorurteilsvolles Verhalten im Mangel an Aufnahmebereitschaft gegenüber Informationen, die das Vorurteil verändern könnten. Daraus folgt, daß situationsunspezifisches Verhalten im allgemeinen eher eine Unangepaßtheit bedeutet, so daß situationsüberdauerndes, „konsistentes" Verhalten im strengen Sinne in Wirklichkeit auf

Dauer nicht existieren kann, ohne zu Anpassungsproblemen im Alltag zu führen.

In gleicher Weise lassen sich Einwände gegen die Annahme einer übermäßigen Konstanz, also zeitlichen Stabilität menschlichen Verhaltens finden. So kritisiert etwa *Thomae* (1968), daß allzu häufig in der Persönlichkeitsforschung – sowohl im deutschsprachigen Raum wie auch in der amerikanischen Literatur – von statischen, unveränderlichen „Eigenschaften" ausgegangen worden sei, während das, was „für die Persönlichkeitsforschung relevant ist, ... Geschehen, Ereignis, Ablauf, Handlung, Veränderung" sei (S. 403).

Beide Autoren, *Thomae* wie *Mischel*, weisen auf die zentrale Rolle von Lernerfahrungen für die Persönlichkeit hin. *Thomae* betont die Interpretation der Situation durch das Individuum und nähert sich damit den kognitiven Theorien: Konstanz des Verhaltens ist dann zu erwarten, wenn es in den gleichen Interpretationszusammenhang eingebettet ist. *Mischel* sieht als zentrale Variablen nicht nur die kognitiven Interpretationen des Individuums, sondern auch die Verhaltenskontingenzen: „If the contingencies shift, so does the behavior" (*Mischel* 1969, S. 82). Danach hängt Konstanz oder Veränderlichkeit des Verhaltens von den sozialen Verstärkungsmechanismen *und* deren Interpretation durch das Individuum ab (*Mischel* 1973). *Mischel* kann sich dabei auf seine langjährigen Untersuchungen zum Belohnungsaufschub (delay of gratification) stützen.

In einem sehr einfallsreichen Experiment überprüften *Mischel* und *Baker* (1975) (u. a.) die Frage, ob Vorschulkinder länger auf eine vor ihnen liegende Belohnung (Süßigkeit oder Salzstangen) warten konnten, wenn sie sich gedanklich mehr auf die äußeren Merkmale (wie lang und braun) als auf die geschmacklichen Qualitäten (wie süß und klebrig) konzentrierten. Die Ergebnisse bestätigten die Hypothese, daß die Kinder eine erwartete Belohnung dann länger hinausschieben konnten, wenn sie sich mehr deren Aussehen als deren Geschmack vor Augen hielten. Somit können kognitive Interpretationen den Verstärkungswert einer Belohnung (zumindest zeitweilig) verändern. Im vorliegenden Fall wurde dies durch bestimmte Instruktionen erreicht.

Das Ausmaß an Spezifität des Verhaltens hängt von den spezifischen Lernbedingungen ab. Da aber dasselbe Verhalten selten auch stets mit denselben Konsequenzen assoziiert ist, erscheint variables, situationsspezifisches und -angepaßtes Verhalten als Normalfall. Verhaltensgeneralität ist umso eher zu erwarten, je mehr die Verstärkungskontingenzen und deren Interpretationen durch das Individuum (bei verschiedenen Umständen) übereinstimmen. Dies ist aber in hohem Ausmaß höchstens dann der Fall, wenn restriktive Umweltbedingungen vorherrschen (z. B. in Gefängnissen). Allerdings besteht bei den meisten Individuen die Erwartung, daß sich andere relativ konsistent verhalten (sollten). Das äußert sich in der Tendenz, Personen und deren Verhalten als stabil wahrzunehmen, was dann im Alltag zur Attribution überdauernder Charakteristika und Reaktionsbereitschaften führt. Hinzu kommt die Bereitschaft, Ereignisse und Situationen nach einmal gelerntem Muster zu interpretieren oder – nach *Kelly* (1955) – in die gelernten ‚Konstrukte' einzuordnen. Hier wäre dann nach *Thomae* (1968) eine „Chronifizierung thematischer Strukturierung" (S. 499), daraus resultierend eine Konstanz des Verhaltens eingetreten.

Insgesamt bleibt festzuhalten: bei jedem menschlichem Verhalten muß mit Generalität und Diskrimination zugleich gerechnet werden, u. z. je nach Generalität oder Spezifität von Verstärkungskontingenzen, Informationsverarbeitung und Interpretationsschemata des Individuum.

Diese Tatsache läßt das Aufstellen von Gesetzmäßigkeiten als sehr komplex erscheinen, und das gilt auch für unsere Fragestellung, nämlich der nach Sozialisationswirkungen im Bereich des Sports. Hier stellt sich zudem das Problem, daß „Sport" eine Sammelbezeichnung für ganz unterschiedliche Vorgänge ist. So gibt es nicht nur unterschiedliche Disziplinen, sondern auch unterschiedliche Grade sportlicher Aktivität (z. B. Freizeit-, Leistungssport) u. v. a. unterschiedliche Rahmenbedingungen: z. B. Sportunterricht in der Schule; Training im Verein, alleine, im Freundeskreis; soziale Anerkennung vs. Mißbilligung usw. Diese Differenziertheit von „Sport" legt die Annahme nahe, daß auch eventuelle Sozialisationswirkungen sehr differenziert aussehen und nur bei gleichem Kontext ähnlich sind.

Im folgenden will ich versuchen, den Begriff der Sozialisation genauer zu spezifizieren, und dann anschließend auf Sozialisation im Sport eingehen. Dabei wird insbesondere die Bedeutung kognitiver Variablen betont.

3.3.3. Zum Begriff der Sozialisation

Sozialisation ist eine Art Sammelbegriff für den Vorgang des „Hineinwachsens in die Gesellschaft" (*Hofstätter* 1963), für kulturelle und soziale Einflüsse im weitesten Sinne, die auf das Individuum einwirken. Durch Sozialisation soll aus dem Kind ein vollwertiges Mitglied der Gesellschaft werden, das die bestehenden Normen, Wertsysteme und die (v. a. schulisch vermittelten) Kulturtechniken erworben hat. Sozialisation wird so als einseitiger Vorgang verstanden, der auf Kindheit und Jugend beschränkt bleibt: Die Beeinflussung des Kindes und Jugendlichen durch soziale Agenten zum Zweck seiner Einpassung in die Gesellschaft.

Dies ist eine amerikanische Version. Zu Recht macht *Walter* (1973) auf die im deutschsprachigen Raum vorherrschende Tendenz aufmerksam, Sozialisation nicht nur als Vorgang der Anpassung zu verstehen, sondern auch der Abhebung, der Selbstfindung. Mit diesem erweiterten Begriff von Sozialisation werden auch sozialer Wandel und Veränderungen erklärbar.

In Übereinstimmung auch mit *Danziger* (1969) ist daher zu betonen, daß diese Beeinflussung nicht einseitig stattfindet, sondern Rückkopplungen beinhaltet: Sozialisation bedeutet *gegenseitige* Beeinflussung, also z. B. nicht nur vom Erwachsenen zum Kind, sondern auch umgekehrt. Das spiegelt sich etwa in der Tatsache wider, daß derselbe Erwachsene bei verschiedenen Kindern unterschiedliches Verhalten zeigt, bzw. beim selben Kind nicht stets das gleiche Verhalten (*Heckhausen* 1966). Außerdem bedeutet Sozialisation auf diese Weise nicht nur Einengung, wie es der obige Begriff der „Anpassung" nahelegt, sondern auch Erweiterung, Differenzierung, Konkretisierung, worauf *Lehr* (1968) hingewiesen hat.

Daneben bezieht sich Sozialisation nicht nur auf Kinder und Jugendliche, sondern auch auf Erwachsene (*Brim* und *Wheeler* 1974), man denke z. B. nur an die Einflüsse, denen ein Erwachsener in der Berufswelt unterliegt.

Ich will an dieser Stelle nicht näher auf die zahlreichen Richtungen und Definitionen von Sozialisation eingehen (s. dazu *Lehr* 1974, S. 1 ff.), sondern stattdessen die Überlegungen von *Mischel* heranziehen, die m. E. wesentlich zur Klärung des Sozialisationsvorgangs beitragen. *Mischel* (1973) schlägt 5 Personvariablen für die Erklärung des Verhaltens eines Individuums vor, die weiter oben z. T. schon angedeutet wurden:

1. *Konstruktionsfähigkeiten,* d. h. die „Fähigkeit bestimmte Kognitionen und Verhaltensweisen aufzubauen" (S. 275).
2. *Kodierungsstrategien und personale Konstrukte,* d. h. „die Art und Weise, in der der Wahrnehmer Information von Stimulus Inputs kodiert und gruppiert" (S. 267).
3. *Erwartungen über Verhaltens- und Stimulus-Effekte* (behavior-outcome and stimulus-outcome expectancies), d. h. die Erwartungen des Individuums über die Folgen seines Verhaltens (z. B. positive oder negative Verstärkungen) und über die mit bestimmten Stimuli assoziierten Ereignisse (z. B. Stirnrunzeln des Vaters als „Signal" für eine zu erwartende Strafpredigt).
4. *Subjektive Stimulus-Bewertung,* d. h. die Präferenzen, die der einzelne für bestimmte Stimuli und bestimmte Effekte seines Verhaltens hat (z. B. sind nicht alle als Verstärker gedachten Stimuli gleich wirksam: Jemand, der keine Süßigkeiten mag, wird die Verabreichung von Bonbons nicht als positive Verstärkung empfinden; oder: das Lob von einem verhaßten Lehrer kann wie Zynismus wirken).
5. *Selbstregulatorische Systeme und Pläne,* d. h. „das Individuum reguliert sein eigenes Verhalten durch selbstauferlegte Ziele (Standards) und selbstproduzierte Konsequenzen" (S. 273).

Alle fünf Variablen betreffen bestimmte kognitive Strategien, die das Verhalten des einzelnen regulieren. Der Aufbau dieser Merkmale ist unterschiedlich je nach bisherigen Sozialisationserfahrungen. Sozialisationswirkungen ließen sich demnach v. a. in bezug auf diese fünf Variablen bestimmen.

Sozialisation bedeutet dann ein sozialer Lernvorgang, der im Aufbau verschiedener kognitiver Schemata über die Umgebung und das Selbst resultiert. Diese bestimmen das eigene Verhalten. Der Erwerb dieser Schemata hängt von bestimmten Lernbedingungen ab, in erster Linie von modellierenden und von Verstärkungseffekten. So kann z. B. ein Junge die Erwartung erwerben, daß er für aggressives Verhalten (z. B. Schlagen) gegenüber seinen Spielgefährten von den Eltern gelobt, gegenüber den Geschwistern ignoriert und gegenüber den Eltern selbst heftig bestraft wird. Ist die Reaktion der Eltern für den Jungen eine wichtige Verstärkungsquelle, so sind Veränderungen in der Auftretenswahrscheinlichkeit des aggressiven Verhaltens je nach Situation zu erwarten. Ist sie es aber nicht, so ist der Effekt fraglich. Umgekehrt kann z. B. ein Mädchen lernen, daß es für tätliche Handlungen gegenüber Personen grundsätzlich bestraft wird. Es wird somit andere Handlungserwartungen in bezug auf aggressives Verhalten erwerben als der Junge.

Es zeigt sich an diesen Beispielen die Leistungsfähigkeit des Modells von *Mischel,* indem Aussagen von relativ differenzierter Art über Sozialisationseffekte möglich werden.

3.3.4. Sozialisation und Sport

Im folgenden soll untersucht werden, in welcher Bedeutung der Begriff der Sozialisation im Zusammenhang mit Sport auftaucht. Dabei wird sich zeigen, daß Sport mal als antezedente (unabhängige) Variable, mal als konsequente (abhängige) Variable angesehen wird.

Zum zweiten soll kurz die Frage erörtert werden, ob Sport überhaupt sozialisierende Wirkung haben kann. Dabei wird sich zeigen, daß das Problem in dieser allgemeinen Form nicht befriedigend überprüft werden kann. Dies wurde weiter oben bei der Diskussion über Generalität/Spezifität von Verhalten schon deutlich. Stattdessen wird ein anderer Weg vorgeschlagen. Dieser besteht darin, die Frage nach verschiedenen Variablen zu differenzieren. Dies wird exemplarisch an der Geschlechtsvariablen dargestellt.

3.3.4.1. Ein Ordnungsschema

Abgesehen davon, daß Uneinigkeit darüber besteht, ob sich überhaupt Sozialisationswirkungen im Sport finden lassen — auf diese Frage soll später genauer eingegangen werden — lassen sich auf der Grundlage der vorliegenden Literatur zwei Hauptunterscheidungen treffen, nämlich Sport als unabhängige Variable für und als abhängige Variable von Sozialisationswirkungen.

Der ADL-Kongreß (Ausschuß Deutscher Leibeserzieher) von 1973, der sich mit dem Thema „Sozialisation im Sport" befaßte, weist im wesentlichen Beiträge der ersten Art auf. Damit sind Ansätze gemeint, die betonen, daß sportliche Aktivität einen sozialisierenden Einfluß auf die Sporttreibenden ausübt. In etwas anderer Terminologie und/oder Untersuchungsplanung läßt sich diese Richtung in Arbeiten zum Einfluß von Sport auf die Persönlichkeit wiederfinden.

Die zweite Art, Sport als abhängige Variable, beschäftigt sich mit Einflüssen auf die sportliche Aktivität selbst, etwa der Einfluß elterlicher Fürsorge, die Art des schulischen Sportcurriculums, des Trainer(Lehrer-)Verhaltens usw. auf Leistungen, Fähigkeiten im (u. evtl. Einstellungen zum) Sport.

Daneben ist noch eine dritte Variante zu nennen, die *Mischel* (1973) auch im Zusammenhang mit Persönlichkeitsforschung erwähnt, nämlich bezogen auf Moderatorvariablen im klassischen Sinne, etwa Geschlecht, soziale Schicht, Alter. Damit sind Variablen gemeint, die unterschiedliche Sozialisationswirkungen je nach Zugehörigkeit zur einen oder anderen Gruppe erwarten lassen. Wenn sich beispielsweise bei guten Fußballspielern ein positives Selbstkonzept findet (vielleicht weil sie sich bei ihren Klassen-

Tab. 1: Ordnungsschema zur Sozialisation im Sport*)

Inhaltlicher Gesichtspunkt	Ziele	Techniken
Methodischer Gesichtspunkt		
Sport als unabhängige Variable	Emanzipation Fairneß geschlechts„angemessenes" Verhalten	Leistungssport Mannschaftssport Lehrpläne
Sport als abhängige Variable	Interesse am Sport gute Gesundheit	positives Lehrerverhalten Sportunterricht

*) Die im Schema aufgeführten Ziele und Techniken stellen Beispiele dar, die auch im Text genannt werden. Sie lassen sich erweitern. Die unter Techniken aufgeführten Begriffe sind Beispiele, wie das jeweils links danebenstehende Ziel evtl. erreichbar sein könnte (s. die Darstellung im Text).

kameraden großer Beliebtheit erfreuen), während gute Fußballspielerinnen Selbstwertprobleme zeigen (vielleicht weil sie nicht den an sie gerichteten Erwartungen von Weiblichkeit entsprechen), sind solche Variablen angesprochen. Dabei können natürlich Alter, Geschlecht, Schicht nur Sammelbezeichnungen sein, gleichsam Decknamen ohne eigene Erklärungswirkung, so daß Zusatzannahmen notwendig sind (etwa Rollenerwartungen gegenüber Jungen/Mädchen; unterschiedlicher Verstärkungswert desselben Verhaltens je nach Geschlecht oder Alter; elterliches Erziehungsverhalten variiert je nach Geschlecht und Alter der Kinder und je nach sozialer Schichtzugehörigkeit der Erzieher). Somit bleibt die genaue Bedeutung dieser Moderatorvariablen im Sinne von Inhalt und Wirkung offen.

Mischel (1973) weist sie daher für den Bereich der Persönlichkeitsforschung als wenig fruchtbar zurück. Neben Problemen der Interpretation, die die Berechtigung einer eigenen Kategorie fraglich machen, erweist sich dies aber auch für unsere Fragestellung eigentlich als überflüssig, weil sich Ansätze mit Variablen wie Schicht, Alter, Geschlecht stets unter die eine (Sport als unabhängige) oder andere Rubrik (Sport als abhängige Sozialisationsvariable) einordnen lassen.

Nun entbehrt die hier durchgeführte Trennung, die sich in erster Linie an Fragen des experimentellen Designs orientiert, nicht einer gewissen Künstlichkeit und Problematik. Hiermit ist zweierlei gemeint:

Zum einen Probleme der Theorie. Wie schon oben erläutert, läßt sich Sozialisation stets als *Inter*aktion verstehen, als gegenseitige Beeinflussung. Entsprechend ist auch daran zu denken, daß durch Sport sowohl z. B. bestimmte Einstellungen beeinflußt werden, wie auch umgekehrt bestimmte Einstellungen und Motive zum Sport prädestinieren, ohne daß hier Ursache und Wirkung voneinander zu trennen sind. Eine solche Möglichkeit aber legt die obige Trennung nahe.

Zum anderen Probleme der Methodik, die die Einordnung in unser Schema erschweren. Das hat verschiedene Ursachen.

1. Die Fragestellung vieler Arbeiten. So läßt sich „Das Sportcurriculum als Sozialisationsfaktor" sowohl unter die Rubrik „abhängige" wie auch „unabhängige Variable" einordnen, ersteres, wenn das Sportcurriculum als Beeinflussungsfaktor für sportliche Aktivität angesehen wird, letzteres, wenn das Sportcurriculum als Bestandteil dieser Aktivität gilt.

2. Ungenügende Erfassung der relevanten Variablen. *Martens* (1975) beschreibt diese Tatsache im Bereich der Persönlichkeitsforschung, etwa wenn Sport nicht definiert oder der Begriff Breitensportler, Spitzensportler usw. nicht genau operationalisiert wird. Dies gilt aber nicht nur für solche Kategorien, sondern auch für die Messung von Verhaltenskontinuen. Ein Beispiel hierzu ist etwa, wenn „geschlechtsspezifisches Rollenverhalten" in einer Untersuchung durch Fragen nach relevanten Eigenschaften von Mädchen/Jungen und nach typischen Sportarten für Mädchen/Jungen ererfaßt wird.

Abgesehen davon, daß hier nicht Rollen*verhalten,* sondern allenfalls *-einstellungen* gemessen werden, könnte letzteres auch nicht ganz zutreffen, wenn man bedenkt, daß etwa auf die Frage nach typischen Jungen- und Mädchensportarten die Vpn der Meinung gewesen sein können, sie sollten die in der Realität vorhandene Verteilung von Sportarten auf die beiden Geschlechter angeben. Ein Psychiater hätte hierin vielleicht einen Indikator für psychische Gesundheit vs. Fehlanpassung gesehen (s. dazu *Broverman* et al. 1970).

3. Begrenztheit der Aussage über Ursache und Wirkung. Die schon in der Theorie sich nur ungenügend widerspiegelnde Tatsache einer zweiseitigen Beeinflussung wird in der praktischen Durchführung von Untersuchungen erst recht schwierig zu erfassen. Kausalaussagen, etwa: Tennis bewirkt größere soziale Kontakte als kein Tennis; oder umgekehrt: gesellige Menschen eignen sich besonders gut zum Tennisspiel, sind vom Untersuchungsdesign her fast nie zu belegen, weil selbst bei Längsschnittuntersuchungen die Kausalfaktoren nur unzulänglich aufgezeigt werden können.

Dennoch erscheint es nützlich, eine Einordnung von Arbeiten zur „Sozialisation im Sport" nach den vorgeschlagenen beiden Kategorien in „Sport als unabhängige" und als „abhängige Variable" vorzunehmen (ähnlich wie dies von *Bierhoff-Alfermann* und *Bierhoff* 1976 für Untersuchungen im Bereich der Umweltpsychologie durchgeführt wurde). Eine solche Einteilung trägt nämlich dazu bei, die Annahmen über Sozialisationswirkungen im Sport zu konkretisieren und genauer zu beleuchten. Dies soll im folgenden geschehen.

3.3.4.2. Sport als unabhängige Variable

Erste Annahme: Sport bewirkt Charakterbildung, neutraler ausgedrückt: durch Sport(erziehung) werden nicht nur motorische, sondern auch eine Reihe sportlich relevanter psychischer Eigenschaften und Verhaltensweisen erworben (z. B. Fairneß, Ausdauer, Konzentration u. a.). Damit einher geht im allgemeinen die

Zweite Annahme: die im Sport erworbenen (sozialen) Verhaltensweisen gelten auch für andere Bereiche außerhalb des Sports (also Transfer, Generalisierung). So soll durch Sport Fairneß gelernt und diese auch im Alltag angewandt werden (etwa *Neumann* 1960)!

Geht man von der zweiten Annahme aus, so läßt sich nach dem bisherigen Stand der Forschung zur Frage des Transfers im kognitiven Bereich und „genereller" Eigenschaften im Persönlichkeitsbereich (s.v.) feststellen, daß eine solche Allgemeingültigkeit, wie sie den (angeblich) im Sport gelernten Verhaltensweisen zugeschrieben wird, bisher nicht festgestellt worden ist. Was die erste Annahme betrifft, die die grundlegendere von beiden darstellt, so haben sich bisher Fürsprecher und Gegner gefunden (*Hammerich* 1971). So meint *Fischer* (1966, S. 162): „Das scheint mir, offen gestanden, nichts als ein frommes Wunschdenken zu sein", während *Neumann* (1960, S. 216) konstatiert: „Leibeserziehung ist mehr als bloße Gesundheitsfürsorge. Sie wendet sich . . . an alle Schichten der Persönlichkeit." Dabei haben die bisher vorliegenden Studien zur Frage von überdauernden Sozialisationseffekten von Sport keine klaren Resultate erbracht (vgl. *Bierhoff-Alfermann* 1973). Dies ist auch gar nicht zu erwarten, wenn man das Modell von *Mischel* berücksichtigt, wonach Verstärkungskontingenzen und Interpretationen durch das Individuum die entscheidenden Variablen bei der Vermittlung von Sozialisationseffekten darstellen. Da diese sehr unterschiedlich ausfallen können, sind generelle Effekte wahrscheinlich eher die Ausnahme denn die Regel, erst recht bei einem so umfassenden Phänomen wie dem Sport.

Den meisten Untersuchungen, die sich auf die Frage beziehen, welche Bedeutung der Sport (neben der physischen Schulung) für die psychische und soziale Entwicklung des einzelnen hat, liegen mehr oder weniger explizit die beiden oben dargestellten Annahmen zugrunde. Das gilt etwa für Untersuchungen zum Einfluß von Sport auf Persönlichkeitsmerkmale (s. dazu zusammenfassend *Bierhoff-Alfermann* 1973), auf das Selbstbild (z. B. *Koocher* 1971), auf Anpassungsfähigkeit (s. etwa *Carmen* et al. 1968; *Cowell* und *Ismail* 1962; *Biddulph* 1954), auf soziale (z. B. *Engel* und *Küpper* 1974; *Kiphard* 1974, *Cowell* 1960) bzw. antisoziale Verhaltensweisen (s. z. B. *Volkamer* 1971).

Gemeinsam ist diesen Studien das Bemühen, sportliche Aktivität als wesentlichen Faktor bei Erwerb und Aufrechterhaltung bestimmter Verhaltens- und Erlebensweisen herauszustellen. Wie kompliziert und widersprüchlich die Sachlage nicht nur in der Theorie (s. o.), sondern auch bei der empirischen Überprüfung ist, zeigt sich aber bei einer Durchsicht der entsprechenden Literatur: *Martens* (1975) spricht im gleichen Zusammenhang von einer „beispielhaften Krise" der Forschung.

Um einen Eindruck davon zu vermitteln seien als Beispiel zwei Follow-Up-Studien erwähnt, die zu entgegengesetzten Resultaten kommen: *Kane* (1970) untersuchte Collegestudenten unterschiedlichen sportlichen Leistungsniveaus und Aktivitätsgrades zweimal im Abstand von 3 Jahren. Er konnte keine unterschiedlichen Persönlichkeitsentwicklungen feststellen, lediglich Unterschiede im Querschnittvergleich zwischen den verschiedenen Sportlergruppen, deren Ursache aber ungeklärt bleibt. *Kane* erklärt das Fehlen unterschiedlicher Entwicklungsverläufe damit, daß die entscheidenden Sozialisationserfahrungen bereits in früheren Jahren stattgefunden hätten, und so jetzt im frühen Erwachsenenalter keine Sozialisationswirkungen durch Sport mehr zu erwarten wären. Hier wird also Sozialisation eher als Prägung aufgefaßt, die in ganz bestimmten (sensiblen) Phasen auftritt, während vorher und nachher keine Einflüsse in bezug auf bestimmte Merkmale wirksam werden können. *Ismail* und *Trachtman* (1975) glauben hingegen, einen Einfluß körperlicher Aktivität auf Persönlichkeitseigenschaften feststellen zu können. Ihre Probanden waren erwachsene Männer. Was die letztgenannte Studie betrifft, so ist hier anzumerken, daß sie nicht gerade durch methodische Brillianz besticht und nur als schwacher Nachweis der Sozialisationswirkung sportlichen Trainings angesehen werden kann (zur Methodik s. *Bierhoff,* in diesem Band, 2.2).

Nach der zunächst mehr groben Einordnung von Untersuchungen, bei denen Sport die unabhängige Sozialisationsvariable darstellt, soll im folgenden eine spezifische Personenvariable herausgegriffen werden, die sich in der bisherigen psychologischen Forschung als besonders wirksam erwiesen hat: die Geschlechtsvariable. Zudem trägt dieses Vorgehen der Tatsache Rechnung, daß es *die* Sozialisationswirkungen nicht gibt, sondern sehr unterschiedliche Effekte je nach Person, Kontext usw. zu erwarten sind. Dies wurde in der Einleitung ausführlich dargelegt.

Ein Nachweis von Sozialisationswirkungen durch Sport dürfte daher dann am ehesten gelingen, wenn die globale Betrachtung einer differenzierenden Platz macht. Im folgenden soll die Frage von Sozialisationswirkungen durch Sport in bezug auf geschlechtsspezifisches Verhalten untersucht werden. Weiterhin wird diese Thematik noch dadurch genauer differenziert, daß (a) zwei verschiedene Bereiche, nämlich Leistungssport und die Sportpädagogik getrennt abgehandelt werden und (b) jeweils die Frage nach möglichen Sozialisationszielen (v. a. beim Leistungssport) und die nach möglichen Wegen (Techniken) zur Erreichung der Ziele (v. a. in der Sportpädagogik) gestellt wird (vgl. Tab. 1). Dabei dient das oben skizzierte Modell von *Mischel* als Bezugssystem, indem die genannten fünf Personvariablen als Leitfaden dienen.

3.3.4.2.1. Sport und seine Bedeutung für geschlechtsspezifisches Verhalten

Im folgenden wird die These diskutiert, ob Sport als Stabilisator geschlechtsspezifischer Sozialisation wirkt, indem die traditionell Männern und Frauen zugeschriebenen Denk- und Verhaltensweisen gefördert und unterstützt werden. Dies scheint auf den ersten Blick weniger für den Leistungssport als mehr für die Sportpädagogik zuzutreffen. So findet sich häufiger der Gedanke, im Leistungssport seien die Frauen einen weiteren Schritt auf dem Wege zur Emanzipation vorangekommen (Spiegel 1975, Heft 23, S. 130 ff.). Dabei wird also die Möglichkeit diskutiert, durch (Leistungs-)Sport könne ein bestimmtes Sozialisationsziel, nämlich Emanzipation, zumindest teilweise erreicht werden. Dies ist eine interessante Überlegung, die einer genaueren Analyse bedarf. Ich werde daher im folgenden anhand empirischer Untersuchungen der Frage nachgehen, welche spezifischen Charakteristika Leistungssportlerinnen auszeichnen und dies der These von einer emanzipatorischen Wirkung entgegenhalten.

3.3.4.2.1.1. Leistungssport und Emanzipation? Ulrike *Prokop* (1972) geht auf die Frage ein, ob der Leistungssport für Frauen ein Weg zur Emanzipation sei. Abgesehen davon, das *Prokop* diese Ansicht ablehnt, weil Emanzipation kein Prozeß einer Teilgruppe sei, sondern der gesamten Bevölkerung und dies mit den ökonomischen und politischen Verhältnissen wesentlich zusammenhänge, ist diese Frage auch aus anderen Gründen falsch gestellt. Zum einen ist die bloße Tatsache, daß Frauen das gleiche tun (dürfen) wie Männer nicht als Emanzipation zu bezeichnen, zum anderen würde das implizieren, daß durch Leistungssport eine größere Selbständigkeit und Unabhängigkeit von Frauen erreicht würde, oder daß zumindest es die selbständigen und unabhängigen Frauen sind, die Leistungssport betreiben. Dies kann nicht nur angesichts der Tatsache verneint werden, daß in manchen Disziplinen, wie Turnen und Schwimmen, die Spitzensportler(innen) in immer jüngerem Alter zur Spitze gelangen und eine eher größere Abhängigkeit und Beeinflußbarkeit zu vermuten ist (vgl. *Kemper* und *Prenner* 1974), sondern auch angesichts von sehr übereinstimmenden Befunden von *Gueron* u.a. (1973; s. auch *Ogilvie* 1968, S. 311 f.).

Gueron, Michova und *Ivanova* (1973) befragten 54 erfahrene Trainer bulgarischer Frauenteams im Leistungssport und stellten fest, daß die Mehrheit ihre Arbeit mit Frauen als schwieriger empfand als mit Männern und dies v.a. mit psychischen Merkmalen der Sportlerinnen wie Labilität, Unbeständigkeit, Eitelkeit erklärten. Außerdem war nach Meinung der Trainer bei Sportlerinnen im Vergleich zu ihren männlichen Kollegen neben motorischen Eigenschaften der „Wettkampfwille" sowie bestimmte kognitive Eigenschaften (wie Schnelligkeit des Denkens und Auffassungsfähigkeit) weniger ausgeprägt, während Disziplin und Beharrlichkeit stärker hervorgehoben wurden.

Gueron, Schabanska und *Kolewa* sowie *Gueron* und *Dimova* (beide 1973) befragten männliche und weibliche bulgarische Spitzenturner und Leichtathleten zu ihren Schwierigkeiten beim Sport und ihrem Verhältnis zum Wettkampf. Bei beiden Gruppen zeichnete sich folgendes Bild ab.

Frauen nannten mehr psychische Schwierigkeiten, Männer mehr physische (also psychische Anforderungen und Belastungen vs. motorische Handicaps und nicht ausreichende Körperkräfte).

Probleme versuchten die Frauen zum überwiegenden Teil mit Hilfe anderer Personen (v.a. des Trainers) zu lösen, während die männlichen Sportler angaben, eher alleine damit fertig zu werden. Das entspricht auch die Aussage der Trainer bei *Gueron, Michova* und *Ivanova*, daß Frauen nach Mißerfolg im Wettkampf besonderer psychischer Unterstützung bedürften. Außerdem erlebten die Frauen den Wettkampf als bedrohlicher, waren ängstlicher und zeigten weniger Selbstvertrauen in die eigene Leistung.

Natürlich ist diesen Fragebogenergebnissen nicht genügend Zuverlässigkeit zuzuschreiben, um sich alleine auf sie stützen zu können. Etwa stellt sich die Frage, inwieweit es zum Selbstverständnis des Mannes paßt (und erst recht des männlichen Spitzensportlers), psychische Schwierigkeiten und Hilfsbedürftigkeit zuzugeben. Aber die Resultate von *Gueron* u.a. stimmen auch mit denen von *Kane* und *Warburton* bei britischen Leistungssportlerinnen überein (s. *Ogilvie* 1968), so daß hierin eine Bestätigung zu sehen ist. Außerdem entsprechen sie ziemlich genau dem bisherigen Forschungsstand über geschlechtsspezifisches Verhalten, wonach Frauen (und Mädchen) ängstlicher und abhängiger zu sein pflegen als Männer (und Jungen) (s. zusammenfassend dazu *Mischel* 1970, S. 4 ff.) und im allgemeinen weniger Zutrauen in ihre eigene Leistungsfähigkeit haben, ein Verhalten, das von ihrer Umgebung unterstützt wird: so berichten *Feldman-Summers* und *Kiesler* (1974), daß sie keine einzige Fähigkeit finden konnten (selbst als typisch weiblich eingeschätzte — wie Kindergärtnerin, Krankenschwester), in der Männer als weniger fähig eingestuft wurden als Frauen, wohl aber viele, in denen Männer für fähiger gehalten wurden. Insgesamt deuten die Befunde von *Gueron* u. a. (im Zusammenhang mit bisherigen Studien über psychische Geschlechtsunterschiede) darauf hin, daß sich im Leistungssport keineswegs eine psychologisch herausragende Gruppe von Frauen zusammenfindet. Was bei ihnen herausragt, das sind die sportlichen Leistungen, während sie sich in bezug auf psychische Variablen weniger von anderen Frauen zu unterscheiden scheinen. Ob Emanzipation durch Leistungssport stattfindet, ist damit sehr infragegestellt. Im motorischen und physischen Bereich scheint sich im Leistungssport eine immer stärkere Angleichung der qualitativen und auch der quantitativen Unterschiede zwischen Männern und Frauen abzuzeichnen (Spiegel, 1975, Heft 23, S. 132).

Außerdem fehlt die starke Diskriminierung, die im Berufsbereich ja immer noch festzustellen ist (s. Bericht der Bundesregierung 1972), so daß im Leistungssport zwar von einer Gleich*berechtigung* gesprochen werden kann. Diese hat aber dazu geführt, daß Frauen auch die negativen Seiten, die der Leistungssport mit sich bringt (z. B. einseitige Freizeitgestaltung, physische Überforderung u. a.), übernommen haben, während bis zu einem gewissen Grade positive Konsequenzen, wie Abbau von Angst, steigendes Selbstwertgefühl, weniger eingetreten zu sein scheinen.

Die folgende Tab. 2 stellt hypothetische Wirkungen des Leistungssports dar, die sich auf die Personvariablen von *Mischel* beziehen und darstellen sollen, wie sich Sozialisationswirkungen des Leistungssports unter dem Ziel einer Emanzipation vollziehen könnten.

3.3.4.2.1.2. Geschlechtsspezifische Sozialisation im Sportunterricht. Die oben zitierten Äußerungen der Trainer bei *Gueron* u. a. (1973) spiegeln deutlich die traditionellen Auffassungen über Frauen/Männer wider, die Frauen mehr Unselbständigkeit, ein größeres Bedürfnis nach Fürsorge und geringere intellektuelle Fähigkeiten als Männern zuschreiben. Die Antworten der befragten Sportlerinnen scheinen — zumindest im emotionalen Bereich — diese Auffassung zu bestätigen. Abgesehen davon, daß dies — wie in der obigen Diskussion angeklungen — nicht nur für Sportlerinnen gilt (und daher sicher nicht auf eine spezifische Sozialisation gerade durch Sport zurückgeführt werden kann), ist doch die Frage interessant, ob die bisherige Sportpädagogik in der Schule vielleicht dazu beigetragen haben kann, geschlechtsspezifische Unterschiede, nicht nur im physischen, sondern auch im psychischen Bereich, zu unterstützen und zu verstärken. Hat also, anders gefragt, der Sportunterricht bisher dazu beigetragen, unter-

Tab. 2: Hypothetische Wirkungen des Leistungssports in bezug auf die 5 Personvariablen von *Mischel* und das Sozialisationsziel der „Emanzipation"

Variablen nach *Mischel*	Sozialisationswirkungen
1. „Konstruktionsfähigkeiten"	zu lernen, (Wettkampf-)Probleme selbständig zu erfassen und rational zu lösen
2. „personale Konstrukte"	zu lernen, neue Konstrukte und Schemata, z. B. differenzierte Urteilsdimensionen über Personen aufgrund neuer Kontakte, zu bilden
3. „Erwartungen"	zu lernen, z. B. Wettkampf- und Leistungssituationen als Gelegenheit zur Selbstbestätigung zu sehen (und nicht als Selbstbedrohung); vom Leistungssport positive Lernerfahrungen zu erwarten (z. B. Erweiterung der sozialen Erfahrungen im Umgang mit Mitmenschen); realistische Erwartungen über die Konsequenzen des eigenen Verhaltens zu bilden
4. „Subjektive Bewertungen"	Verschiebung von Stimulus- und Verhaltenspräferenzen, z. B. weniger starke Bevorzugung sozialer Verstärkung, mehr Bevorzugung der Verstärkung in Form des Verhaltenseffekts (Leistungsergebnisses)
5. „Selbstregulation"	Verhaltensänderungen im Sinne von Selbstkontrolltechniken, z. B. bei Problemen erst nach genauer Abwägung verschiedener Alternativen andere um Rat fragen (als selbstauferlegtes Ziel), von der Setzung äußerer Standards möglichst unabhängig werden.

schiedliche Sozialisationsziele für Jungen und Mädchen aufrechtzuerhalten (oder sogar zu fordern) und schließlich zu erreichen?

Sportliche Aktivität hängt eng mit körperlichen Merkmalen und Voraussetzungen zusammen. Da diese bei den beiden Geschlechtern unterschiedlich sind (obwohl sich bei entsprechendem Training eine Angleichung anzubahnen scheint, s. o.), erscheint es folgerichtig anzunehmen, daß sich in der Sportpädagogik eine starke Betonung geschlechtsspezifischer Unterschiede finden wird. Dies würde auch in Einklang stehen mit Ergebnissen von *Hofstätter* (1963), der in seinen Untersuchungen zu verschiedenen Begriffen mittels des Semantischen Differentials eine enge negative Beziehung zwischen „männlich" und „Erschöpfung" ($Q = -.83$) feststellte (S. 260 f.) und Assoziationen des Begriffs „männlich" v. a. mit Eigenschaften wie hart, stark, aktiv, robust, frisch und gesund (S. 259). Die Beziehung zum Stereotyp des Sportlers, das *Hofstätter* nicht untersuchte, bietet sich an.

Es ist also zu erwarten, daß in der Sportpädagogik die tradierten Normen und Werte über geschlechts„angemessenes" Verhalten − stärker noch als in anderen Bereichen der Erziehung − vermittelt und in Verhaltensweisen umgesetzt werden. Dem entspricht die Beobachtung, daß geschlechtsspezifische Unterschiede im allgemeinen zwar konstatiert, aber lediglich als gegeben hingenommen werden, u. z. nicht nur in bezug auf physische Merkmale, sondern auch auf psychische, die meistens empirisch nicht belegt werden und deren Entstehung, z. B. durch soziale Lernvorgänge, nicht diskutiert wird. „Geschlechtsspezifische Unterschiede" werden dann zum Anlaß genommen, Hinweise zu geben, wie man diese berücksichtigen, d. h. unterstützen könne. Etwa: „Das Mädchen reagiert aber empfindlicher auf diese Versagenserlebnisse, weil es persönlicher von ihnen getroffen wird als der eher einer sachlichen Einstellung zu seiner Leistung fähige Knabe" (*Seybold* 1967, S. 222), woraus dann die Empfehlung abgeleitet wird, Formen des Unterrichts zu finden, die „dem Mädchen mehr das Erfolgserlebnis sichern" (S. 222), obwohl eigentlich nichts dafür spricht, daß Jungen weniger empfänglich für Erfolgserlebnisse sind als Mädchen. Oder: „Unter Drill und Kommando ... leiden Mädchen mehr als Knaben" (*Seybold*, S. 224). Die Absicht, Drill und Kommando wenigstens für Mädchen aus dem Sportunterricht zu verbannen, ist zwar positiv zu bewerten, aber sie sollte gleichermaßen auch für Jungen gelten. In didaktischen Büchern zum Sportunterricht schlagen sich dann solche Überlegungen nieder und werden in konkrete Handlungsanweisungen umgesetzt. So betonen *Koch* und *Mielke* (1974): „Während bei den Jungen der Wettkampfcharakter des Spiels seinen Ausdruck immer wieder in der feststellbaren Überwindung des Gegners finden soll, wird für die Mädchen recht häufig das schöne Gelingen des Spieles erstrebenswerter" (S. 18). Es sei daher „sorgsam abzuwägen, ob nicht bei einer überwiegenden Zahl der Mädchen die Spielfreude besser und länger erhalten bliebe, wenn der „Kampf"charakter weniger oft das Thema des Spiels ausmachte" (S. 18/19).

Interessant ist dabei, daß die Autoren oft von einer durchaus positiv zu bewertenden Absicht ausgehen, nämlich überhaupt die Frage geschlechtsspezifischer Unterschiede im Verhalten ins Blickfeld zu rücken. V. a. bei *Seybold* läßt sich eine kritische Betrachtung traditioneller (weiblicher) Sporterziehung nicht verkennen, aber offensichtlich scheint der Blick schon zu verstellt, um die Möglichkeit oder Notwendigkeit einer differenzierenden Sportdidaktik *grundsätzlich* zu überdenken. Es ist in diesem Zusammenhang nicht verwunderlich, daß sich in Lehrplänen zum Sportunterricht ebenfalls z. T. stark unterschiedliche Lernziele und Anweisungen für Jungen und Mädchen finden. So konnte *Funke* (1974) bei einer Durchsicht der Richtlinien für den Sportunterricht in Baden-Württemberg (1971) feststellen, daß mit zunehmender Klassenstufe (bei einer im 1. Schuljahr noch fehlenden Differenzierung nach Geschlecht) eine immer deutlicher werdende Unterscheidung von Disziplinen und Lernzielen bei Jungen und Mädchen auftritt, und dies auch ausdrücklich als Hinweis dem praktizierenden Lehrer an die Hand gegeben wird: „Beachtung der allmählich deutlicher hervortretenden geschlechtsspezifischen Unterschiede", wobei deren Grundlagen (ob in Motorik, Körperbau, psychischen Merkmalen usw. liegend) nicht näher erläutert werden (s. dazu auch *Möller*, in diesem Band).

Funke, Lutz, wie auch *Engel* und *Küpper* (1974) gehören zu den Autoren, die auf dem bereits erwähnten ADL-Kongreß Überlegungen zur Überwindung geschlechtsspezifischer Barrieren anstellten und zur Einführung koedukativen Sportunterrichts rieten. Mag sein, daß diese Unterrichtsform einen nicht unerheblichen Beitrag leisten wird. Es bleibt aber z. B. weiterhin die Tatsache vorschulischer geschlechtsspezifischer Bewegungsspiele, auf die Annemarie *Seybold* hinweist: Jungen bevorzugten raumgreifende Bewegungsspiele, Mädchen Geschicklichkeitsspiele auf engem Raum (Seilchen, Gummitwist). Außerdem scheint der koedukative Unterricht in anderen Fächern in unseren Schulen bisher nicht dazu beigetragen zu haben, daß Mädchen und Jungen sich gleichermaßen etwa technischen und sozialen Berufen zuwenden. Dies allein schon mag Skepsis begründen.

Neben den Lehrplänen und der didaktischen Ausbildung der Sportlehrer gilt es auch den Lehrer selbst zu berücksichtigen. Zunächst ist darauf hinzuweisen, daß der Sportunterricht bisher überwiegend von gleichgeschlechtlichen Lehrern durchgeführt wurde. Entsprechend äußerten sich auch Schülerinnen und Schüler auf die Frage, ob sie lieber einen weiblichen oder einen männlichen Sportlehrer hätten, überwiegend in der bisher erlebten Richtung: Mädchen bevorzugen eine Lehrerin, Jungen einen Lehrer (*Lutz* 1974).

Das Faktum der Geschlechtertrennung der Schüler und der Lehrer beim Sport allein würde noch nichts besagen, wenn nicht zu vermuten, und anhand der Lehrpläne (s. v.) und der Sportlehrerausbildung (vgl. *Koch* und *Mielke*) zu belegen wäre, daß dies auf stereotypen Vorstellungen von „männlich" und „weiblich" basiert, die sich auch auf Motorik und Bewegungen von Mädchen und Frauen beziehen. So fordert *Seybold* (1967) „eine Leibeserziehung, die in geschlechtstypischen Aufgaben und Formen dem Mädchen das in unserem Kulturkreis als mädchenhaft und fraulich geltende Bewegen erleichtert und es in seinem weiblichen Bewegungshabitus sicher macht" (S. 219). Nichts gegen einen ästhetischen und anmutigen Gang, aber ist daraus umgekehrt für Männer zu folgern, daß sie entsprechend dem männlichen Stereotyp rauhbeinig und kräftig aufzutreten geschult werden?

Und noch ein zweites läßt sich erkennen. Geht man davon aus, daß Sport(unterricht) gesundheitlichen Nutzen hat und körperlich fit erhalten soll, so ist zu erwarten, daß unterschiedliche Unterrichtsziele und -inhalte im Sport auch zu unterschiedlichem körperlichem Training führen und auf diese Weise den einzelnen für verschiedene Aufgaben schulen. Da im allgemeinen Jungen und Mädchen in ihrem späteren Alltag verschiedene Funktionen erfüllen – Männer: Berufs- und Arbeitswelt, Frauen: Haushalt und Kindererziehung, oft beides (Beruf und Haushalt) – ist zu erwarten, daß der Sportunterricht diese spätere Teilung schon vorwegnimmt oder zumindest vorbereitet. So fordert denn auch *Seybold* folgerichtig eine „Leibeserziehung für Mädchen, die der Frau das hohe Maß an Gesundheit sichert, das sie braucht, um in der Doppelbelastung der häuslichen und beruflichen Verantwortung bestehen zu können" (S. 219), und „das Mädchen muß sich rechtzeitig an die Belastungen des späteren Frauenlebens gewöhnen, das ihm nicht erlaubt, in diesen Tagen (der Menstruation) untätig zu sein" (S. 223). Hier soll der Sportunterricht also auf die später zu erwartende Arbeitsbelastung vorbereiten.

Hammerich stellt die Frage, inwieweit der Sport auch der Verfestigung des „derzeitig dominanten Wert- und Schichtgefüges" dient (1971, S. 132). Dies konnte er in bezug auf die Schichten nachweisen. Die vorhergehenden Ausführungen zur geschlechtsspezifischen Sporterziehung lassen erkennen, daß zudem auch bestehende Funktionsteilungen und kognitive Interpretationen (die sich im Verhalten widerspiegeln) über „männlich"/„weiblich", die sich nicht auf die eng umgrenzten physischen Unterschiede (wie Körperbau und -kraft) beziehen, in der herkömmlichen Sporterziehung, wie sie in Schulen – und z.T. auch in Vereinen – vermittelt wird, aufrechterhalten und weitergegeben werden. Das bedeutet konkret, daß der Sportunterricht im Rahmen einer geschlechtsspezifischen Erziehung verschiedene Aufgaben erfüllt, die zu Beginn als bedeutsam für die Sozialisation des einzelnen herausgestellt wurden.

1. Es werden bestimmte kognitive Schemata und Muster (z. B. in Form von Instruktionen, von Life- und symbolischen Modellen) angeboten, die sich auf männlich/weiblich, d.h. auf Eigenschaften, Verhaltensweisen und Fähigkeiten von Männern und Frauen beziehen (s. v. a. Personvariable (2) bei *Mischel*).

2. Im Zuge differentieller direkter Verstärkung (z.B. Lob/Tadel; Noten) für geschlechts„angemessenes" Verhalten (z. B. Jungen werden für wettbewerbsorientiertes Leistungsstreben, Mädchen hingegen für die Ausführung spielerischer Aktivitäten z. B. in Form einer Gruppengymnastik gelobt) erwerben Jungen und Mädchen bestimmte Erwartungen über die mit ihrem Verhalten assoziierten Konsequenzen (Personvariable (3) bei *Mischel*) und evtl. auch spezifische Präferenzen (Variable (4)).

3. Bestimmte Modelle (z. B. Lehrerin, sportliche Vorbilder, Eltern) bieten Verhaltensmöglichkeiten an und sind eine Quelle für stellvertretende Verstärkung. Dies dient dem Erwerb von kognitiven Mustern und Verhaltenserwartungen über geschlechtsangemessenes/-unangemessenes Verhalten im Rahmen des Sportunterrichts (s. v. a. Variablen (1), (3) und (5)).

Es läßt sich also mithilfe des Modells von *Mischel* aufzeigen, daß der Sportunterricht eine Rolle bei der geschlechtsspezifischen Sozialisation spielt, sozialisierende Wirkungen hat. Die so erworbenen kognitiven Strategien und Verhaltensmuster sind aber in ihrer Wirkung wahrscheinlich nicht auf den Sportunterricht beschränkt. Dafür lassen sich folgende Gründe anführen:

a. Die Situation des Sportunterrichts selbst weist große Ähnlichkeit mit anderen Unterrichts- und Erziehungssituationen auf, indem hier wie dort psychomotorische, affektive und kognitive Lernziele angestrebt werden.

b. Die kognitiven Schemata einerseits und die Verstärkungskontingenzen andererseits stimmen weitgehend mit denen in anderen Bereichen geschlechtsspezifischer Sozialisation überein: z. B. im Elternhaus, in Massenmedien und im Beruf.

Es sieht daher so aus, als sei der Sportunterricht ein wichtiger Faktor im Prozeß geschlechtsspezifischer Sozialisation, der mit den Intentionen und Bemühungen in anderen Bereichen übereinstimmt. Ein Beispiel dafür bietet die Auffassung von der Doppelrolle der Frau, die dazu geführt hat, daß auch berufstätige Frauen zum überwiegenden Teil Haushalts- und familiäre Pflichten übernehmen (müssen), wie es der Tradition entspricht, und somit doppelt, d. h. überbeansprucht sind.

In der Leibeserziehung stellt man sich entsprechend darauf ein: „Wie gewinnen wir die Frau, die durch Hausarbeit und Beruf zeitlich mehr belastet ist als der Mann, für regelmäßige Leibesübungen?" (*Seybold* 1967, S. 225). Und: „Die zeitliche Koordinierung von Übungsstunden für Männer und Frauen sowie offene Übungsabende für beide entheben die Frau der Schwierigkeit, den Mann am Abend alleine zu lassen, wenn das Familienleben sein Recht fordert" (*Seybold,* S. 225), und den Mann der Schwierigkeit, die Frau am Abend allein zu lassen, müßte man hinzufügen. Hier wird also über den Begriff der Doppelrolle ein bestimmtes kognitives Schema vermittelt, das eine Neuverteilung von Pflichten zwischen Männern und Frauen verunmöglicht. Außerdem werden auf die Weise die damit korrespondierenden Erwartungen über die Verhaltenseffekte mitbestimmt (Variable (3) bei *Mischel*).

3.3.4.3. Sport als abhängige Variable

War weiter oben davon die Rede, inwieweit Sport einen Einfluß auf kognitive und affektive Variablen ausübe, so geht es hier umgekehrt um die Frage, welche Sozialisationsvariablen sportliche Aktivität beeinflussen. Eine Kenntnis solcher Variablen könnte dem Sportwissenschaftler die Möglichkeit geben, die Eignung des einzelnen für den Leistungssport, den Beruf des Sportlehrers usw. vorherzusagen und Interesse und Aktivität im Sport zu fördern.

Bisher gibt es aber noch keine zuverlässigen Ansätze in diese Richtung. Mithilfe meist retrospektiver Daten wird versucht, die Bedingungen aufzuspüren, die zur hier und jetzt gezeigten sportlichen (In-)Aktivität geführt haben (s. z. B. *Bierhoff-Alfermann* 1975, zur Motivstruktur von Breiten- und Spitzensportlern). Ähnlich weist *Hammerich* (1971) nach, daß die meisten bundesdeutschen Spitzensportler aus Elternhäusern mit großer Aufwärtsmobilität stammen, so daß hier ein leistungsbetontes Erziehungsklima anzunehmen ist. Elterliches Verhalten ist auch die entscheidende Variable, auf die *Kemper* und *Prenner* (1974) in ersten Voruntersuchungen bei jugendlichen Hochleistungssportlern hinweisen. Bei der Frage, wie jemand zum Spitzensport kommt und vor allem — wie er dabei bleibt, dürfte der ständigen Unterstützung durch die Eltern eine Schlüsselrolle zufallen.

Der Sportunterricht, das Lehrer- und Trainerverhalten sind als weitere entscheidende Variablen zu vermuten, wenn es um sportliche Aktivität oder Inaktivität geht (s. dazu *Tausch, Barthel, Fittkau, Langer* und *Theunißen,* in diesem Band). Dem Bemühen der Sportlehrer, Interesse am Sport (in aktiver Form) zu wecken und über die Schulzeit hinaus zu erhalten, liegt die Annahme zugrunde, daß Sportunterricht einen Einfluß auf sportliche Aktivität des einzelnen hat und somit ein Sozialisationsfaktor ist. Dies sind Ansätze, die sich in zukünftigen Untersuchungen zur Bedeutung des Erzieherverhaltens für die sportliche Aktivität stärker verwirklichen ließen.

Im folgenden will ich aus Raumgründen darauf verzichten, auf verschiedene Einzelbefunde einzugehen, sondern stattdessen die Frage nach einem allgemeinen Bezugssystem aufgreifen, das aus psychologischer Sicht geeignet erscheint, Fragen, in denen Sport als abhängige Variable auftritt, systematisch darzustellen.

Legt man das oben skizzierte Sozialisationsmodell von *Mischel* zugrunde, so läßt sich das folgende Bezugssystem denken:

Tab. 3

Klassifikationsvariablen nach *Mischel*	Variablen sportlicher Aktivität	mögliche Einflußfaktoren
1. „Konstruktionskompetenz"	z. B. Erfassung des Skistils, verschiedener Dressurschritte beim Reiten, von Hochsprungtechniken	Anleitung durch Modelle (life- und Filmmodelle), verbale Instruktionen
2. „Kognitive Schemata"	z. B. Ablaufschema des Weitsprungs; Schema des „Wedelns" beim Skilaufen; z. B. verschiedene Schlagarten beim Tennis (Vor-, Rückhand, Cross u. ä.)	mentales Training, Instruktion (verbal, Film- und Life-Modelle)
3. „Erwartungen"	z. B. Erwartungen von sozialer Anerkennung bei guten sportlichen Leistungen; von Hebung des Sozialprestiges bei bestimmten Sportarten; von Geselligkeit (z. B. Kegeln)	Lehrerverhalten, Verhalten von Gleichaltrigen (Peers), stellvertretende Erfahrung
4. „Subjektive Bewertung"	z. B. positive Bewertung in bezug auf kampfartige Sportarten vs. negative Bewertung	Soziale Kommunikation (Gefühl des Dazugehörens) vs. abschätzige Bemerkungen durch bedeutsame Andere; Wertsystem der Familie oder anderer Bezugsgruppen; Trainer-, Lehrerverhalten; Gleichaltrige
5. „Selbstregulatorische Systeme"	z. B. Fähigkeit zum Belohnungsaufschub; Fähigkeit, sich selbst zu loben; Zielsetzung eines hohen Anspruchsniveaus	Modelle, Erzieherverhalten. Leistungsbetontes Erziehungsklima; Modelle mit entsprechend hohem Standard

Die entscheidenden Variablen für die Dauerhaftigkeit sportlicher Aktivität selbst scheinen (3) und (4) zu sein, wobei mit Einschränkungen auch (5) zu berücksichtigen ist.

Während anzunehmen ist, daß (1) und (2) sich im Rahmen sportlichen Trainings von selbst stärker ausprägen können, werden die Erwartungen wesentlich durch direkte und stellvertretende Verstärkungen gebildet. So dürfte ein emotional warmes Lehrerverhalten zu positiven Erwartungen beitragen, ebenso die Beobachtung, daß z. B. Golf von überwiegend gutsituierten Personen ausgeübt wird, usw.

Diese Übersicht orientiert sich in bezug auf die genannten Einflußfaktoren an Untersuchungsergebnissen aus der Sozialisationsforschung und auch an sportpsychologischen Ansätzen (s. etwa *Kaminski* 1973, zur Frage der Konstruktionskompetenz und der kognitiven Schemata). Sie weist darauf hin, daß vor allem solche Variablen von Bedeutung zu sein scheinen, die sich in einer Theorie sozialen Lernens als grundlegend erwiesen haben.

Literatur

1. Ausschuß Deutscher Leibeserzieher (Hrsg.), Sozialisation im Sport (Schorndorf 1974. – 2. Bericht der Bundesregierung über die Maßnahmen zur Verbesserung der Situation der Frau. Drucksache VI/3689 des Dt. Bundestags (1972). – 3. *Biddulph, L. G.*, Athletic achievement and the personal and social adjustment of high school boys. Research Quarterly of the American Association for Health and Physical Education **25**, 1–7 (1954). – 4. *Bierhoff, H. W.*, Experimentelle Planung sozialpsychologischer Sportstudien. (In diesem Band, Artikel 2.2.). – 5. *Bierhoff-Alfermann, D.*, Sport und Persönlichkeit. In: *Schmitz-Scherzer, R.* (Hrsg.), Freizeit 391–405 (Frankfurt 1973). – 6. *Bierhoff-Alfermann, D.*, Zur Motivation von Spitzen- und Breitensportlern. Vortrag auf dem IV. Europ. Kongreß für Sportpsychologie (Edinburgh 1975). – 7. *Bierhoff-Alfermann, D.* und *Bierhoff, H. W.*, Sozialpsychologische Aspekte der Umweltpsychologie (1976, im Manuskr.). – 8. *Brim, O. G., jr.* und *Wheeler, S.*, Erwachsenensozialisation (Stuttgart 1974). – 9. *Broverman, D. M., Clarkson, F. E., Rosenkrantz, P. S.* und *Vogel, S. R.*, Sex-role stereotypes and clinical judgments of mental health. Journal of consulting and clinical psychology **34**, 1–7 (1970). – 10. *Burton, R. V.*, The generality of honesty reconsidered. Psychological Review **70**, 481–499 (1963). – 11. *Carmen, L. R., Zerman, J. L.* und *Blaine, G. B., jr.*, Use of the Harvard psychiatric service by athletes and non-athletes. Mental Hygiene **52**, 134–137 (1968). – 12. *Cowell, Ch. C.*, The contributions of physical activity to social development. Research Quarterly of the American Association for Health and Physical Education **31**, 286–306 (1960). – 13. *Cowell, Ch. C.* und *Ismail, A. H.*, Relationships between selected social and physical factors. Research Quarterly of the American Association for Health and Physical Education **33**, 40–43 (1962). – 14. *Danziger, K.*, Socialization (Harmondsworth 1969). – 15. Der Spiegel, Tarzan verjagt. Heft 23, 130–132 (1975). – 16. *Engel, R.* und *Küpper, D.*, Lernziel Kooperation im koedukativen Sportunterricht, dargestellt am Beispielfeld des Basketballspiels. In: ADL (Hrsg.), Sozialisation im Sport 85–90 (Schorndorf 1974). – 17. *Eysenck, H. J.*, Crime and personality (London 1970). – 18. *Feldman-Summers, Sh.* und *Kiesler, S.*, Those who are number two try harder: The effect of sex on attribution of causality. Journal of Personality and Social Psychology **30**, 846–855 (1974). – 19. *Fischer, W.*, Die Bedeutung der Leibesübungen für die Gesamterziehung des Menschen (1966). In: *Plessner, H., Bock, H.-E.* und *Grupe, O.* (Hrsg.), Sport und Leibeserziehung 158–168 (München 1967). – 20. *Funke, J.*, Geschlechtsspezifische Sozialisation im Schulsport. In: ADL (Hrsg.), Sozialisation im Sport 130–141 (Schorndorf 1974). – 21. *Gueron, E.* und *Dimova, Z.*, Einige psychologische Besonderheiten der Frauen-Turnerinnen. In: Kongreßbericht über den III. Europ. Kongreß für Sportpsychologie 1972 in Köln, 188–190 (Schorndorf 1973). – 22. *Gueron, E., Michova, F.* und *Ivanova, D.*, Psychische Besonderheiten der Sportlerinnen. In: Kongreßbericht über den III. Europ. Kongreß für Sportpsychologie 1972 in Köln, 186–188 (Schorndorf 1973). – 23. *Gueron, E., Schabanska, D.* und *Kolewa, E.*, Forschungen über die psychischen Besonderheiten der Frauen-Wettkämpferinnen in der Leichtathletik. In: Kongreßbericht über den III. Europ. Kongreß für Sportpsychologie 1972 in Köln,

190–194 (Schorndorf 1973). – 24. *Hammerich, K.*, Bemerkungen zu Thesen über eine Sozialisationsfunktion von Spiel und Sport. In: *Albonico, R.* und *Pfister-Binz, K.* (Hrsg.), Soziologie des Sports, 127–137 (Basel 1971). – 25. *Hartshorne, H.* und *May, M. A.*, Studies in deceit. Book One: General methods and results. Book Two: Statistical methods and results (New York 1928). – 26. *Heckhausen, H.*, Situationsabhängigkeit, Persönlichkeitsspezifität und Beeinflußbarkeit der Lehrerreaktion auf unerwünschtes Schülerverhalten. In: *Herrmann, Th.* (Hrsg.), Psychologie der Erziehungsstile 110–119 (Göttingen 1966). – 27. *Hofstätter, P. R.*, Einführung in die Sozialpsychologie (Stuttgart 1963). – 28. *Ismail, A. H.* und *Trachtman, L. E.*, . . . mal wieder. Psychologie heute. Heft 5, 27–31 (1975). – 29. *Kaminski, G.*, Bewegungshandlungen als Bewältigung von Mehrfachaufgaben. Sportwissenschaft 3, 233–250 (1973). – 30. *Kane, J. E.*, Personality and physical abilities. In: *Kenyon, G. S.* (Hrsg.), Contemporary psychology of sport. 2nd International Congress of sports psychology 1968 in Washington, 131–141 (Chicago 1970). – 31. *Kane, J. E.* und *Warburton, F. W.*, Personality relates to sport and physical ability (1966). Zit. n. *Ogilvie, B. C.*, Psychological consistencies within the personality of high-level competitors. Journal of the American Medical Association 205, 156–162 (1968). – 32. *Kelly, G. A.*, The psychology of personal constructs. Vol. 1 (New York 1955). – 33. *Kemper, F. J.* und *Prenner, K.*, Talentförderung und Elternverhalten als Sozialisationsfaktor – Formen außergewöhnlichen Engagements bei Eltern kindlicher Hochleistungssportler. In: *ADL* (Hrsg.), Sozialisation im Sport 323–327 (Schorndorf 1974). – 34. *Kiphard, E. J.*, Möglichkeiten der Beeinflussung kindlicher Sozialverhaltensstörungen durch heilpädagogisch orientierte Leibesübungen. In: *ADL* (Hrsg.), Sozialisation im Sport 45–54 (Schorndorf 1974). – 35. *Koch, K.* und *Mielke, W.*, Die Gestaltung des Sportunterrichts in der Leibeserziehung (Schorndorf 1974). – 36. *Koocher, G. P.*, Swimming, competence, and personality change. Journal of Personality and Social Psychology 18, 275–278 (1971). – 37. *Lehr, U.*, Sozialisation und Persönlichkeit. Zeitschrift für Pädagogik 14, 583–599 (1968). – 38. *Lehr, U.*, Die Rolle der Mutter in der Sozialisation des Kindes (Darmstadt 1974). – 39. *Leyhausen, P.*, Über die Funktion der Relativen Stimmungshierarchie, dargestellt am Beispiel der phylogenetischen und ontogenetischen Entwicklung des Beutefangs von Raubtieren (1965). Wiederabgedruckt in: *Leyhausen, P.*, Antriebe tierischen und menschlichen Verhaltens 169–271 (München 1968). – 40. *Lorenz, K.*, Psychologie und Stammesgeschichte (1954). Wiederabgedruckt in: *Lorenz, K.*, Über tierisches und menschliches Verhalten 201–254 (München 1965). – 41. *Lukesch, H.*, Erziehungsstile als abhängige und unabhängige Variable. In: *Tack, W. H.* (Hrsg.), Bericht über den 29. Kongreß der Deutschen Gesellschaft für Psychologie in Salzburg 1974, Bd. 2, 163–164 (Göttingen 1975). – 42. *Lutz, S.*, Geschlechtsspezifisches Rollenverhalten im Schulsport; Eine empirische Untersuchung. In: *ADL* (Hrsg.), Sozialisation im Sport 375–385 (Schorndorf 1974). – 43. *Martens, R.*, The paradigmatic crisis in American sport personology. Sportwissenschaft 5, 9–24 (1975). – 44. *Mischel, W.*, Continuity and change in personality (1969). Wiederabgedruckt in: *Mischel, H. N.* und *Mischel, W.* (Hrsg.), Readings in personality 75–84 (New York 1973). – 45. *Mischel, W.*, Sex-typing and socialization. In: *Mussen, P. H.* (Hrsg.), Carmichael's Manual of child psychology, Bd. 2, 3–72 (New York 1970[2]). – 46. *Mischel, W.*, Introduction to personality (New York 1971). – 47. *Mischel, W.*, Toward a cognitive social learning reconceptualization of personality. Psychological Bulletin 80, 252–283 (1973). – 48. *Mischel, W.* und *Baker, N.*, Cognitive appraisals and transformations in delay behavior. Journal of Personality and Social Psychology 31, 254–261 (1975). – 49. *Möller, Chr.*, Lernziele in Sportlehrplänen. (In diesem Band, Artikel 5.1.). – 50. *Neumann, O.*, Der Beitrag der Leibeserziehung zum Aufbau der Person (1960). In: *Plessner, H., Bock, H.-E.* und *Grupe, O.* (Hrsg.), Sport und Leibeserziehung 202–216 (München 1967). – 51. *Ogilvie, B. C.*, Psychological consistencies within the personality of high-level competitors. Journal of the American Medical Association **205**, 156–162 (1968). – 52. *Prokop, U.*, Sport und Emanzipation am Beispiel des Frauensports. In: *Natan, A.* (Hrsg.), Sport – kritisch 212–221 (Bern–Stuttgart 1972). – 53. *Schneewind, K. A.*, Auswirkungen von Erziehungsstilen. Überblick über den Stand der Forschung. Trierer Psychologische Berichte (1974). – 59. *Seybold, A.*, Zur besonderen Problematik der Leibeserziehung der Mädchen und des Frauensports. In: *Plessner, H., Bock, H.-E.* und *Grupe, O.* (Hrsg.), Sport und Leibeserziehung 217–225 (München 1967). – 55. *Singer, R.* und *Haase, H.*, Sport und Persönlichkeit. Sportwissenschaft **5**, 25–38 (1975). – 56. *Tausch, A., Barthel, A., Fittkau, B., Langer, I.* und *Theunißen, R.*, Die Auswirkung ermutigender Lehreräußerungen auf die Leichtathletikleistungen von Schülern. Zeitschrift für Entwicklungspsychologie und Pädagogische Psychologie **1**, 241–248 (1969). Wiederabgedruckt in diesem Band (Artikel 5.2). – 57. *Thomae, H.*, Das Individuum und seine Welt. Eine dynamische Persönlichkeitstheorie (Göttingen 1968). – 58. *Thomae, H.*, Psychologie als Wissenschaft. Ein Definitionsversuch. In: *Thomae, H.* und *Feger, H.*, Einführung in die Psychologie. Bd. 7: Hauptströmungen der neueren Psychologie 1–4 (Bern–Stuttgart 1969). – 59. *Volkamer, M.*, Zur Aggressivität in konkurrenzorientierten Systemen. Sportwissenschaft **1**, 33–64 (1971). – 60. *Walter, H.*, Einleitung oder Auf der Suche nach einem sozialisationstheoretischen Konzept. In: *Walter, H.* (Hrsg.), Sozialisationsforschung. Band I: Erwartungen, Probleme, Theorieschwerpunkte 13–65 (Stuttgart–Bad Cannstatt).

Anschrift des Autors:

Dr. *Dorothee Bierhoff-Alfermann*
Seminar für Psychologie
Pädagogische Hochschule
Ahornstraße 55, 5100 Aachen

4. EINSTELLUNG UND INTERAKTION

4.1. Sport und Vorurteile, insbesondere nationalistische Einstellungen

Hans Dieter Schmidt

Zusammenfassung

Die Frage, ob durch den wettkampfmäßig organisierten Leistungssport, insbesondere den internationalen Spitzensport Einstellungen und Vorurteile wie Nationalismus gefördert oder gehemmt werden, war, da empirische Untersuchungen zu diesem Problem fehlen, Gegenstand einer sozial- und politisch-psychologischen Betrachtung. Demnach werden Einstellungsänderungen durch das eigene Handeln des Sportlers und dessen modellhafte Wirkung auf den Beobachter als durch sportpolitische Faktoren beeinflußt interpretiert. Bei der gegenwärtigen Struktur des internationalen Spitzensports scheinen alle diese Einflüsse eher nationalistische und ethnozentrische Tendenzen zu begünstigen als daß sie zum Abbau derselben beitragen.

Summary

Social psychological and political psychological analyses are used to determine whether social attitudes and prejudices, like nationalism, are facilitated or inhibited by international sports. Changes of attitude, by active participation and modelling processes in the audience, and by radio and television broadcasting of sports, are interpreted as depending on political factors. The structure of international sports is interpreted as influencing the process in question by facilitation rather than inhibition of nationalistic and ethnocentric attitudes.

4.1.1. Sport als Politikum

Entgegen einer verbreiteten Sport-Ideologie läßt sich in ökonomischer, soziologischer und psychologischer Betrachtung zeigen, daß dem Sport eine große politische Bedeutung zukommt.

Daß Sport in nahezu jeder Form etwas eminent Politisches darstellt, mag manchem als Selbstverständlichkeit, die nicht näher zu begründen ist, erscheinen. Von manchem wird diese Behauptung jedoch bestritten werden. Scheint es doch eine weit verbreitete und kräftige Sport-*Ideologie* zu geben, dergemäß Sport mehr mit Spiel als mit etwas so Ernstem und Übergreifendem wie *Politik*, mehr mit Körperlichem als mit Ideellem, mehr mit Individuellem als mit *Gesellschaftlichem* zu tun hat. Noch heute mögen manchem Sportbetrachter die Perspektiven des „mens sana in corpore sano", der Vervollkommnung von „Leib, Seele und Geist" den Blick auf den politischen Charakter des Sports trüben. Um letzteren ins Bewußtsein zu bringen, gehen viele Autoren gleichsam kasuistisch vor; in der Regel zitieren sie markante Ereignisse und Vorfälle, die Sport als Politikum auszuweisen in der Lage sind, z. B.:

— „Weil sie bei der *olympischen* Siegerehrung den Arm hoben, wurden die beiden amerikanischen Sprinter *Carlos* und *Smith* 1968 aus dem

Olympiateam der USA ausgeschlossen. Weil er bei der Siegerehrung nicht den Arm hob, wurde der deutsche Ringermeister *Werner Seelenbinder* 1933 ein Jahr lang gesperrt und für vier Wochen in Untersuchungshaft gesteckt" (*Richter* 1972, S. 7).

— „In einem vor Jahren aufgefundenen Propagandafilm der *Nationalsozialisten* wurden fußballspielende Juden gezeigt: weil man demonstrieren wollte, wie schön es doch in Theresienstadt sei. Der rollende Fußball und die rollenden Köpfe! Da habe noch einer die Stirn und sage, daß Sport kein Politikum sei!" (*Walter Jens* 1975, S. 7).

Diese Art des Belegs dürfte ebenso einleuchtend wie unzulänglich sein. Auch sprachliche Analysen, so etwa der Hinweis auf die Verwendung *militärischer* Vokabeln bei der *Sportberichterstattung* — „Schuß", „Bombe" etc. (vgl. die Kritik von *Bruns* 1973 an *Ertl* 1972, ferner *Schmidt* 1965) — haben oft den Charakter allzu parzellierender Beweisführung. Sorgfältiger erscheinen schon Argumentationen, die Strukturähnlichkeiten zwischen Sport und *Gesellschaft* hervorheben:

„Da habe noch einer die Stirn und sage, daß Sport kein Politikum sei! Er *ist* es; er gehört dazu; er ist auch dann — und gerade dann! — ein Element der Politik, wenn er von Politik ablenken soll. Er gehört zu unserer Gesellschaft. Die Prinzipien der Arbeitswelt, Rationalität, Planung, Konkurrenz und Erfolg sind auch — es kann nicht anders sein — Prinzipien des Sports" (*Walter Jens* 1975, S. 7).

Selbst ein Kritiker soziologischer und politologischer Sportkritik bestätigt *direkte politische Einflüsse* auf den Sport:

„Tendenzen zu einer dirigistischen Einflußnahme (unter Umständen unter Druck und Sanktionenandrohung durch Verbände, öffentliche Meinung und einzelne Funktionäre) sind im Spitzensport keineswegs zu bestreiten, obwohl sie in der Sozialkritik weit überbewertet werden" (*Lenk* 1973, S. 337).

Daß Sport ein *Politikum* ist, daß somit der vorliegende Aufsatz nicht nur *sport-* und *sozialpsychologisch,* sondern unmittelbar *politisch-psychologisch* bedeutsam sein kann, sollte jedoch nicht pauschal, sondern differenziert nach verschiedenen Betrachtungsebenen aufgewiesen werden, etwa:

a. in *ökonomischer* Betrachtungsweise: Sowohl *Breitensport* als auch *Spitzensport* werden aus öffentlicher Kasse gefördert. Es werden jedoch „für den Spitzensport, dessen gesellschaftlicher Wert umstritten ist, eher Mittel als für den Breitensport (bewilligt), dessen geeignete Organisationsform noch nicht gefunden ist" (*Winkler* 1973, S. 40). Bestimmte Sportarten, in denen Millionenumsätze getätigt werden, haben sich zu eigenen Wirtschaftszweigen mit entsprechenden wirtschaftspolitischen Aktionsmöglichkeiten entwickelt. „Weder Olympioniken-Emphase noch die Lyrismen der *Sportreportage* täuschen darüber hinweg, in welchem Ausmaß nicht zuletzt der Fußball ein Geschäft geworden — nein, ein Geschäft seit eh und je gewesen ist: ‚Handel und Industrie', heißt es bereits 1913 — achtzehn Jahre, bevor — man höre und staune! — die Frankfurter Zeitung den *DFB* der ‚Meisterschafts- sprich Geldmacherei' bezichtigte — ‚Handel und Industrie haben aus dem Aufblühen des Fußballsports klingenden Nutzen gezogen' " (*Walter Jens* 1975, S. 7 f.).

b. in *soziologischer* Betrachtungsweise: Viele Millionen Bürger der BRD treiben organisiert Sport. Sie sind in Clubs, Vereinen, Mannschaften etc. organisiert. Der Deutsche Sportbund (*DSB*) ist die mitgliederstärkste Organisation der Bundesrepublik Deutschland (vgl. das Zahlenmaterial bei *Prokop* 1971). Auf kommunaler Ebene stellen die Sportvereine die Basis zumindest kommunalpolitischer Diskussion und Meinungsbildung dar. „Sport gilt als ein untrennbarer Teil des kommunalen Lebens und oft als das wichtigste Mittel für Identifikation mit der Gemeinde. . . . Die Fallstudie von *Frankenberg* (1957) über eine walisische Gemeinde demonstriert sowohl die integrative Funktion des Sports für eine Gemeinde als auch, daß die starke Identifikation mit der Gemeinde über Sport die Ursache für einen offenen Konflikt mit einer anderen Gemeinde sein kann" (*Lüschen* 1972, S. 110). Sport unter *kommunalen* Gesichtspunkten betrachten heißt allerdings nur einen winzigen Teilbereich soziologischer Analyse herausgreifen. Insgesamt läßt sich für die Ergebnisse von Analysen auf dieser Ebene sagen, „daß der Sport als untrennbarer Teil der Gesellschaft auch die Ambivalenzen und Widersprüche der *Gesellschaft* selbst aufweist" (*Lüschen* 1972, S. 112).

c. in *psychologischer* Betrachtungsweise: Aktive wie passive Sportsleute werden täglich mit innen- und außenpolitischen Implikationen des Sports konfrontiert, die ihr Erleben und Verhalten als Individuen betreffen und somit Forschungsgegenstand wissenschaftlicher Psychologie, insbesondere Sozialpsychologie sein können. Im vorliegenden Beitrag soll die *Bildung und Veränderung sozialer Einstellungen durch Sport am Beispiel nationalistischer und verwandter Einstellungen bzw. Vorurteile* untersucht werden. Solche Einstellungen und Vorurteile werden allgemein als politisch besonders relevant angesehen.

Im folgenden wird vorwiegend auf der psychologischen Ebene argumentiert. Zunächst soll dazu die *Beschäftigung von Sozialpsychologie mit Sport* in ihrem sozialen Stellenwert betrachtet werden.

4.1.2. Sport als Gegenstand der Einstellungsforschung

Die Art der Beziehung zwischen Gesellschaft und Sport drückt sich auch in der Art und Weise aus, wie sozialpsychologische Einstellungsforschung auf dem Gebiet des Sports betrieben wird.

Sozialpsychologie, die empirische Wissenschaft vom sozialen Verhalten, hat in ihrer rund 70jährigen Geschichte wohl keinem Gegenstand größeren Forschungsaufwand gewidmet wie demjenigen sozialer Einstellungen (attitudes) und Vorurteile. Untersuchungen und Überlegungen über Einstellungen und *Vorurteile* auf dem Gebiet des Sports müssen daher nicht gleichsam von außen legitimiert werden – sie würden sich bereits aus einem ganz wissenschaftsimmanent gesteuerten Fortschreiten der Disziplin Sozialpsychologie von selbst empfehlen, etwa in diesem Sinne: „Warum nicht auch Einstellungsforschung auf dem Anwendungsgebiet Sport betreiben."

Selbstverständlich ist eine solche, recht verbreitete Art und Weise, Wissenschaft mit einem Praxisfeld zu konfrontieren, fragwürdig. Denn so wie soziale Interaktionen durch Wechselwirkungsprozesse zwischen Gesellschaft und gesellschaftlichen Subsystemen einerseits, und Individuum und individuellem Verhalten und Erleben andererseits mitbedingt sind – ebenso stellen sich der konkrete Forschungsprozeß bzw. das Verhältnis von Wissenschaft und Praxis keineswegs einseitig als „Anwendung des einen auf das andere" dar. Wenn also z. B. soziale Einstellungen auf dem Gebiet des Sports untersucht werden oder *nicht* untersucht werden, so dürften die Gründe dafür zu allerletzt in individuellen Neigungen einzelner Forscher allein zu suchen sein. Wenn auf dem Gebiet des Sports ganz bestimmte Arten von Einstellungen (z. B. Einstellungen zur sportlichen Leistung, zum Wettkampf, zum Sieg, zu den Mitgliedern der Sportgruppe etc.) *häufig* untersucht werden, andere Einstellungen (z. B. ethnozentrische, nationalistische, rassistische *Vorurteile*) dagegen *nicht,* so mag diese Tatsache – oberflächlich betrachtet – mit „mangelndem Interesse einzelner Forscher", „wichtigeren, näherliegenden Forschungsgegenständen" usw. begründbar sein. Wer seine Forschungspräferenzen individuell derart begründet, wer also beispielsweise lieber Leistungssteigerung als Völkerversöhnung sportpsychologisch untersucht, äußert damit wiederum eine soziale Einstellung. Diese Einstellung stellt sich ihrerseits als Ergebnis von Wechselwirkungsprozessen zwischen dem sozialen System und einem ihrer Subsysteme, dem Sport, dar. Somit ist die Wahl des Forschungsgegenstandes selbst stets teilweise ein *„Politikum".*

Aus dem Gesagten scheint lediglich hervorzugehen, daß die sozialpsychologische Beschäftigung mit Fragen des Sports nicht dem Zufall oder den individuellen Interessen des Autors entspringt, sondern gesellschaftliche Ursachen hat, die mit den Mitteln der Sozialpsychologie – die bei der Erforschung von Wechselwirkungsprozessen zwischen Individuum und *Gesellschaft* auf der Seite des Individuums ansetzt und häufig dort ganz stehenbleibt – nur zum Teil aufzurollen sind. Diese Feststellung müßte ergänzt werden durch den Hinweis darauf, daß es selten die glatten, stimmigen, runden konfliktfreien Gegenstände sind, die sozialwissenschaftliches Interesse beanspruchen und zu aktuellen Forschungsgegenständen werden. Vielmehr bilden sich Problemkomplexe meist durch Unstimmigkeiten, Widersprüchlichkeiten und *Konflikte,* die es – ausgesprochen oder nicht – zu beseitigen oder fortzuentwickeln gilt. Von hier aus ist z. B. die Erwartung, sozialpsychologische Analysen und Untersuchungen würden bevorzugt Gemeinsamkeiten des Gemeinschaftserlebens in Sportgruppe und Familie herausarbeiten, unrealistischer als diejenige, daß mit Mitteln der Kleingruppenforschung die Beseitigung des Konfliktes zwischen Traineransprüchen und Mannschaftsleistung erleichtert würde.

4.1.3. Die Fragestellung

Der *Gegenstand dieses Aufsatzes* scheint durch die genannten Merkmale, nämlich gesellschaftlich-politische Bedeutung einerseits und innere Widersprüchlichkeit andererseits, gekennzeichnet zu sein: *ob und inwieweit durch aktiv und passiv betriebenen Sport, insbesondere Wettkampf-, Leistungs-*

und *Spitzensport, Einstellungen* und *Vorurteile wie Nationalismus gefördert oder abgebaut werden.* Diese Frage dürfte einerseits von erheblicher
sozialer und praktischer, z. B. pädagogischer Bedeutung sein, andererseits
geht sie von einem krassen Widerspruch zwischen Normvorstellungen bzw.
Wunschdenken und (was zu zeigen ist) Wirklichkeit bezüglich der angeblich
friedlichen, völkerverbindenden Funktion des Sports aus.

4.1.4. Sport, Frieden und Völkerfreundschaft

Öffentliche Äußerungen aus verschiedenen Jahrzehnten dieses Jahrhunderts lassen
vollständig entgegengesetzte Auffassungen über die Funktion des internationalen
Spitzensports für den Frieden erkennen.

Zum Beleg der Existenz genau entgegengesetzter Auffassungen zu dieser
Frage seien Illustrationen anhand von Zitaten erlaubt, wie sie oben noch
als „kasuistisch" kritisiert wurden – hier soll es nur um die Konstatierung
von Meinungen, nicht um Aussagen über deren Richtigkeit gehen.

Recht deutlich drückt sich die These von der völkerverbindenden Funktion internationaler Sportwettkämpfe in der *Olympischen* Idee aus. Ein
Zitat aus dem Jahre 1932 mag zeigen, daß diese Idee über Jahrzehnte
völlig unverändert fortbesteht: „Wochenlang lebten draußen im Olympischen Dorf 1500 Jünglinge aus allen Erdteilen, Rassen, Völkern freund-
schaftlich beisammen. Keiner hatte ein anderes Dach über dem Kopf, keiner eine andere Decke über dem Bett, einen anderen Stuhl in seinem Stüb-
chen als alle Kameraden. Hier hauste ein herrlicher Völkerbund, hier ver-
einigten sich 40 Flaggen in vorbildlicher Freundschaft, hier knüpften alle
Kämpfer, entschlossen einander den Sieg so sauer wie möglich zu machen,
ehrlichste und hoffentlich dauernde Kameradschaft. . . . Olympia ist ein
wundervoller Gedanke" (aus dem Olympiabuch der Fa. Reemtsma 1932).

Wie diese wachsende Freundschaft trotz härtestem Konkurrenzkampf
im einzelnen psychologisch in ihrer Entstehung vorzustellen ist, schildert
Manfred Hausmann im offiziellen Organ der *Olympischen Spiele* in Berlin
1936:

„Es ist ja selbstverständlich, daß eine besondere Leistung auf der
Aschenbahn oder auf dem Rasen nicht nur Achtung vor dem Sportsmann,
sondern auch Achtung vor dem Menschen hervorruft, der sie vollbracht
hat. Und einen Menschen, den man achtet, möchte man auch gern kennenlernen. Und vom Kennenlernen bis zur Kameradschaft oder gar Freundschaft ist es unter Sportsleuten nicht weit" (aus der „Olympia Zeitung"
Berlin 1936, S. 85).

In hartem Gegensatz dazu stehen Berichte etwa über soziale Interaktionen zwischen Eishockey-Spielern, steht die lapidare Äußerung des Trainers
des Fußballclubs FC Amsterdam, *van den Meent:* „Fußball ist Krieg"
(nach dem Spiel gegen den 1. FC Köln am 5. März 1975 in Köln). Allerdings handelt es sich hier jeweils um *Profisport,* über den sich, was sein
Verhältnis zum – etwa olympischen – *Amateursport* betrifft, prinzipiell
mindestens zwei Thesen formulieren lassen:

a. Profi- und Amateursport weisen bestimmte qualitativ unterschiedliche Merkmale auf.
b. Im Profisport zeigen sich Merkmale des Amateursports besonders kraß.

Vermutlich dürften extreme Erscheinungen wie die, daß eine Sportmannschaft mit eigener Küchenausrüstung zum Wettkampf gegen eine Mannschaft des Nachbarstaates anreist, um jede Möglichkeit, vergiftet oder geschwächt zu werden, auszuschließen (FC Bayern München beim Besuch in Magdeburg), nur im Profisport vorkommen, allein wegen der enormen Kosten, die solche Auswüchse zeitigen. Aber gerade dieses Beispiel zeigt bereits, wie fließend die Übergänge zum Amateursport der Olympiaden ist: Hier lassen sich die Regierungen der Nationalstaaten entsprechende Vorkehrungen entsprechendes kosten.

Darüber hinaus bieten gerade die Olympischen Spiele Soziologen und Politologen hinreichend Anhaltspunkte für die Analyse *nationalistischer, chauvinistischer* und *rassistischer* Tendenzen. So schreibt z. B. *Winkler* (1973):

„Bei den Spielen (in Mexico City 1968) setzte sich der Konflikt zwischen der Sowjetunion und der Tschechoslowakei nach deren Besetzung durch die Warschauer-Pakt-Staaten am 13. August durch erbitterte Sportduelle in den Arenen fort. . . . Auch die außenpolitischen Spannungen wurden (in Berlin 1936) sichtbar, als die Italiener fast zu spät kamen, weil sie vorher Abessinien besiegen wollten und weil die Spanier beinahe vor Spielende abreisen mußten, weil in ihrem Land ein blutiger Bürgerkrieg als Vorspiel des Zweiten Weltkrieges begann. . . . Realistischer, wenn auch nicht friedensstiftender, handelten die olympischen Sportfunktionäre, als sie 1920 in Paris, 1924 in Antwerpen und 1948 in London die in den jeweiligen Weltkriegen besiegten Staaten gar nicht erst teilnehmen ließen" (S. 46 f.).

Diese Zusammenstellung von Zitaten bezüglich früherer Olympiaden mag demjenigen, der These b) zuneigt, zeigen, daß es sich bei dem Beschriebenen keineswegs um ganz neue Entwicklungen handelt.

4.1.5. Sport und Militarismus

Die Bedeutung des Sports für die Entwicklung des militärischen Kampfgeistes sowie unmittelbare Analogien zwischen sportlichem und militärischem Kampf sind unübersehbar.

In einer Reihe weiterer Äußerungen werden Zusammenhänge zwischen sportlichem Kampf und *Krieg* offen angesprochen. *Carl Diem* sagte 1931 in einem Vortrag vor der Heeresschule für Leibesübungen in Wünsdorf:

„Am 21. März 1918, während der großen Schlacht von Frankreich im Verbande der 221. Division auf dem rechten Flügel bei Arras, fand ich beim Durchbruch durch die englische Infanteriestellung in einer englischen Batterie neben vieler Munition einen Fußball. Ich schenkte ihn der Jugendabteilung des BSC mit der Bemerkung: ‚Ihr seht, Krieg und Sport gehören zusammen'. Dies war schon vorher von *Maurice Maeterlinck* in einem kleinen Büchlein ‚Gedanken über Sport und Krieg' ausgesprochen. Der Krieg ist der vornehmste, ursprünglichste Sport, der Sport par excellence und die Quelle aller anderen Sportarten und doch: Irgend etwas wehrt sich in unserem Innern, den Krieg einen Sport zu nennen. Vielmehr will es uns scheinen, als ob Sport und Krieg ein Gegensatz sein müssen, was durchaus nicht ausschließt, daß der Sport zum Krieg gehört oder ihm dient" (zit. n. *Wirkus* 1971, S. 409).

Ohne Zweifel weisen der Durchbruch *Diems* durch die englischen Linien vor Arras und derjenige *Beckenbauers* durch diejenigen in Wembley nur rein formale Ähnlichkeiten auf, und dennoch scheint der Redner mit seiner Beschreibung eines dialektischen Verhältnisses von Krieg und Sport Einschätzungen wiederzugeben, die von mehreren Autoren geteilt werden. Schließlich ist sportliche Aktivität ein wesentlicher Bestandteil der *militärischen* Ausbildung, die nur sehr indirekt etwas mit *Völkerfreundschaft* zu tun hat. In diesem Zusammenhang zitiert Graf *von Krockow* (1972, S. 84f.) zwei Quellen:

„Der Sport entwickelt und fördert gerade jene körperlichen Fähigkeiten und charakterlichen Tugenden, die dem Soldaten abverlangt werden, wenn er seine Aufgaben erfüllen soll" (der ehemalige Generalinspekteur der Bundeswehr, *Trettner*).

„Der Sport ist ein Mittel der militärischen Erziehung und Ausbildung; er bekommt aber dadurch ein besonderes Gewicht, daß er Anlagen im Menschen fördert, die für den Soldaten im Hinblick auf die Vorbereitung für seine Verteidigungsaufgabe und auf seine Einordnung in die staatliche Gemeinschaft besonders wertvoll sind: der Sport erhält gesund, er fördert Gewandtheit, Schnelligkeit, Kraft und Ausdauer. Der Sport erzieht zur Selbstzucht und zur Einordnung in die Gemeinschaft. Der Sport weckt und festigt das Gefühl der Manneszucht, Kameradschaft und Ritterlichkeit" (der ehemalige Verteidigungsminister *von Hassel*).

Vergleichbare Feststellungen dürften sich vermutlich bei entsprechenden ausländischen Quellen finden. Weder die zitierten westdeutschen noch andere Äußerungen über die Verwandtschaft zwischen Sport und *Militarismus* dürften jedoch die Offenheit aufweisen, wie sie *Adolf Hitlers* Überlegungen zum Aufbau einer schlagkräftigen Armee erreichen:

„Man gebe der deutschen Nation sechs Millionen tadellos trainierter Körper, alle von fanatischer Vaterlandsliebe durchglüht und zu höchstem Angriffsgeist erzogen, und ein nationaler Staat wird aus ihnen, wenn notwendig, in nicht einmal zwei Jahren eine Armee geschaffen haben" (aus *„Mein Kampf"*, zit. n. *Rigauer* 1969, S. 78).

Inwieweit die Vorstellung zu einfach erscheint, als ließe sich *militärischer* Kampfgeist *unmittelbar* durch *sportlichen* fördern, inwieweit möglicherweise „vermittelnde" Merkmale bzw. „Tugenden" zu postulieren sind, darauf soll weiter unten bei der Diskussion sozialpsychologischer Ansätze noch eingegangen werden.

4.1.6. Zur Notwendigkeit der Differenzierung der Fragestellung

Eine Unterscheidung verschiedener Sportarten und Sportformen sowie eine Untersuchung der Fragestellung auf verschiedenen Analyse-Ebenen erscheinen notwendig.

Lüschen (1972) weist aus soziologischer Sicht darauf hin, daß „der verbreiteten Ansicht, daß der Sport zur internationalen Verständigung beiträgt", von verschiedenen wissenschaftlichen Autoren widersprochen worden ist. Die in den vorigen Abschnitten gebrachten Äußerungen von Wissenschaftlern und Praktikern auf dem untersuchten Feld mögen diese Ansicht bestätigen. Im Grunde stellen sie aber allenfalls die notwendige Offenheit gegenüber der aufgeworfenen Frage wieder her. Denn illustrierende Zitate dieser Art lassen sich prinzipiell beliebig zusammenstellen, und Illustration und Deskription erweisen sich für sich allein als ungeeignet, zur Klärung einer Streitfrage beizutragen.

Zugleich mag aber auch deutlich geworden sein, daß die Beantwortung der Frage nach der Rolle des Sports für Förderung oder Abbau positiver Einstellungen zwischen Angehörigen verschiedener Nationen wohl kaum pauschal geschehen kann. Bereits die angeführten Illustrationen zeigen, daß sie besser auf mehreren *unterschiedlichen Analyse-Ebenen* erfolgen kann. So läßt sie sich auf der Ebene des *Individuums,* z. B. des einzelnen aktiven Sportlers, betrachten oder aber auf größere *Gruppen* von Sportlern bzw. die Gemeinschaft aller Sportler beziehen. Auf einer dritten Ebene, derjenigen der Großgruppe „*Nation*", genauer gesagt, derjenigen des *Staates,* lassen sich entsprechende Aussagen zu Nationalismus als politischer Kategorie gewinnen.

Weitere notwendige Differenzierungen müßten unter anderem verschiedene sportliche Organisationsformen (z. B. *Breitensport* vs. *Spitzensport, Freizeitsport* vs. *Leistungssport, Amateursport* vs. *Profisport, Länderkämpfe* vs. *Olympiaden* etc.) umfassen. Daß alle diese notwendigen Unterscheidungen hier den Charakter des Programmatischen behalten müssen, liegt an einer äußerst prekären Datenlage, auf die noch einzugehen sein wird.

4.1.7. Zum Verhältnis von Aktualität und Erforschung des Problems

Der hier betrachtete Problemkomplex wird von der empirischen Forschung gemieden; seine Tabuisierung läßt sich mit einer politischen Stabilisierungsfunktion des internationalen Sports begründen.

Berücksichtigt man die politisch-psychologische Aktualität des zu untersuchenden Problems und betrachtet die einschlägige wissenschaftliche Literatur, so stößt man auf ein krasses Mißverhältnis: Die Untersuchung von Fragen etwa, wie Einstellungen sportliche Leistungen beeinflussen, ist üblich – Untersuchungen darüber, ob Sport negativ zu bewertende *Einstellungen zur Folge* hat, fehlen (vgl. die Bibliographie von *Essing* et al. 1972). Einstellungen und *Vorurteile* sowie deren Änderungen werden allenfalls in Bezug auf *Sportgruppen* untersucht und diskutiert, selten dagegen – sieht man einmal vom Komplex „Einstellungen zum Sport" ab – in Bezug auf das Verhältnis von Sport und weiterer Öffentlichkeit. „Negativster", dem Sport eventuell noch am ehesten zu nahe tretender Untersuchungsgegenstand scheint der Komplex „Sport und *Aggression*" zu sein (vgl. *Fürntratt,* Artikel 3.1). Immerhin zeigen die dort im Brennpunkt stehenden Fragestellungen eine gewisse formale Nähe zu der hier untersuchten: Die Frage z. B., ob die Ausübung oder Beobachtung von Sportkämpfen zu aggressivem Verhalten *stimuliert* oder ob es zu „Abreaktion" *(Katharsis)* kommt, ähnelt derjenigen nach der Förderung oder Hemmung gewisser antisozialer Einstellungen.

Sozialpsychologische Sammelreferate, die sich mit Entstehung und Wirkweise von sozialen Einstellungen, Vorurteilen und Stereotypen beschäftigen, enthalten kein einziges Wort, das sich auf das Feld des Sports bezöge (z. B. *Harding, Proshansky, Kutner* und *Chein* 1969, *Bergler* und *Six* 1972). Dies ist vielleicht — so könnte man meinen — bei der gedrängten Oberflächlichkeit solcher Literaturübersichten nicht anders zu erwarten. Der geringe Stellenwert entsprechender Arbeiten dürfte jedoch dadurch bereits deutlich werden. Zudem gilt ähnliches für Abhandlungen, die sich explizit mit Entstehung und Wirkweise von *Nationalismus* bzw. nationalen Einstellungen und Vorurteilen beschäftigen (z. B. *Doob* 1964 oder *Adorno, Frenkel-Brunswik, Levinson* und *Sanford* 1950). Abhandlungen zum Thema „Sport" fehlen.

Soll man daraus den Schluß ziehen, Sport habe mit gesellschaftlich negativ bewerteten Einstellungen wie Nationalismus wenig zu tun? Ich meine, so weit sollte unser Vertrauen in Wissenschaft, sofern sie sich als Ansammlung bislang zusammengetragener empirischer Daten darstellt, nicht gehen. Für die mangelnde Problematisierung und empirische Erforschung möglicher Zusammenhänge zwischen Wettkampfsport und nationalen oder ethnozentrischen Vorurteilen ließe sich eine Reihe von Gründen anführen, etwa:

— die mangelnde Repräsentanz des sportlichen Bereichs in den Verhaltenswissenschaften (so enthält das kompetente „Handbook of Social Psychology" zwar einen Abschnitt über Religions-, nicht aber über *Sportpsychologie*)
— das Vorurteil, wonach Sport in jedem Falle die Entwicklung guter, als positiv bewerteter sozialer Verhaltenstendenzen (z. B. *Fairneß, Kameradschaft* zwischen Gegnern, *Völkerfreundschaft*) fördere und schlechte (z. B. *Konkurrenzdenken, Nationalismus*) unterdrücke.

Daß insbesondere mit einer Fragestellung wie der in diesem Aufsatz vorliegenden im Sinne des letztgenannten Aspekts ein soziales *Tabu* verletzt werden könnte (ähnliches mag für das Thema „Sport und aggressives Verhalten" gelten) — dieser Eindruck verdichtet sich beim Studium populärer und sportjournalistischer Quellen, die mangels vorhandener sozialwissenschaftlicher Literatur nur zu oft herangezogen werden müssen. Tabus sind inoffizielle, wenngleich höchst wirksame Verhaltensnormen meist konservativer Prägung und mit scheinbar irrationaler Grundlage. Sie verhindern aufgrund ihres Selbstverständlichkeitscharakters rationale Aufklärungen über ihre Ursachen und schreiben ein Erkenntnisgefälle zwischen dem Tabusetzer und dem Gehorchenden fest. *Soziologen* und *Psychoanalytiker* haben sich die Mühe gemacht, eine Reihe von im Gesellschaftssystem der BRD existierenden Tabus zu beschreiben. Zu ihnen gehört auch der Sport allgemein, aber auch im Bereich des Sports übernommene politische Tabus (z. B. lange Zeit das DDR-Namenstabu). Der gesamten kritischen Rede von *Walter Jens* zum 50jährigen Jubiläum des Deutschen Fußballbundes (*Jens*

1975) merkt man sowohl die Furcht wie auch die Bereitschaft des Autors an, ein Tabu zu verletzen. Ähnlich wie z. B. Tabus wie das Inzest-Tabu scheinbar Irrationalität, in Wirklichkeit jedoch Stabilisierung – insbesondere ökonomische Stützung – *des sozialen Systems* als Grundlage haben (vgl. *Margaret Mead* 1934), ließe sich auch hier argumentieren: Sport dürfe wegen seiner sozialen Stabilisierungsfunktion nicht auf seine antisozialen Implikationen hin untersucht werden. Dem soll hier jedoch nicht weiter nachgegangen werden. Es bleibt die Tatsache, daß die Sportpsychologie an dieser Stelle einen weißen Fleck aufweist.

4.1.8. Sozialpsychologische Formulierung des Problems

Es wird zwischen den Prozessen der Einstellungsbeeinflussung durch eigenes Handeln des Sportlers und der Einstellungsbeeinflussung durch Beobachtung beim Publikum unterschieden.

Um die Bildung und Veränderung von Einstellungen und Vorurteilen, in diesem Falle durch Sport, zu untersuchen, soll zunächst ausgeführt werden, was unter Einstellungen und Vorurteilen verstanden wird. Sodann wird auf Modelle der Entstehung und Veränderung von Einstellungen eingegangen. Da solche Einstellungsänderungen sowohl beim Sportler, d. h. beim aktiv Handelnden, als auch beim Zuschauer (oder Zuhörer, allgemeiner gesagt beim Publikum) konstatiert oder hypostasiert werden, muß den Prozessen der *Einstellungsänderung durch Handeln* und der *Einstellungsänderung durch Beobachtung* Aufmerksamkeit gewidmet werden. Der Sportlern, insbesondere internationalen Spitzensportlern attribuierten Prestige-Funktion entsprechend, wird sich dieser Aufsatz ferner mit psychologischen Aspekten von Sportpolitik beschäftigen. Größeren Raum wird, an allen genannten Stellen, der Komplex nationaler/nationalistischer, auch ethnozentrischer und autoritärer sozialer Einstellungen einnehmen.

4.1.9. Einstellungen und Vorurteile

Soziale Einstellungen werden als relativ konstante Tendenzen definiert, soziale Gegenstände zu bewerten; soziale Vorurteile sind negativ getönte Einstellungen gegenüber bestimmten Personengruppen.

Unter sozialen *Einstellungen* (attitudes) versteht man relativ dauerhafte, erworbene Wahrnehmungs-, Bewertungs- und Handlungstendenzen gegenüber sozialen Gegenständen. Man faßt sie entweder als nicht direkt beobachtbare, latente Prozesse oder Dispositionen auf, die die Wirkung sozialer Reize auf soziales menschliches Verhalten vermitteln – oder man definiert sie direkt als die relativ konsistente Art und Weise, auf bestimmte soziale Reize mehr oder weniger positiv zu reagieren.

Eine „nationalistische" Einstellung wäre dann entweder eine angenommene, hypothetische Wirkgröße, die nationalistische Einschätzungen, Werturteile und Handlungsabsichten einer Person erklärt – oder, in anderer Betrachtungsweise, könnte man jemandem eine „nationalistische" Einstellung zuschreiben, wenn er sich wiederholt „nationalistisch" gebärdet. Ob man nun eine Einstellung als eine nicht direkt beobachtbare Wirkgröße ansieht, die „hinter" dem Verhalten eines Menschen steht, oder ob man sie mit diesem Verhalten direkt gleichsetzt — in jedem Falle äußern sich Einstellungen in einigermaßen gleichbleibenden, mehr oder weniger positiven oder negativen Reaktionen auf bestimmte Meinungsgegenstände. Sie erfüllen damit eine Reihe wichtiger Funktionen für den „seelischen Haushalt" eines Individuums. Mehrere Einstellungen, die dazu neigen, untereinander konsistent oder „stimmig" zu sein, verbinden sich oft zu relativ festen Überzeugungssystemen. (Zur Definition, Erfassung, Entstehung und Veränderung von sozialen *Einstellungen* vgl. *Triandis* 1975 sowie *Schmidt, Brunner* und *Schmidt-Mummendey* 1975.)

Als *Vorurteile* (vgl. *Allport* 1974) bezeichnet man bestimmte Arten von Einstellungen; der Vorurteilsbegriff ist also in jedem Falle enger als der Einstellungsbegriff. So verstehen manche Autoren unter „Vorurteil" im Wortsinne ein nicht auf seinen Wahrheitsgehalt hin überprüftes, aber dennoch fest gehegtes oder gefälltes Urteil. Ein Vorurteil über Angehörige einer anderen Nation bestünde also darin, entsprechende Aussagen zu machen, ohne empirische oder statistische Belege für dieses Urteil zu besitzen. In diesem Sinne wären tatsächlich sehr viele Meinungen und Einstellungen vorurteilsbehaftet. Die meisten Autoren nennen jedoch negativ getönte Einstellungen gegenüber bestimmten Personengruppen „Vorurteile". Damit wird dieser Begriff auf die im Gefolge der Differenzierung zwischen Eigengruppe und Fremdgruppe *(Ingroup/Outgroup)* gewöhnlich auftretenden negativen Einstellungen eingeschränkt. Von „Vorurteil" ist insbesondere dann die Rede, wenn solche Einstellungen irrational getönt bzw. von Intoleranz gekennzeichnet sind. Seine besondere Prägung hat der Vorurteilsbegriff durch die Beschreibung von „Vorurteilspersönlichkeiten" bekommen (vgl. dazu *Adorno* et al. 1950, *Martin* 1964). Auf sie wird im Zusammenhang mit „Nationalismus" noch einzugehen sein. Die im vorliegenden Beitrag bevorzugte Redewendung „Einstellungen und Vorurteile" soll also anzeigen, daß in der Rede stehenden nationalistischen und verwandten Einstellungen offensichtlich auch Vorurteilscharakter besitzen. Insgesamt empfiehlt sich aber die ausschließliche Verwendung des Einstellungsbegriffs wegen dessen relativ größerer Inhaltsneutralität.

4.1.10. *Nationalismus, nationalistische und verwandte Einstellungen*

„Nationalismus" als psychologisches Konzept ist eine auf Staatsgebilde bezogene „ethnozentrische" Einstellung mit internationaler Ingroup-Outgroup-Differenzierung; ihre Verwandtschaft mit Merkmalen des „autoritären" Syndroms ist offensichtlich.

Nationalismus, von *Doob* (1964) als „eines der wichtigsten Probleme, wenn nicht das wichtigste dieses Jahrhunderts" (S. 1) bezeichnet, ist eine gesellschaftlich-politische Erscheinung, die sich auf seiten des Individuums als soziale Einstellung widerspiegelt. Interessanterweise werden aber auch bei der historisch-politologischen Fassung von „Nationalismus" von vielen Autoren bereits psychologische Bestimmungsmerkmale verwendet (vgl. *Schmidt* 1970a). Dies liegt offensichtlich an der nicht ganz einfachen

Definition von „Nation" – Konzepte wie „Nationalbewußtsein", „Zusammengehörigkeitsgefühl", hypothetische „Binde- und Integrationskräfte" (*Lemberg* 1974) und ähnliches scheinen neben vielen exakter umschreibbaren Merkmalen notwendig, um *„Nation"* vollständig zu definieren. Für unser Problemgebiet sind solche Abgrenzungen wohl unnötig, da Nationalismus – auch als nicht-psychologische Kategorie – sich zumeist weniger auf Nationen im strengen Sinne, sondern auf *Staaten* und Staatsgebilde bezieht. Gerade auf dem Gebiet des internationalen Sports muß „Nation" im Grunde mit „Staat" gleichgesetzt werden. Die Staatszugehörigkeitsklauseln der internationalen Sportverbände begünstigen „sportliche Demonstrationen staatsnationaler Einheit" (*Geyer* 1972, S. 81).

Oben wurde erwähnt, daß für die Bildung bzw. Differenzierung sozialer Gruppen in *„Ingroups"* und *„Outgroups"* – seien dies nun Kleingruppen oder Großgruppen, und geschehe dies „natürlich" oder forciert – die Etablierung negativer Einstellungen gegenüber der jeweiligen Fremdgruppe konstitutiv ist. In allgemeiner Form wird eine solche soziale Einstellung, die Ingroup und Outgroup stark differenziert und insbesondere Unterschiede in Abstammung, Sprache, Ideologie etc. betont, als *„Ethnozentrismus"* bezeichnet (vgl. *Adorno* et al. 1950). Dieser seit ca. 70 Jahren verwendete Begriff soll zugleich das rigide Gutheißen und Festhalten an Merkmalen der eigenen sozialen Gruppe bei gleichzeitiger Abwertung „fremder" Merkmale bezeichnen. Populär wurde das Konzept durch die Untersuchungen zur sog. *autoritären Persönlichkeit,* in deren Rahmen Ethnozentrismus-Skalen insbesondere Einstellungen zu ethnischen und rassischen Minderheitengruppen erfassen sollten.

Wenn von „Nationalismus" im psychologischen Sinne, d. h. von *nationalistischer Einstellung* die Rede ist, so ist damit eine Art von Ethozentrismus gemeint, welche die Eigenschaften der Großgruppe „Nation", besser „Staat" als Einstellungsobjekt hat. *Einstellungsskalen* zur Erfassung „nationalistischer" Einstellungen oder Vorurteile (z. B. *Schmidt* 1970b) fassen eine Vielzahl patriotischer bis kraß faschistoider Elemente zusammen, die sich inhaltlich als „nationalistisch" kategorisieren lassen, letztlich jedoch mit einer Mehrzahl anderer negativer Einstellungen bzw. Vorurteile zusammen auftreten. So beschreibt *Allport* (1974) *Nationalismus* als eine Art Insel für die meisten *Antisemiten.* Die Nation ist für ethnozentrisch eingestellte Personen oft ihr „country right or wrong". Es liegt sicherlich nicht nur an methodischen Artefakten, wenn *Ethnozentrismus-, Autoritarismus-* oder *Militarismus*-Skalen hoch positiv mit *Nationalismus-Skalen* korrelieren. Wenn daher im folgenden von nationalistischen Einstellungen und deren Beeinflußbarkeit durch Aspekte des internationalen Sports die Rede ist, sind eine ganze Reihe weiterer Bestandteile des großen sozialen Negativkatalogs „autoritärer" und damit verwandter Einstellungen und Vorurteile mitgemeint.

4.1.11. Entstehung und Veränderung von Nationalismus

Nationalistische Einstellungen werden nach allgemein gültigen Lernprinzipien erworben, wobei besonders von der sozialen Umgebung gebilligte Tendenzen übernommen werden.

Empirische Untersuchungen über die Entstehung von *„Nationalgefühl"* im Verlaufe der kindlichen Entwicklung belegen die Feststellung, daß nationalistische Einstellungen wie andere Einstellungen gelernt bzw. erworben werden. Der Erwerb sozialer Einstellungen ist wiederholt — wenn auch unter sehr eingeschränkten künstlichen Bedingungen im psychologischen Labor — demonstriert worden (vgl. die Experimente von *Brunner* in *Schmidt* et al. 1975). Negative Einstellungen anderen Nationen bzw. deren Repräsentanten gegenüber können — im Sinne des *klassischen Konditionierens* — gelernt werden, indem die bis dahin unbekannten Symbole und sonstigen Merkmale, die auf die betreffende Outgroup verweisen, mit negativen Bewertungen gekoppelt werden. So können Kinder negative Einstellungen gegenüber Südländern lernen, wenn — beabsichtigt oder nicht — zugleich mit dem Aussprechen von „Italiener" oder „Jugoslawien" oder dem Anblick eines Menschen, „der wie ein Südländer aussieht", eine abfällige Bemerkung fällt. Auch eine stärker versachlicht vorgetragene Feststellung, etwa über geringere sportliche Disziplin oder schlechte Leistungen im Fußball mag in dieser Richtung wirken.

Piaget (1972) zeigte, daß sich *Patriotismus* bei Kindern teilweise dadurch entwickelt, daß in einer von deren Umgebung (z. B. Eltern, Lehrer) gutgeheißenen Weise auf den Namen des eigenen Landes und seine Symbole reagiert wird. Andere Untersuchungen demonstrieren das Diskriminationslernen von *Nationalflaggen; Ramsey* (1943) ermittelte, daß die amerikanische *Nationalhymne* bei Schulkindern zu den sexuell erregenden Dingen gehört. Unter den vielen möglichen lernpsychologischen Erklärungen des Erlernens von Nationalismus kommt sicherlich dem Modell des *operanten Konditionierens* bzw. Lernens am Erfolg besondere Bedeutung zu: Eine entsprechende Einstellung wird herausgebildet, indem von der Umgebung als „richtig" bewertete Urteile und Verhaltenstendenzen (z. B. patriotische, nationalistische) in das eigene gewohnheitsmäßige Meinungs- und Verhaltensrepertoire aufgenommen werden. Äußerst schnell und effektiv wird gelernt, wenn nationalistische „Modelle", d. h. Vorbilder zur Verfügung stehen, deren Meinungen nachgeahmt werden können, besonders dann, wenn dies eher zu positiven als zu negativen Sanktionen führt (vgl. *Doob* 1964). *Das Modellernen* von Einstellungen und Vorurteilen (vgl. die erwähnten *Brunner*'schen Experimente) wird im Falle nationalistischer Einstellungen gerade für den Bereich des Sports gelegentlich in der Öffentlichkeit diskutiert; allerdings geschieht dies meist unter Verwendung des umstrittenen *„Identifikations"*-Begriffes, worauf noch einzugehen sein wird. Auch amerikanische Arbeiten über die Entstehung von Vorurteilen gegen *Outgroups* bei Kindern, über die im Zusammenhang mit Nationalismus *Doob* (1964) berichtet, zeigen, daß es nicht unbedingt eines persönlichen Kontaktes mit der Fremdgruppe bedarf, um negative Einstellungen aufzubauen; entweder lernt ein Kind eine anfängliche allgemeine Fremdenfurcht allmählich auf einige wenige Outgroups einzuschränken (wobei dies gerade die unbekannteren, entfernteren sein können), oder Erwachsene, die Mitglieder einer Outgroup verbal oder tatsächlich zurückweisen, wirken als Modelle. Diese Arten der Vorurteilsübernahme dürften insgesamt häufiger sein als die Fälle, in denen einschneidende emotionale (negative) oder auf ganze Gruppen generalisierte unangenehme Erlebnisse den Ausschlag geben. Selbstverständlich können diese Prozesse auch durch Informationen aus den Massenmedien beeinflußt werden.

Es soll nun hier allerdings nicht das weit verbreitete wissenschaftliche Vorurteil wiederholt oder bekräftigt werden, wonach die Herausbildung z. B. nationalistischer Einstellungen sich hauptsächlich und in entscheidender Weise im Kindesalter vollziehe. Popularisierte psychoanalytische Gedankengänge mögen zu dieser Auffassung viel beigetragen haben. Vielmehr ist das Lernen von Einstellungen, und das bedeutet sowohl *Erwerb* wie *Veränderung* von Einstellungen, ein lebenslanger Prozeß. Die Prinzipien des Erwerbs nationalistischer oder ethnozentrischer Einstellungen können insofern auch als mögliche Mechanismen der − unbeabsichtigten oder gezielten − *Einstellungsänderung* gelten (für eine nähere Diskussion über Modelle der Einstellungsänderung vgl. *Triandis* 1975 sowie *Schmidt* et al. 1975). Vom psychologischen Standpunkt aus besteht kein prinzipieller Unterschied darin, ob sich bei einem Menschen eine ethnozentrische Einstellung mit nationalistischer Färbung völlig neu herausbildet, ob eine stark ethnozentrische Einstellung als Folge der Änderung einer schwach ethnozentrischen entsteht oder ob diese Einstellung sich beispielsweise aus einer ethnozentrisch-religiösen, d. h. konfessionellen Einstellung entwickelt. Viele solcher Einstellungsbildungen und -modifikationen haben naturgemäß ihre Wurzeln in der frühen *Kindheit*. Einstellungsentstehung wie -veränderung kann jedoch vielfach durch Informationen und Aktivitäten generiert werden, die Kindern gar nicht zur Verfügung stehen, sei es, weil sie erwachsenenspezifisches Wissen verlangen, sei es, weil sie sich dem kindlichen Erleben überhaupt entziehen. Dies könnte insbesondere die psychologischen Implikationen internationaler sportlicher Aktivität betreffen. Die psychologische Analyse der Einstellungsmodifikation im Erwachsenenalter − gerade im Hinblick auf politisch bedeutsame soziale Einstellungen − darf also nicht durch pauschale Verweise auf Kindheitserlebnisse etc. relativiert werden.

In den folgenden Abschnitten soll über verschiedene konkrete Möglichkeiten, nationalistische Einstellungen und Vorurteile durch Sport zu beeinflussen, berichtet werden. Unterschieden werden dabei die Ebenen des Sportlers, des Publikums und der Sportpolitik.

4.1.12. Der Sportler: Einstellungsänderung durch Handeln

Die konkrete Tätigkeit des aktiven Sportlers ist eine wirksame Bedingung für Einstellungsbeeinflussung. Es wird die These vertreten, daß sie gemäß Funktion und Art der konkreten Aktivitäten im internationalen Spitzensport nationalistische und ethnozentrische Vorurteile begünstigt.

Wenn z. B. *Carl Diem* schon im Jahre 1924 meinte, der Sport sei durch seinen Einfluß auf „*Nationalgefühl*" und „*Nationalstolz*" von „nationalem Wert", Gefühle wie *Vaterlandsliebe* und *Vaterlandsbegeisterung* würden „auf internationalen Wettbewerben entfacht und gestärkt" (*Geyer* 1972, S. 81), so wird damit − in einer Zeit, in der das „Miterleben" von Sport über die Massenkommunikationsmittel eine untergeordnete Rolle spielte — die Ebene des *Individuums*, d. h. Verhalten und Einstellung des *aktiven Sportlers* angesprochen. Welche Funktion der einzelne am internationalen Wettbewerb teilnehmende Sportler auch immer in Wirklichkeit haben mag: Es stellt sich die eingangs aufgeworfene Frage nach Förderung oder Hemmung nationalistischer Tendenzen bei den Aktiven selbst.

Der Begründer der modernen *Olympischen Spiele*, Baron *de Coubertin*, sah beispielsweise eine kathartische Funktion des Sports, die sich allerdings mehr auf das sozial negativ zu sanktionierende *aggressive Verhalten* bezieht: Nach *Prokop* (1971, S. 28) empfiehlt er dem Einzelnen, ,,statt einen Stuhl zu zerschlagen, ‚lieber seine Zuflucht zu intensiven Leibesübungen zu nehmen'''. Bedeutet internationaler sportlicher Wettkampf nicht vielleicht auch Abbau bestehender feindseliger Einstellungen, z. B. gegen nationale Außengruppen?

Neuere Ergebnisse der psychologischen Einstellungsforschung sehen in der Tat im Handeln, im konkreten Vollzug menschlichen Verhaltens, eine sehr wirksame Bedingung für Einstellungsveränderung; womöglich ist *Einstellungsänderung durch eigenes Handeln*, durch ,,offenes'' Verhalten effektiver als Einstellungsänderung durch verbale Beeinflussung bzw. durch Zufuhr neuer oder abweichender Information (vgl. die Diskussion bei *Schmidt* et al. 1975). Man denke nur an die häufig berichteten positiven Erfahrungen mit der Methode des ,,*Rollenspiels*'' bei Kindern und Erwachsenen, wenn es darum geht, Vorurteile gegen Outgroups — durch das intensive ,,Sich-in-den-Anderen-Hineinversetzen'' — zu mildern oder gar zum Positiven zu wenden.

Aus dieser Sicht wäre die These wissenschaftlich zu stützen, wonach intensiver persönlicher *Kontakt* zwischen Sportlern unterschiedlicher Nationalität, Hautfarbe etc. (vgl. die Olympische Idee) positive Einstellungen fördert und negativ zu bewertende (ethnozentrische, nationalistische, rassistische etc.) hemmt — sofern der hier zu Diskussion stehende internationale *Wettkampf-* und *Spitzensport* tatsächlich die regelhafte Grundlage für ein intensives ,,Sich-Hineinversetzen'' in den Anderen und Andersartigen in gelockerter, entspannter Umgebung und Atmosphäre bietet. Gerade dies muß jedoch nach Sichtung aller zur Verfügung stehenden Quellen bezweifelt werden.

Zunächst einmal wurde bereits früher gezeigt, daß *Vorurteile nicht gleichsam automatisch dadurch abgebaut werden, daß prinzipiell durch negative Einstellungen voneinander getrennte Gruppen von Individuen in Spiel und Sport zusammengebracht werden. Entscheidend für die Entstehung und Veränderung von Einstellungen durch sportliche Tätigkeit bzw. unmittelbaren sportlichen Kontakt mit Personen anderer Gruppen ist vielmehr die Funktion und die Art dieser Tätigkeit bzw. dieses Kontaktes.*

Mussen (1950) sowie *Hogrefe, Evans* und *Chein* (1947) fanden z. B. keine Änderung negerfeindlicher Einstellungen bei weißen Jugendlichen, nachdem man Schwarze und Weiße eine Zeitlang in einem Spielzentrum zusammengebracht hatte. Zumindest ergab sich keine solche Änderung, was den Durchschnitt der Daten betraf; Einstellungsänderungen in ,,positiver'' Richtung wurden durch solche in der Gegenrichtung wieder ausgeglichen (nach *Harding* et al. 1969). In einer Arbeit von *Wolf* (1961) über den direkten persönlichen *Kontakt* zwischen westdeutschen, französischen und italienischen Jugendlichen ergab sich für die Deutschen, daß der Kontakt mit Franzosen zu positiveren, derjenige mit Italienern dagegen zu negativeren Einstellungen führte. Die Auffassung von der automatisch positiv *einstellungsändernden* Wirkung des direkten persönlichen Kontakts mit Fremdgruppen dürfte nicht haltbar sein. Es wird daher notwendig, die *Art des Kontakts* sowie *ihre Funktion* für die Beteiligten psychologisch zu analysieren.

Im *Leistungssport,* besonders aber im *internationalen* Vergleich, dominiert — wie mehrere der hier zitierten sportsoziologischen Arbeiten zeigen — harte, entbehrungsreiche Arbeit, um zu sportlichen Erfolgen zu kommen. Die absolute Konzentration auf Erfolg bzw. Sieg ist nur bei weitgehender Spezialisierung auf ganz bestimmte Sportarten, ja einzelne Bewegungen möglich. Dies führt zu dem auf den Beobachter oft inhuman wirkenden Tatbestand, daß der aktive Spitzensportler wiederum Ausgleichssport treiben muß, um seine Spitzenleistung, ja seine Gesundheit zu erhalten: „Der moderne Leistungssport verlangt bezeichnenderweise seinserseits Ausgleichssport" (Graf v. *Krokow* 1972, S. 80). Bezeichnend ist dies dafür, daß die im internationalen *Spitzensport* verlangten konkreten Tätigkeiten auf der von „spielerisch/gelockert" bis „kämpferisch/gespannt" reichenden Skala sportlicher Handlungsformen ganz weit rechts anzusiedeln sind. „Sieg um jeden Preis" ist die allgemeine nationale Devise gerade auch bei Vorbereitung und Ausführung der *Olympischen Spiele.* Der heute belächelten Maxime *de Coubertins,* wonach es nicht auf das Siegen, sondern auf das Mitmachen ankäme, steht in der BRD der Aufruf der Sportführer des Jahres 1975 entgegen, auf die Teilnahme an der Olympiade 1976 mangels Siegesaussichten doch lieber ganz zu verzichten.

Es ist folgerichtig, wenn in der Atmosphäre des Siegenmüssens, im Vollzug harter körperlicher *Konkurrenz,* die oft nur durch parallel antrainierte *aggressive Kampfstimmung* erfolgreich entschieden werden kann (vgl. hierzu die Diskussion über die angebliche Notwendigkeit der Erregung von *Haßgefühlen* in der Zeitschrift „*Die Leibeserziehung*" 1969–1972), *autoritäre Einstellungen* besser gedeihen als tolerante. *Penman, Hastad* und *Cords* (1974) wiesen nach, daß amerikanische Football- und Basketball-Trainer, die erfolgreicher als ihre Kollegen sind, auch autoritärere Einstellungen aufweisen. Eine Art sportlicher Tätigkeit, in der Erfolgreiche autoritärer sind (oder Autoritäre erfolgreicher sind), wird zur Entstehung und Verstärkung von Einstellungen führen, die nicht das Gemeinsame und Verbindende zwischen In- und Outgroup hervorheben, sondern deren Unterschiede.

Schließlich seien noch Prinzipien der „*sozialen Wahrnehmung*" erwähnt, die einen Abbau von *Vorurteilen* im *Wettkampfsport* als fraglich erscheinen lassen. Die Wahrnehmung anderer Menschen folgt in der Regel vorhandenen Einstellungen und Erwartungen bezüglich dieser Personen; sie neigt zur *selektiven* Hervorhebung von Eigenschaften und Verhaltensmerkmalen, die mit diesen Erwartungen übereinstimmen. Ein *antikommunistisches Vorurteil* auf dem Gebiet des Sports etwa, beispielsweise das Bild der Sportlerinnen der „technischen Disziplinen" („Mannweiber") oder der „sogenannten Amateure" („Staatsamateure"), wie es in der BRD sowohl zur negativen Abgrenzung wie zum Leistungsansporn (mit programmierter Legitimation einer möglichen Niederlage) aufgebaut worden ist, läßt sich schwerlich durch aktiven Wettkampf gegen Personen, die unter dieses Vorurteil fallen, beseitigen. Vielmehr werden die dieses Vorurteil befestigenden kognitiven Bestandteile der betreffenden Situation zu einer *Verstärkung* oder Verschärfung des Vorurteils beitragen. Konkrete, von diesem Bild abweichende Erlebnisse besitzen eine schwächere Ausgangsposition und damit eine geringere Effizienz.

Für das in diesem Abschnitt Ausgeführte mag gelten, daß Ausnahmen die Regel bestätigen. Selbstverständlich werden gelegentlich Beispiele echter Freundschaft zwischen gegnerischen Sportgruppen bekannt. Aus der Sicht einer Handlungs-Theorie der Einstellungsänderung erscheint jedoch, insgesamt gesehen, der harte internationale Wettkampf als ungeeignet zur Verbesserung der durch ethnozentrische Einstellungen und Vorurteile gestörten sozialen Beziehungen bei den betroffenen Sportlern.

4.1.13. Das Publikum: Einstellungsänderung durch Beobachtung

Die einstellungsbeeinflussende Wirkung von Sport und Sportberichterstattung wird in Begriffen des Modell- bzw. Beobachtungslernens interpretiert. Der Beobachtung internationalen Spitzensports wird danach keine vorurteilsmindernde, sondern eher eine vorurteilsfördernde Funktion zugeschrieben.

Aktiv Sporttreibende, insbesondere solche mit internationalen Kontaktmöglichkeiten, sind allerdings eine verschwindend kleine Minderheit. Die weitaus meisten Menschen erleben Sportkämpfe als *Beobachter,* und zwar entweder als *Zuschauer* von Sportveranstaltungen oder — wiederum wesentlich häufiger — als Beobachter „aus zweiter Hand". Damit erhalten nicht nur die aktiven Sportler, sondern in gewichtiger Weise die Sportberichterstatter der *Massenmedien* Einflußmöglichkeiten auf Erleben und Verhalten des Publikums. Die zentrale Frage dieses Aufsatzes — Förderung oder Hemmung von Vorurteilen durch Sport — stellt sich daher auf der Ebene des Publikums so: In welcher Weise wirken internationale Sportwettkämpfe direkt oder über *Sportberichterstattung* auf die Beobachter?

Zunächst sei erwähnt, daß „Arbeiten, die in den letzten Jahren über die sozialen Beziehungen zwischen Sportlern und Zuschauern durchgeführt wurden, meist die Frage nach einem Einfluß von Zuschauern auf die Leistung einer *Sportgruppe* (behandeln)" (*Udris* 1972, S. 189), nicht aber wird die hier interessierende umgekehrte Frage wissenschaftlich untersucht. Über die *Reaktionen des Publikums* auf das Sportgeschehen wird allenfalls anläßlich größerer Krawalle und *aggressiver* Ausschreitungen während und nach internationalen Großveranstaltungen, z. B. Fußball-Pokalspielen, in den Medien berichtet. Auch über die Wirkung nationalistischer Tendenzen in der *Sportberichterstattung* lassen sich nur indirekte Schlüsse ziehen, da die wenigen hierzu vorliegenden Forschungsarbeiten mit der Methode der *Inhaltsanalyse* ausschließlich Voreingenommenheiten auf seiten des Kommunikators, d. h. in der Regel der Sportjournalisten, herausarbeiten und interpretieren. So habe ich anhand von sieben Fußball-Länderspielen zwischen 1962 und 1964 gezeigt, daß *Rundfunkreporter* sprachliche Ausdrucksformen bevorzugen, die nach Auffassung unabhängiger Beobachter nationale Voreingenommenheit anzeigen (*Schmidt* 1965). Anläßlich der *Olympischen Spiele* in München 1972 untersuchte *Quanz* (1974) die Sportberichterstattung von 29 Exemplaren des in der BRD meistgelesenen Massenblattes und führte dessen Olympiaberichterstattung auf Tendenzen politisch reaktionärer Manipulation des betreffenden Großverlages zurück. Empirische Arbeiten über die unmittelbare Wirkung der direkten oder vermittelten Sportbeobachtung fehlen und sind durch theoretisch-psychologische Ausführungen zu ersetzen.

Einstellungsbeeinflussung durch direkte oder über Medien vermittelte Beobachtung von *Modellen*, d. h. Personen, deren Handlungen oder gezeigte Überzeugungen Vorbildcharakter besitzen, ist ein ebenso alltäglicher wie äußerst wirksamer Vorgang. *Einstellungsänderungen* durch Modellbeobachtung haben sich besonders dann als effektiv erwiesen, wenn die beobachteten Personen für ihr Handeln belohnt werden oder wenn die positiven *Konsequenzen* des Modellverhaltens durch den hohen sozialen und psychologischen *Status* des *Modells* anschaulich dokumentiert werden. Die Beobachtung von Modellverhalten hat in der Regel eine zumindest bahnende, eigene ähnliche Verhaltenstendenzen erleichternde Wirkung, wenn nicht sogar bislang bestehende Tendenzen verändert oder völlig neuartige in das Verhaltensrepertoire des Beobachters aufgenommen werden (vgl. *Bandura* 1971).

Für unser Problem ist besonders die bahnende, Nachahmung erleichternde Funktion von *Spitzensportlern*, d. h. Personen mit sozial sehr hohem Status, interessant. Zur Formulierung von Aussagen über ihre Wirkung auf den beobachtenden und häufig sehr engagiert „miterlebenden" Betrachter ist von entscheidender Bedeutung, welche Aspekte ihres Verhaltens als Spitzensportler besonders positiv sanktioniert werden. Es genügt also nicht die Feststellung, der Sportler handle sozusagen stellvertretend für den Betrachter, der sich durch einen wie auch immer gearteten „*Identifikations*mechanismus" in den Handelnden hineinversetze und unter anderem dessen vermutete Einstellungen übernehme. Viel wichtiger erscheint *eine Interpretation dessen, welche Einstellungen, Werte und Motive dem aktiven Kämpfer vom Beobachter zugeschrieben werden und in welcher Weise er diese als von der Umgebung, insbesondere der meinungsbildenden Öffentlichkeit gefördert und gebilligt erkennt*. Mit anderen Worten wird der *Zuschauer* oder Zuhörer in nationalistischen und verwandten Einstellungen und Vorurteilen bestärkt, wenn die nationale Gruppendifferenzierung Voraussetzung des unbedingt erstrebenswerten Sieges ist. Dies aber ist für *Länderkämpfe* u. ä. konstitutiv.

Die meisten Autoren, die sich im Zusammenhang mit den Gefahren einer vermuteten Massenbeeinflussung durch passives Sporterleben beschäftigen, beschwören „den *Identifikations*mechanismus" (*Geyer, Winkler, Quanz* u. v. a.). Mehr oder weniger explizit beziehen sie sich damit auf Gedankengänge *Sigmund Freuds*, zu deren Nachvollzug es der Anerkennung von Konzepten wie „Ich", „Trieb", „Gefühlsbindung", „Projektion" u. ä. bedarf, die sich empirischer Bearbeitung weitgehend entziehen. Die oben vorgeschlagene Interpretation des durch Beobachtung vermittelten sozialen Einflusses auf die Einstellungen und Vorurteile des Publikums muß zwar großenteils ebenfalls mit abstrakten Begriffen auskommen, doch sind diese konkretisierbar, so daß ein entsprechendes Forschungsprogramm auch außerhalb des psychologischen Labors die Haltbarkeit der Interpretation überprüfen könnte. Freilich kommen sowohl psychologische wie *psychoanalytische* Interpretation zum gleichen, für die Vertreter einer automatisch völkerverbindenden Funktion des Sports enttäuschenden Resultat. Die Modellfunktion des Spitzensportlers folgt, was das tatsächliche oder zugeschriebene Verhalten des Sportlers betrifft, den Normen einer Gesellschaft, für die dieser Sport Beeinflussungsfunktionen übernehmen soll. Damit verweist die lernpsychologische Fragestellung zurück auf eine *politisch-psychologische* Betrachtung.

4.1.14. Sportpolitik: Einstellungsbeeinflussung durch Sport

Als politisch-psychologische Funktionen nationaler Erfolge im internationalen Spitzensport werden genannt: politische Systemstabilisierung durch politische Legitimation staatlicher Herrschaft, Sicherung sozialer Übereinstimmung durch gemeinsame Prestigepersonen und Gegner.

Die psychologische Interpretation, der gemäß international konkurrierendes statt kooperierendes Sportlerverhalten als formelle und informelle Norm nach den Prinzipien des Lernens von Einstellungen und Vorurteilen die Chance erhöht, daß nicht vorbildlich-positive, sondern modellhaft-negative Einschätzungen des Gegners und seiner Gruppe resultieren, muß nach der Seite der Norm, d. h. des durch positive oder negative soziale Konsequenzen sanktionierten konformen Erlebens und Verhaltens von Aktiven und Publikum hin abgerundet werden. Demnach ist nach der *Funktion* des wettbewerbsmäßig organisierten *Spitzensports* für den *Staat* zu fragen.

Das Verhältnis von politischem System und Sport wird auf der politischen Ebene sowohl durch die Sportpolitik der jeweiligen Regierung als auch — zumindest in der *BRD* — durch die Politik des in den *Sportverbänden* organisierten Subsystems Sport bestimmt. Nach *Winkler* (1973) gibt es für dieses Verhältnis prinzipiell drei Möglichkeiten, die alle schon einmal in Deutschland verwirklicht worden sind:

1. Der organisierte Sport bleibt sich selbst überlassen, weil er aus eigenem Antrieb, aber eher unbewußt, den Zielen seines politischen Systems dient.

2. Der Sport dient bewußt den Zielen seines politischen Systems.

3. Der Sport arbeitet in seinem Bereich gegen das politische System (S. 48 f.).

Während Fall 3 in der Weimarer Republik gegeben war, als bürgerlich-nationalistische *(Deutsche Turnerschaft)*, sozialistische *(Arbeitersport)* und konfessionelle Sportorganisationen *(Deutsche Jugendkraft, Eichenkreuz)* nicht nur gegeneinander, sondern auf ihre jeweilige Weise auch gegen die *Sportpolitik* des Staates stritten (*Winkler* 1973), während unter der Naziherrschaft Fall 2 gegeben war, scheint für die Sportpolitik des organisierten Sports in der BRD, die nach *Winkler* in der Tradition der bürgerlich-nationalen Organisationen steht und keine Entnazifizierung erdulden mußte, Fall 1 zuzutreffen:

„Der Sport in der *BRD* schuf sich mit den Vereinen und Fachverbänden als Basis und dem *DSB* als Spitze eine Einheitsorganisation, wie sie für die politisch-gesellschaftlichen Strukturen der BRD typisch ist. . . . Ob Ablehnung der DDR-Embleme oder Abbruch der Sportbeziehungen nach dem Mauerbau — stets reagierte der ‚Deutsche Sportbund' als Spitze des organisierten Sports im Sinne der Regierungspolitik" (*Winkler* 1973, S. 51).

Damit erhält der organisierte *internationale Leistungssport* auch ohne die Notwendigkeit einer Gleichschaltung durch die Regierung politische Legitimationsfunktion für den Staat bzw. die von ihm ausgeübte Herrschaft. *Claus Offe* unterscheidet für die Sicherung des politischen Systems drei „fundamentale Systemprobleme, deren Bewältigung sich für das politische System zum interessen-unspezifischen, ‚sach-gesetzlichen' Imperativ verselbständigt hat" (*Offe* 1969, S. 156); sie lassen sich wie folgt umschreiben:

„1. Sicherung nach außen, z. B. durch Militär, Diplomatie, Bündnisverträge, Währungspolitik,

2. Sicherung im Inneren, z. B. durch Polizei, Justiz, Wirtschaftspolitik der Vollbeschäftigung,

3. *Sicherung der Übereinstimmung (Konsens, Massenloyalität*, freiwillige Anerkennung der Herrschaft) z. B. durch staatliche Erziehungssysteme, *gemeinsame Wertvorstellungen* (z. B. ‚Freiheit', Antikommunismus), Identifikation mit Führerpersönlichkeiten (z. B. *Hitler*) oder durch *interessenübergreifende Erfolge* (Sport in der DDR, Mondfahrt in den USA)" (*Winkler* 1973, S. 53; Hervorhebungen von mir, H.D.S.).

Die zwischen diesen drei Bereichen bestehende Interdependenz impliziert die Möglichkeit, daß Krisen in einem Bereich (z. B. Arbeitslosigkeit) auf andere Bereiche übergreifen (z. B. Verlust von Massenloyalität). Nach *Winkler* können Erfolge im nationalen Spitzensport vor allem für den ersten und dritten Bereich von Bedeutung sein. Zum Beispiel: „Deutschlands große Erfolge bei den *Olympischen Spielen* 1936 stärkten seine Sicherung nach außen durch vermehrtes Ansehen. Die Wirkung im Inneren lag vor allem in drei Bereichen:

1. Integration: die Bürger des Deutschen Reiches verschmolzen während der erfolgreichen Spiele zu einer Einheit.

2. Identifikation: die Bürger übertrugen ihren Stolz über die Sporterfolge von den Sportlern auf das *Hitler*-Regime (Legitimation durch Effektivität). Jeder war stolz auf ‚sein Land'.

3. Ablenken von inneren Schwierigkeiten: die Faszination des Sporterfolgs ließ Alltagssorgen vergessen und weckte Hoffnungen auf eine gemeinsam zu bewältigende bessere Zukunft" (*Winkler* 1973, S. 53 f.).

Auf der psychologischen Ebene kann diese Wirkung erreicht werden, indem kurz- oder langfristig etablierte Sportler Leitbilder, d. h. Konzepte von mit hohem *Prestige* ausgestatteten, bekannten und beliebten Sportlerpersönlichkeiten an das Leitbild des nationalen Interesses gekoppelt werden. Qualitative Deskriptionen des Aufbaus solcher Images vor internationalen Wettkämpfen am Beispiel der „Bild-Zeitung" gibt *Quanz* (1974).

Hier läßt sich eine Analogie zu den von *Doob* (1964) aufgezählten, Nationalismus fördernden Bedingungen ziehen: Ein allgemeiner *Patriotismus,* mit *Prestige* ausgestattete *Führungspersönlichkeiten* und ein *gemeinsamer Gegner* fördern Gruppenloyalität und speziell *Nationalismus.*

Der Erfolg im internationalen Spitzensport erweist sich so in soziologischer, politologischer und psychologischer Betrachtung als stabilisierend für das jeweilige politische System. Wenn dies so ist, dann „signalisieren" die Sportler-Idole konkurrierender politischer Systeme zugleich Systemverschiedenheiten. *Winkler* nennt hier z. B. für die BRD den ehemaligen Berufsboxweltmeister *Max Schmeling* und für die DDR den aus der Arbeitersportbewegung stammenden und von den Nazis hingerichteten Ringer *Werner Seelenbinder:* „Beide Namen vermögen über die sie tragenden politischen Systeme immerhin einiges auszusagen" (1973, S. 46).

4.1.15. Illusionäre Alternativen

Zur Verringerung von Sportschäden sozialpsychologischer Art werden Änderungsmöglichkeiten aufgezählt (Dezentralisierung der Sportfinanzierung, Förderung des Breitensports, Abbau internationaler Konkurrenzen etc.), die angesichts der realen Verhältnisse als illusionär bezeichnet werden.

Vielleicht wäre es nicht „fair", die Gefahren des Sports herauszuarbeiten, ohne Anregungen für mögliche Änderungen zu äußern. Über deren Realisierungschance bestehen bei der Popularität internationaler Sportvergleiche und der fortschreitenden Entwicklung des Wettkampfsports zu einer gewinnorientierten Branche keine Illusionen. Es soll daher mit einigen Stichworten sein Bewenden haben.

Änderungsstrategien müßten auf allen hier unterschiedenen Ebenen, auf denen Einstellungen und Vorurteile durch Sport beeinflußbar erscheinen, ansetzen, sowohl auf der sportpolitischen bzw. staatlichen als auch auf den Ebenen der einzelnen, aktiv oder passiv sporttreibenden Individuen.

Zu fordern wäre eine allgemeine Dezentralisierung der *Sportförderung* sowie eine starke Förderung des *Breitensports* auf Kosten des repräsentativen *Spitzensports*. Zu überlegen wäre, ob *internationale* Konkurrenzen, internationale Leistungsvergleiche mit dem Charakter von *„Länderkämpfen"* nicht grundsätzlich entfallen sollten. Auch Aufklärung über die „Gefahren des Sports" — allerdings nicht im Sinne der Wahrung vor Sportverletzungen, sondern im hier verfolgten „psychohygienischen" Sinne — wäre angebracht.

Aktive Sportler könnten sich gegen Übertraining und inhumane Formen der *Dressur* als internationale Spitzensportler zur Wehr setzen, indem sie sich entsprechende Interessenvertretungen schaffen. Zu erwägen wäre auch die Bildung internationaler *Sportgruppen* oder Sportclubs.

Sportberichterstattung, sowohl in den elektronischen wie in den Zeitungsmedien, müßte ihres spektakulären, Vorurteile stimulierenden Charakters beraubt werden. Es wäre durchzusetzen, daß über politisch relevante internationale Vergleichskämpfe etwas weniger berichtet wird und etwas mehr über die Vorgänge, die diese Ereignisse hervorbringen und von ihnen hervorgebracht werden.

Jede einzelne dieser Anregungen erscheint nicht realisierbar ohne einschneidende Veränderungen in der betreffenden *Gesellschaft* — ein Umstand, aus dem ein weiteres Mal die enorme gesellschaftliche Bedeutung des Sports hervorgeht.

Literatur

1. *Adorno, T. W.*, *Frenkel-Brunswik, E.*, *Levinson, D.* und *Sanford, R. N.*, The Authoritarian Personality (New York 1950). — 2. *Allport, G. W.*, Die Natur des Vorurteils (Köln 1974). — 3. *Bandura, A.*, Analysis of Modeling Processes. In: *Bandura, A.* (Hrsg.), Psychological Modeling. Conflicting Theories (Chicago 1971). — 4. *Bergler, R.* und *Six, B.*, Stereotype und Vorurteile. In: *Graumann, C. F.* (Hrsg.), Handbuch der Psychologie, Band 7; 2 (Sozialpsychologie), 1371—1432 (Göttingen 1972). — 5. *Bruns, W.*, Zur Kritik der „neuen Linken" am Sport. In: *Grube, F.*, *Richter, G.* (Hrsg.), Leistungssport in der Erfolgsgesellschaft (Hamburg 1973). — 6. *Doob, L. W.*, Patriotism and Nationalism. Their Psychological Foundations (New Haven 1964). — 7. *Ertl, E.*, Sport-Journalismus: Wie der Leistungssport auf seinen Begriff kommt. In: *Vinnai, G.* (Hrsg.), Sport in der Klassengesellschaft (Frankfurt am Main 1972). — 8. *Essing, W.*, *Bertram, W.* und *Meckbach, Ch.*, Bibliographie zur Psychologie des Sports 1968—1971 (Bonn 1972). — 9. *Frankenberg, R.*, Village on the Border (London 1957). Zit. n. *Lüschen* (1972). — 10. *Geyer, H.*, Stellvertreter der Nation. Repräsentation und Integration durch Sport. In: *Richter, J.* (Hrsg.), Die vertrimmte Nation oder Sport in rechter Gesellschaft. 75—87 (Reinbek 1972). — 11. *Harding, J.*, *Proshansky, H.*, *Kutner, B.* und *Chein, I.*, Prejudice and Ethnic Relations. In: *Lindzey, G.* und *Aronson, E.* (Hrsg.), The Handbook of Social Psychology, Vol. 5, 1—76 (Reading, Mass. 1969). — 12. *Hogrefe, R.*, *Evans, M. C.* und *Chein, I.*, The Effects of Intergroup Attitudes on Participation in an Interracial Play Center. American Psychologist (1947) 2, 324. Zit. n. *Harding* et al. (1969). — 13. *Jens, W.*, Vortrag, gehalten auf der Feier anläßlich des 50jährigen Jubiläums des Deutschen Fußball-Bundes in Frankfurt am Main 1975. (Hektografiertes Manuskript.) — 14. *von Krockow, Graf C.*, Sport und Industriegesellschaft (München 1972). — 15. *Lemberg, E.*, Nationalismus (I). Psychologie und Geschichte (Reinbeck 1964). — 16. *Lenk, H.*, Leistungssport in der Erfolgsgesellschaft. In: *Grube, F.* und *Richter, G.* (Hrsg.), Leistungssport in der Erfolgsgesellschaft (Hamburg 1973). — 17. *Lüschen, G.*, Zur Soziologie des Sports. In: *Baitsch, H.*, *Bock, H.-E.*, *Bolte, M.*, *Bokler, W.*, *Grupe, O.*, *Heidland, H. W.* und *Lotz, F.* (Hrsg.), Sport im Blickpunkt der Wissenschaften. 108—118 (Berlin 1972). — 18. *Martin, G.*, The Tolerant Personality (Detroit 1964). — 19. *Mead, M.*, Tabu. Artikel in Encyclop. Soc. Sciences, Band 14 (New York 1934), 502 ff. Zit. n. *Schelsky, H.*, Soziologie der Sexualität (Hamburg 1955). — 20. *Mussen, P. H.*, Some Personality and Social Factors Related to Changes in Children's Attitudes Toward Negroes. J. abnorm. soc. Psychol. **45**, 423—441 (1950). Zit. n. *Harding* et al. (1969). — 21. *Offe, C.*, Politische Herrschaft und Klassenstrukturen. Zur Analyse spätkapitalistischer Gesellschaftssysteme. In: *Kress, G.* und *Senghaas, D.* (Hrsg.), Politikwissenschaft. 135—164 (Frankfurt am Main 1969). — 22. *Penman, K. A.*, *Hastad, D. N.* und *Cords, W. L.*, Success of the Authoritarian Coach. Journal

of social psychology **92**, 155–156 (1974). – 23. *Piaget, J.*, Urteil und Denkprozeß des Kindes (Düsseldorf 1972). – 24. *Prokop, U.*, Soziologie der Olympischen Spiele (München 1971). – 25. *Quanz, L.*, Der Sportler als Idol. (Argumentationen Band 10). (Gießen 1974). – 26. *Ramsey, G. V.*, The Sexual Development of Boys. **56**, 217–233 (1943). – 27. *Reemtsma, H. F.* und *Reemtsma, Ph. F.* (Hrsg.), Die Olympischen Spiele in Los Angeles 1932 (Altona-Bahrenfeld 1932). – 28. *Richter, J.*, Vorwort. In: *Richter, J.* (Hrsg.), Die vertrimmte Nation oder Sport in rechter Gesellschaft. 7–9 (Reinbek 1972). – 29. *Rigauer, B.*, Sport und Arbeit (Frankfurt 1969). – 30. *Schmidt, H. D.*, Versuch einer Inhaltsanalyse nationaler Tendenzen in Sportreportagen. Psychologische Rundschau **16**, 43–51 (1965). – 31. *Schmidt, H. D.*, Nationalismus: Einige psychologische Aspekte. Politische Studien **21**, Heft 191, 304–312 (1970a). – 32. *Schmidt, H. D.*, Ein Fragebogen nationaler/nationalistischer Einstellungen. Diagnostica **16**, 16–29 (1970b). – 33. *Schmidt, H. D., Brunner, E. J.* und *Schmidt-Mummendey, A.*, Soziale Einstellungen (München 1975). – 34. *Sodhi, K. S., Bergius, R.*, Nationale Vorurteile (Berlin 1953). – 35. *Triandis, H. C.*, Einstellungen und Einstellungsänderungen (Weinheim 1975). – 36. *Udris, I.*, Sportpsychologie in Nordamerika. In: *Baitsch* et al. 187–190 (1972). – 37. *Winkler, H.-J.*, Politische Funktionen des nationalen Spitzensports. In: *Grube, F.* und *Richter, G.* (Hrsg.), Leistungssport in der Erfolgsgesellschaft (Hamburg 1973). – 38. *Wirkus, B.*, „Der Krieg ist der vornehmste Sport . . .". Geschichte und Manipulation eines Zitats von *Carl Diem*. Die Leibeserziehung **20**, 409–411 (1971). – 40. *Wolf, H. E.*, Jugements formulés sur les Francais et les Italiens par des élèves Allemands. Revue Psychologique des Peuples **16**, 287–305 (1961).

Anschrift des Autors:

Prof. Dr. *H. D. Schmidt*
Univ. Bielefeld, Fakultät für Soziologie
Kurt-Schumacher-Straße 6, 4800 Bielefeld

4.2. Soziale Interaktion und sportliche Aktivität*)

Hans Werner Bierhoff

Mit 3 Abbildungen

Zusammenfassung

5 Klassen sozialer Interaktion werden im Zusammenhang mit sportlichem Verhalten besprochen: Pseudokontingenz, asymmetrische Kontingenz, reaktive Kontingenz, wechselseitige Kontingenz und umspringende Kontingenz. In diesem Rahmen werden Prozesse sozialer Einflußnahme dargestellt. Einige Klassen sozialen Verhaltens (Kooperation, Führerschaft und hilfreiches Verhalten) werden ausführlicher analysiert, um die Nützlichkeit des vorgeschlagenen Ansatzes zu verdeutlichen.

Summary

5 classes of social interaction are applied to behavior in sport: pseudocontingency, asymmetrical contingency, reactive contingency, mutual contingency, and varying contingency. This framework is used to analyze social influence processes. Some classes of social behavior (i. e. cooperation, leadership, and helping behavior) are considered in more detail to show the fruitfulness of the proposed approach.

Soziale Interaktion ist nicht nur für den Rahmen, in dem sich sportliches Verhalten abspielt (wie Bedeutung des Vereins, Einflüsse von Freunden, Konflikte zwischen Gruppen), ein wichtiger Aspekt, sondern auch für die Sportausübung selber. Die Rolle sozialer Interaktion während der Ausführung von Sportaktivitäten soll daher im folgenden im Vordergrund stehen.

Die Ausführung von sportlichen Aktivitäten weist − wie zu zeigen sein wird − unterschiedliche Formen sozialer Interaktionen auf. Wir werden versuchen, diese Aktivitäten anhand eines umfassenden und differenzierten Modells sozialer Interaktion darzustellen, das auf den Ansätzen von *Thibaut* und *Kelley* (1959) und *Jones* und *Gerard* (1967) beruht. Unter Heranziehung bestimmter Erweiterungen (*Bierhoff*, 1973, 1974a) des zugrundeliegenden Modells wird schließlich versucht, einzelne Thematiken (wie hilfreiches Verhalten, Kooperation etc.) der sozialen Interaktion im Sport zu diskutieren.

Die Darstellung ist so aufgebaut, daß zunächst verschiedene Interaktionsmuster und ihre Verwirklichung im Sport besprochen werden. Dabei werden unterschiedliche sportliche Aktivitäten bestimmten Interaktionsmustern zugeordnet. Daran anschließend werden in einem zweiten Teil Prozesse sozialen Einflusses ausführlicher diskutiert, um dann einzelne Untersuchungen zu Fragen der Kooperation etc. im Sport anhand der Theorie zu besprechen.

---

*) Ich möchte Dr. *D. Bierhoff-Alfermann* für die Unterstützung bei der Konzeption und Ausarbeitung dieses Beitrags danken.

Zu Beginn wird ein kurzer Überblick über solche Bereiche im Sport gegeben, in denen soziale Interaktion von Bedeutung ist, wobei auch einige Hindernisse auf dem Weg zu einer sozialpsychologischen Analyse des Sports aufgezeigt werden.

Es ist zu hoffen, daß diese Arbeit dazu beiträgt, die − auf den ersten Blick − unübersichtliche Vielfalt von sozialen Einflüssen im Sport auf der Basis weniger Grundannahmen zu klassifizieren und im weiteren zu prüfen, ob gemeinsame Prozesse sozialer Einflußnahme aufzufinden sind.

4.2.1. Beispiele für soziale Interaktion im Sport

Im sportlichen Bereich werden Prozesse der sozialen Interaktion auf vielfältige Weise sichtbar. Das fängt an mit der gegenseitigen Abstimmung des Spielverhaltens in Mannschaftssportarten und setzt sich fort in subtilen Einflüssen anderer Sportler (und auch Zuschauer) auf das Verhalten bei der Ausübung von Individualsportarten. Ein anderer Bereich ist angesprochen, wenn von der Interaktion zwischen Trainer und Sportler die Rede ist und − damit zusammenhängend − von Fragen der Anleitung und Führung. Wenn man sportliche Aktivitäten in einem umfassenderen Bezugsrahmen analysiert, ist weiter das Vereinsleben zu berücksichtigen, das gleich mehrere Teilklassen sozialen Verhaltens betrifft wie Konformität, hilfreiches Verhalten und Führung. Schließlich ist auch an die Manifestierung von Intra- und Intergruppenkonflikten im sportlichen Geschehen zu denken, ein Bereich, der − besonders im Zusammenhang mit Fragen aggressiven Verhaltens − in den letzten Jahren eine besondere Beachtung gefunden hat.

Zu dieser Liste ließen sich weitere Beispiele hinzufügen, wie etwa die Durchsicht eines Sonderhefts der KZSSP (*Lüschen*, 1966) zu Problemen der Kleingruppenforschung im Sport aufweist. Daran wird deutlich, daß soziale Einflüsse und Interdependenzen für die Beschreibung und Erklärung sportlichen Verhaltens auf den verschiedensten Ebenen von Bedeutung sind. Andererseits ergibt sich auch, daß eine Reihe von Ansätzen aus der Untersuchung sozialer Interaktionen im sportlichen Bereich Konkretisierung finden. Angefangen mit Studien zur bloßen Anwesenheit anderer Personen in Beziehung zu verschiedenen Verhaltensmaßen (*Zajonc*, 1965; s. zusammenfassend *Cottrell*, 1972) über Untersuchungen sozialer Fertigkeiten und nichtverbaler Kommunikation (s. *Argyle*, 1969, Kap. 3; *Mehrabian*, 1972) bis hin zu Fragen der Gruppendynamik im Sinne von *Cartwright* und *Zander* (1968) und der Analyse von Konflikten (*Sherif*, 1973; *Deutsch*, 1973) findet sich im Sport eine Fülle von alltäglichen Verhaltensweisen, die theoretischen Ansätze exemplifizieren.

Um so erstaunlicher ist es, daß sich Sozialpsychologen nur in Ausnahmefällen mit sportlichen Aktivitäten beschäftigt haben. So finden sich in den repräsentativen amerikanischen (etwa Journal of Social Psychology, Journal of Personality and Social Psychology) und europäischen (z. B. European Journal of Social Psychology, Zeitschrift für Sozialpsychologie) Zeitschriften nur selten Arbeiten, die sich mit Sport befassen. Ein Grund dafür mag darin liegen, daß Sport im Sinne einer angewandten Fragestellung gesehen wird. *Gergen* (1973, S. 317) wies auf die Verbindung zwischen der Untersuchung von Grundlagenproblemen und dem Prestige der Studie hin. Ein weiterer Grund mag in der Betonung von Laboruntersuchungen liegen, wobei offensichtlich ist, daß sich die Sozialpsychologie des Sports besonders für Felduntersuchungen empfiehlt.

Die genannten Hemmnisse dürften in der Zwischenzeit mehr oder weniger weitgehend beseitigt sein. In der Sozialpsychologie läßt sich ein verstärktes Bemühen feststellen, angewandte Fragestellungen zu bearbeiten. *Irle* (1975, Kap. 10) verleiht dieser Tendenz genauso Ausdruck wie *Baron, Byrne* und *Griffitt* (1974, Kap. 12 und 13) und andere Lehrbücher der Sozialpsychologie. Auch die zunehmende Ergänzung von Laboruntersuchungen durch Feldstudien ist offensichtlich (s. *McGuire,* 1973, Koan 5), so daß auch methodische Hindernisse beseitigt sind. Dies ist auch aus dem Anliegen verständlich, die Generalisierbarkeit von Untersuchungsergebnissen zu erhöhen (etwa im Sinne einer Variablen- oder ökologischen Repräsentativität, s. *Kerlinger,* 1973, S. 325).

So gesehen ist die Zeit reif für einen Ansatz in Richtung auf eine sozialpsychologische Analyse sozialer Interaktionen im sportlichen Bereich. Es ist etwas überraschend, daß *Nitsch* (1975, S. 50 ff.) Fragen der Interaktion bei der Nennung von Anwendungsaufgaben der Sportpsychologie nicht nennt, da sie in nahezu allen sportlichen Bereichen von Bedeutung sind (s. o.). Bei der Vielfalt sozialer Interaktionen im Sport werden wir uns im folgenden im wesentlichen auf die Analyse der Sportausübung und die Bedeutung der Sportler-Trainer-Interaktion beschränken. Wir gehen aber davon aus, daß die verwendeten Konzepte auch in anderen Bereichen sportlicher Aktivität zur Beschreibung und Erklärung des Verhaltens geeignet sind.

4.2.2. Grundlegende Interaktionsmuster

Graumann (1972, S. 1110 ff.) analysiert ausführlich den Begriff der Interaktion, wobei deutlich wird, daß für verschiedene Auffassungen die Wechselseitigkeit der Einflußnahme zwischen verschiedenen Interaktionspartnern ein wesentliches Merkmal sozialer Interaktion darstellt. *Irle* (1975, S. 398) charakterisiert eine soziale Interaktion dahingehend, daß die Handlungen einer Person A die Handlungen einer anderen Person B „affizieren" und andererseits auch die Handlungen von A durch die von B „affiziert" werden.

Jones und *Gerard* (1967, S. 505 ff.) unterscheiden verschiedene – aus ihrer Sicht „ziemlich interessante" (S. 506) – Klassen von Interaktionen (s. Abb. 1), ausgehend von einer Unterscheidung von selbsterzeugter und sozial erzeugter Stimulation, die gemeinsam soziales Verhalten beeinflussen.

Im folgenden sollen diese Interaktionsklassen anhand von Beispielen, die sich auf sportliche Aktivitäten und die Interaktion zwischen Sportler und Trainer beziehen, dargestellt werden. Als eine erste Klasse von Interaktionen ist die *Pseudokontingenz* zu nennen. Unter diese Rubrik fallen

Abb. 1: Klassen sozialer Interaktionen in Abhängigkeit von selbsterzeugter und sozial erzeugter Stimulation*)

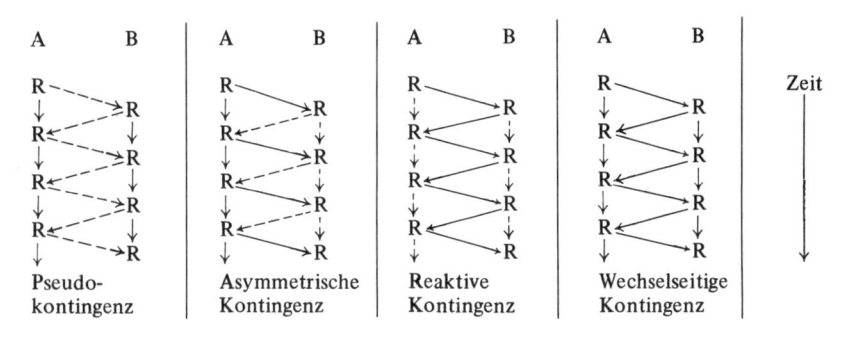

A B	A B	A B	A B	
(diagram)	(diagram)	(diagram)	(diagram)	Zeit
Pseudo-kontingenz	Asymmetrische Kontingenz	Reaktive Kontingenz	Wechselseitige Kontingenz	

solche Interaktionen, in denen der interpersonelle Bezugsrahmen für beide Interaktionspartner eine geringe Bedeutung aufweist und im wesentlichen eine Einhaltung einer bestimmten zeitlichen und räumlichen Anordnung der Reaktionen gewährleistet.

Ein Beispiel für diese Interaktionsform ist in den Laufdisziplinen der Leichtathletik gegeben. Die Verhaltensweisen eines bestimmten Läufers werden insofern durch andere bestimmt, als er sich bestimmte Mitläufer als Bezugspunkte wählen kann, um die Schnelligkeit festzulegen oder sich die Position im Feld der Läufer anzueignen, die ihm günstig erscheinen. Wesentlich wird sein Verhalten aber durch selbsterzeugte Stimuli bestimmt, etwa durch einen bestimmten Plan, nach dem er sich das Rennen eingeteilt hat, oder aufgrund bestimmter Positionen, die er bevorzugt (zum Beispiel die erste).

Dieses Beispiel zeigt schon, daß Pseudokontingenz eine Minimalvariante sozialer Interaktion darstellt. Es macht deutlich, daß viele sportliche Disziplinen ein — wenn auch bescheidenes — Maß sozialer Einflußnahme aufweisen. Selbst Kurzstreckenläufe scheinen von diesen sozialen Faktoren, die gelegentlich auch unter den Begriff Taktik subsumiert werden, beeinflußt. In diesem Zusammenhang wäre es interessant, das Ausmaß solcher Einflüsse in Abhängigkeit von der zeitlichen Dauer der sportlichen Handlung zu analysieren.

Asymmetrische Kontingenz ist dadurch gekennzeichnet, daß einer der Partner eine starke Bestimmung seines Verhaltens durch selbsterzeugte Stimuli zeigt, während der andere einer starken sozialen Einflußnahme unterliegt. Ein typisches Beispiel für diese Form der Interaktion ist in der Beziehung zwischen Trainer und Sportler gegeben. Indem der Trainer eine Führungsrolle während der als Training bezeichneten Interaktionsphase gegenüber dem Sportler einnimmt, beeinflußt er wesentlich dessen Verhal-

---

*) Senkrechte Pfeile symbolisieren selbsterzeugte, schräge Pfeile sozial erzeugte Stimulation. Durchgezogene Linien bezeichnen die primären Einflüsse, gestrichelte Linien die sekundären Einflüsse für die nachfolgenden Reaktionen (R).

ten — meist aufgrund eines bestimmten Trainingsplans (= selbsterzeugte Stimulation). Je nachdem, wie er das Trainingsverhalten des Sportlers einschätzt, kann der Trainer seinen Trainingsplan modifizieren, was durch die gestrichelten schrägen Linien in der symbolischen Darstellung zum Ausdruck kommt.

Wie dieses Beispiel schon verdeutlicht, erscheint beim Bestehen einer asymmetrischen Kontingenz der eine Partner (A) als weniger beeinflußbar als der andere (B), dessen Verhalten variabler ist. A ist in der Lage, einen Plan der Interaktion zu entwerfen, dem sich B — ob er will oder nicht — anpassen muß. *Jones* und *Gerard* (1967, S. 510) stellen die Beziehung dieser Interaktionsform zu sportlichen Verhaltensweisen selbst dar: „This is often the road to victory in competitive sports, of course, in which such comments as ‚He forced him to play his kind of game' are often heard." Damit ist ein weiteres charakteristisches Beispiel für eine asymmetrische Kontingenz angesprochen, das sich direkt auf die Sportausübung bezieht. Wenn etwa ein stark überlegener Tennisspieler einen Mitspieler nach Belieben ausspielt, dann ist diese Interaktion als asymmetrische Kontingenz zu beschreiben. Der überlegene Spieler (A) kann B planvoll ausspielen, und B ist im wesentlichen damit beschäftigt, die plazierten Bälle A's zurückzubringen. Dieses Beispiel zeigt deutlich, daß das Auftreten einer asymmetrischen Kontingenz impliziert, daß einer der Interaktionspartner über den anderen eine gewisse Macht ausübt, während sich der andere in einem Abhängigkeitsverhältnis befindet. So besteht im obigen Beispiel der ungleichen Tennisspieler die Möglichkeit, daß A so spielt, daß B die Mehrzahl der Bälle zurückschlagen kann, oder auch, daß A seinen unterlegenen Mitspieler gewinnen läßt. Daran wird deutlich, daß sich Macht von A gegenüber B darin zeigt, daß er B nach Belieben durch einen Range von positiven oder negativen Konsequenzen bewegen kann.

Andererseits läßt sich an diesem Beispiel auch deutlich machen, daß die Ausübung von Macht in asymmetrischen Kontingenzen im allgemeinen durch die Gegenmacht des variablen Partners begrenzt wird. Wenn etwa der überlegene Tennisspieler keinen anderen Partner zur Verfügung hat als den unterlegenen B, aber andererseits für sein Leben gerne Tennis spielt, dann besteht für ihn die Bedrohung, daß B aufgrund seines schlechten Abschneidens das Spiel abbricht und einer anderen Tätigkeit nachgeht, die für B angenehmer ist. In der Terminologie von *Jones* und *Gerard* (1967, S. 523 f.) läßt sich diese Gegenmacht als Kontaktkontrolle von B über A bezeichnen, da A nur im Zusammenspiel mit B seine spielerischen Möglichkeiten entfalten kann. Um so mehr A auf diese Weise von B unabhängig ist, gilt die Voraussage, daß A seine spielerische Überlegenheit zügelt und versucht, ein auch für B interessantes Spiel herbeizuführen.

Ähnlich liegen die Verhältnisse bei der Beziehung zwischen Trainer und Sportler. Die Macht des Trainers äußert sich etwa darin, daß er einen bestimmten Sportler bei einem Wettkampf starten läßt oder nicht. Andererseits kann auch ein Sportler, der mit seinen guten Leistungen bei bestimmten Gelegenheiten zurückhält, Gegenmacht ausüben, u. z. um so mehr, je abhängiger der Trainer von dem Erfolg seiner Sportler ist. Ein Trainer kann zwar einen Fußballspieler, mit dem er in Fehde liegt, auf die Reservebank setzen, aber ein Trainer, dessen Mannschaft des öfteren verliert, setzt sich der Gefahr aus, abgelöst zu werden. Je größer der Range ist, durch den A (oder B) seinen Interaktionspartner bewegen kann, was die positiven oder negativen Konsequenzen angeht, desto größer ist die Macht bzw. Gegenmacht. Nur die Berücksichtigung der gegenseitigen Abhängigkeiten gestattet eine Voraussage auf den Ablauf einer Interaktion, sei sie nun als asymmetrische Kontingenz oder z. B. auch als wechselseitige Kontingenz (s. u.) zu kennzeichnen.

Reaktive Kontingenz ist durch ein weitgehendes Fehlen eines planvollen Verhaltens in der Interaktion gekennzeichnet. Zwar mögen die Interaktionspartner bestimmte allgemeine Ziele haben (wie: aus einer Gefahrensituation zu entkommen), doch die Auswahl der Verhaltensweisen in der Situation erfolgt aufgrund der — oft rasch wechselnden — Stimulation sozialer Art, deren Vorherrschen in Interaktionen dieses Typs charakteristisch ist.

Auf den Sport bezogen dürfte diese Form der Interaktion besonders dann zu finden sein, wenn die Sportdisziplin sich durch eine große Variabilität von Handlungen auszeichnet, die zeitlich schnell nacheinander erfolgen und deren Abfolge im voraus nicht zu bestimmen ist. Diese Charakterisierung trifft auf viele Mannschaftssportarten zu (wie Basketball, Volleyball etc.) sowie auf solche Individualsportarten, die in der direkten Interaktion zwischen 2 Sportlern ausgetragen werden (wie Judo, Boxen etc.). In jedem Fall bestimmt das Verhalten des einen Interaktionspartners wesentlich, wie sich der andere im nächsten Moment verhalten wird, und beide Sportler besitzen eine große Variabilität des Verhaltensrepertoires.

Sportliche Verhaltensweisen dieser Art bringen es mit sich, daß die schnelle Abfolge der Ereignisse in Abhängigkeit von dem Verhalten mehrerer Sportler die Befolgung eines detaillierten individuellen Plans unmöglich macht. Ein Sportler, der in diesen Situationen einen solchen Plan verfolgen würde, erschiene als rigide und zu wenig flexibel. Zwar besteht ein allgemeines Ziel (wie Tore schießen, das Spiel gewinnen etc.), aber die Koordination der Handlungen von Moment zu Moment ist wesentlich von der sozialen Stimulation abhängig.

Wir vermuten, daß diese Charakteristika vieler Mannschaftsspiele wesentlich dazu beigetragen haben, daß *Elias* und *Dunning* (1966) den Ablauf dieser Spiele als wechselnde Konfigurationen bezeichnen, die sie als neuen Typ einer Gruppendynamik verstanden wissen wollen. Diesen Konfigurationsansatz beschreiben sie anhand des Footballspiels: "From the starting position evolves a fluid configuration formed by both teams. Within it, all individuals are, and remain throughout, more or less interdependent; they move and regroup themselves in response to each other" (S. 390). An anderer Stelle (S. 397) wird noch deutlicher, daß mit Konfiguration das gemeint ist, was *Jones* und *Gerard* als reaktive Kontingenz bezeichnen: "If one watches a game of football one can understand that it is the fluctuating configuration of the players itself on which, at a given moment, the decisions and moves of individual players depend".

Zur Charakterisierung reaktiver Kontingenzen wird auf Paniksituationen Bezug genommen (s. *Jones* und *Gerard*, 1967, S. 510 f.). Es ist instruktiv zu sehen, daß das Auftreten reaktiver Kontingenzen im sportlichen Bereich weit verbreitet ist und daß viele Sportarten gerade aufgrund dieser Interaktionsform ihren Reiz gewinnen. Danach ergibt sich die Hypothese, daß reaktiven Kontingenzen von den Interaktionspartnern im Kontext eines spielerischen oder sportlichen Tuns oftmals der Vorzug gegenüber anderen, stärker strukturierten Interaktionsformen gegeben wird.

Ein anderer Aspekt reaktiver Kontingenzen im Sport besteht darin, daß sehr stark eine Einflußnahme aufgrund einer Kontrolle der Cues (*Jones* und *Gerard,* 1967, S. 529 ff.) zu beobachten ist. Kontrolle der Cues meint — kurz gesagt —, daß ein Interaktionspartner für den anderen Stimuli erzeugt, die bei dem anderen Partner fest etablierte Reaktionstendenzen hervorrufen. Diese Form der Kontrolle von A gegenüber B ist möglich, wenn B eine Reihe von bedingten Reaktionen (aufgrund eines klassischen Konditionierungsprozesses etwa) aufgebaut hat, von denen A weiß, daß B sie aufgebaut hat, welche Stimuli sie auslösen und welche Reaktionen zu erwarten sind. *Jones* und *Gerard* (1967, S. 533) beziehen sich auf das Auftreten dieser Kontrolle der Cues im Sport, wenn sie schreiben: "This kind of cue control is extensively used in competitive sports when, as in football especially, each team tries to capitalize on (and thus confound) the expectations of the other by faking and deception."

Kontrolle der Cues zeigt sich also besonders dann im Sport, wenn versucht wird, den Mitspieler zu täuschen, zu überlisten oder „auszuspielen". Wenn A den Mitspieler B auf diese Weise überspielen will, sollte er möglichst genau die Reiz-Reaktions-Verbindungen kennen, die B bei der Einübung des Spiels gelernt hat. Wenn A dann einen bestimmten Reiz erzeugt und B die erwartete Reaktion zeigt, kann A aufgrund der Auswahl einer von B nicht erwarteten Handlung einen Vorteil gegenüber B gewinnen.

Der Vorteil der Kontrolle der Cues liegt — allgemein gesehen — darin, daß diese Kontrolle kurzfristig in die Interaktion eingebracht werden kann und oftmals einen unmittelbaren Effekt auslöst. In schnell ablaufenden Handlungssequenzen bietet diese Form der Einflußnahme offensichtlich wesentliche Vorteile, da der Ablauf der Interaktion unmittelbar beeinflußt wird. So gesehen zeichnen sich die genannten Sportarten dadurch aus, daß in ihnen gut gelernte (overlearned) Reiz-Reaktions-Sequenzen schnell aufeinander folgen, wobei die Kontrolle der Cues ein wichtiges Mittel zur sozialen Einflußnahme darstellt.

Wenn man die bisher besprochenen Interaktionsformen unter dem Begriff rudimentäre Interaktion zusammenfaßt, läßt sich dem die *wechselseitige Kontingenz* als eine umfassendere Interaktionsweise gegenüberstellen. Charakteristisch für diese wechselseitige Kontingenz ist der gegenseitige Austausch sozialen Einflusses, eingebettet in ein individuell planvolles Verhalten beider Interaktionspartner. Beispiele für diese Klasse von Interaktionen scheinen im Bereich der direkten Sportausübung selten zu sein. In der Tat ist es eine unserer Hauptthesen in dieser Arbeit, daß die Ausführung sportlicher Aktivitäten durch ein Vorherrschen der rudimentären Interaktionsweisen bestimmt ist.

Andererseits finden sich viele Beispiele für wechselseitige Kontingenz, wenn man den größeren Bezugsrahmen betrachtet, in dem sich sportliche Aktivitäten abspielen. Dies wird etwa deutlich, wenn man die sozialen Einflüsse in Sportvereinen betrachtet. So berichtet z. B. *Lenk* (1972), daß der Vereinsvorsitzende als jemand beschrieben wird, der sich „um den rechten Ausgleich bemüht" und der „Menschen richtig behandeln" kann (S. 56). Damit sind Verhaltensweisen angesprochen, die in wechselseitigen Interaktionen eine wesentliche Rolle spielen, wie die Fähigkeit, einen Kompromiß zu finden. Im Vereinsleben, in der Abstimmung der Interessen des Vereins mit den Wünschen der Mitglieder sowie in der Überbrückung widersprüchlicher Standpunkte unter den Mitgliedern sind Prozesse angesprochen, die eine wechselseitige Interaktion ausmachen. Die Vielfältigkeit sozialer Einflüsse im Vereinsleben wird von *Lenk* (1972, S. 63 ff.) ausführlich dargestellt.

Von Fragen der Sportausübung abgesehen, findet sich in Sportvereinen — wie in anderen Vereinen auch — eine Vielzahl sozialer Aktivitäten, die durch das Vorhandensein von Vereinshäusern und die Durchführung regelmäßiger Feste verstärkt werden. *Hrandek* (1958) gibt in bezug auf diesen zweiten Punkt eine charakteristische Schilderung. Da soziale Aktivitäten in diesem Rahmen oft den Sportverein nur zum Vorwand nehmen, soll auf diese Aspekte an dieser Stelle nicht weiter eingegangen werden.

Insbesondere mit Gruppen, deren Interaktion als wechselseitige Kontingenz zu bezeichnen ist, wurde der Versuch unternommen, die Gruppenstruktur mithilfe soziometrischer Verfahren zu erfassen. *Lindzey* und *Byrne* (1968) und — besonders hinsichtlich methodischer Fragen — *Dollase* (1973) geben eine zusammenfassende Darstellung in bezug auf die Soziometrie. *Lindzey* und *Byrne* (1968, S. 453) weisen darauf hin, daß sich diese Methode der Datenerhebung und Datenauswertung einer erheblichen interdisziplinären Popularität erfreut. So ist es nicht verwunderlich, daß Kriterien sozialer Wahlen auch im Zusammenhang mit Sportmannschaften Verwendung gefunden haben (s. *Lenk*, 1970; *Veit*, 1968; *Niwa*, 1968; *Köhler*, 1970; *Essing* und *Houben*, 1973; *Mutafowa*, 1973).

Ein Problem eines Teils der soziometrischen Studien liegt darin, daß sie nicht hinreichend in einen theoretischen Bezugsrahmen einbezogen sind und — damit zusammenhängend — daß sie keine umfassende Untersuchungsplanung aufweisen. *Bierhoff* (in diesem Band) versuchte zu zeigen, daß bei mangelnder Untersuchungsplanung die Interpretierbarkeit von Studien zur Sozialpsychologie des Sports aufgrund plausibler Alternativhypothesen eingeschränkt wird.

Daß eine graphische Auswertung im Sinne von *Moreno* (1934) unzureichend ist, leuchtet ein, wenn man bedenkt, daß diese Auswertungsmethode sehr stark subjektiven Einflüssen unterliegt. Andererseits sind soziometrische Daten — etwa von Sportmannschaften — mit einer Reihe von Indices beschreibbar, die eine objektivere Auswertung gestatten (s. *Niwa*, 1968; *Lenk*, 1970, Kap. 7). *Riedesel* (1974) weist allerdings darauf hin, daß bestimmte soziometrische Indices erheblichen Mängeln unterliegen.

Soziometrische Techniken sind im wesentlichen zur Untersuchung von 2 Teilklassen sozialen Verhaltens verwendet worden: Attraktivität und Führung (s. *Lindzey* und *Byrne*, 1968). Dies sind auch die Bereiche, die in der Sportpsychologie bei der Verwendung dieser Verfahrensweisen dominieren. Es wäre wünschenswert, daß die so gefundenen Ergebnisse im Rahmen einer expliziten Theorie sozialen Verhaltens interpretiert werden (und nicht etwa, wie bei *Veit,* 1968, im Rahmen eines psychodynamischen Modells), da ein solcher Ansatz der Tatsache gerecht werden kann, daß mithilfe der Soziometrie Aspekte interpersoneller Beziehungen untersucht werden.

Weiter oben wurde schon erwähnt, daß die bisher dargestellten Interaktionsmuster die sind, die *Jones* und *Gerard* (1967) für wesentlich gehalten haben. Die Analyse sportlicher Aktivitäten legt es nahe, eine Variante dieser Interaktionsmuster zu verwenden, die eine Modifikation der asymmetrischen Kontingenz darstellt (s. Abb. 2).

Abb. 2: Umspringende asymmetrische Kontingenz als Variante der asymmetrischen Kontingenz

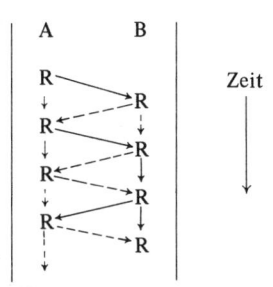

Diese Variante läßt sich als *umspringende asymmetrische Kontingenz* bezeichnen, da die Asymmetrie zwischen A und B an einer bestimmten Stelle im zeitlichen Kontinuum wechselt. Während zunächst B im wesentlichen von A beeinflußt zu sein scheint, der seinen Verhaltensplan verwirklichen kann, tritt zu einem bestimmten Zeitpunkt ein Umschwung ein, der gewissermaßen zu einem Rollentausch zwischen A und B führt.

Ein solches Umspringen läßt sich in vielen sportlichen Abläufen verfolgen. Etwa wenn ein Tennisspieler die ersten 2 Sätze eines Spiels mühelos gewinnt, um dann aber die 3 folgenden zu verlieren. Man spricht in der Sportberichterstattung oft davon, daß sich ein bestimmter Spieler entweder ungewöhnlich gesteigert habe oder aber „auf den letzten Metern" nachgelassen habe. Dieses Umspringen der Asymmetrie im Sport ist nicht ungewöhnlich, und wir meinen, daß es auch in anderen Bereichen sozialen Verhaltens zu finden ist.

Untersuchungen zur sozialen Interaktion setzen oft implizit die Nichtaustauschbarkeit von Rollen voraus, wenn Interaktionspartner mit verschiedener Machtbasis untersucht werden. *Apfelbaum* (1974) weist darauf hin, daß die Technik der Erhebung der abhängigen Variablen in vielen Untersuchungen garantiert, daß gefunden wird, daß sich der schwächere Interaktionspartner dem mächtigeren gegenüber relativ nachgiebig verhält (S. 140 ff.). *Bierhoff* (1975) hat im Sinne von *Thibaut* und *Kelley* (1959) darauf hingewiesen, daß die Erhebung der abhängigen Variable auch alternative Handlungsmöglichkeiten erfassen sollte, um eine Verfälschung der

Ergebnisse zu vermeiden. Untersuchungen, die solche alternativen Handlungsmöglichkeiten mit in Betracht ziehen, würden vielleicht auch Hinweise auf Interaktionsmuster bei ungleicher Machtverteilung erbringen, die sich mit der obigen Variante einer umspringenden asymmetrischen Kontingenz beschreiben lassen.

Eine besonders interessante Fragestellung im Zusammenhang mit umspringenden asymmetrischen Kontingenzen bezieht sich auf die Ursachen, die zum Umspringen der Interaktion führen. Die Beantwortung dieser Frage scheint gerade im sportlichen Bereich nicht unmöglich zu sein. Neben Faktoren, die sich als Ausdauer oder Konzentration beschreiben lassen, spielt möglicherweise auch die wechselnde Aufnahmebereitschaft für soziale und selbsterzeugte Stimulation eine Rolle. Die Konzepte eines „subjektiven Selbstbewußtseins" und eines „objektiven Selbstbewußtseins" (*Duval* und *Wicklund*, 1972) könnten sich in diesem Zusammenhang als brauchbare Erklärungsansätze erweisen.

4.2.3. Sportliche Aktivität als rudimentäre Interaktion

Weiter oben hatten wir Pseudo-, asymmetrische und reaktive Kontingenz zusammen als rudimentäre Interaktionsformen bezeichnet, wobei jetzt auch noch die umspringende asymmetrische Interaktion hinzuzufügen ist. Wie die obige Darstellung gezeigt hat, sind diese Klassen der Interaktion typisch für die direkte Sportausübung. Daraus ergibt sich, daß sich die sportlichen Aktivitäten aus der Perspektive des Klassifikationsmodells von *Jones* und *Gerard* im wesentlichen dadurch auszeichnen, daß sie nicht umfassende Interaktionsformen im Sinne eines wechselseitigen Austauschs darstellen.

Ein wesentlicher Grund, der rudimentäre Interaktionen im Sport begünstigt, scheint darin zu liegen, daß die schnelle Abfolge unterschiedlicher Verhaltensweisen die Ausführung komplexerer Interaktionen während des Sportausübens verhindert. Je nach der Sportart und je nach dem relativen Leistungsverhältnis zwischen den Sportlern sind unterschiedliche Interaktionsformen im Sport zu erwarten.

Die Auswirkungen von Veränderungen des relativen Leistungsverhältnisses werden in der Untersuchung von *Klein* und *Christiansen* (1966) deutlich. Die Autoren betrachten u. a. die Auswirkungen der „Schwierigkeit des Gegners" und die Verteilung der Pässe auf die einzelnen Spieler von Basketballmannschaften (S. 189 f.). Dabei ergab sich, daß bei schwierigen Gegnern die soziometrische Struktur einer Mannschaft eine geringere Bedeutung aufwies als bei leichteren Gegnern. Dieses Ergebnis läßt sich anhand des oben dargestellten Klassifikationsmodells dahingehend interpretieren, daß gegenüber leichten Gegnern asymmetrische Kontingenzen überwogen haben, während gegenüber schwierigen Gegnern reaktive Kontingenzen dominierten. Während die letzteren aufgrund eines Überwiegens sozialer Stimulation eine starke Situationsabhängigkeit der Handlungen hervorrufen sollten, ist bei asymmetrischen Kontingenzen mehr Raum für das Verfolgen individueller Pläne, so daß auch individuelle Präferenzen stärker im Spielverhalten zum Ausdruck kommen.

Wir hatten weiter oben eine Klasse von sozialen Interaktionen als umspringende asymmetrische Kontingenzen bezeichnet. Eine weitere Variante kommt zustande, wenn asymmetrische Kontingenzen mit reaktiven Kontingenzen abwechseln. Dies sollte der Fall sein, wenn die Überlegenheit eines Sportlers oder einer Mannschaft von einem ausgeglichenen Spielverlauf abgelöst wird. Solche umspringenden asymmetrisch-reaktiven Kontingenzen sind vermutlich noch häufiger im Sport anzutreffen als ein Umspringen der Asymmetrie. Auch in diesem Zusammenhang stellt sich wieder die Frage, welche sozialen Faktoren das Umspringen der Kontingenz beeinflussen.

Aufgrund der bisherigen Argumentation ergibt sich die Hypothese, daß die Struktur der Interaktion bei der Sportausübung durch die Sportart mitbestimmt wird. Laufdisziplinen scheinen z.B. typisch zu sein für das Auftreten von Pseudokontingenzen, zahlreiche Mannschaftsspiele scheinen typisch zu sein für reaktive oder asymmetrische Kontingenzen, wobei die spezifische Interaktionsform wesentlich durch die relative Leistungsstärke bestimmt ist.

4.2.4. Grundlegende Prozesse sozialer Einflußnahme

Die Identifizierung eines bestimmten Interaktionsmusters gestattet zwar eine Reihe von allgemeinen Voraussagen auf den Ablauf der Interaktion, aber die konkrete Analyse des Verhaltens von Interaktionspartnern verlangt die Einbeziehung von Fragen des sozialen Einflusses. Wir werden im folgenden im Anschluß an *Jones* und *Gerard* (1967) zwei Mechanismen des sozialen Einflusses unterscheiden, Kontrolle der Konsequenzen (outcome control) und Kontrolle der Cues, die weiter oben schon bei der Besprechung asymmetrischer Konsequenzen bzw. reaktiver Konsequenzen erwähnt wurden.

Kontrolle der Cues wurde weiter oben kurz definiert, wobei darauf hingewiesen wurde, daß dieser Einflußprozeß in reaktiven Kontingenzen sportlicher Aktivität besonders wichtig ist. Die sozialpsychologische Analyse der Kontrolle der Konsequenzen wurde von *Thibaut* und *Kelley* (1959) umfassend dargestellt. Alle möglichen Konsequenzen einer Interaktion werden in Belohnungen (positive Konsequenzen) und Kosten (negative Konsequenzen) eingeteilt. Die Interaktion von A und B bedeutet dann, daß beide eine Reihe von Verhaltensweisen zur Auswahl haben und − je nachdem, welches Verhalten jeweils verwirklicht wird − zu bestimmten Konsequenzen kommen, die sich als Schnittpunkte von Verhaltensweisen darstellen lassen.

Bierhoff (1973) versuchte mithilfe formaler Logik die Implikationen dieses Vorgehens deutlich zu machen. In der Tat intendierte er, die Matrixdarstellung in wesentlichen Punkten durch eine Darstellung mithilfe logischer Zeichen zu ergänzen. An dieser Stelle soll nicht auf die z.T. recht komplizierten „technischen" Details dieser Darstellung eingegangen werden. Statt dessen werden im folgenden die Annahmen zusammengefaßt, die dem Modell zugrundeliegen (s. auch *Bierhoff* und *Bierhoff-Alfermann*, 1973; *Bierhoff*, 1974a).

Gehen wir wieder von 2 Interaktionspartnern A und B aus und betrachten wir — der Einfachheit halber — deren Interaktion vom Standpunkt von A. Nach dem Modell setzt jede Handlung von A die Wahl einer bestimmten Alternative voraus. Diese Wahl wird wesentlich durch die bei der Ausführung der Handlung zu erwartenden Konsequenzen beeinflußt, deren Ausprägung auch davon abhängig ist, welche Handlungsweise B bevorzugt. Das impliziert, daß A bestimmte Hypothesen darüber entwickelt, welche Handlung B in der gegebenen Situation für angemessen halten wird.

Da im allgemeinen davon ausgegangen werden kann, daß Individuen unseres Kulturkreises positive Konsequenzen bevorzugen, ist zu erwarten, daß A die Handlung wählen wird, die aus seiner Sicht in der antizipierten Interaktionssituation am ehesten zu positiven Konsequenzen führt. Die Theorie verwendet noch 2 weitere zentrale Konzepte zur Voraussage konkreter Verhaltensweisen. Das Vergleichsniveau bezieht sich darauf, daß die Konsequenzen in sozialen Situationen im allgemeinen danach bewertet werden, welche Erwartungen aufgrund vergangener Erfahrungen bestehen. Das Vergleichsniveau für Alternativen umschreibt einen anderen Bewertungsprozeß. Mögliche Konsequenzen in einer sozialen Beziehung werden danach eingeschätzt, welche Konsequenzen in einer anderen sozialen Beziehung zu erwarten wären.

Diese kurze Darstellung macht deutlich, daß mit dem Vergleichsniveau und dem Vergleichsniveau für Alternativen komplexe kognitive Aktivitäten umschrieben werden. Es ist anzunehmen, daß während der Sportausübung aufgrund der schnellen Abfolge der Verhaltenssequenz diese Prozesse eine untergeordnete Rolle spielen. Andererseits sollten einfachere Prozesse der Kontrolle der Konsequenzen, vor allem die Einbeziehung von Kosten und Belohnungen, eine größere Bedeutung aufweisen. „Es wird angenommen, daß dieses Modell sozialen Verhaltens der subjektiven Wirklichkeit entspricht, aus der heraus einzelne Individuen einen möglichst optimalen Verhaltensplan entwickeln, der entsprechend durch das Modell vorhergesagt werden kann" (*Bierhoff* und *Bierhoff-Alfermann*, 1973, S. 53). Erste empirische Belege in bezug auf die Konzepte Kosten und Belohnung finden sich bei *Bierhoff* (1974b).

Um die Auswirkungen sozialen Einflusses beurteilen zu können, ist es sinnvoll, zwischen verschiedenen Formen sozialen Verhaltens zu unterscheiden. *Bierhoff* (1974a) differenzierte u. a. zwischen hilfreichem Verhalten, Kooperation, Wettbewerb und Attraktivität. Dies sind Teilklassen sozialen Verhaltens, die bestimmte thematische Aspekte beschreiben, die in einer sozialen Interaktion im Vordergrund stehen. Dabei entspricht der Begriff des Themas weitgehend dem von *Thomae* (1968): „... die Stellung einer bestimmten Folge von Verhaltensweisen und/oder -Tendenzen innerhalb des subjektiven Verhaltenskontinuums ist es, was zu einer wie immer gearteten Aussage über ein ‚Thema' des Verhaltens Anlaß bieten könnte"(S. 283).

Eine Kombination der oben genannten Teilklassen sozialen Verhaltens mit den verschiedenen Interaktionsformen (s. Abb. 3) ergibt ein nützliches Raster, anhand dessen sich Untersuchungen zur Sozialpsychologie des Sports, die den Aspekt der sozialen Interaktion in den Vordergrund stellen, analysieren lassen.

Abb. 3: Raster sozialer Interaktion aufgrund einer Kombination von Interaktionsklassen mit Klassen sozialen Verhaltens*)

	Hilfreiches Verhalten	Kooperation	Führung	Attraktivität
Pseudokontingenz				
Asymmetrische Kontingenz				
Reaktive Kontingenz				
Wechselseitige Kontingenz				
Umspringende Kontingenzen				

Die einzelnen Zellen in Abb. 3 repräsentieren schon relativ spezifische soziale Sachverhalte im Sport. Je nachdem, ob die Kontrolle der Konsequenzen oder die Kontrolle der Cues im Vordergrund steht, sind unterschiedliche Begriffe der Analyse erforderlich. Im folgenden werden einige Untersuchungen zu Fragen der sozialen Interaktion im Sport in diesem Bezugsrahmen diskutiert.

4.2.5. Kooperation, Führung und hilfreiches Verhalten im Sport

Lüschen (1971) unterscheidet mehrere Interaktionsmuster, die er im Zusammenhang mit Kooperation sieht. Das hier vorgeschlagene Bezugssystem unterscheidet sich von diesem Ansatz durch eine umfassendere Klassifikation sozialer Interaktionen und sozialer Einflüsse, sowie durch die Unterscheidung verschiedener sozialer Thematiken, von denen Kooperation als eine von mehreren im Zusammenhang mit Sport bedeutsamen anzusehen ist.

Wenn zunächst auf die Thematik der Kooperation eingegangen wird, dann wird dabei versucht, die Klassifikation verschiedener Interaktionsmuster, die weiter oben dargestellt wurde, miteinzubeziehen. Ein Beispiel für wechselseitige Kontingenzen findet sich in der Untersuchung von *Dieckert* (1974a), der die Auswirkungen des Sportunterrichts in alters-

---

*) Die aufgeführten Teilklassen sozialen Verhaltens stellen nur eine Auswahl dar. Weitere Teilklassen lassen sich als Wettbewerb, Konformität etc. umschreiben. Der Begriff Attraktivität steht als Sammelbegriff für die Gruppenstruktur, insoweit darunter Kohäsion, soziometrischer Wahlstatus in bezug auf die Auswahl von Freunden etc. gemeint ist.

und geschlechtsheterogenen Gruppen untersuchte. Wie sich zeigte, konnte der Unterricht in diesen Gruppen erfolgreich durchgeführt werden, wobei die Teilnehmer die Möglichkeit hatten, die Art der Sportausübung untereinander abzusprechen. Dabei entwickelten sich kooperative Verhaltensweisen, die möglicherweise zum Erfolg dieses Versuchs beitrugen.

Dieckert (1974a) weist selbst darauf hin, daß seine Ergebnisse — unter dem Aspekt eines möglichen Innovationseffektes — keine eindeutige Interpretation zulassen. (Hinzu kommt ein möglicher *Hawthorne*-Effekt.) Im Zusammenhang mit Kooperation ist es von besonderem Interesse, daß die kooperative Sportausübung belohnender sein kann als konventionellere Formen, wie sie im Schulsport üblich sind. Zukünftige Untersuchungen müßten in nichtreaktiven Arrangements prüfen, wie bestimmte Konsequenzen die Ausübung des Freizeitsports beeinflussen.

Dieckert (1974b) kommt zu dem Ergebnis, daß der Freizeitsport im Gegensatz zum Leistungssport durch Motive wie Geselligkeit, Kommunikation und Entspannung gekennzeichnet ist. Dem läßt sich hinzufügen, daß das Überwiegen einer starken Wettbewerbsorientierung bei der Ausübung von Sport als kulturspezifisch zu sehen ist (*Whiting*, 1972; *Sutton-Smith*, 1973). Damit geht einher, daß der Verstärkungswert von bestimmten Konsequenzen zwischen Kulturen variiert. Inwieweit Sport dem sozialen Lernen im Sinne einer Vergrößerung von Kommunikation und Kooperation dienen kann (*Dietrich*, 1974), hängt auch von den Werten ab, die in einer gegebenen Kultur als erstrebenswert eingestuft werden. Das gilt auch für das „Lernziel Kooperation" (*Engel* und *Küpper*, 1974), dessen Erreichen im Sport wesentlich von den kulturspezifischen Gegebenheiten abhängen dürfte.

Wir haben Kooperation bisher in bezug auf wechselseitige Kontingenzen analysiert. Die Diskussionen der Sportgruppen, von denen *Dieckert* (1974a) berichtet, mit dem Ziel, einen Kompromiß unter den heterogenen Mitgliedern einer Gruppe zu finden, ist ein gutes Beispiel für diese Interaktionsform. Im folgenden wenden wir uns der Frage zu, ob Kooperation auch in rudimentäreren Interaktionsmustern von Bedeutung ist.

Kooperatives Verhalten in rudimentäreren Interaktionsformen wurde etwa in der Untersuchung von *Klein* und *Christiansen* (1966) analysiert, in der ein Maß für die Kooperation von Basketballspielern die Verteilung der Pässe auf die Spieler einer Mannschaft darstellt. Unter diesem Gesichtspunkt weisen die Ergebnisse dieser Autoren darauf hin, daß kooperative Mannschaften erfolgreicher spielten. Daran wird eine positive Konsequenz kooperativen Spielverhaltens sichtbar: nämlich Erfolg zu haben. Vermutlich ist der Erfolgsdruck ein wesentliches Motiv, das die Kooperation von Sportmannschaften erhöht.

In diesem Zusammenhang sind die Ergebnisse einer Untersuchung von *McGrath* (1962) instruktiv, der verschiedene Gruppen von Schützenmannschaften miteinander verglich. Ein Vergleich von Gruppen, die im Ausmaß positiver interpersoneller Beziehungen variierten, ergab schlechtere Schießleistungen für die Gruppe mit positiveren Beziehungen. Diese weniger erfolgreichen Gruppen weisen vermutlich in ihrem Verhalten mehr Kooperation auf. Diese Hypothese wird durch eine zusätzliche korrelationsstatistische Auswertung von *McGrath* (1962) unterstützt, wonach die Mitglieder der Gruppen mit positiveren interpersonellen Beziehungen angaben, daß für sie die interpersonellen Beziehungen von besonderer Bedeutung waren, während in den weniger kooperativen Gruppen die Aufgabenstellung als wichtiger angesehen wurde. Daraus ergibt sich die Hypothese, daß die Kontrolle der Konsequenzen die unterschiedlichen Verhaltensweisen in beiden Gruppen von Mannschaften erklären kann.

McGrath (1962, S. 369) weist darauf hin, daß „these results call clearly into question the assumption that positive interpersonal relationships within a work group lead to increased task effectiveness." Dieselbe Hypothese wurde auch von *Lenk* (1966 usw.) untersucht, wobei seine Einzelfallstudien ähnliche Hinweise ergaben (auch *Veit*, 1968). Von methodischen Problemen dieser Studien abgesehen ergibt sich die Frage, welche Interaktionsmuster die in Frage stehenden Sportarten kennzeichnen. Sowohl die Aktivitäten der Ruderer (*Lenk*, 1966) wie die der Schützen (*McGrath*, 1962) lassen sich als Pseudokontingenz beschreiben. Somit sind die entsprechenden Resultate am ehesten auf Gruppen generalisierbar, die diese Interaktionsmuster aufweisen.

Eine Thematik, die zu Kooperation sehr enge Beziehungen aufweist, ist hilfreiches Verhalten. *Bierhoff* (1974a) versuchte zu zeigen, daß beide Teilklassen sozialen Verhaltens den gleichen Mechanismen sozialer Kontrolle unterliegen. Auch im Sport ergeben sich verschiedene Ansätze zur Untersuchung hilfreichen Verhaltens. *Dieckert* (1974a, S. 255) z. B. berichtet von dem häufigen Auftreten hilfreichen Verhaltens in seinen kooperativen Gruppen.

Wie oben schon erwähnt, läßt sich die Interaktion dieser Gruppen als wechselseitige Kontingenz darstellen. In welcher Form tritt Altruismus in rudimentäreren Interaktionsmustern auf? *Jones* und *Hochner* (1973) konnten anhand einer empirischen Analyse von Basketballspielen im Anschluß an *Worthy* und *Markle* (1970) auch einen Index für hilfreiches Verhalten verwenden, in den die Zahl der Vorlagen einging, die ein bestimmter Spieler seinen Mitspielern gab. Anhand dieses Index zeigte sich weniger hilfreiches Verhalten bei farbigen Basketballspielern im Vergleich zu weißen Spielern. *Jones* und *Hochner* (1973) führen diesen Unterschied auf eine stärkere individuelle Orientierung der farbigen Sportler zurück, die möglicherweise damit in Zusammenhang steht, daß die weißen Spieler dazu neigen könnten, sich eng zusammenzuschließen, so daß den Farbigen eher eine Außenseiterrolle in der Mannschaft zufällt. Wenn man diese Unterschiede zwischen den Spielern in bezug auf Prozesse sozialen Einflusses analysiert, dann wird deutlich, daß für farbige und weiße Spieler — vermutlich aufgrund der Situation in der Mannschaft — unterschiedliche Konsequenzen aktuell sind.

Schließlich soll noch auf eine weitere Teilklasse sozialen Verhaltens eingegangen werden. Die Führung einer Mannschaft oder eines einzelnen Sportlers etwa durch einen Trainer führt zu der Frage, welches Interaktionsmuster zwischen Trainer und Sportler am effektivsten ist. *Lenk* (1970, S. 112) weist darauf hin, daß sowohl „demokratisch" wie auch „autoritär" geführte Rudermannschaften höchste sportliche Erfolge errangen. Einen

Schritt in Richtung auf eine empirische Analyse dieser Frage stellt die Untersuchung von *Penman, Hastad* und *Cords* (1974) dar. Sie gingen der Frage nach, wie sich autoritäre Einstellungen des Trainers auf die spielerischen Leistungen von Football- und Basketballmannschaften auswirkten. Aufgrund von Erfolgsstatistiken der Mannschaften und von Fragebogenergebnissen der Trainer fanden sie, daß autoritäre Trainer eher erfolgreiche Mannschaften trainierten.

Wie immer im einzelnen der Trainingsstil der autoritären Trainer den Spielerfolg beeinflußt, so ist es doch eine sinnvolle Hypothese zu sagen, daß die Interaktion der Sportler mit dem autoritären Trainer eher Züge einer asymmetrischen Kontingenz aufweist, während die weniger autoritären Trainer eher Formen der wechselseitigen Kontingenz verwirklichten. In dem Ausmaß, in dem autoritäre Trainer mit ihren Mannschaften mehr Erfolg haben, ist zu erwarten, daß ihr Verhalten zu positiven Konsequenzen des Trainers und der Spieler führt und auch aufrechterhalten wird, wenn die Sportler die Vorschriften des Trainers als eher unangenehm sehen (s. *Lenk*, 1970, S. 113). Die Kontrolle der Konsequenzen veranlaßt die Sportler u. U., ein Interaktionsmuster, das sie in anderen Bereichen ablehnen würden, in Kauf zu nehmen, weil sie auf längere Sicht positive Konsequenzen antizipieren.

Prozesse sozialer Kontrolle scheinen — wie die obige Darstellung zeigt — im Sport von erheblicher Bedeutung zu sein. Dabei scheint die Antizipation positiver Konsequenzen eine wichtige Rolle zu spielen. Dieser Punkt wird auch von *Heinilä* (1966) hervorgehoben, der auf die zunehmende Professionalisierung des Sports hinweist. *Heinilä* (1966) meint, daß diese Professionalisierung mit einer zunehmend aufwendigen Vorbereitung auf den Wettkampf einhergeht, was sich als ein Zunehmen der Kosten für die Sportler im Sinne der Theorie von *Thibaut* und *Kelley* (1959) auffassen läßt. Wenn man den Einfluß der Ausgleichsmotivation (*Walster, Berscheid* und *Walster*, 1973) bzw. das Streben nach einer gerechten Welt (*Lerner*, 1970) hinzunimmt, ist zu erwarten, daß aufgrund der steigenden Kosten zunehmende Belohnungen antizipiert werden. Aufgrund dieser Auswirkungen der Professionalisierung besteht die Möglichkeit verstärkter Konflikte im Sport, die sich etwa in unfairen Verhaltensweisen und Regelverstößen zeigen können.

Eine Untersuchung von Regelverletzungen bei der Eishockeyweltmeisterschaft 1972 (*Blaser* et al. 1974) zeigt, daß insbesondere schlechtere Mannschaften in ihren Spielen zahlreiche Regelverstöße zeigten, also Mannschaften, die eher negative Konsequenzen aufwiesen. Dieses Resultat stimmt mit dem Ergebnis der Studie von *Volkamer* (1971) an Fußballmannschaften überein.

Heinilä (1966) weist zu Recht darauf hin, daß eine Reihe von situativen Einflüssen als für das Sportverhalten wesentlich anzusehen sind. Diese Einflüsse scheinen hauptsächlich sozialer Natur zu sein, und sie lassen sich demgemäß in einem Modell sozialen Verhaltens erklären, sei es nun in bezug auf den Breiten- oder auf den Leistungssport.

Literatur

1. *Apfelbaum, E.*, On conflicts and bargaining. In: *Berkowitz, L.* (Hrsg.), Advances of Experimental Social Psychology, Bd. 7, 103–156 (New York 1974). – 2. *Argyle, M.*, Social interaction (London 1969). – 3. *Baron, R. A., Byrne, D.* und *Griffitt, W.*, Social psychology. Understanding human interaction (Boston 1974). – 4. *Bierhoff, H. W.*, Kosten und Belohnung: Eine Theorie sozialen Verhaltens. Zeitschrift für Sozialpsychologie 4, 297–317 (1973). – 5. *Bierhoff, H. W.*, Attraktion, hilfreiches Verhalten, verbale Konditionierung und Kooperation: Eine Integration durch die Austauschtheorie. Zeitschrift für Sozialpsychologie 5, 84–107 (a) (1974). – 6. *Bierhoff, H. W.*, Kognitive Repräsentanz von Verhaltensalternativen in ihrer Beziehung zu positiven und negativen Konsequenzen. Archiv für Psychologie 126, 131–146 (b) (1974). – 7. *Bierhoff, H. W.*, Kommentar zu *Schwanenberg* und *Huth* ‚Zur Relevanz experimenteller Nichtnullsummenspiele'. Zeitschrift für Sozialpsychologie 6, 172–175 (1975). – 8. *Bierhoff, H. W.*, Experimentelle Planung sozialpsychologischer Sportstudien. (In diesem Band, Artikel 2.2). – 9. *Bierhoff, H. W.* und *Bierhoff-Alfermann, D.*, Persönlichkeitsmerkmale und die Voraussage sozialen Verhaltens. Archiv für Psychologie 125, 50–72 (1973). – 10. *Blaser, P., Gehring, A., Pilz, G.* und *Schilling, G.*, Dominanzverhalten im Eishockey. Untersuchungen anläßlich der Eishockeyweltmeisterschaft 1972. Sportwissenschaft 4, 174–194 (1974). – 11. *Cartwright, D.* und *Zander, A.* (Hrsg.), Group dynamics. Research and theory (New York 1968). – 12. *Cottrell, N. B.*, Social facilitation. In: *McClintock, C. G.* (Hrsg.), Experimental social psychology 185–236 (New York 1972). – 13. *Deutsch, M.*, The resolution of conflict. Constructive and destructive processes (New Haven 1973). – 14. *Dieckert, J.*, Kommunikation und Kooperation bei Bewegungs- und Spielaufgaben geschlechts-, alters-, und leistungsheterogener Kleingruppen. In: Ausschuß Deutscher Leibeserzieher (Hrsg.), Sozialisation im Sport 251–258 (a) (Schorndorf 1974). – 15. *Dieckert, J.*, Eigenart und Eigenständigkeit des Freizeitsports. In: *Dieckert, J.* (Hrsg.), Freizeitsport. Aufgabe und Chance für jedermann, 67–81 (b) (Düsseldorf 1974). – 16. *Dietrich, K.*, Sportspiele und Interaktion. Sportunterricht 23, 4–10 (1974). – 17. *Dollase, D.*, Soziometrische Techniken (Weinheim 1973). – 18. *Duval, S.* und *Wicklund, R. A.*, A theory of objective self awareness (New York 1972). – 19. *Elias, N.* und *Dunning, E.*, Dynamics of group sports with special reference to football. British Journal of Sociology 17, 388–402 (1966). – 20. *Engel, R.* und *Küpper, D.*, Lernziel Kooperation im koedukativen Sportunterricht, dargestellt am Beispielfeld des Basketballspiels. In: Ausschuß Deutscher Leibeserzieher (Hrsg.), Sozialisation im Sport 85–90 (Schorndorf 1974). – 21. *Essing, W.* und *Houben, M.*, Möglichkeiten und Grenzen der Anwendung der Soziometrie als Führungshilfe in Sportmannschaften. In: Kongreßbericht über den III. Europ. Kongreß für Sportpsychologie 1972 in Köln, 24–27 (Schorndorf 1973). – 22. *Gergen, K. J.*, Social psychology as history. Journal of Personality and Social Psychology 26, 309–320 (1973). – 23. *Graumann, C. F.*, Interaktion und Kommunikation. In: *Graumann, C. F.* (Hrsg.), Handbuch der Psychologie, Bd. 7.2. Sozialpsychologie 1109–1262 (Göttingen 1972). – 24. *Heinilä, K.*, Notes on the inter-group conflicts in international sport. International Review of Sport Sociology 1, 30–40 (1966). – 25. *Hrandek, R. A.*, Beiträge zur Kenntnis des Wiener Vereinslebens. Österreichische Zeitschrift für Volkskunde 61, 205–219 (1958). – 26. *Irle, M.*, Lehrbuch der Sozialpsychologie (Göttingen 1975). – 27. *Jones, E. E.* und *Gerard, H. B.*, Foundations of social psychology (New York 1967). – 28. *Jones, J. M.*, und *Hochner, A. R.*, Racial differences in sports activities: A look at the self-paced versus reactive hypothesis. Journal of Personality and Social Psychology 27, 86–95 (1973). – 29. *Kerlinger, F. N.*, Foundations of behavioral research (New York 1973). – 30. *Klein, M.* und *Christiansen, G.*, Gruppenkomposition, Gruppenstruktur und Effektivität von Basketballmannschaften. In: *Lüschen, G.* (Hrsg.), Kleingruppenforschung und Gruppe im Sport. Kölner Zeitschrift für Soziologie und

Sozialpsychologie, Sonderheft 10, 180–191 (1966). – 31. *Köhler, I.,* Sozialpsychologische Analysen von Sportspielkollektiven (Erste Ergebnisse eines Studentenzirkels). Wissenschaftliche Zeitschrift der Deutschen Hochschule für Körperkultur 85–91 (1970). – 32. *Lenk, H.,* Maximale Leistung trotz inneren Konflikten. Eine Gegenthese zu einem funktionalistischen Allsatz. In: *Lüschen, G.* (Hrsg.), Kleingruppenforschung und Gruppe im Sport. Kölner Zeitschrift für Soziologie und Sozialpsychologie, Sonderheft 10, 168–172 (1966). – 33. *Lenk, H.,* Leistungsmotivation und Mannschaftsdynamik (Schorndorf 1970). – 34. *Lenk, H.,* Materialien zur Soziologie des Sportvereins (Ahrensburg 1972). – 35. *Lerner, M. J.,* The desire for justice and reactions to victims. In: *Macaulay, J. E.* und *Berkowitz, L.* (Hrsg.), Altruism and helping behavior 205–229 (New York 1970). – 36. *Lindzey, G.* und *Byrne, D.,* Measurement of social choice and interpersonal attraction. In: *Lindzey, G.* und *Aronson, E.* (Hrsg.), Handbook of Social Psychology Bd. 2, 452–525 (Reading, Mass. 1968). – 37. *Lüschen, G.* (Hrsg.), Kleingruppenforschung und Gruppe im Sport. Kölner Zeitschrift für Soziologie und Sozialpsychologie, Sonderheft 10 (1966). – 38. *Lüschen, G.,* Kooperation und Assoziierung – Zwei Formen sozialer Beziehungen im sportlichen Wettkampf als sozialer Konflikt. In: *Albonico, R.* und *Pfister-Binz, K.* (Hrsg.), Soziologie des Sports 137–143 (Basel 1971). – 39. *McGrath, J. E.,* The influence of positive interpersonal relations on adjustment and effectiveness in rifle teams. Journal of Abnormal and Social Psychology 65, 365–375 (1962). – 40. *McGuire, W. J.,* The yin and yang of progress in social psychology: seven koan. Journal of Personality and Social Psychology 26, 446–456 (1973). – 41. *Mehrabian, A.,* Nonverbal communication (Chicago 1972). – 42. *Moreno, J. L.,* Who shall survive? (Washington, D.C. 1934). – 43. *Mutafowa, J.,* Die sozialpsychologische Struktur von Basketballmannschaften. In: Kongreßbericht über den III. Europ. Kongreß für Sportpsychologie 1972 in Köln, 55–59 (Schorndorf 1973). – 44. *Nitsch, J. R.,* Sportliches Handeln als Handlungsmodell. Sportwissenschaft 5, 39–55 (1975). – 45. *Niwa, T.,* A methodological study on the group cohesiveness of sport group based on sociometry. International Review of Sport Sociology 3, 57–71 (1968). – 46. *Penman, K. A., Hastad, D. N.* und *Cords, W. L.,* Success of the authoritarian coach. Journal of Social Psychology 92, 155–156 (1974). – 47. *Riedesel, P. B.,* Bales reconsidered: A critical analysis of popularity and leadership differentiation. Sociometry 37, 557–564 (1974). – 48. *Sherif, C. W.,* Intergroup conflict and competition. Sportwissenschaft 3, 138–153 (1973). – 49. *Sutton-Smith, B.,* Games, the socialization of conflict. Sportwissenschaft 3, 41–46 (1973). – 50. *Thibaut, J. W.* und *Kelley, H. H.,* The social psychology of groups (New York 1959). – 51. *Thomae, H.,* Das Individuum und seine Welt. Eine Persönlichkeitstheorie (Göttingen 1968). – 52. *Veit, H.,* Die Bedeutung sozialpsychologischer Untersuchungen von Sportmannschaften für die Praxis. Die Leibeserziehung 17, 80–87 (1968). – 53. *Volkamer, M.,* Zur Aggressivität in konkurrenzorientierten sozialen Systemen. Sportwissenschaft 1, 33–64 (1971). – 54. *Walster, E., Berscheid, E.* und *Walster, G. W.,* New directions in equity research. Journal of Personality and Social Psychology 25, 151–176 (1973). – 55. *Whiting, H. T. A.,* Psychology of competition. In: *Whiting, H. T. A.* (Hrsg.), Readings in sport psychology 11–25 (London 1972). – 56. *Worthy, M.* und *Markle, A.,* Racial differences in reactive versus self-paced sports activities. Journal of Personality and Social Psychology 16, 439–443 (1970). – 57. *Zajonc, R. B.,* Social facilitation. Science 149, 269–274 (1965).

Anschrift des Autors:

Dr. *H. W. Bierhoff*
Psychologisches Institut der Universität
An der Schloßkirche
5300 Bonn

5. VERMITTLUNGSPROZESSE SPORTLICHER FÄHIGKEITEN

5.1. Lernziele in Sport-Lehrplänen

Christine Möller

Mit 2 Tabellen

Zusammenfassung

Die Lehrpläne und Richtlinien für das Fach Sport an Primar- und Sekundarstufen I, derzeit gültig in den einzelnen Ländern der BRD, werden in bezug auf drei Fragenkomplexe analysiert:

Erstens wird untersucht, welche kognitiven und affektiven neben psychomotorischen Lernzielen im Fach Sport erreicht werden sollen. Die Art der Formulierung dieser Zielaussagen wird beschrieben und ausgehend davon die Frage erörtert, wie groß die Wahrscheinlichkeit ist, daß die gewünschten affektiven und kognitiven Lernziele im realisierten Unterricht von den einzelnen Sportlehrern auch tatsächlich angestrebt und erreicht werden.

Zweitens wird der Frage nachgegangen, ob für Mädchen andere Lernziele als für Jungen gelten sollen, wo die Unterschiede liegen und wie sie begründet werden.

Drittens wird die Frage untersucht, ob und ab wann nach Anweisung der Lehrpläne Jungen und Mädchen am Sportunterricht gemeinsam teilnehmen oder ob sie getrennt unterrichtet werden sollen; wie die Aussagen dazu begründet werden und ob zu dieser Frage grundlegende Unterschiede in den einzelnen Ländern bestehen.

Summary

This is an analysis of the curricula and general directions of sport in German primary and secondary schools with regard to 3 problems:

First of all an inquiry is made into which types of cognitive and affective educational goals apart from psychomotor objectives are intended in the domain of school sports. The formulation of these educational objectives is described and the probability of goal realization is discussed.

Secondly: The differences in psychomotor objectives for boys and girls is shown and the reasons for these differences are discussed.

Thirdly: The problem of coeducation in school sports, the differences in various German curricula concerning this question and the reasons for these differences are described.

5.1.1. Welche Fragen werden hier untersucht?

Im folgenden soll versucht werden, auf drei Fragenkomplexe Antworten zu finden: erstens auf die Fragen, was – laut gegenwärtig gültigem Lehrplan – unsere Schüler im Fach Sport – neben motorischen Fertigkeiten – noch alles lernen sollen und wie groß die Wahrscheinlichkeit ist, daß diese Lernziele im tatsächlichen Unterricht der einzelnen Sportlehrer überhaupt angestrebt oder gar erreicht werden.

Zweitens soll untersucht werden, ob — wiederum laut Lehrplan — Mädchen etwas anderes als Jungen lernen sollen, worin eventuelle Unterschiede bestehen und wie diese begründet werden.

Drittens soll der Frage nachgegangen werden, ob Lehrpläne vorschreiben, daß Jungen und Mädchen getrennt bzw. gemeinsam unterrichtet werden, wie diese Vorschriften begründet werden und ob zu diesem Problem Unterschiede in den Lehrplänen der einzelnen Länder bestehen.

5.1.2. Wie werden Antworten gefunden?

Antworten auf die drei genannten Fragenkomplexe werden anhand einer Analyse der in den Bundesländern der BRD derzeit verbindlichen Lehrpläne für das Fach Sport an Primar- und Sekundarstufen zu geben versucht. Diese behördlichen Dokumente, in denen — großteils für den Lehrer verbindlich — ausgesagt wird, was Schüler lernen sollen, werden, unterschiedlich im Sprachgebrauch, als
— Rahmenrichtlinien (in Hessen)
— Richtlinien (in Niedersachsen)
— Richtlinien und Lehrpläne (in Hamburg, Nordrhein-Westfalen)
— Lehrplan (in Bayern, Bremen, Rheinland-Pfalz, Saarland, Schleswig-Holstein)
— Rahmenpläne (in Berlin) und
— Schulordnung (in Baden-Württemberg)
bezeichnet. Die Unterschiede in der Benennung dieser behördlichen Texte lassen allerdings noch keine Schlüsse weder auf die Struktur der Bestimmungen noch auf deren Verbindlichkeit für den Lehrer zu. Wenn im folgenden von „Lehrplänen" die Rede ist, so sind damit stets diese Texte gemeint, unabhängig von ihrer tatsächlichen Bezeichnung.

Es wird hier außerdem immer der Begriff „*Sport*" verwendet, obwohl auch das Schulfach, um das es geht, etwa in Bayern, Bremen und Berlin „Leibeserziehung" genannt wird. Der terminologische Unterschied gibt bereits Hinweise für die Auffassung des Faches. Während der Begriff „Leibeserziehung" auf eine Leib-Seele-Geist Unterscheidung und damit auf eine mögliche isolierte Förderung des Leibes hinweist (*Hecker* 1970, S. 50), wird mit der Bezeichnung „Sport", die sich in neueren Veröffentlichungen durchzusetzen scheint, die Idee von technischem Können, Wettkampf, Leistung und Spitzensport assoziiert, worauf Kritiker des Begriffs „Sport" für das Schulfach aufmerksam machen (*Dietrich* 1973, S. 16).

Wie ein Blick auf das Publikationsjahr zeigt, sind die Sport-Lehrpläne nun, auf die sich die Analyse bezieht, und die zur Zeit in der BRD dem Sportunterricht an Primar- und Sekundarstufen I zugrunde liegen, im Zeitraum der letzten 22 Jahre erschienen (zwischen 1953 und 1975). Allerdings werden zur Zeit in Bremen, Niedersachsen und Saarland neue Lehrpläne für den Sekundarbereich I ausgearbeitet, so daß gerade die ältesten Pläne doch in absehbarer Zeit durch neue ersetzt werden dürften.

5.1.3. Was soll im Fach Sport alles gelernt werden?

Die Frage, was im Schulfach Sport nach Absicht und Anweisung der staatlichen Lehrplanbildungskommissionen *heute* von unseren Schülern gelernt werden soll, ist von einigem Interesse. Vor allem dann, wenn man bedenkt, daß gerade durch die ,,Leibeserziehung" von altersher stets hehre menschliche Tugenden, Einstellungen, Persönlichkeitsmerkmale geschaffen werden sollten. ,,Mit Anleihen und Zweckzuweisungen wollte sie ihrem ,,technischen" Tun ein attraktives Schild umhängen, nämlich jenen Tugendkanon, der den Leib zum funktionalen Vermittler der allein anerkannten geistig-seelischen Qualitäten und Potenzen degradierte. Die Leibesübungen blieben so von ihrem Bildungsgehalt her in der Schule immer *Mittel zu etwas"* (Schmitz 1972, S. 49).

Es sei in diesem Zusammenhang nur an die Ziele erinnert, die sich die nationalsozialistische Leibeserziehung setzte, Ziele, die ganz eindeutig im Dienste der ,,Rassenpflege" und der ,,Volksgemeinschaft" standen:

Z.B.: ,,Indem sie (= die Leibeserziehung) von dem Knaben in der Klasse, in der Riege und in der Mannschaft bewußt und ohne Ansehung der Person Gehorsam, Einordnung, ritterliches Verhalten, Kameradschafts- und Mannschaftsgeist fordert, erzieht sie ihn zu Tugenden, die die Grundlage der Volksgemeinschaft bilden.

. . . Sie schafft damit die körperlichen und seelischen Grundlagen für die Wehrfähigkeit und eine gesunde Freizeitgestaltung des Mannes.

. . . Sie erweckt und fördert in dem einzelnen und in der Gesamtheit das Bewußtsein von dem Wert der eigenen Rasse und stellt sich damit in den Dienst der Rassenpflege.

Die Leibeserziehung fordert von dem Jungen Mut, Härte gegen sich selbst und Einsatzbereitschaft sowie selbständiges und verantwortliches Handeln im Rahmen der sportlichen Gemeinschaft, Führeranlagen zu erkennen und Wege der Auslese zu fördern. Leibeserziehung ist Willens- und Charaktererziehung (*Richtlinien* für die Leibeserziehung an Jungenschulen, Berlin 1937, S. 7f., zitiert nach *Schmitz* 1972, S. 54).

5.1.3.1. Welche Arten von Lernzielen sollen im Fach Sport heute erreicht werden?

Man kann Lernziele nach ihrem Verhaltensaspekt in kognitive, affektive und psychomotorische Zielsetzungen einteilen; kognitive Lernziele sind dann solche, die Wissen und intellektuelle Fertigkeiten beschreiben; affektive Lernziele beschreiben Gefühle, Einstellungen, Interessen, Haltungen und Werte; psychomotorische Lernziele beinhalten Bewegungsfertigkeiten.

Der unvoreingenommene Beantworter der Frage, welche Arten von Lernzielen denn nun wohl im Sport vorherrschten, würde zweifellos ohne Bedenken die psychomotorischen nennen. Dies ist jedoch keineswegs der Fall, wenn man die Anweisungen der Lehrpläne zugrundelegt.

Will man die Lernzielarten, aufgelistet nach kognitiven, affektiven und psychomotorischen Zielsetzungen, die im Fach Sport im Unterricht angestrebt werden sollen, näher bestimmen, so bietet sich dazu zunächst einmal der Präambeltext an, da hier die allgemein formulierten Lernziele im Sinne von Leitideen den im „Inhaltsteil" folgenden konkreter beschriebenen Stoffangaben oder Lerninhalten vorangestellt sind. Tab. 1 zeigt das Verhältnis von kognitiven, affektiven und psychomotorischen Zielsetzungen in den Präambeltexten der Sportlehrpläne der Sekundarstufe I.

Tab. 1: Anzahl der kognitiven, affektiven und psychomotorischen Zielsetzungen in den Präambeltexten der Sportlehrpläne der Sekundarstufe I.

	Baden-Württemberg (1971)	Bayern (1973)	Berlin (1970)	Bremen (1959)	Hamburg (1973)	Hessen (1974)	Niedersachsen (1964)	Nordrhein-Westfalen (1973)	Rheinland-Pfalz (1968)	Schleswig-Holstein (1966)	
kognitiv	5	–	7	3	6	7	–	11	2	1	42
affektiv	19	17	16	6	9	8	9	5	14	13	116
psychomotorisch	9	9	14	10	10	13	4	6	9	6	90
	33	26	37	19	25	28	13	22	25	20	248

Bei den aufgelisteten Zahlenangaben ist zu beachten, daß die Zuordnung der Zielsetzungen zu den drei Bereichen schwerpunktmäßig erfolgte, je nach Betonung des kognitiven, affektiven oder psychomotorischen Anteils in den Zielangaben.

Tab. 1 ist zu entnehmen, daß die affektiven Zielsetzungen die psychomotorischen und diese wieder bei weitem die kognitiven überwiegen, wenn man von den Gesamtwerten für alle Sekundarstufenlehrpläne ausgeht. Dasselbe Zahlenverhältnis zeigen in noch stärkerem Maße die Sportlehrpläne der Länder Baden-Württemberg, Bayern, Berlin, Niedersachsen, Rheinland-Pfalz, Schleswig-Holstein, während mit einer wesentlich stärkeren Betonung des psychomotorischen und des kognitiven Aspekts vor allem die auch sonst herausragenden Lehrpläne Hessens und Nordrhein-Westfalens sowie der Hamburger und Bremer Lehrplan von dem allgemeinen Trend abweichen.
Dies bedeutet, daß nach wie vor – abgesehen von einigen Ausnahmen – die Erzeugung von Einstellungen, Gefühlen, Werten, „Persönlichkeitsmerkmalen", das „eigentliche", d.h. vorwiegende Ziel des Sportunterrichts sein soll.

5.1.3.2. Welche affektiven Ziele sollen nun im einzelnen erreicht werden?

Interessant wird nun allerdings die Frage, welche affektiven Lernziele denn im besonderen durch den Sportunterricht erreicht werden sollen.
Es zeigt sich, daß die in den Präambeln der Sportlehrpläne aufgeführten Ziele aus dem affektiven Bereich vier großen Lernzielgruppen zugeordnet werden können:

1. der Weckung von Freude (Lust, Verlangen, Streben, Interesse, Neigung) an
— Bewegung
— Leistung
— gemeinsamer Aktivität;
2. der Erzeugung von Selbständigkeit (Eigeninitiative, Entschlußkraft, selbstverantwortlichem Handeln, Entscheidungsfähigkeit etc.);
3. der Hervorbringung von Mitverantwortung (Partnerschaft, Kooperation, gegenseitiger Achtung, fairem Verhalten etc.) und
4. der Schaffung von Spontaneität (Phantasie, Ausdrucksfähigkeit, Kreativität etc.).

Tab. 2: Art und Anzahl von affektiven Zielsetzungen in den Sportlehrplanpräambeln der Primarstufen.

Affektive Zielsetzung	Anzahl der Nennungen
Freude an	
Bewegung	31
Leistung	25
Gemeinsamer Aktivität	9
Selbständigkeit	16
Mitverantwortung	17
Spontaneität	6

Tab. 2 kann man entnehmen, daß die erste Gruppe von affektiven Zielsetzungen in unmittelbarem Zusammenhang mit motorischer Aktivität während des Sportunterrichts steht: positive Einstellungen und Gefühle in bezug auf die eigene Bewegung und in bezug auf die eigene motorische Leistung sollen vor allem erzeugt werden, weit seltener — aber immerhin auch noch — wird als Ziel die Freude an gemeinsamem Tun mit anderen genannt. (Auf die Vermeidung von negativen affektiven Zuständen wie Angst, Mißerfolgen, Frustrationen machen nur die Lehrpläne Hessens und Schleswig-Holsteins aufmerksam.)
Interessant ist allerdings, daß neben dieser ersten Gruppe außerdem stets noch weitere affektive Ziele, „Persönlichkeitsmerkmale" angeführt werden, deren Zusammenhang mit Situationen des Sportunterrichts nur mehr ein mittelbarer ist. Selbständigkeit im Sinne von Eigeninitiative und selbstverantwortlichem Handeln einerseits und Mitverantwortung im Sinne von gegenseitiger Achtung, Kooperation und Fairness andererseits meint man beim Schüler durch psychomotorisches Lernen miterzeugen zu können; außerdem soll ganz allgemein der Schüler durch den Sportunterricht Phantasie, Kreativität und Ausdrucksfähigkeit erwerben.
Die Präambelanalyse der Sekundar- und Primarstufenlehrpläne zeigt hier keine Unterschiede in bezug auf Art und Anzahl der anzustrebenden Lernziele.

5.1.3.3. Welche kognitiven Ziele sollen im einzelnen erreicht werden?
Was die kognitiven Lernziele betrifft, so lassen sie sich nach ihrem Inhaltsaspekt in folgende vier Klassen ordnen:
1. Grundbegriffe und Regeln des Sports
2. Der sporttreibende Schüler und sein Verhalten
3. Sport und Gesellschaft
4. Sport, Gesundheit und Freizeit.

Verhaltensmäßig werden dabei Lernziele auf der Wissens-, Verstehens-, Anwendungs-, Analyse- und Beurteilungsebene angestrebt.

Es ergibt sich hier allerdings ein ausgeprägter Unterschied in den Zielvorstellungen der einzelnen Länder. Während etwa in Bayern und Niedersachsen der kognitive Bereich keine Beachtung findet, beabsichtigt Nordrhein-Westfalen beim Schüler vorwiegend Lernziele aus der Inhaltsklasse 1, also Kenntnisse und intellektuelle Fertigkeiten, die sich auf die psychomotorischen Verhaltensweisen selbst beziehen und damit zur Leistungssteigerung beitragen, zu erzeugen. In Hessen soll vorwiegend der Sport in seinen gesellschaftlichen Bezügen gesehen werden, während Schleswig-Holstein vor allem den Schüler selbst, seine affektiven Zustände und sein Verhalten in der Gruppe zum Gegenstand von Denkprozessen im Sportunterricht macht.

Bezüglich Primar- und Sekundarstufe finden sich hier keine wesentlichen Unterschiede.

5.1.3.4. Wie konkret sind diese affektiven und kognitiven Lernziele beschrieben?

Die hier analysierten Lehrpläne gliedern sich in allen Fällen erstens in einen *Präambeltext*, der neben Angaben zum Selbstverständnis des Unterrichtsfachs vor allem allgemeine Lernziele des Schulsports enthält, und in einen „*Inhaltsteil*", in dem detaillierte Stoffangaben bzw. konkreter beschriebene Lernziele für einzelne sportliche Disziplinen und Schulstufen nun nach verschiedenen Ordnungsgesichtspunkten aufgelistet sind.

Es liegt demnach an der Anlage dieser Lehrpläne, daß im Präambelteil die Ziele nur sehr vage beschrieben sind, viele Interpretationen zulassen und im Sinne von Leitideen dem Leser erst eine gewisse Richtung weisen, in die sein erzieherisches Handeln wirken soll, während genauere, konkrete Angaben über die Ziele des Unterrichtsgeschehens erst im „Inhaltsteil" zu erwarten sind.

Beispiele für die Formulierung der Lernziele in den Präambeltexten wären etwa:
„Entwicklung eines regelrechten Rollen- und Spielverhaltens" (Hamburg 1973, S. 12);
„Anwenden fachlichen Wissens auf den Bereich des Sports (Regeln, Bewegungsstrukturen ...)" (Schleswig-Holstein 1975, S. 1);
„Entfaltung der Individualität des Kindes" (Rheinland-Pfalz/Saarland 1971, S. 234).

Es ist leicht einsehbar, daß so formulierte Ziele noch sehr interpretationsbedürftig sind und viele verschiedene Möglichkeiten offenlassen.

Interessant ist nun die Feststellung, daß in allen Präambeln affektive und meist auch kognitive Lernziele in beträchtlichem Maße in vager Formulierung aufzufinden sind (vgl. Tab. 1), während man in den Inhaltsteilen — mit Ausnahme der Hessischen Unterrichtsmaterialien — nie oder nur höchst selten Ziele dieser Verhaltensbereiche in konkreter Formulierung vorfindet.

Affektive oder kognitive Ziele, die etwa im Lehrplan Nordrhein-Westfalens klassenstufenspezifisch in interpretationsbedürftiger Formulierung aufgestellt wurden, stehen zu den Lernzielen im Übungsgut in keiner inhaltlichen Beziehung. So findet man z.B. für das Lernziel
„Selbständigkeit in verantwortlichen Aufgaben fördern, Gruppenarbeit pflegen, Gesundheits- und Haltungsbewußtsein ansprechen" (Nordrhein-Westfalen 1967, S. 20) im gesamten Stoffplan keine konkreten Ziele, welche einer Realisierung der zitierten allgemeinen Ziele dienen könnten.

Die einzige Ausnahme ist hier Hessen. Hier war man bemüht, eine Ausdifferenzierung der kognitiv/affektiven Lernziele vom Richt- zum Feinzielniveau vorzunehmen und hat dies für die Sportarten Gymnastik, Skilaufen und Orientierungslauf auch durchgeführt. Hier werden außerdem zu den jeweiligen Feinzielen entsprechende Lerninhalte und Lernerfolgskriterien angegeben. Dazu ein Beispiel:

Richtziel: „Grundlagen zur Beurteilung von Haltung und Bewegung"
Grobziel: „Übergreifend auf das Fach Biologie: Wissen um menschliche Haltung und Bewegung"
Feinziel: „Erkennen von Haltung und Bewegung".
Lerninhalt: „Beobachten von Fußformen, Beckenstellungen, Formen der Wirbelsäule, Haltung des Schultergürtels, des Kopfes . . ."
Lernerfolgskriterium: „Fähigkeit zum Erkennen verschiedener Formen überprüfen" (Hessen 1974, Band 3, S. 113).

Es ist an dem Beispiel zu erkennen, daß das hier als „Feinziel" bezeichnete Lernziel noch nicht operationalisiert ist und erst durch den „Lerninhalt" ausgesagt wird, an welchem konkreten Lerngegenstand der Schüler das erwartete Endverhalten äußern soll. Auch das Lernerfolgskriterium ist wesentlich allgemeiner gehalten als Kriterien bei motorischen Lernzielen. Trotzdem wird hier der Unterschied zwischen Hessischer Beschreibung affektiver und kognitiver Lernziele und der wesentlich vageren aller anderen Länder deutlich.

5.1.3.5. Wie groß ist die Wahrscheinlichkeit, daß diese kognitiven und affektiven Lernziele im Sportunterricht tatsächlich angestrebt bzw. erreicht werden?

Stellt man sich die oben formulierte Frage, so sind zumindest zwei Sachverhalte zu bedenken, die Hinweise zu ihrer Beantwortung geben.

Erstens: Die groteske Tatsache, daß Sportlehrpläne *aller* Bundesländer eine ganze Reihe von affektiven und kognitiven Lernzielen „vorschreiben", diese Lernziele aber sozusagen nur als schön klingenden „Aufputz" in interpretationsbedürftiger, vager Formulierung ihrem eigentlichen konkreten „Inhaltsteil" voranstellen, muß bewirken, daß auch der eifrigste Sportlehrer die „schwungvolle Einleitung" als nicht handlungsrelevant überschlägt und zur Tagesordnung übergeht. Oder aber, daß er sogenannte „Quasilehrpläne" (*Funke* und *Kläss* 1973, S. 79), wie Filme, Bildserien, Diasreihen, Programme etc. heranzieht und diese einsetzt, weil er mit ihnen ganz konkret „etwas anfangen kann" — unabhängig davon, ob sie Zielen wie „Mitverantwortung", „Kreativität", „Eigeninitiative" entsprechen oder nicht.

Zweitens: Sollen die komplexeren affektiven Lernziele, die als „Selbständigkeit", „Verantwortungsbewußtsein" und „Spontaneität" bezeichnet werden, tatsächlich im Sportunterricht miterzeugt werden, so setzt das Transfer, d. h. Übertragung einer in einer bestimmten Situation gelernten Verhaltensweise auf eine neue Situation, voraus. Nur in den Hessischen Lehrplänen wird darauf hingewiesen, daß eine Übertragung sportspezifischen Rollenverhaltens (d. i. etwa kooperatives Verhalten, faires Verhalten etc.) auf andere Lebensbereiche nicht bewiesen ist. In den anderen Lehrplänen wird ein solcher Transfer stillschweigend vorausgesetzt, wenn es etwa in Baden-Württembergs Lehrplan heißt: „Der neuzeitliche Unterricht betont die Erziehung des Schülers zur Selbständigkeit und schafft daher Situationen, in denen die Schüler Erfahrung sammeln und verantwortlich handeln können" (1971, S. 1366). Auch die Methodik dient dem „Ziel, Selbständigkeit und Hilfsbereitschaft, Leistungswillen und Leistungsfähigkeit zu entwickeln" (Niedersachsen 1964, S. 110/111).

Selbständigkeit, umsichtiges und geordnetes Verhalten und Mitverantwortung sollen vor allem beim Helfen und Sichern sowie beim Üben in selbständig arbeitenden Gruppen, die der Lehrer nicht alle überblickt, erzeugt werden.

Nun, Transfer findet allerdings nur statt, wenn zwei Bedingungen erfüllt sind: erstens muß die Situation, in der die Verhaltensweise erlernt und geübt wurde, der Situation, auf die sie transferiert werden soll, ganz konkret ähnlich sein. Und zweitens muß es sich tatsächlich um dieselbe Verhaltensweise handeln, die in beiden Situationen gezeigt werden soll.

Ein Schüler etwa, der einem Mitschüler am Barren Hilfestellung leistet und somit verantwortungsbewußt handelt, tut in Wirklichkeit konkret etwas ganz anderes als wenn er „mitverantwortlich" einem Freund vor der nächsten Arbeit französische Grammatik erklärt. Oder aber: Ein Schüler, der selbständig in einer Kleingruppe sein Zirkeltraining durchführt, befindet sich dabei in einer völlig anderen Situation als etwa nachmittags, wenn er daheim in seinem Zimmer selbständig algebraische Gleichungen lösen soll oder aber selbständig ein Abendessen für seine Geschwister planen und zubereiten muß.

Bedingung 1 und 2 sind also praktisch nie gegeben, so daß die Transferhoffnung eine unbegründete Wunschvorstellung der Lehrplankommission bleiben muß.

Komplexe affektive und kognitive Lernziele werden also – um abschließend die eingangs gestellte Frage zu beantworten – entweder vom Sportlehrer gar nicht anzustreben versucht, weil die Ziele zu vage formuliert sind, oder von ihm, wenn er sie anstreben will, nicht erreicht, weil sie auf falschen Transferhoffnungen beruhen. Ein Ergebnis, das durch unsere Alltagsbeobachtungen durchaus bestätigt wird.

5.1.4. Sollen Mädchen etwas anderes lernen als Jungen?

Eine weitere Frage ist nun, ob unsere bestehenden Sportlehrpläne unterschiedliche Lernziele bzw. Lerninhalte für Jungen und Mädchen vorschreiben. Es zeigt sich, daß in allen Lehrplänen der Bundesrepublik affektive und kognitive Lernziele in gleicher Weise für Schüler und Schülerinnen gelten sollen, während im psychomotorischen Bereich in den Ländern Baden-Württemberg, Bayern, Berlin, Niedersachsen und Rheinland-Pfalz im Inhaltsteil der Lehrpläne die Stoffauswahl getrennt vorgenommen wird und Unterschiede aufweist.

Im Lehrplan *Baden-Württembergs* etwa ist für Klasse 2 und 3 das Gebiet „Gymnastik und Tanz" den Mädchen dieser Altersstufe vorbehalten – bei den Jungen fehlt es gänzlich. Von zehn aufgezählten „Kleinen Spielen" ist das Raufballspiel auf dieser Altersstufe nur den Jungen erlaubt. Auch in den folgenden Klassen 4–6 (Jungen) und 4–5 (Mädchen) bleibt „Gymnastik und Tanz" alleiniger Bereich der Mädchen; das Übungsgut in den Spielen bringt ausschließlich für Jungen zusätzliche fußballspezifische Elemente (Innenseit-, Spann- und Kopfstoß; Stoppen, Torschuß aus dem Stand oder aus der Bewegung). In der Leichtathletik bestehen die Differenzen hauptsächlich in den zeitlichen Anforderungen: Dauerlauf (Jungen 3–8 Min., Mädchen 3–5 Min.); Kurzstreckenlauf (Jungen 50–75 m, Mädchen 50 m). Beim Boden- und Geräteturnen turnen nur die Mädchen am Schwebebalken, Stufenbarren und Barrenholm, nur die Jungen am Barren. Man beachte auch folgende Unterschiede im Bodenturnen der Schüler und Schülerinnen:

Jungen	*Mädchen*
Baden-Württemberg:	
– Handstand – auch mit Abrollen	– Handstand
Berlin:	
– Handstand – Abrollen mit Hilfe	– Handstand mit Hilfe
Niedersachsen:	
– Handstand im Alter von 11 Jahren gar nicht	– Handstand mit 11 Jahren

Allgemein kann gesagt werden, daß auch in den Lehrplänen, die die psychomotorischen Lernziele nach Geschlechtern getrennt aufführen, das für Jungen und Mädchen übereinstimmende Übungsgut den weitaus größeren Teil der Aufgaben stellt und daß ein Teil der aufgeführten Unterschiede (vgl. Bodenturnen) überaus geringfügig und durchaus kurios und willkürlich erscheint.

Es ergibt sich allerdings die Frage, wie diese Unterschiede begründet werden bzw. wie man ihr Zustandekommen erklären könnte.

5.1.4.1. Wie werden diese geschlechtsspezifischen Unterschiede in den Lerninhalten begründet?

Insgesamt findet man vier Sachverhalte vor, mit denen die unterschiedlichen Lerninhalte für Jungen und Mädchen zu begründen versucht werden.

5.1.4.1.1. Geschlechtsspezifische Unterschiede im Entwicklungstempo

Das erste Argument, das unterschiedliche Lernziele für Jungen und Mädchen derselben Altersstufe rechtfertigt, ist – so führt man an – das unterschiedliche Entwicklungstempo bei Jungen und Mädchen. Etwa ab dem 9. Lebensjahr soll sich die Entwicklung bei Mädchen wesentlich rascher vollziehen, sie sollen sich bereits in einer „höheren Entwicklungsstufe" befinden als Jungen gleichen Alters. Dem trägt man nun etwa in Baden-Württemberg dadurch Rechnung, daß Mädchen gleiches Übungsgut in Klasse 4–5 zu bewältigen haben wie die Jungen in den Klassen 4–5. Ähnliche Konsequenzen findet man in Niedersachsen (1953), wo sich Jungen im Alter von 9–12 und Mädchen im Alter von 9–11 auf derselben „Stufe" befinden.

5.1.4.1.2. Geschlechtsspezifische Unterschiede im Eigenschaftsniveau

Als zweites Argument, das zur Begründung der geschlechtsspezifischen Lerninhaltszuordnung herangezogen wird, wird angeführt, daß etwa mit dem 10. Lebensjahr eine entwicklungsbedingte geschlechtsspezifische Differenzierung in Kraft, Ausdauer und Schnelligkeit einsetzt. Vor allem in den Disziplinen Leichtathletik und Boden- und Geräteturnen seien deshalb verschieden hohe Leistungsforderungen und unterschiedliches Übungsgut gerechtfertigt.

5.1.4.1.3. Olympische Disziplinen als Vorbild des Faches Sport

Noch ein dritter Sachverhalt ist für die geschlechtsspezifische Lerninhaltszuordnung verantwortlich: Die rigide Orientierung des Schulsports „an den vier olympischen Disziplinen der Frauen (Bodenturnen, Balkenturnen, Pferdsprung und Stufenbarrenturnen) bzw. an den sechs olympischen Disziplinen der Männer (Bodenturnen, Pferdsprung, Reckturnen, Balkenturnen, Seitpferdturnen, Ringeturnen)" (Unterrichtsmaterialien 3, S. 5). Dies hat zur Folge, daß „hessische Mädchen um das Erlebnis des Ringeturnens gebracht werden und die Jungen nicht auf dem Schwebebalken balancieren, was im Lehrplan Berlins von ihnen verlangt wird und wo zusätzlich für sie die Anforderungen noch höher liegen als für Mädchen" (*Meier* 1975, S. 81). Daß Mädchen am Stufenbarren turnen, während Jungen am Barren und Reck üben, ist außerdem eine Konsequenz der Orientierung des Schulsports an den olympischen Disziplinen.

5.1.4.1.4. Tradierte geschlechtsspezifische Rollenfixierung im Sportunterricht

Die vierte Tatsache, die wohl für die meisten auffindbaren Lerninhaltsunterschiede verantwortlich zeichnet, ist klischeehaftes Rollendenken: Tanz, Gymnastik, rhythmisches Gefühl für Mädchen – Fußball, Raufballspiele für Jungen.

Niedersachsens Lehrpläne aus dem Jahr 1953, aber auch Baden-Württembergs Richtlinien von 1971 geben dafür ein gutes Beispiel ab. Hessens Lehrpläne äußern sich dagegen positiv auch zum Fußballspielen der Mädchen. Außerdem wird darauf verwiesen, im kognitiven Lernbereich auf die tradierte Rollenfixierung der Geschlechter einzugehen.

5.1.4.2. Wie stichhaltig sind die angeführten Argumente?

Fragt man sich nun nach der Berechtigung und Stichhaltigkeit der vier Argumente, so muß man zunächst feststellen, daß sowohl das erste als auch das zweite Argument auf derselben, allerdings irrigen Annahme beruht, psychomotorisches Lernen sei vorwiegend von endogenen Voraussetzungen abhängig. Folge dieser Annahme ist, daß man sich an überholten Phasenmodellen der menschlichen Entwicklung orientiert und die Charakteristika der einzelnen Phasen dazu benutzt, einerseits Lernziele auszuwählen und zu begründen, diese Ziele bzw. Inhalte bestimmten Altersstufen zuzuordnen und außerdem lernorganisatorische Maßnahmen vorzuschlagen.

Interessant ist allerdings, daß weder die Charakteristika der Phasen in allen Lehrplänen übereinstimmen, noch — bei gleicher Kennzeichnung der Entwicklungsperiode — die gleichen pädagogischen Konsequenzen gezogen werden. So wird der angeblich geringen Konzentrationsfähigkeit der sechs- bis achtjährigen Kinder in Berlin und Niedersachsen dadurch Rechnung getragen, daß man häufig wechselnde Aufgaben vorschlägt, während man in Baden-Württemberg durch Konzentrationsübungen die Kinder in diesem Bereich zu fördern versucht.

Das Lernen von psychomotorischen Fertigkeiten, wie sie im Schulsport gefordert werden, ist allerdings — strengen lernpsychologischen Gesetzmäßigkeiten zufolge — von ganz anderen Bedingungen abhängig: von der erstmaligen Ausführung der Verhaltensweise durch den Lerner, der sofortigen motivationsadäquaten Verstärkung und der Möglichkeit zur Wiederholung oder Übung dieser Fertigkeit. Von Faktoren also, die weitgehend vom Lehrer oder Trainer arrangiert werden können und deshalb als externe Lernbedingungen oder Faktoren bezeichnet werden können. Dies wird in den Lehrplänen Hessens, Nordrhein-Westfalens und Schleswig-Holsteins so gesehen: ,,Das Lernen einer Sporttechnik, z. B. im Schwimmen oder Eislaufen, ist weniger vom Alter abhängig als von vorausgegangenen Lernerfahrungen" (Nordrhein-Westfalen 1973). Folge davon ist, daß erstens auf die Charakteristik von Entwicklungsstufen überhaupt verzichtet wird und daß außerdem auch keine Entwicklungscharakteristika zur Lernzielbegründung oder Methodenauswahl herangezogen werden. Es sind denn auch die Lehrpläne dieser drei Länder, die die geringste geschlechtsspezifische Lernzielzuordnung vornehmen.

Die Orientierung des Schulsports an den olympischen Disziplinen ist eine Entscheidung, die wieder einmal offenlegt, daß unser Schulsport sich in der Praxis an den Normen des Leistungssports ausrichtet und damit die gleichen Aufgaben wie der Vereinssport erfüllt (*Dietrich* 1973, S. 9). Die Tatsache, daß in den entsprechenden Lehrplankommissionen bei äußerer Mitwirkung nominal unterschiedlicher Verbände in Wirklichkeit die Entscheidung weniger Personen den Ausschlag gibt (*Funke* und *Kläss* 1973, S. 78), zeigt deutlich, daß sich auch im Schulsport die Interessen an der Förderung des Leistungssports durchgesetzt haben.

Was den vierten — allerdings nirgends explizit ausgesprochenen Sachverhalt betrifft — so dürfte klar sein, daß die Tradierung überholter geschlechtsspezifischer Rollenfixierung im Sportunterricht unerwünscht und nicht zu rechtfertigen ist.

5.1.4.3. Sollen Jungen und Mädchen gemeinsam oder nach Geschlechtern getrennt im Sport unterrichtet werden?

Als letztes soll nun kurz angeführt werden, was den Sportlehrplänen der Bundesrepublik zum Problem ,,Koedukation" zu entnehmen ist.

In den Lehrplänen Baden-Württembergs, Bayerns und Bremens finden sich jeweils kurze Hinweise auf die Notwendigkeit eines getrenntgeschlechtlichen

Sportunterrichts. „Gemischte Klassen sind spätestens von Klasse 4 an zu trennen" (BW 1971, S. 1365).
„Vom dritten Schülerjahrgang an ist die Leibeserziehung von Knaben und Mädchen getrennt durchzuführen" (BA 1973, S. 244).
„Von pädagogisch begründeten Ausnahmen abgesehen, ist die Trennung der Geschlechter notwendig" (BR 1959, S. 33). Explizit begründet wird diese Forderung nach getrennt geschlechtlichem Sportunterricht in keinem der drei Fälle.

Ebenso unbegründet wird im Lehrplan Schleswig-Holsteins das Gegenteil gefordert: „Koedukativer Unterricht ist der Regelfall" (1975, S. 3).

Hessen und Nordrhein-Westfalen schreiben koedukativen Sportunterricht vor und geben auch eine Begründung dafür: Nämlich die geringen Unterschiede der Lernziele für Knaben und Mädchen im motorischen Fertigkeitsbereich wie auch in den affektiven und kognitiven Lernbereichen. Mehr noch könne „der koedukative Unterricht eine geschlechtsspezifische Rollenfixierung im Sport abbauen" (Hessen 1974, S. 13).

Nordrhein-Westfalens Lehrplan weist darauf hin, daß sich bei koedukativer Sporterziehung sachliche Wertungs- und Beurteilungskriterien ohne geschlechtsspezifische Beeinträchtigung erarbeiten lassen.

Zusammenfassend läßt sich also festhalten, daß die Länder, die die meisten geschlechtsspezifischen Unterschiede in den Lerninhalten anführen, konsequenterweise auch einen getrenntgeschlechtlichen Sportunterricht vorschreiben – allerdings ohne Begründung dieser Vorschrift – während Länder mit nur sehr geringen Lernzielunterschieden sich für die Koedukation im Sportunterricht einsetzen.

Literatur

1. *Dietrich, K.*, „Sportunterricht – Instrument der Sportpolitik und curriculumtheoretisches Konstrukt". In: *Jost, E.* (Hrsg.) 1973. Materialien zur Sportpädagogik Bd. 2: Sportcurriculum, Entwürfe – Aspekte – Argumente S. 16–37. (Schorndorf 1973). – 2. *Funke, J.* und *Kläss, P.*, „Inhalt und Verfahren". In: *Jost, E.* (Hrsg.) 1973. Materialien zur Sportpädagogik Bd. 2: Sportcurriculum, Entwürfe – Aspekte – Argumente S. 67–91. (Schorndorf 1973). – 3. *Hecker, G.*, „Der Beitrag der Theorie der kategorialen Bildung zur Sportdidaktik". In: *Hecker, G.* und *Trebels, A.* (Hrsg.) Sportdidaktik. Wuppertal. Kastellann. (1970). – 4. *Meier, A.*, Synopse der Richtlinien und Lehrpläne für das Fach Sport der einzelnen Länder der BRD – Bestandsaufnahme und Analyse des Primarbereichs. Schriftliche Hausarbeit zur Ersten Staatsprüfung für das Lehramt an Volksschulen, der Prüfungskommission an der PH Rheinland, Abt. Aachen, vorgelegt (1975). – 5. *Schäpertöns, R.*, Synopse der Richtlinien und Lehrpläne für das Fach Sport der einzelnen Länder der BRD – Bestandsaufnahme und Analyse des Sekundarbereichs I. Schriftliche Hausarbeit zur Ersten Staatsprüfung für das Lehramt an Volksschulen, der Prüfungskommission an der PH Rheinland, Abt. Aachen, vorgelegt (1975). – 6. *Schmitz, J.N.*, Studien zur Didaktik der Leibeserziehung IV: Lehr-, Unterrichts- und Curriculumprobleme. (Schorndorf 1972).

Anschrift des Autors

Prof. Dr. *Christine Möller*
Masurenstraße 79
2900 Oldenburg

5.2. Die Auswirkung ermutigender Lehreräußerungen auf die Leichtathletikleistungen von Schülern[1][2])

Anne-Marie Tausch, Arnfried Barthel, Bernd Fittkau, Inghard Langer und Renate Theunißen

Mit 1 Abbildung und 2 Tabellen

Zusammenfassung

Im Verlauf von 2 X 4 Wochen erhielten 92 Volksschüler und -schülerinnen aus 9 Klassen des 5./6. Schuljahres von ihren Turnlehrern experimentell eingeführte Ermutigungen, sog. Reinforcements, für ihre Leichtathletikleistungen in regulären Turnstunden. Ergebnis: Bereits wenige Ermutigungen führten bei sehr ängstlichen Schülern – verglichen mit entsprechend ängstlichen Schülern derselben Klassen ohne derartige Ermutigungen – zu signifikanten Verbesserungen in den Leichtathletikleistungen.

Summary

During 2 X 4 weeks 92 elementary school pupils (boys and girls) out of 9 classes of the 5./6. form got experimentally induced reinforcements by their sport teachers for their athletic achievements in regular sport hours. Result: Only a small number of reinforcements resulted in significant improvements in the athletic achievements of the very anxious pupils – compared with anxious pupils on the same level of the same classes without such reinforcements.

Gegenstand der Untersuchung war die Prüfung der Hypothese, daß wenige experimentell in reguläre Turnstunden eingeführte ermutigende Lehreräußerungen, sog. Reinforcements, für die Leistungen in bestimmten Leichtathletikdisziplinen Leistungsgewinne in diesen Disziplinen ermöglichen. Anlaß zu dieser Hypothese gaben die Befunde von *Page* (1958) und *Johannesson* (1967) über positive Leistungsänderungen durch Lehrerreinforcements im schulischen Bereich. Nach den Untersuchungsergebnissen von *Fittkau, Langer* und *Tausch* (1969) waren differentielle Effekte des Reinforcements zu erwarten. Als mögliche Moderatorvariable des Reinforcementeffekts wurde neben dem Geschlecht und dem Leistungsniveau der Schüler vor allem deren Ängstlichkeit vermutet.

Als zweiter hypothetischer Reinforcementeffekt wurde eine Verminderung der Schülerängstlichkeit erwartet (*Fittkau, Langer* und *Tausch*, 1969).

1) Die Untersuchung wurde mit freundlicher Genehmigung der Hamburger Schulbehörde durchgeführt. Herrn Oberschulrat *Weinheber* verdanken wir die Auswahl der Turnlehrer. Finanziell wurde die Untersuchung teilweise durch Mittel der DFG, Kennwort: Sozialpsychologische Untersuchungen, Ta 5/6, 1966 unterstützt.
2) Mit freundlicher Genehmigung des Hogrefe-Verlags, Göttingen, und der Autoren wiederabgedruckt aus: Zeitschrift für Entwicklungspsychologie und Pädagogische Psychologie, 1969, 1, 241–248.

5.2.1. Untersuchungsdurchführung

Allgemeiner Untersuchungsplan: Als experimentelle Bedingung wurde eine systematische Ermutigung von Schülern durch entsprechend vorformulierte Lehrerreinforcements eingeführt. Als Kontrollbedingung diente das von den Lehrern gewohnheitsmäßig geäußerte Reinforcementverhalten. Die situativen Bedingungen entsprachen denen im üblichen Turnunterricht. Zur Erfassung der Wirksamkeit der experimentell eingeführten Lehrerreinforcements wurden als abhängige Variablen die Leichtathletikleistungen kontrolliert: In der Woche vor und am Ende der Experimentalperiode wurden pro Schüler je zwei 50-m-Läufe, zwei Weitsprünge und zwei Schlagballwürfe vom jeweiligen Turnlehrer registriert, ferner während der Experimentalperiode 14tägig je eine Messung pro Disziplin. Diese Messungen wurden nach dem Punktsystem für die Bundesjugendspiele 1967/68 umgerechnet, so daß eine angepaßte Wertung der Leichtathletikleistungen pro Altersstufe und Geschlecht gewährleistet war.

Zur Erfassung des Angstausmaßes der Schüler wurde diesen im Anschluß an eine reguläre Rechen- oder Deutschstunde vor und nach der Experimentalperiode der Test für Schul- und Prüfungsangst von *Wieczerkowski, Fittkau, Janowski* und *Nickel* (1969) durch einen studentischen Vl vorgelegt (Splithalf-Koeffizient .73; Retest-Koeffizient .77, s. *Fittkau* und *Tausch,* 1969).

Beispielitems des Testfragebogens: ,,Wenn mein Name aufgerufen wird, habe ich sofort ein beklemmendes Gefühl" — ,,Manchmal ist mir so, als ob die anderen in meiner Klasse alles viel besser können als ich" — ,,Wenn geprüft wird, bekomme ich jedesmal ein komisches Gefühl im Magen".

Die Wirksamkeit der eingeführten Reinforcements ergab sich aus dem Vergleich der Veränderungen der Schüler beider Untersuchungsbedingungen in den abhängigen Variablen. Einflüsse nicht experimenteller Faktoren auf die abhängigen Variablen — z.B. unterrichts- oder saisonbedingter Anstieg der Leichtathletikleistungen — wirkten sich auf die Reinforcement- und Kontrollgruppe gleichermaßen aus und wurden so durch die Kontrollbedingung kontrolliert.

Untersuchungspersonen waren 181 Volksschüler (79 weibl.) aus 4 Klassen des 5. Schuljahres und 5 Klassen des 6. Schuljahres; ferner 9 Lehrer (24–59 Jahre; 1–15 Jahre Berufserfahrung; 6 weibl.). Jeder Lehrer gab in seiner Klasse mindestens 2 Turnstunden sowie Unterricht in den Fächern Deutsch oder/und Rechnen.

Reinforcement- und Kontrollgruppe wurden durch Halbierung jeder Klasse anhand der vor der Experimentalperiode ermittelten Punktewerte in den untersuchten Leichtathletikdisziplinen gebildet. Bei der Parallelisierung der Schüler nach den Leichtathletikleistungen wurden die Zensuren der Herbst- und Osterzeugnisse 1967/68 in Leibesübungen, Deutsch, Rechnen und Englisch weitestgehend mit berücksichtigt. Auf diese Weise war eine hinreichende Ausgangsvergleichbarkeit der beiden Untersuchungsgruppen hinsichtlich der Mittelwerte und Streuungen der wesentlichen abhängigen Variablen gewährleistet.

Die Bildung der Untergruppen zur Prüfung differentieller Reinforcementeffekte erfolgte — abgesehen von der Unterteilung in Jungen und Mädchen —

aufgrund der präexperimentellen Angsttest- und Leichtathletikwerte der Schüler. Nach dem Gesamtpunktwert der Leichtathletikleistungen wurden die Schüler pro Klasse und Versuchsbedingung in Leistungsniveaudrittel eingeteilt. Die Gruppen sehr ängstlicher und wenig ängstlicher Schüler wurden nach dem oberen bzw. unteren Quartil der präexperimentellen Angstwertverteilung aller Klassen definiert.

Die ermutigenden Lehräußerungen erhielten die Turnlehrer auf einer Liste zur Auswahl; sie waren entsprechend der Sportplatzsituation (Aschenbahn, Sprunggrube) als kurze Zurufe formuliert und hinsichtlich der zu erwartenden Leistungsschwankungen nach 3 hypothetischen Fällen gruppiert:

(a) der Schüler *erreicht nicht* wieder seine beste Leistung: „Nur weiter Mut!" – „Wird schon noch!" – „Schon besser!" – „Wird ja wieder!"

(b) Der Schüler *erreicht* wieder oder fast wieder seine beste Leistung: „Im Prinzip richtig!" – „Weiter so!" – „Schon viel besser!" – „Ja!"

(c) Der Schüler *überbietet* seine beste Leistung: „Gut!" – „Fein!" – „Sehr gut!" – „Bravo!"

Die insgesamt 12 Reinforcementäußerungen wurden zusammen mit einer Liste von über 150 z.T. viel längeren Lehreräußerungen von 32 Lehrerstudenten hinsichtlich der im Schüler ausgelösten Entmutigung/Ermutigung auf einer 7stufigen bipolaren Schätzskala (von −3 über Null bis +3; s. *Tausch* et al., 1969) eingestuft. Der durchschnittliche Skalenwert der 12 Äußerungen betrug +2, d.h. ausgeprägte Ermutigung.

Die Experimentalperiode umfaßte einen Zeitraum von 2 × 4 Wochen mit dazwischenliegender Pfingstferienwoche. Während dieser Zeit hatte jeder Turnlehrer jedem Schüler seiner Reinforcementgruppe unmittelbar nach dessen 50 m Lauf, Weitsprung und Schlagballweitwurf eine der oben genannten Ermutigungen zu geben, mit einer Mindestanzahl von 6–8 Reinforcements pro Woche, auf 2–3 Turnstunden verteilt. Durch ausgefallene Turnstunden (Regenwetter, Klassenreisen, Pockenschutzimpfung etc.) erhielt jeder Schüler im Durchschnitt wöchentlich nur 3–4 Reinforcements, wie aus den Protokollbüchern der Lehrer zu ersehen war.

Statistische Prozedur: In der Kontrollgruppe wurde für jede abhängige Variable der allgemeine lineare Trend der Veränderung, der sich ohne die experimentelle Bedingung einstellte, bestimmt. Dieser Trend repräsentierte die Änderungen, die unabhängig von den experimentell eingeführten Reinforcements zu erwarten waren. Systematische postexperimentelle Abweichungen von den auf Grund dieses Trends gebildeten Erwartungswerten stellten ein Maß für den Reinforcementeffekt dar. Die Regressionsabweichungswerte (Differenzen zwischen den postexperimentellen Werten und den Erwartungswerten) wurden so normiert, daß sich bei einer reinen Zufallsstreuung der postexperimentellen Werte um die Erwartungswerte − wie dies in der Kontrollgruppe zu erwarten war − der Abweichungsmittelwert 100 und die Standardabweichung 10 ergaben. Werte über 100 bedeuten in Tab. 1 und 2 höhere postexperimentelle Werte als zu erwarten waren, Werte unter 100 niedrigere postexperimentelle Werte als erwartet. Mit diesen Veränderungswerten wurden entsprechend den Fragestellungen Varianzanalysen durchgeführt.

Bei den Leichtathletikleistungen, für die mehrere Zwischenergebnisse vorlagen, wurde der Leistungsverlauf in den einzelnen Versuchsgruppen zusätzlich über ein Repeated Measurement Design (s. *Winer,* 1962, S. 298 ff.) verglichen.

5.2.2. Ergebnisse

Differentielle Effekte der experimentell eingeführten ermutigenden Lehreräußerungen ergaben sich auf den verschiedenen Angstniveaustufen der Schüler: Die sehr ängstlichen Schüler der Reinforcementgruppe zeigten nach der Experimentalperiode einen signifikant über dem Erwartungswert der gleich ängstlichen Schüler der Kontrollgruppe liegenden Anstieg in ihrer Leichtathletikgesamtleistung. Demgegenüber lagen die wenig ängstlichen Schüler der Reinforcementgruppe in der Leichtathletikgesamtleistung tendenzmäßig unter dem Erwartungswert aufgrund der wenig ängstlichen Kontrollschüler, s. Tab. 1.

Diese auf dem 5%-Niveau signifikante Wechselwirkung zwischen Reinforcementeffekt und Angstniveau zeichnete sich auch in allen drei untersuchten Einzeldisziplinen ab, am prägnantesten jedoch beim 50 m Lauf.

Die Berücksichtigung der Zwischenerhebungen unterstrich dieses Ergebnis: Die Wechselwirkung zwischen dem Reinforcementeffekt und den Angstniveaustufen der Schüler hinsichtlich des Leistungsverlaufs im Leichtathletikgesamtwert war im 3-faktoriellen Repeated Measurement Design auf dem 1%-Niveau signifikant. Der Verlauf der Leistungsmittelwerte zeigt, daß der Reinforcementeffekt bereits etwa nach der Hälfte der Untersuchungszeit, also nach ca. 12–16 der experimentell eingeführten Reinforcements je Schüler signifikant wurde, s. Abb. 1.

Tab. 1: Zellenmittelwert der Leichtathletikgesamtleistung bei zweifaktorieller Datengruppierung

	Reinforcementgruppe Schul- und Prüfungsangst			Kontrollgruppe Schul- und Prüfungsangst		
	niedrig (N = 23)	mittel (N = 46)	hoch (N = 23)	niedrig (N = 22)	mittel (N = 45)	hoch (N = 22)
präexperimentell	10,5	11,2	10,9	11,5	11,5	10,4
postexperimentell	11,4	12,0	12,6	12,8	12,1	10,7*
Regressionsabweichung	100,0	100,4	105,0	103,6	99,7	96,9*

Die Wechselwirkung zwischen Angstniveau und Reinforcementeffekt wurde hauptsächlich durch die hoch signifikanten Unterschiede in der Leistungsveränderung zwischen Reinforcement- und Kontrollgruppe bei den *sehr ängstlichen Schülern* bedingt. Die gegenläufigen Leistungsveränderungen bei den *wenig ängstlichen Schülern* ergaben dagegen keinen signifikanten Unterschied zwischen Reinforcement- und Kontrollgruppe, s. Tab. 2.

---
* 5%-Niveau-Signifikanz der Wechselwirkung zwischen den Angstniveaustufen und den experimentellen Bedingungen.

Tab. 2: t-Testvergleich der beiden Versuchsbedingungen in der Änderung des Leichtathletikgesamtwertes (Regressionsabweichung) für die drei Angstniveaustufen

Schul- und Prüfungsangst	Reinforcementgruppe M	s	Kontrollgruppe M	s	t
niedrig	100,0	8,38	´103,6	11,15	1,17
mittel	100,4	10,60	99,7	9,67	0,32
hoch	105,4	9,45	96,9	8,00	3,02*

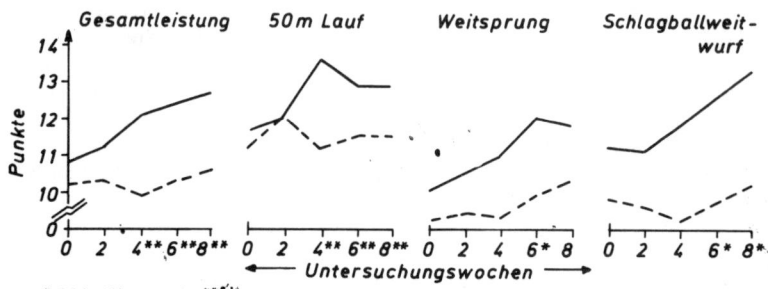

Abb. 1: Leistungsverlauf sehr ängstlicher Schüler

Mittelwertsverläufe der Leichtathletikleistungen bei den sehr ängstlichen Schülern mit und ohne experimentell eingeführten ermutigenden Lehreräußerungen (reinforcements) für ihre Lauf-, Wurf- und Sprungleistungen in regulären Turnstunden. Ergebnis: Während der ersten Hälfte der Experimentalphase von 8 Wochen stellte sich eine deutliche Überlegenheit der ermutigten sehr ängstlichen Schüler gegenüber ihren gleich ängstlichen nicht ermutigten Mitschülern in der Leichtathletikgesamtleistung sowie im 50-m-Lauf ein und blieb während der weiteren Hälfte weitgehend erhalten. Die Signifikanzprüfungen der Unterschiede zwischen den beiden Gruppen im Verlauf des Experiments erfolgte nach Subtraktion der Anfangsunterschiede, also, graphisch ausgedrückt, nach einer vertikalen Parallelverschiebung der zu vergleichenden Kurven auf ein identisches Anfangsniveau.

In den aus Leistungsniveau und Schülergeschlecht gebildeten Untergruppen zeigte sich keine differentielle Reinforcementwirkung.

Generelle Effekte von ermutigenden Lehreräußerungen auf die Leichtathletikleistung und Prüfungsangst waren nicht nachweisbar; Reinforcement- und Kontrollgruppe differierten bei der Varianzanalyse mit den Regressionsabweichungswerten nicht signifikant voneinander. Erwähnt sei jedoch eine Tendenz der Angstverminderung bei den Reinforcementschülern, die als abgeschwächte Replikation der Befunde von *Fittkau, Langer* und *Tausch* (1969) angesehen werden kann.

* 1 %-Niveau-Signifikanz

5.2.3. Diskussion

Der verwendete Test zur Erfassung der Schul- und Prüfungsangst reichte zu einer Klassifikation der vorliegenden Schülerstichprobe nach ihrer allgemeinen Angst im schulischen Bereich sicherlich aus. Zur Erfassung von Effekten des Reinforcements auf die Angst bei sportlichem Einsatz dürfte er jedoch zu unspezifisch sein. *Fittkau* (1969) zeigte, daß in dem Komplex der allgemeinen Schulangst recht spezifische Komponenten, etwa lernspezifische und leistungsdruckspezifische Komponenten auftreten. Bei Vorhandensein sportplatzspezifischer Angsttests ließe sich die mit dem allgemeinen Angsttest gemessene Tendenz der Angstverringerung in der Reinforcementgruppe möglicherweise statistisch absichern.

Die Wechselwirkung zwischen Reinforcementeffekt und Angstniveau, die *nicht* durch die experimentelle Abhängigkeit von Lehrerreinforcements und Leistungsmessung durch die Lehrer artifiziell bedingt sein kann, da die Lehrer keine Einsicht in die Angsttestergebnisse hatten, scheint durchaus einsichtig: Ängstliche Schüler haben offenbar einen großen Bedarf an Ermutigungen, der durch die z.Z. im Unterricht vergebene Häufigkeit an Reinforcements nicht gedeckt wird. Zusätzliche Ermutigungen haben insofern bei diesen Schülern einen leistungsfördernden Effekt.

Eine ,,Follow up"-Leistungsmessung war im Rahmen der auf das Experiment folgenden Bundesjugendspiele geplant, die aber in den einzelnen Klassen zu sehr unterschiedlichen Zeitpunkten stattfanden, so daß sie nicht mehr als einheitliche Leistungserhebung angesehen werden konnten.

Literatur

1. *Fittkau, B., Langer, H.* und *Tausch, R.,* Die Auswirkungen schriftlicher Bekräftigungen auf Leistungen und Schulangst von Schülern. Im Manuskript (1969). – 2. *Fittkau, B.,* Bereiche des Lehrerverhaltens und ihre Bedeutung für die Mitarbeit, Sympathie- und Angstreaktion von Schülern bei ,,Video"- und ,,Life"-Lehrern. Dissertation, Universität Hamburg (1969). – 3. *Johannesson, I.,* Effect of praise and blame upon achievement and attitudes of school children. In: *Nielson, G.S.* (Ed.), Proceeding of the XIV International Congress of Applied Psychology. Vol. III: Child and Education. Copenhagen, 1962. – Deutsch in: *Weinert, F.* (Hrsg.), Pädagogische Psychologie, 336–345 (Köln, 1967). – 4.*Page, E.B.,* Teacher comments and students' performance: a seventy-four classroom experiment in school motivation. J. educ. Psychol., 49, 173–181 (1958). – 5. *Tausch, A., Bingel, R., Langer, I., Orendi, B., Schick, A.* und *Tausch, R.,* Beobachtungsskala zur Erfassung von entmutigendem/ermutigendem Verhalten von Erziehern gegenüber Kindern und Jugendlichen. Im Manuskript (1969). – 6. *Tausch, R.* und *Tausch, A.,* Erziehungspsychologie. 5., wesentl. erweit. A., (Göttingen, 1969). – 7. *Wieczerkowski, W., Fittkau, B., Janowski, A.* und *Nickel, H.,* Fragebogen zur Erfassung von ängstlichen Erfahrungen von Schülern. Im Manuskript (1969). – 8. *Winer, B.J.,* Statistical principles in experimental design. (New York, 1962).

Anschrift der Autoren:

Dr. *Anne-Marie Tausch*
Sorenfeldring 27
2000 Hamburg 67

5.3. Soll im Sportunterricht benotet werden oder: inwieweit ist Schulsport Leistungssport?

Walter Edelmann

Mit 3 Abbildungen

Zusammenfassung

Die Frage, ob im Sportunterricht benotet werden soll, hängt ab von den Zielsetzungen des Sportunterrichtes.

Die Bewertung sportlicher Leistungen kann prinzipiell nach zwei unterschiedlichen Arten der Messung vorgenommen werden, die man als normorientiert bzw. kriteriumsorientiert bezeichnen kann.

Während der kriteriumsorientierten Messung eine pädagogische Funktion, nämlich die der Steuerung des Lehr- und Lernprozesses zugeschrieben wird, erscheint normorientierte Messung als Grundlage einer differenzierten Notengebung nur dann sinnvoll, wenn im Sportunterricht der Leistungsaspekt im Vordergrund steht.

Summary

The question of whether marks should be awarded in physical education is dependant on the aims of physical education.

The valuation of physical performance can be established principally according to two different codes of measurement referred to as norm-referenced and/or criterion-referenced.

Whereas an educational function is attributed to criterion-referenced measurement namely the guidance of the process of teaching and learning, norm-referenced measurement as a basis of a differentiated marking-system is meaningful only when the aspect of performance is predominant.

5.3.1. Die Funktion der Notengebung

Gessmann (1972) referiert über die Einführung des Turnens als Schulfach in Preußen um das Jahr 1842. Trotz warnender Stimmen wurde bereits 1844 verfügt, daß im Reifezeugnis ausdrücklich zu vermerken sei, „ob und mit welchem Erfolg die zu Entlassenen den Unterricht in der Gymnastik benutzt haben". Als Begründung wird angeführt, hierbei „der Schuljugend den wichtigen Zweck der Leibesübungen stets gegenwärtig zu erhalten und bei ihr eine lebendige Teilnahme für dieselben zu erwecken" (beide Zitate nach *Gessmann*, S. 3).

Das Ziel einer solchen Verordnung ist eindeutig als Zucht- und Kontrollfunktion der Notengebung im Fach Turnen zu erkennen, wobei angenommen wurde, daß die Zensur für die damals vorherrschend drillmäßigen Freiübungen auch noch eine motivierende Funktion beinhalte.

Guts Muths, der Turnfachmann der Philantropen führt planmäßige Leistungskontrollen im Sportunterricht ein. Um den Ehrgeiz der Zöglinge anzustacheln werden häufig Wettkämpfe durchgeführt. Belohnungen und

Bestrafungen erfolgen öffentlich durch Einschlagen goldener bzw. schwarzer Nägel auf „Meritentafeln".

Im Verlauf der weiteren Diskussion um Zielsetzungen bei der Notengebung in den verschiedenen Unterrichtsfächern werden u.a. folgende Gesichtspunkte genannt (*Zielinski* 1972, S. 881):

„Die Rückmeldefunktion für den Schüler: Die Note soll ihn informieren, wo er mit seinen Leistungen im Vergleich zu seinen Mitschülern steht . . .

Die Anreizfunktion: Zensuren sollen Schüler motivieren, sich mit den ihnen zugedachten Lernstoffen zu beschäftigen . . .

Die Disziplinierungsfunktion: Mit Hilfe schlechter Noten werden leistungsunwillige Schüler bestraft, in der Hoffnung, sie dadurch zu dem erwünschten Leistungsverhalten zu veranlassen . . .

Die Sozialisierungsfunktion: Durch Zensuren werden die Schulanfänger mit Leistungsnormen in Berührung gebracht . . . Vor allem erfahren die Schüler, daß es als fair gilt, wenn unterschiedliche Leistungen auch unterschiedlich belohnt werden . . .

Die Klassifizierungsfunktion: Durch unterschiedliche Noten werden Schüler unterschiedlichen Bewertungsklassen zugeordnet. Diese Zuordnung ist eine Voraussetzung für Förderungs- und Selektionsmaßnahmen . . .

Die Chancenausgleichsfunktion: Sie wird von jenen Lehrern wahrgenommen, die besonders benachteiligten Schülern bessere Zensuren erteilen, als es die objektiven Leistungen rechtfertigen würden".

Zusammenfassend läßt sich sagen, daß die Notengebung in erster Linie Konkurrenzdenken und Rivalität, Kontrolle und Disziplinierung, Auslese und Statuszuweisung (soziale Selektion) intendiert und nur ansatzweise pädagogische Zielsetzungen im Sinne einer intensiven und individuellen Förderung aller Lernenden aufweist.

In den meisten Arbeiten und Diskussionsbeiträgen zur Frage der Sportzensur wird die grundlegende Frage, welche Funktion die Sportnote haben solle, nicht ausreichend bedacht. Eine solche Funktion und die Entscheidung, ob die Sportnote überhaupt einen Sinn hat, läßt sich ausschließlich aus der Zielsetzung und dem Bildungsverständnis des Faches Sport ableiten, was noch näher auszuführen sein wird.

5.3.2. Die Fragwürdigkeit der Zensurengebung

An ein methodisch einwandfreies Prüfverfahren werden wenigstens folgende Anforderungen gestellt (die sog. Gütekriterien): Objektivität, Zuverlässigkeit (Reliabilität), Gültigkeit (Validität), Normen.

Ingenkamp (1971) konnte zeigen, daß die schulische Notengebung häufig nicht ausreichend objektiv und reliabel ist und daß insbesondere die prognostische Gültigkeit (Vorhersagegültigkeit) nicht selten als unzureichend angesehen werden muß.

Während im ersten Abschnitt die Funktion der Notengebung diskutiert wurde, wären jetzt die Fehlerquellen der in Schulen üblichen Benotung zu betrachten.

Bei der Diskussion um die Sportzensur steht in diesem Zusammenhang die Forderung ganz im Vordergrund, für die Beurteilung der individuellen Leistung Leistungsnormen zu erstellen. Demgegenüber werden Fragen der Auswerte-Objektivität (z.B. Erfassung des Merkmals „Haltung" beim Geräteturnen) kaum diskutiert. Die oft erhobene Forderung, die Leistungsbeurteilung solle vom Leistungsdurchschnitt der Klasse ausgehen (z.B. Rahmenrichtlinien für die Leibeserziehung. Beschluß der Kultusministerkonferenz vom 3. 11. 1966), d.h. die Wahl eines klasseninternen Beurteilungsmaßstabes wird ebenfalls noch zu diskutieren sein.

Nach den bisherigen Überlegungen haben sich also zwei Fragen ergeben:
1. Welche Zielsetzung hat der Schulsport und welche Funktion der Notengebung ergibt sich daraus?
2. Wenn im Schulsport der Leistungsaspekt betont wird, wie kommt man dann zu relativen oder absoluten Normen?

5.3.3. Zielsetzungen des Sportunterrichtes

Heldt (1974) zeigt auf, daß sich der Schulsport mehr und mehr in zwei Richtungen aufgespalten hat: den freizeitorientierten Teil und den leistungsorientierten Teil.

Eine differenzierte Beurteilung des Leistungssportes soll im folgenden erst gar nicht angestrebt werden, es sollen lediglich einige heute unpopuläre Reizworte noch einmal in Erinnerung gerufen werden.

Volkamer (1971) weist darauf hin, daß der Sport ein konkurrenzorientiertes soziales System sei, das Leistungstüchtigkeit und Überlegenheit des Einzelnen betone. Daher besteht Interessenidentität zwischen Staat und Sportverbänden.

Im Anschluß an *Marcuse, Habermas* u.a. beschreibt *Rigauer* (1969) den Leistungssport als arbeitskonform und als Instrument der Anpassung an die leistungsorientierte Industriegesellschaft.

Heldt (1971, S. 74) bezieht den Standpunkt, „daß Kindersport nach den Trainingsbedingungen für Leistungssportler durchaus mit Kinderarbeit zu vergleichen ist ... Der bei Kindern angelegte natürliche Spiel- und Gestaltungstrieb wird eingeengt; gefördert wird dagegen bei aufreibenden Trainingsmethoden die ... unkritische Erfüllung eines vorgegebenen Leistungsanspruchs".

Neben zahlreichen anderen Autoren und Repräsentanten des Leistungssports bestreitet demgegenüber *Lenk* (1971, 1972) den Zwangscharakter des Trainings und den fremdbestimmten Leistungsdruck auf den Athleten. Er bedauert den „Verlust an gesellschaftlich nötiger Leistungsmotivation" (1971, S. 83) und sieht wie *Adam* (1967) im Sport ein effektives Mittel zur Aktivierung der Leistungsmotivation.

Dieser, hier in aller Kürze kritisch referierte Leistungsaspekt wird nicht nur in Richtlinien zum Sportunterricht explizit als Ziel des Unterrichts genannt, er zeigt sich auch in Programmen zur Talentsuche und Talentförderung, im Ausbau des schulischen Wettkampfsystems, in der Stellung der Bundesjugendspiele im Unterricht u.ä.

In einer Stellungnahme des VI. Kongresses für Leibeserziehung 1973 heißt es dagegen: „Der Schulsport hat im gesamten Sportbetrieb in der Bundesrepublik und gegenüber dem außerschulischen Sport eigenständige Aufgaben zu erfüllen, die unter erziehungswissenschaftlichen Prämissen zu formulieren sind".

In dieser Resolution setzt sich der Ausschuß Deutscher Leibeserzieher für einen Schulsport ein, der Langzeitinteressen entwickelt, auf künftige Bedingungen des Berufs- und Familienlebens abzielt, sowie gesunde Lebensführung, Kommunikationsfähigkeit und „individuelles Glück" zum Ziel hat. „Der Sportpädagoge wird sportliche Leistungen immer bejahen, wenn sie aus dem gewachsenen Anspruch des einzelnen entstehen . . ." (Zitate aus: Sozialisation im Sport 1974, S. 450).

Ein solcher Unterricht, der den Freizeit- und Vitalitätswert des Sports betont, versucht außerdem zunehmend Schüler in die Planungsprozesse einzubeziehen, um so das Ausmaß an Fremdbestimmung im Unterricht abzubauen.

Koedukative, jahrgangsübergreifende und in ihrer Leistungsfähigkeit sehr heterogene Gruppen tragen dazu bei, die einseitige Überbetonung sensomotorischer Lernziele zugunsten kognitiver und affektiver etwas abzubauen.

Auch wenn für die Sportkonsumenten jetzt wieder eine Olympiade angeboten wird, bei der die Nationenwertung eine dominierende Rolle spielen wird, und trotz der publizistischen Rechtfertigung für die Förderung des Spitzensports soll hier eindeutig für einen sog. freizeitorientierten Schulsport plädiert werden.

5.3.4. Bewertung sportlicher Leistungen

Im folgenden sollen zwei unterschiedliche Modelle der Leistungsbewertung vorgestellt werden.

Erstes Beispiel: Leistung im Weitsprung.

Wir stellen uns vor, es gäbe noch keine Bewertungstabellen für Weitsprung und auch kaum Erfahrungen zu dieser sportlichen Betätigung. Stellen wir uns weiter vor, ein 17jähriger Schüler springt 5,31 m weit. Ist dies eine gute, durchschnittliche oder weniger gute Leistung?

Das Problem ist sofort überschaubar: Die Frage kann so nicht beantwortet werden. Eine Antwort ist nur möglich durch einen Vergleich, oder wie man auch sagen könnte, einen Standard.

Wo bekommt man nun diesen Vergleichsmaßstab oder Standard her?

Wir könnten z.B. aus der Grundgesamtheit aller 17–18jährigen jungen Männer eine repräsentative Stichprobe ziehen. In dieser Stichprobe müßten dann entsprechend ihrem Anteil an der Gruppe aller 17–18jährigen im Bundesgebiet Schüler, junge Arbeiter, Angestellte usw. vertreten sein. Hierbei müßten wir darauf achten, nicht zuwenige Personen heranzuziehen, da es das Ziel fast aller Testkonstrukteure ist, einigermaßen normalverteilte Werte bei der ausgewählten Vergleichsstichprobe zu erzielen. Wie wir noch sehen werden, tun wir in unserem fiktiven Beispiel so etwas ähnliches wie einen Test konstruieren.

Bei der Normalverteilungskurve, die keineswegs die „normale" Verteilungsform empirischer Daten ist, hat die Wahrscheinlichkeitsdichte ihr Maximum beim Mittelwert. Je größer die Abweichung eines Wertes vom Mittelwert, desto geringer wird die Wahrscheinlichkeit seines Auftretens.

Eine statistisch herausragende Bedeutung hat die Standard-Normalverteilung, die einen Mittelwert von 0 und eine Standardabweichung von 1 aufweist.

Der Mittelwert als arithmetisches Mittel braucht nicht näher erklärt zu werden. Die Standardabweichung ist die Einheit für die Messung der Entfernung vom Mittelwert. Sie ist gegeben durch die Abszisse der Wendepunkte der Kurve. (Abb. 1).

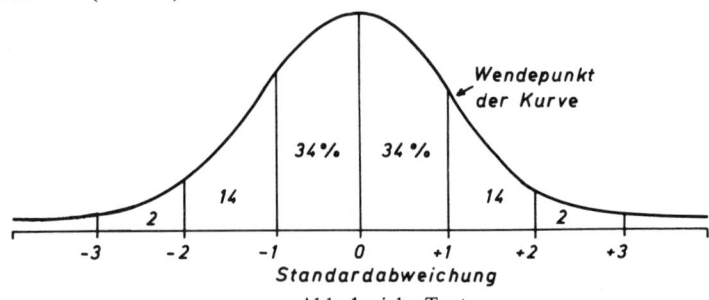

Abb. 1 siehe Text

Hierbei liegen etwa 68% der Werte zwischen ±1 Standardabweichungen, etwa 96% der Werte zwischen ±2 Standardabweichungen und 99,7% der Werte zwischen ±3 Standardabweichungen.

Zurück zu unserer Stichprobe der jungen Männer! Alle ausgewählten Personen haben einen Weitsprung absolviert. Die Variationsbreite, d.h. der Abstand vom kleinsten bis zum größten Wert sei 2,60 m—6,40 m. Aus diesen Werten kann man nun leicht das arithmetische Mittel errechnen. Nehmen wir an, es betrage 4,50 m.

Wir können jetzt schon die Aussage machen, daß eine Weite von 5,31 m eine *relativ* gute Leistung darstellt.

Damit haben wir bereits das wichtigste ausgesagt: Wir haben die relative Position eines Individuums innerhalb seiner Bezugsgruppe festgestellt. Die Güte einer Leistung ist bestimmt durch die Abweichung vom Mittelwert. „Gute" Leistungen sind überdurchschnittliche und „schlechte" Leistungen sind unterdurchschnittliche Ergebnisse.

Die bis jetzt vorgenommene Kennzeichnung der Leistung ist jedoch noch recht ungenau. Es erhebt sich das Bedürfnis nach einer Maßeinheit für die Abweichung vom Mittelwert. Ein solches Maß haben wir bereits kennengelernt. Es ist die Standardabweichung.

Die Formel, die uns aber nicht weiter beschäftigen wird, lautet

$s = \sqrt{\dfrac{\sum (x_i - \bar{x})^2}{n-1}}$ oder s = Wurzel aus der Summe der Abweichungsquadrate aller Meßwerte einer Verteilung von ihrem arithmetischen Mittel dividiert durch die um 1 verminderte Anzahl der Messungen.

Wir nehmen nun an, wir hätten für unsere Weitspringer eine Standardabweichung von s = 0,80 m errechnet.

Wir können jetzt sagen, unser Proband liegt recht genau 1 Standardabweichung über dem Mittelwert.

Auch jetzt ist die Ausdrucksweise recht umständlich. Ein anderer Weitspringer könnte 0,76 Standardabweichungen über dem Mittelwert liegen usw. Man drückt deshalb das Ergebnis meist in Skalenwerten aus. Dabei unterscheidet man zwischen Standardnormen (z.B. T-Skala) und Prozentrangplätzen. Hierzu die Abb. 2.

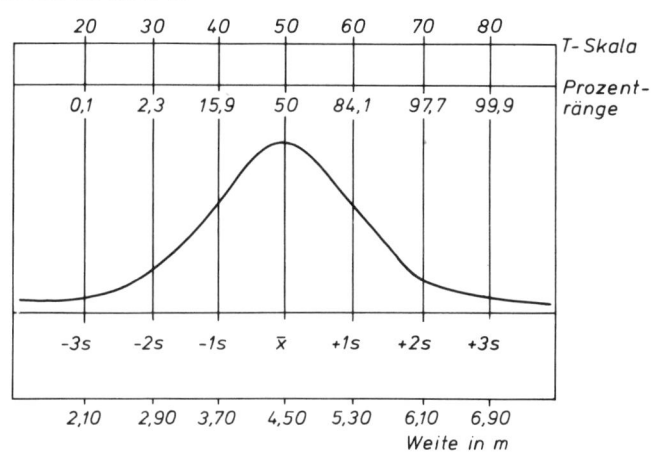

Abb. 2 siehe Text

Unser Proband hätte also mit seinen 5,31 m (= 1 s über $\bar{x}$) einen T-Wert von etwa 60 und einen Prozentrang von etwa 84 erreicht. Der Prozentrang ist, obwohl statistisch gesehen weniger brauchbar, das anschaulichere Maß. Ein Prozentrang von 84 bedeutet, daß die Versuchsperson in dieser Leistungsfähigkeit 84% der Konkurrenten übertrifft.

Den hier geschilderten Vorgang nennt man die Eichung oder Standardisierung. Auf diese Weise wird der Vergleichsmaßstab oder Standard gewonnen. Das individuelle Ergebnis wird erst interpretierbar durch einen solchen Vergleichsmaßstab, durch Normen. Diese Werte sind üblicherweise tabelliert. Man findet sie z.B. im Beiheft zu Testverfahren als Normtabellen.

In unserem Falle könnte man leicht eine solche Tabelle herstellen und durch Interpolation auch zu Zwischenwerten gelangen:

Weite	T-Wert	Prozentrang
2,90	30	2
3,79	40	16
4,50	50	50
5,30	60	84
6,10	70	98

An Hand dieser Normtabelle kann nun jede Weitsprungleistung 17–18-jähriger Männer im Vergleich zu dieser Bezugsgruppe (mehr oder minder repräsentative Eichstichprobe) beurteilt werden.
Solche Normwerte könnten auch als Grundlage der Notengebung dienen. Im folgenden Beispiel sind die Grenzen für die einzelnen Notenstufen durch Vielfache von 2/3 einer Standardabweichung definiert. (Abb. 3).

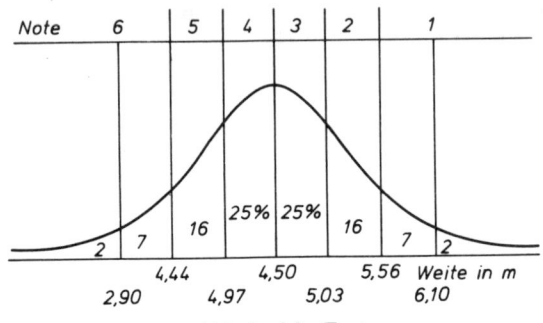

Abb. 3 siehe Text

Abschließend sei noch einmal darauf hingewiesen, daß die Zahlenwerte lediglich zur Demonstration dienen und möglicherweise recht unrealistisch sind.

Zweites Beispiel: Sportabzeichen.

In dem Informationsblatt „Deutsches Jugendsportabzeichen" wird für männliche Jugendliche im Alter von 17 und 18 Jahren neben anderen Leistungen wahlweise auch ein Weitsprung verlangt. In der Beschreibung der Anforderungen heißt es: „4,50 m ohne Sprungbrett".

Entscheidend hierbei ist, ob die festgelegte Grenze von 4,50 m erreicht wird oder nicht. Dagegen wird nicht beachtet, wie weit diese Grenze überschritten oder verfehlt wird. Es entstehen so zwei Klassen von Teilnehmern an dieser sportlichen Betätigung: Teilnehmer, die die Leistungsanforderung erfolgreich bewältigen konnten und solche, die nicht erfolgreich waren.

nicht erfolgreich	erfolgreich

↑
4,50 m

Wichtig ist noch der Hinweis, daß die Prüfung (der Test) in beiden Beispielen die gleiche war, nämlich einen Weitsprung unter bestimmten Wettkampfbestimmungen zu absolvieren. Unterschiedlich ist jedoch die Art der Messung.

Diese zweite Art der Messung spielt im Sport eher eine untergeordnete Rolle (z.B. „Volksläufe"), sie wird jedoch im täglichen Leben vielfältig angewandt (z.B. Führerscheinprüfungen). Bei vielen Entscheidungen des Alltags erscheint es weniger wichtig, festzustellen, inwieweit sich die Probanden unterscheiden — vielmehr steht im Vordergrund die Frage, ob ein bestimmtes Ziel erreicht ist.

Worin unterscheiden sich nun die beiden Meßtypen?
Das Ziel des Vorgehens im ersten Beispiel (wie auch bei standardisierten Testverfahren) ist in erster Linie die Vergleichbarkeit der individuellen Testergebnisse, das Feststellen der relativen Position eines Individuums innerhalb seiner Bezugsgruppe. Eine solche Messung nennt man auch *normorientiert*, weil sie die Leistung des einzelnen an der Norm einer Bezugsgruppe mißt.

Im zweiten Beispiel sprechen wir von *kriteriumsorientierter* Messung. Hier gibt das Lernkriterium („Lernziel") den Standard an, an dem für jede Versuchsperson entschieden werden kann, ob sie das zu Erlernende wirklich gelernt hat. Die wichtigste Funktion solcher kriteriumsorientierten Messung (oder wie man auch manchmal sagt lernzielorientierter bzw. lehrzielorientierter Messung) besteht darin, die Probanden in zwei Klassen einzuteilen, in die Klasse der Erfolgreichen und in die Klasse der Nicht-Erfolgreichen.

Die kriteriumsorientierte Messung erfaßt demnach ein dichotomisches oder qualitatives Merkmal (Merkmal vorhanden oder nicht), während die normorientierte Messung ein dimensionales oder quantitatives Merkmal (Ausprägungsgrad eines Merkmals) erfaßt.

Die normorientierte Messung ist vergleichend und mißt *relativ* zu einer Bezugsgruppe, während die kriteriumsorientierte Messung *absolut* mißt und so populationsunabhängig ist (relative bzw. absolute Normen). So gesehen ist die Bezeichnung „normorientierte" Messung problematisch, da das definierte Lernkriterium selbstverständlich auch eine Norm darstellt.

Der normorientierten Messung liegt eine ausgearbeitete formalstatistische Theorie (sog. klassische Testtheorie) zu Grunde, während Ansätze zu einer Theorie kriteriumsorientierter Messung im deutschen Sprachraum von *Klauer* (1972) und *Fricke* (1974) vorgelegt wurden.

Das Prinzip normorientierter Messung, von Lehrern wohl meist implizit und wenig reflektiert angewandt, führt in Schulen zu einer differenzierten Notengebung, die die Streuung der Leistungsunterschiede betont und durch besondere Vorkehrungen (mittlerer Schwierigkeitsgrad der Aufgaben) solche Leistungsdifferenzen zum Teil erst hervorruft. Eine pädagogische Zielsetzung dieses Meßtyps im Sinne einer optimalen individuellen Förderung der Schüler läßt sich schwerlich nachweisen.

Das Prinzip kriteriumsorientierter Messung widerspricht grundsätzlich einer differenzierten Notengebung. Nach einem Vorschlag von *Weiss* (1971) besteht jedoch auch hier die Möglichkeit zur Zensierung zu gelangen. In der Formel Note = $6 - \frac{5 \cdot T}{S}$ bedeutet T die Anzahl der erfolgreich absolvierten Prüftests und S die Summe aller gegebenen Tests. Ein solcher Trick, die Notengebung wieder einzuführen, kann jedoch nur unter dem Druck der Schulbehörde toleriert werden, die auf Notengebung besteht. Die wichtigsten Funktionen kriteriumsorientierter Messung sind die *Steuerung des Lehr- und Lernprozesses* durch Rückmeldung der Lernergebnisse an Lehrer und Schüler.

Durch die *Diagnose des individuellen Leistungsstandes* des Schülers sind gezielte Förderungsmaßnahmen möglich. Dies sind nun eindeutig pädagogische Zielsetzungen.

Die Frage ist nun, ob im Übungsbetrieb des Sportunterrichts die vielfältigen methodischen Probleme kriteriumsorientierter Messung (*Klauer, Fricke*) von Bedeutung sind oder ob nicht eine exakte Beschreibung psychomotorischer Lernziele, etwa im Sinne der *Mager*'schen Kriterien, eine Gewähr dafür bietet, ausreichend objektiv festzustellen, ob ein Lernziel erreicht ist oder nicht.

Diese Überlegungen knüpfen an ältere Vorstellungen an (*Ebel* 1961) und sehen im Test selbst die beste operationale Definition des Lernziels. Weiterhin könnte man auf elegante Weise eine Quantifizierung des Lernziels und so eine zufallskritische Schätzung des Abstands vom Lernziel vermeiden, in dem man eine 100%-Lösung verlangt. Dies ist im Sport leicht möglich. Beispielsweise kann eine bestimmte Übung am Reck in ihren Elementen und ihrer Koordination so beschrieben werden, daß relativ objektiv festgestellt werden kann, ob eine Ausführung im Sinne dieser Beschreibung erfolgreich ist oder nicht.

Es ist allerdings zu wiederholen, daß bei diesen Maßnahmen zur Lernkontrolle eine Note keine zusätzliche Funktion haben kann, da das erklärte pädagogische Ziel die Steuerung des Lehr- und Lernprozesses ist.

In diesem Zusammenhang ist auch darauf hinzuweisen, daß die sog. „pädagogische Note", die körperliche Indisposition (warum nicht auch psychische?) als zusätzlichen Faktor in die Leistungsbeurteilung aufnimmt, als absolut inkonsequent zu bezeichnen ist.

Erinnern wir uns der eingangs gestellten Fragen nach den Zielsetzungen des Schulsports und der Möglichkeit der Gewinnung von Normen.

Entweder werden im Sportunterricht Leistungen bewertet, dann ist nur eine reine Leistungsnote sinnvoll, oder es werden im Sportunterricht vorrangig andere Ziele angestrebt, dann ist eine Note sinnlos. Wird der Sportunterricht als Leistungsfach aufgefaßt, dann ist auch der klasseninterne Beurteilungsmaßstab („Die Beurteilung geht vom Leistungsdurchschnitt der Klasse aus") als unbefriedigend anzusehen. Konsequenterweise wird man dann repräsentative Leistungsnormen entwickeln.

Diese Normen sind dann im Zuge einer sog. normorientierten Messung zu gewinnen, da nur dieses Verfahren eine differenzierte Beurteilung ermöglicht.

Es bleibt festzuhalten: Ein Plädoyer für die Sportnote betont den Leistungsaspekt und unterdrückt den Freizeitaspekt des Sportunterrichts. Die Beibehaltung der Sportnote zielt bewußt auf eine schulische Sozialisation, die Konkurrenz und Rivalität in den Mittelpunkt stellt. Die sportliche Leistung degeneriert zu dem Zwang, nicht ein bestimmtes Ziel zu erreichen, sondern möglichst immer besser als andere zu sein. Bei einer durch die Ministerialbürokratie verordneten und vermutlich von den meisten Sportlehrern akzeptierte Notengebung spielen allerdings speziell meßtheoretische Erwägungen nur eine untergeordnete Rolle.

Literatur

1. *Adam, K.*, Über das Verhältnis von Leistungstraining und Schulsport. Die Leibeserziehung 16, 1–6 (1967). – 2. *Ebel, R.L.*, Must all tests be valid? American Psychologist 16, 640–647 (1961). – 3. *Fricke, R.*, Kriteriumsorientierte Messung (Stuttgart 1974). – 4. *Gessmann, R.*, Die Frage der Zensurengebung im Fach Sport und die Problematik des fehlenden Begründungszusammenhangs. Leibesübungen 23, 3–12 (1972). – 5. *Heldt, U.*, Schulsport und Leistungssport (Ahrensburg 1974). – 6. *Heldt, U.*, Die Teilnahme ist wichtiger als der Sieg...? ATB-Blätter, S. 45 (1969). – 7. *Ingenkamp, K.*, (Hrsg.), Die Fragwürdigkeit der Zensurengebung. (Weinheim und Basel 1971). – 8. *Klauer, K.J., Fricke, R., Herbig, M., Rupprecht, H., Schott, F.*, Lehrzielorientierte Tests. (Düsseldorf 1972). – 9. *Lenk, H.*, Notizen zur Rolle des Sports und der Leistungsmotivation in einer künftigen Gesellschaft. Leibeserziehung 20, 82–87 (1971). – 10. *Lenk, H.*, Leistungssport: Ideologie oder Mythos. (Stuttgart 1972). – 11. *Rigauer, B.*, Sport und Arbeit (Frankfurt 1969). – 12. Sozialisation im Sport. Hrsg. Ausschuß Deutscher Leibeserzieher (Schorndorf 1974). – 13. *Volkamer, M.*, Aggressivität in konkurrenzorientierten sozialen Systemen. Sportwissenschaft 1, 33–64 (1971). – 14. *Zielinski, W.*, Die Beurteilung von Schülerleistungen. In: *Weinert, F.E., Graumann, C.F., Heckhausen, H., Hofer, M.* u.a., Funkkolleg Pädagogische Psychologie. 877–900 (Frankfurt/M. 1974).

Anschrift des Autors

Prof. Dr. *Walter Edelmann*

Adolfstraße 55
3300 Braunschweig

6. GESELLSCHAFTLICHE RAHMENBEDINGUNGEN

6.1. Geschlechtsspezifische Unterschiede in den Bereichen Arbeit, Freizeit und Sport

Exemplarische Ergebnisse einer Befragung

Gabriele Adams

Mit 11 Tabellen

Zusammenfassung

Dieser Beitrag enthält die Darstellung einiger exemplarischer Ergebnisse einer Befragung, die geschlechtsspezifische Unterschiede in Einstellung und Verhalten von Jugendlichen in den Bereichen Arbeit, Freizeit und Sport verdeutlichen. Diese Unterschiede zwischen Mädchen und Jungen (1000 Berufsschüler im Alter von 14–18 Jahren) werden auf die rollenspezifische Sozialisation zurückgeführt.

Summary

In the following some exemplary results of an interview study are reviewed. They reveal sex-typed attitudes and behaviors of adolescents with regard to work, leisure, and sports. Differences between males and females (1000 pupils of a vocational school, aged 14 to 18 years) are explained by socialization practices emphasizing different roles.

Im Rahmen einer Diplomarbeit wurde im Oktober 1974 an drei Berufsschulen in Leverkusen (Mädchenberufsschule, Kaufmännische und Gewerbliche Berufsschule) eine Befragung an 1868 Jugendlichen, im Alter von 14–18, durchgeführt. Diese Befragung zielt ab auf die Bereiche: Arbeit, Freizeit und Sport. Der aktuelle Anreiz zu dieser Untersuchung ergab sich aus der gerade in letzter Zeit unter gesellschaftskritischem Gesichtspunkt geführten Freizeitdiskussion.

Folgende Fragen wurden u.a. untersucht: 1. Welche Interdependenz besteht zwischen „Arbeit", „Freizeit" und „Sport"? 2. Gibt es überhaupt eine Abhängigkeit zwischen den drei Bereichen?

Von den befragten Jugendlichen wurde eine Stichprobe von jeweils 500 männlichen und weiblichen Personen ausgewählt; Kriterien innerhalb der Geschlechtsgruppen waren eine gleichmäßige Verteilung der erfaßten Berufe und des Alters. Das durchschnittliche Alter der untersuchten Stichprobe liegt zwischen 16 und 17 Jahren.

Einige Ergebnisse aus der Befragung wurden ausgesucht um aufzuzeigen, wie sich das rollenstereotype Verhalten bei beiden Geschlechtern in den untersuchten Bereichen unterschiedlich darstellt.

In diesem Beitrag werden nicht alle Arbeits-, Freizeit- und Sporttheorien, die versucht haben, diesen Komplex zu erfassen, aufgeführt und erläutert.

Es soll hier versucht werden die vorliegenden Daten einer ersten vorläufigen Kommentierung zu unterziehen.

6.1.1. Arbeit

Zum Komplex „Arbeit" sind viele Theorien entwickelt worden (*Marx*, 1973; *Hofmann*, 1969; *Jaeggi*, 1971, 1973; *Huffschmid*, 1971; *Hörning*, 1972; *Crusius* u.a. 1971; *Böttiger* u.a. 1972; *Fetscher*, 1972; *Schelsky*, 1970). Wenig umstritten ist die Aussage, daß Arbeit eine notwendige Existenzbedingung für jedes menschliche Dasein ist. Arbeit schafft die Voraussetzungen für Kultur, für jegliche gesellschaftliche Existenz. Mit dieser Aussage wird die Wechselbeziehung zwischen Arbeit und Gesellschaft angesprochen; das bedeutet: Die jeweiligen Formen und Strukturen der Arbeitsprozesse beeinflussen gesellschaftliche Strukturen.

Andererseits schafft sich aber eine spezifische Gesellschaft die ihr adäquaten Arbeits- und Produktionsverhältnisse.

Diese gesellschaftsabhängigen Formen der Arbeit werden aber nicht einheitlich beschrieben.

Für die Darstellung einiger Ergebnisse der Befragung wird der Begriff „Arbeit" nicht allgemein beschrieben.

Da der Charakter der Arbeit sich in den Berufen widerspiegelt, wird hier, anstelle der Arbeit, die konkrete berufliche Tätigkeit der Probanden erfaßt.

Folgende Kategorien wurden gewählt: handwerkliche Arbeit, Büro- und Verwaltungsarbeit, Sozialarbeit, zum Teil und reine Maschinen-Arbeit, Fließbandarbeit und untergeordnete Arbeiten, wie z.B. Boten- und Spülarbeiten.

In der Beantwortung der Fragen: Welche Art von Arbeit machen Sie überwiegend? und 2. welche Berufsbezeichnung führen Sie?, zeigen sich die ersten Unterschiede zwischen Jungen und Mädchen in dieser Stichprobe (Tab. 1).

Tab. 1: Verteilung der Berufsarten dieser Stichprobe

	Jungen	Mädchen
Untergeordnete Arbeit	9,86%	15,78%
Handwerkliche Arbeit	69,82%	20,24%
Büro/Verwaltungsarbeit	19,92%	53,64%
Sozialarbeit	0,40%	7,89%
$p < 0,001$ [1])		

Von den Jugendlichen, die in der Sozialarbeit tätig sind, sind über 95% weiblichen Geschlechts. Während die Sozialarbeit eine Domäne der Mädchen ist, verteilen sich die Jungen mit fast 2/3 auf die handwerkliche Arbeit und knapp 20% auf die Büro- und Verwaltungsarbeit. Bei den Mädchen verläuft die Verteilung fast umgekehrt: mehr als die Hälfte aller Mädchen machen Büro- und Verwaltungsarbeiten und 20% sind handwerklich tätig, wobei

---

[1]) Alle χ^2-Berechnungen erfolgten nach *Clauß/Ebner*, 1974, S. 255.

Friseur ein handwerklicher Beruf ist. Auch leisten in dieser Stichprobe mehr Mädchen untergeordnete Arbeiten als Jungen.

Der qualitative Unterschied in der Berufstätigkeit zwischen Mädchen und Jungen dieser Stichprobe wird noch deutlicher, vergleicht man die Länge der Ausbildung.

Laut Berufsbildungsgesetz heißen alle in der Berufsausbildung stehenden Jugendlichen nicht mehr „Anlernlinge" oder „Lehrlinge", sondern einheitlich „Auszubildende". Der Unterschied der Ausbildung besteht nach wie vor in der Dauer. Auszubildende, die früher als „Anlernlinge" bezeichnet wurden, haben eine kürzere Ausbildungszeit als die früher mit „Lehrling" bezeichneten Auszubildenden.

Es zeigt sich, daß zwischen Mädchen und Jungen ein Unterschied in der Länge der Ausbildung besteht (Tab. 2).

Tab. 2: Geschlechtsspezifische Unterschiede bei der Länge der Ausbildungszeit

	Jungen	Mädchen
Ohne Ausbildung	10,22%	15,99%
„Anlernlinge"	6,61%	31,58%
„Lehrlinge"	82,77%	52,43%
$p < 0,001$		

Die Berufe, für die sich die Jungen in erster Linie entschieden haben, verlangen eine längere Ausbildung. Diese Jungen würden zu 3/4 nach altem Sprachgebrauch als „Lehrlinge" bezeichnet, die Mädchen jedoch nur zur Hälfte. Die alte Bezeichnung „Anlernling" würde nur auf den kleinsten Teil der Jungen, aber auf 1/3 der Mädchen zutreffen. Auch bei den Berufsschulpflichtigen ohne Ausbildungsvertrag überwiegen die Mädchen.

Der Grund der kürzeren Ausbildungszeit für Mädchen, der hohe Anteil an denen, die untergeordnete Arbeiten ausführen, läßt sich meines Erachtens auf die heute in unserer Gesellschaft noch vorherrschende Überzeugung zurückführen, daß Mädchen eine weniger gute Ausbildung brauchen als Jungen. Oft werden sie nach Abschluß der Schule sofort ohne Ausbildung in die Produktion „gesteckt". So geben ca. 12% der Mädchen an, daß die Eltern ihren Beruf bzw. die Ausbildung gegen ihren Willen ausgesucht haben (Jungen 5,31%).

Der große Anteil an Frauen in den sogenannten Leichtlohngruppen spricht für sich. Die Unsitte, überwiegend Frauen unqualifiziertere Tätigkeiten verrichten zu lassen, spiegelt exakt die Rolle der Frau in unserer Gesellschaft wider (*Pross*, 1970).

6.1.2. Freizeit

Die Schwierigkeit, den Begriff Freizeit inhaltlich zu füllen, beginnt mit der einfachen Frage: *Was ist Freizeit?* (*Adorno*, 1969; *v. Hentig*, 1970;

Opaschowski, 1970, 1972; *Giesecke,* 1968; *Habermas,* 1970; *Scheuch,* 1969; *Schelsky,* 1970; *Herzfeld,* 1970; *Pohl,* 1970; *Blücher* 1968; *Lüdtke,* 1972[1]).
Ist damit alle „freie Zeit" gemeint, also eine Restzeit, die übrig bleibt, wenn man die Arbeits-, Essens-, Einkaufs-, Wegzeiten und die Zeit zum Schlafen von einem 24-Stundentag abzieht? Kann man von Freizeit vielleicht nur dann sprechen, wenn es die Zeit ist, die aktiv und inhaltlich zielvoll ausgefüllt ist? Ist Freizeit die Zeit, die der Mensch braucht, um seine Arbeitskraft zu regenerieren oder die er braucht, um zu konsumieren?

Freizeit läßt sich am ehesten erfassen, stellt man sie dem Begriff „Arbeit" gegenüber.

Mit dem Beginn der industriellen Epoche taucht als Pendant zu „Arbeitszeit" der Begriff „Freizeit" auf. Bis in unseren heutigen Sprachgebrauch hat sich sein damaliger Sinn erhalten: Freizeit bezeichnet die Zeit, die frei ist von der Notwendigkeit der Existenzsicherung, frei von Zwang.

Aber stimmt es wirklich, daß Freizeit frei von Zwang ist? Ist es nicht vielmehr so, daß Freizeit als gesellschaftliches Phänomen abhängig ist von den Strukturen und den damit verbundenen Zwängen eben dieser Gesellschaft? Erwähnt seien hier nur die Konsumzwänge, denen das Individuum in seiner Freizeit unterworfen ist, sowie die Tatsache, daß am Arbeitsplatz erlerntes Verhalten auch in den Freizeitbereich hineingetragen wird.

Die meisten „Freizeittheorien" lassen sich im wesentlichen in drei Kategorien zusammenfassen:
1. Freizeit und Arbeitszeit sind unabhängig voneinander (Freizeit als inhaltsloser Rest des Volltages nach Abzug der Arbeitszeit) (*Blücher* 1968)
2. Freizeit stellt die Ergänzung zur Arbeitszeit dar (Verhalten in Arbeits- und Freizeit sind sich ähnlich, Versagungen werden suspensiert) (*Fetscher* 1972)
3. Freizeit und Arbeit sind gegensätzlich (Freizeit zeigt kompensatorische Verhaltensformen) (*Herzfeld* 1970)

Zu 1. möchte ich auf die obigen Ausführungen verweisen, die sich mit einer Grundaussage der Psychologie decken, daß das „Sein" das „Bewußtsein" bestimmt.

Die beiden anderen Kategorien, die übereinstimmend davon ausgehen, daß eine Abhängigkeit zwischen Arbeit und Freizeit vorliegt, stellen meine Grundlage zur Erfassung und zur Kommentierung der Daten zur Freizeit der Jugendlichen dar.

Im folgenden werden die Ergebnisse von 5 Fragen aus dem Komplex „Freizeit" angeführt.

Auffällig ist der hochsignifikante Unterschied zwischen Jungen und Mädchen in der Länge der ihnen zur Verfügung stehenden Freizeit (Tab. 3).

Tab. 3: Wieviele Stunden Freizeit haben Sie täglich (ohne Wochenende)?

Stunden	Jungen	Mädchen
1–3	25,51%	39,53%
3–6	65,16%	47,80%
6–9	9,33%	12,67%
$p < 0,001$		

Fast 40% der Mädchen und rund 25% der Jungen haben bis zu 3 Stunden Freizeit täglich; knapp die Hälfte der Mädchen und 2/3 der Jungen haben zwischen 3 und 6 Stunden Freizeit. Weniger Jungen als Mädchen haben 6 bis 9 Stunden Freizeit: 9,33% der Jungen und 12,7% der Mädchen. Die durchschnittliche Stundenzahl der Mädchen liegt zwischen 3 und 4, die der Jungen zwischen 4 und 5 Stunden.

Da es einige Theorien gibt (*Fetscher* 1970; *Pohl* 1970; *Schelsky* 1970), die davon ausgehen, daß die Länge der Freizeit gesellschaftspolitisches Bewußtsein direkt beeinflußt, kann man, folgt man diesen Theorien, schließen, daß in der kürzeren Freizeit eine Ursache für mangelndes gesellschaftliches Engagement der weiblichen Jugendlichen liegt (andere Ergebnisse dieser Untersuchung zum politischen und gesellschaftlichen Engagement der Mädchen liegen vor). Auch die Frage nach den beliebtesten Freizeitaktivitäten weist einen auffälligen Unterschied zwischen den Geschlechtern auf (Tab. 4).

Tab. 4: Freizeittätigkeiten, die die Jugendlichen am liebsten betreiben

	Jungen	Mädchen
Fernsehen, Musik, u.ä.	43,26%	57,31%
Bücher/Zeitung lesen	5,23%	15,23%
Sport treiben	20,32%	5,21%
$p < 0,001$		

Der Schwerpunkt bei den Antworten aller Jugendlichen liegt bei: Fernsehen, Musik hören, ins Kino gehen u.ä. 60% der Mädchen und 40% der Jungen beschäftigen sich in ihrer Freizeit am liebsten mit dem Konsum von Unterhaltungsangeboten. Stark unterscheidet sich das Interesse am Bücher- und Zeitungslesen: ca. 15% der Mädchen, aber nur 5% der Jungen nennen diese Freizeitbeschäftigung.

Ein ähnlich großer Unterschied wie bei dem Interesse am Lesen von Büchern und Zeitungen ergibt sich bei der Freizeitbeschäftigung Sport. 20% der Jungen und 5% der Mädchen geben an, daß sie in ihrer Freizeit am liebsten Sport treiben. Auch die Beschäftigung mit einem Hobby oder im Verein wird von den Jungen eher gewählt als von den Mädchen. Ordnet man alle Freizeitaktivitäten in
1. Konsum von Freizeitangeboten, d.h. in das überwiegend passive Aufnehmen von angebotenen Freizeitinhalten und
2. Eigenaktivitäten, z.B. Basteln, so „konsumieren" über 85% der Mädchen und ca. 60% der Jungen in ihrer Freizeit.

Eine Parallele zu diesem inaktiven Freizeitverhalten zeigt sich in der Rangfolge der Orte, an denen Freizeit verbracht wird. Hier antworten über die Hälfte aller Mädchen, daß sie in ihrer Freizeit zuhause in der Familie oder mit Freunden zusammen sind, während mehr als die Hälfte der Jungen ihre Freizeit in der Öffentlichkeit verbringen. Bei diesem Faktum dürfte der Erziehungsgedanke, daß Mädchen „ins Haus gehören", eine Rolle spielen.

Die 4. Frage erfaßt die *Wünsche* der Jugendlichen; sie untersucht, was sie in einer verlängerten Freizeit am liebsten tun würden.

Vor der Darstellung der Ergebnisse muß darauf verwiesen werden, daß durch die Beantwortung kein direkter Schluß auf das Verhalten gezogen werden kann. Die Wünsche der Jugendlichen werden nicht ohne weiteres, falls die Möglichkeiten gegeben sind, auch tatsächlich realisiert. So kann diese Frage keinen Aufschluß über die Verhaltensebene geben.

Wie bei allen Freizeitfragen ergibt sich auch hier ein signifikanter Unterschied zwischen Mädchen und Jungen (Tab. 5).

Tab. 5: Freizeitwünsche der Jugendlichen

	Jungen	Mädchen
Hobby	32,23%	19,29%
Fortbildung	19,38%	23,47%
Sport	14,26%	6,73%
Soziales	2,27%	5,10%
$p < 0,001$		

Die wenigsten Jugendlichen würden ihre Freizeit dazu nutzen, auf sozialem Gebiet oder öffentlich-politisch tätig zu werden.

An erster Stelle steht bei den Jungen die Beschäftigung mit ihrem Hobby. Bei den Mädchen liegt das Hobby in der Beliebtheit an zweiter Stelle. An erster Stelle bei ihnen, an zweiter bei den Jungen liegt der Wunsch, sich in einer verlängerten Freizeit fortzubilden.

Inwieweit dies einem Bildungsideal entspricht oder auf eine rein berufliche Fortbildung beschränkt bleibt, läßt sich leider nicht feststellen.

Hier muß man auf die Berichte der Arbeitsämter vom Frühjahr und Sommer 1975 verweisen, die angeben, daß trotz großem Fortbildungsangebot die arbeitslosen Jugendlichen diese Chance nur zum geringen Teil nutzten. Der Wunsch, sich fortzubilden, der in dieser Population so häufig genannt wird, läßt sich damit wohl zum Teil auf soziale Erwünschtheit zurückführen.

Den Rangplatz drei in der Beliebtheitsskala der Freizeittätigkeiten belegt bei den Jungen das Sporttreiben, bei den Mädchen der Wunsch, einmal richtig zu faulenzen und zu genießen. Nur ca. 7% der Mädchen würden in ihrer verlängerten Freizeit Sport treiben.

Der Stellenwert des Sports in der Rangfolge der beliebtesten Freizeitaktivitäten wird noch verglichen werden mit den konkreten Sportaktivitäten, die im dritten Bereich der Befragung erfaßt wurden.

Die letzte aus dem Freizeitbereich gestellte Frage zielt auf den Stellenwert der Freizeit im Vergleich zur Arbeitszeit bei den Jugendlichen ab.

Auf die Frage: Wenn Sie für den gleichen Lohn, den Sie jetzt erhalten, 30 Stunden in der Woche arbeiten könnten, würden Sie dann für entsprechend mehr Lohn 40 Stunden in der Woche arbeiten? (Tab. 6), zeigt sich, daß das Interesse an einer Arbeitszeitverkürzung zugunsten einer vermehrten Freizeit bei den Jugendlichen nicht sehr groß ist; 2/3 der Jungen und mehr als die Hälfte der Mädchen würde mehr Geld einem Mehr an Freizeit vorziehen.

Tab. 6: Wenn Sie für den gleichen Lohn, den Sie jetzt erhalten, 30 Std. in der Woche arbeiten könnten, würden Sie dann für entsprechend mehr Lohn 40 Std. in der Woche arbeiten?

	Jungen	Mädchen
Mehr Geld	64,37%	54,90%
Mehr Freizeit	35,63%	45,10%
$p < 0,001$		

Da mehr Mädchen als Jungen ihre Freizeit lieber verlängert sähen, scheint der Schluß nahezuliegen, daß dies auch auf eine rollenstereotype Erziehung zurückzuführen ist. In unserer Gesellschaft ist es noch immer der Mann, der die Versorgung der Familie zu übernehmen hat. Allerdings könnte dieser Unterschied auch durch die Tatsache beeinflußt werden, daß die Mädchen heute effektiv weniger freie Zeit haben als die Jungen.

Abschließend läßt sich sagen, daß sich im Bereich Arbeit und im Bereich Freizeit ein einheitliches Bild ergibt. Es zeigten sich signifikante Unterschiede zwischen Mädchen und Jungen. So bleibt zu prüfen, ob dieser Geschlechtsunterschied in den Bereichen Freizeit und Arbeit in einem Zusammenhang steht, ob hier also positive oder negative Abhängigkeiten bestehen.

In der primären (Familie) und sekundären (Schule, Freunde) Sozialisation werden die Kinder durch geschlechtsspezifische Erziehungsbilder auf ihre spätere Funktion in unserer Gesellschaft vorbereitet. Diese traditionellen Funktionen entsprechen den rollenstereotypen Verhaltensformen und Einstellungen, die die Jugendlichen in dieser Befragung zeigten (*Pross* 1970, *Pressel* 1971, *Gottschalch* u.a. 1970).

Es bleibt also zu prüfen, ob der geschlechtsspezifische Unterschied auf die Abhängigkeit beider Bereiche von der Sozietät, hier konkret auf die unterschiedliche Sozialisation von Jungen und Mädchen in unserer Gesellschaft zurückzuführen ist.

6.1.3. Sport

Im Fragenkomplex Sport wurden die sportlich aktiven Jugendlichen nach ihren Motiven, ihrer Einschätzung und nach der Art und Weise, wie und welchen Sport sie treiben, befragt. Diejenigen, die keinen Sport treiben, wurden ebenfalls aufgefordert, zum Komplex „Sport und Sportler" Stellung zu nehmen.

Die Vorüberlegungen zu diesem Bereich brachten die gleichen Schwierigkeiten, den Begriff „Sport" inhaltlich zu fassen, wie sie für die anderen Bereiche beschrieben wurden:

Was ist Sport eigentlich?

Der Begriff Sport ist der Sammelbegriff von zum größten Teil körperlichen Aktivitäten, die nicht der Herstellung eines Produktes dienen und die man mit den körperlichen Aktivitäten anderer messen und vergleichen kann (*Artus* 1974, *Lüdtke* 1972[2]).

Unter diesen Sammelbegriff fallen auch der Profi- und Hochleistungssport. Allerdings wurde für diese beiden Sportbereiche eine Ähnlichkeit der Erscheinungsbilder mit dem Arbeitsbereich nachgewiesen (*Rigauer* 1969), so daß man mit Einschränkungen sagen muß, daß diese Sportphänomene eher in den Arbeitsbereich passen als zu „Freizeit".

Um Sport, der im Freizeitbereich stattfindet, vom Profi- und Hochleistungssport abzugrenzen, sollen die Kriterien Unterhaltung und Geselligkeit dem oben angeführten Sammelbegriff hinzugefügt werden.

Wenn auch der Sport unter den beliebtesten Freizeitaktivitäten der Jugendlichen eine geringe Bedeutung hat, so beantworten doch rund die Hälfte der Jungen und ca. 1/3 der Mädchen die Frage: Sind Sie selbst sportlich aktiv? mit „regelmäßig oder häufig"; 1/4 der Jungen und mehr als 40% der Mädchen geben an, daß sie nie oder selten Sport treiben.

Tab. 7: Geschlechtsspezifische Unterschiede des Sportengagements

	Jungen	Mädchen
nie − selten	25,55%	42,37%
häufig − regelmäßig	52,54%	29,33%
$p < 0,001$		

Die Kompensationstheorie (*Plessner,* 1966; *Habermas,* 1970) geht von der Annahme aus, daß der Sport die Funktion hat, Versagen in der Arbeitswelt zu kompensieren.

Geht man davon aus, daß untergeordnete Arbeiten ein größeres Maß an Versagungen schaffen, müßten Individuen, die diese Arbeiten verrichten, im Sport überrepresentativ vertreten sein. Meine Ergebnisse weisen aber aus, daß Mädchen, die ja den größten Teil der ungelernten und angelernten Arbeiter bilden, weniger Sport treiben als Jungen.

Daraus läßt sich schließen, daß sportliches Engagement nicht direkt vom Arbeitsbereich abhängig ist, sondern seine Abhängigkeit über den Schritt der Sozialisation zu sehen ist.

Betrachtet man das sportliche Engagement der Jugendlichen im Vergleich zu den anderen Freizeitaktivitäten, zeigt sich, daß Mädchen überwiegend passive Freizeitbeschäftigungen wählen, während die Jungen im allgemeinen ein eher aktives Freizeitverhalten zeigen.

Das gleiche Phänomen wie im Freizeitbereich − Aktivität der Jungen, Passivität der Mädchen − zeigt sich auch im Sport.

Diese Beobachtungen decken sich mit der Tatsache, daß in unserer Gesellschaft der Frau ein passives Rollenverhalten zugeordnet wird. Die in allen aufgeführten Gesellschaftsbereichen vorhandene Passivität der Frau läßt den Schluß zu, daß nicht das Geschlecht den Ausschlag für das passive Sportverhalten gibt, sondern die Sozialisation.

Die Sozialisationsforschung beschreibt unsere Gesellschaft durch Schichtmodelle (*Bernstein, Grauer* u.a. 1970, *Roth* u.a. 1972); Mittel- und Unterschicht werden darin durch die Kriterien „aktiv" und „passiv" gekennzeichnet.

Das läßt den eindeutigen Schluß zu, daß auch das Sporttreiben sozialisations-, und damit schichtabhängig ist. Zwischen Sportaktivität und Mittelschicht besteht eine Abhängigkeit. Die Funktion des Sports als Kompensation scheint somit auch an Schicht gebunden zu sein; inwieweit dem Sport für andere Schichten auch andere Funktionen zugeordnet werden können, ist nicht geklärt.

Die schichtspezifische Sozialisation zeigt sich im Sport sehr deutlich. Selbst in diesem verhaltensaktiven Bereich zeigen sich die gleichen passiven Verhaltensformen der Mädchen wie schon in den Bereichen Arbeit und Freizeit. In der Aktivierung des Sportengagements beginnt bereits der Unterschied zwischen Jungen und Mädchen.

Fragt man Jugendliche, wer oder was stellte für Sie den ersten Anreiz dar, Sport zu treiben? (Tab. 8), so antworten mehr als 25% der Jungen und rund 10% der Mädchen, daß sie durch einen Sportverein zum Sport gekommen sind. Diese recht hohen Ergebnisse lassen sich wohl zum Teil auf die regionale Abhängigkeit der Befragung (Leverkusen gilt als eine Sportstadt) zurückführen.

Tab. 8: Hinführung zum Sport durch:

	Jungen	Mädchen
Sportverein	26,68%	12,83%
Freunde	44,14%	43,46%
Schule	12,22%	20,42%
Familie	7,98%	8,90%
$p < 0,001$		

Der Schwerpunkt der Antworten liegt jedoch im Bereich „Freunde, Schule, Familie". An erster Stelle liegt die Kategorie Freunde. Bei den Mädchen folgt die Schule, die bei den Jungen nach dem Sportverein an dritter Stelle liegt. Jeweils den vierten Rang bei Jungen und Mädchen nimmt die Familie als Einflußgröße ein. In Verbindung mit der Frage: Treiben Ihre Eltern Sport?, bei der jeweils mehr als 2/3 der Jungen und Mädchen angeben, daß ihre Eltern nie oder selten Sport treiben (häufig und regelmäßig treiben nur jeweils 10% aller Eltern Sport), kommt man zu dem Schluß, daß der Anreiz zum Sporttreiben durch die sekundäre Sozialisation, also durch Freunde, Schule und Sportverein gegeben wird und nicht durch die Eltern (primäre Sozialisation).

In der aktiven Sportausübung gibt es ebenfalls signifikante Unterschiede zwischen Jungen und Mädchen.

Teilt man die Sportarten in 1. Schwimmen, 2. Prestigesportarten, wie Tennis, Reiten, Segeln, 3. Unterhaltungssportarten, wie Minigolf, Tanzen, Federball, 4. indirekte dominative Sportarten, wie Gymnastik, Turnen, Eislaufen, 5. Leichtathletik, Tischtennis u.ä., 6. Judo, Fechten, Ringen, die mit 7. Volleyball und Basketball zu den ritualisiert-gehemmt-dominativen Sportarten gehören, 8. Autorennen, Sportschießen und Radrennen und in 9. die offen-dominativen Sportarten wie Fußball, Eishockey und Boxen (*Blaser* u.a. 1974), so ergibt sich folgende Verteilung:

Tab. 9: Sportarten, die die Jugendlichen am liebsten betreiben

	Jungen	Mädchen
1.	10,14%	21,75%
2.	4,15%	15,50%
3.	8,99%	24,25%
4.	0,92%	14,00%
5.	10,37%	13,50%
6.	3,69%	1,00%
7.	4,15%	3,25%
8.	13,36%	1,00%
9.	44,29%	5,75%
$p < 0,001$		

Der überwiegend größte Teil der Mädchen betreibt Unterhaltungssportarten, wie Minigolf, Federball, Kegeln sowie indirekt-dominative Sportarten, z.B. Gymnastik und Eislaufen. Das Hauptgewicht der Jungen liegt bei den offen-dominativen Sportarten, wie Fußball und Boxen.

Auf die Frage, welche Sportarten die Jugendlichen wählen würden, wenn sie frei aussuchen dürften, sieht die Verteilung ähnlich aus. Verschoben hat sich bei den Mädchen nur die Wahl innerhalb der ersten vier Kategorien zugunsten der Prestigesportarten Tennis, Reiten und Segeln. Bei den Jungen erhält die Kategorie „Autorennen, Sportschießen" ein größeres Gewicht. Nach den Gründen dieser Wahl befragt, geben die meisten Jugendlichen Prestigegründe an. Auf die Frage, warum sie diese Sportart denn nicht betreiben würden, die sie als gewünschte gewählt haben, nennen die Jugendlichen zum überwiegenden Teil finanzielle Gründe.

Jungen wählen also häufiger „aggressive" Sportarten, wie Fußball und Boxen, dagegen wählen Mädchen hauptsächlich Sportarten, die im sportlichen „Unterhaltungs"angebot enthalten sind.

Bei der Beantwortung der Frage: Warum treiben sie Sport? wird deutlich, wie sich die Gründe für sportliches Engagement mit der Werbung für Sport decken (Tab. 10).

Tab. 10: Motive, die die Jugendlichen für ihr Sporttreiben nennen

	Jungen	Mädchen
Körperlich	28,54%	37,26%
Leistung	25,00%	14,13%
Spiel	25,75%	28,42%
Soziales	20,71%	20,18%
$p < 0,001$		

Faßt man die Antworten in vier Kategorien zusammen, ergibt sich folgendes Bild: In die erste Kategorie fallen alle Antworten, die das „Körperliche" ansprechen, z. B. Gesundheit und gute Figur. Diese wird von knapp 30% der Jungen und 40% der Mädchen als Antwort gewählt. Die zweite Kategorie die die Leistungs- und Leistungssteigerungsbezogenen Antworten enthält, nennen 25% der Jungen und knapp 15% der Mädchen. Für die „Spiel- und Spaßmotive" haben sich ebenfalls 1/4 der Jungen, aber fast 1/3 der Mädchen entschieden. Die letzte Kategorie, die die Freundschaft und Kameradschaft im Sport anspricht, wird von 20% der Jungen und Mädchen gewählt.

Betrachtet man die separaten Motivangaben, so steht an erster Stelle bei den Jungen und Mädchen die Sorge um die Gesundheit, an zweiter Stelle bei den Jungen die Freude am Spielerischen im Sport und bei den Mädchen der Spaß an der körperlichen Bewegung. Auf dem dritten Rangplatz liegt bei den Jungen der Wunsch, im Sport die Kräfte mit anderen zu messen; die Mädchen erhoffen sich eine sportliche Figur. Das vierte Motiv bei den Jungen ist der Spaß an der Bewegung, bei den Mädchen gemeinsames Sporttreiben.

Die Tatsache, daß Jugendliche Sport hauptsächlich aus gesundheitlichen Gründen betreiben, läßt darauf schließen, daß das durch die Werbung hervorgerufene Image des Sports, „Gesundmacher der Nation" zu sein, auf die Jugendlichen einen nachhaltigen Einfluß ausübt.

Um so überraschender ist, daß 60% der Jugendlichen die Übungen des Trimm-Dich-Programms nie oder selten gemacht haben; etwa 10% der Jugendlichen trimmen sich häufig oder regelmäßig.

Somit führt einerseits die Überzeugung, daß Sport die Gesundheit erhalten soll, nicht zum Trimm-Dich-Programm. Andererseits kann nicht die aktive Beschäftigung mit dem Trimm-Dich-Programm den Jugendlichen diese Überzeugung gebracht haben. Das das Motiv „Gesundheit" möglicherweise eine Alibifunktion hat, kann man behaupten, sieht man sich die folgende Frage an.

Fragt man die Jugendlichen, was sie glauben, welches Motiv von den meisten gewählt wurde, nennen das Motiv „Kräfte messen und Leistungssteigerung" 40% der Jungen und 30% der Mädchen. Fast 1/3 der Mädchen rechnet damit, daß das Motiv „eine gute Figur bekommen" die meisten Stimmen erhält. Die „Spiel- und Spaßmotive" und die „Sozialmotive" spielen bei dieser Frage eine untergeordnete Rolle, die realen Häufigkeiten wurden unterschätzt.

Tab. 11: Schätzungen der Jugendlichen, welches Motiv am häufigsten genannt wird

	Jungen	Mädchen
Körperlich	26,86%	38,85%
Leistung	40,02%	28,03%
Spiel	16,47%	18,54%
Soziales	16,71%	11,92%
$p < 0,001$		

Innerhalb der „Körperlichen" Kategorie hat sich bei den Mädchen das Gewicht der Sorge um die Gesundheit auf die gute Figur verlagert. Bei den Jungen und Mädchen hat eindeutig das Leistungsmotiv mehr Vorrang erhalten. Nach dieser Frage sind die beiden Motive Gesundheit und Leistung in ihrer Bedeutsamkeit bei Mädchen und Jungen unterschiedlich. Bei den Jungen läßt sich eine Verbindung zwischen der Wahl der „aggressiven" Sportarten und dem Wunsch, Sport zu treiben, um Leistung zu verbessern und an anderen zu messen, herstellen. Welche der beiden Fragen die genauere Auskunft über die wirklichen Motive der Jugendlichen, Sport zu treiben, gibt, läßt sich nicht feststellen.

Die Unterschiede zwischen den Geschlechtern tauchen auch bei den Sportfragen wieder auf. Wie schon in den anderen Bereichen angesprochen, kann man diese Unterschiede auf eine Abhängigkeit des Sports von der Gesellschaft zurückführen. Die Sozialisation der Jugendlichen verläuft in unserer Gesellschaft rollenspezifisch unterschiedlich. Dieses rollenstereotype erlernte Verhalten trifft man in allen Bereichen der Gesellschaft, in Verhalten und Einstellung der Jugendlichen.

Die Arbeit, als der allesbestimmende Sozialisationsfaktor, einmal durch seine Beeinflussung der Herkunft, zum anderen durch die spezielle Erfahrung in diesem Bereich, stellt sich bei Jungen und Mädchen unterschiedlich dar.

Mädchen machen öfter untergeordnete Arbeiten, sie sind nicht „produktiv" tätig, sondern zum größten Teil in Dienstleistungs- und Verwaltungsberufen beschäftigt. Die Berufstätigkeit wird durch die Ausbildung bestimmt. Auch hier zeigt sich im Unterschied zu den Jungen, daß Mädchen schlechter, d.h. kürzer und weniger intensiv ausgebildet werden.

Dies entspricht genau der Einschätzung von „Frauenarbeit" als Nebenbeschäftigung. Die Frau gehört ins Haus, sie muß die Familie versorgen. Damit rechtfertigt diese Gesellschaft die Unterschiede von Jungen und Mädchen in Ausbildung und Beruf.

Auch auf die Freizeit wirken sich diese Unterschiede aus. Der Bildungsgrad bestimmt im wesentlichen die Freizeitbeschäftigungen. Auch haben die Mädchen weniger freie Zeit, da sie öfter Pflichten im Haushalt übernehmen als Jungen. Sie verbringen ihre Freizeit häufiger zuhause mit dem Konsum von angebotenen Freizeitunterhaltungen. Mädchen wünschen sich zwar eine Verbesserung ihrer Situation, was z.B. ihr Wunsch nach Fortbildung zeigt, jedoch ist nicht anzunehmen, daß sie aus ihrer passiven Rolle heraus können.

Jungen zeigen ihre traditionelle Rolle als Ernährer der Familie bei der Entscheidung für einen höheren Verdienst auf Kosten einer verlängerten Freizeit. Von der Familie in ihrem rollenstereotypen Verhalten unterstützt, zeigen Mädchen weitaus mehr Passivität in ihrer Freizeit als Jungen. Diese Passivität wird durch ihre Arbeit mitbestimmt. Ein widersprüchliches Verhalten in den Bereichen Arbeit und Freizeit entsteht nicht. Die Stellung im Produktionsprozeß prägt den „Freiraum" Freizeit.

Auch der Bereich Sport zeigt keinen Widerspruch zu den rollenstereotypen Verhaltensformen der Jugendlichen in den anderen Bereichen.

Obwohl Sport zu den aktiven Lebensbereichen zählt, findet sich in ihm ein verstärktes passives Verhalten der sporttreibenden Mädchen. Weniger Mädchen als Jungen treiben häufig oder regelmäßig Sport.

Mädchen kommen durch die Schule zum Sport, während die Jungen in der Aktivierung durch den Sportverein mehr Engagement zeigen.

Die Familie stellt nur eine kleinere Einflußgröße des Sportengagements dar, Sporthinführung geschieht durch die sekundäre Sozialisation, durch

Freunde, Schule, Sportverein, u.ä. Über diesen Schritt prägt die Familie das Sportengagement, nur bestimmten Schichten steht der Sport offen, er ist eine Institution der Mittelschicht.

Die Mädchen treiben häufiger Unterhaltungssportarten, die nicht an Vereine gebunden sind und keinen direkten Wettkampfcharakter haben. Jungen ziehen aggressivere, wettkampforientierte Sportarten vor. Durch die Kultur- und Freizeitindustrie sind die Unterhaltungssportarten vermarktet, Mädchen konsumieren die angebotenen, vorgefertigten Freizeitprogramme.

Bei den Sportwünschen findet sich ein deutliches Rollenklischee. Die Jugendlichen würden am liebsten Prestigesportarten betreiben, die Mädchen typisch ,,weibliche", wie Reiten und Tennis, die Jungen typisch ,,männliche", wie Autorennen und Schießen.

Mädchen treiben Sport, um gesund und fit zu bleiben und um eine gute Figur zu erhalten. Bei den Jungen kommt zu diesen Gründen das Leistungs- und Konkurrenzmotiv hinzu, das bei den Mädchen an zweiter Stelle steht. Hierin wird die traditionelle Rolle der Frau als der Angehörigen des ,,schönen Geschlechts" und des Mannes als der ,,Leistungsstarke" deutlich.

In allen untersuchten Bereichen haben sich Unterschiede zwischen den Geschlechtern, die hier nur skizzenhaft dargestellt wurden, gezeigt.

Diese Unterschiede sind gesellschaftsbedingt. Im Produktionsprozeß haben Männer und Frauen unterschiedliche Positionen, die durch die Physis nicht zu rechtfertigen sind. An diese traditionellen Rollen, die noch durch die Familienstruktur unterstützt werden, paßt der Sozialisationsprozeß an. Sollte der Sport in diesem Prozeß systemverändernde Funktionen übernehmen, so müßte sich seine Struktur verändern. In der heutigen Form des Sportbereichs manifestiert sich das Rollenverhalten.

Literatur

1. *Adorno, Th.*, Freizeit (1969). In: Freizeitpädagogik in der Leistungsgesellschaft. Hrsg. *H. Opaschowski* (Bad Heilbrunn 1973). — 2. *Artus, H.-G.*, Jugend und Freizeit-Sport (Giessen 1974). — 3. *Bernstein, B.*, Der Unfug mit der ,,kompensatorischen" Erziehung. In: Familienerziehung, Sozialschicht und Schulerfolg (Weinheim 1973). — 4. *Blaser, P.* u. a., Dominanzverhalten im Eishockey. In: Sportwissenschaft 4, 174—194 (1974). — 5. *Blücher, V. G.*, Das Freizeitproblem und seine praktische Bewältigung. In: Freizeit und Konsumerziehung. Hrsg. *H. Giesecke*, Paedagogica Bd. 2 (Göttingen 1968). — 6. *Böttiger, H.* u.a., Unterrichtseinheit — ARBEIT —, Reihe Rote Pauker (Offenbach 1972). — 7. *Clauß, G.* u.a., Grundlagen der Statistik. Volk und Wissen (Berlin 1974). — 8. *Crusius, R.*, Elemente einer Theorie der Gewerkschaften im Spätkapitalismus (Berlin 1971). — 9. *Fetscher, I.*, Arbeit. In: Veränderung der Gesellschaft (Frankfurt 1972).— 10. *Giesecke, H.*, Herausgeber, Freizeit und Konsumerziehung, Paedagogica Bd. 2 (Göttingen 1968). — 11. *Gottschalch, W.* u.a., Sozialisation und Sozialerziehung (Hannover 1970). — 12. *Habermas, J.*, Soziologische Notizen zum Verhältnis von Arbeit und Freizeit. In: Sport und Leibeserziehung. Hrsg. *H. Plessner* u.a. (München 1970). — 13. *v. Hentig, H.*, Freizeit als Befreiungszeit (1970). In: Freizeitpädagogik in der Leistungsgesellschaft. Hrsg. *H. Opaschowski* (Bad Heilbrunn 1973). — 14. *Herzfeld, G.*, Begriff und Bedeutung der Freizeit. In: Freizeitpädagogik. Hrsg. *H. Opaschowski* (Bad Heilbrunn 1970). — 15. *Hofmann, W.*, Grundelemente der Wirtschaftsgesellschaft (Reinbeck bei Hamburg 1969). — 16. *Hörning, K.H.*, Der ,,neue" Arbeiter (Frankfurt 1972). — 17. *Huffschmid,*

J., Die Politik des Kapitals (Frankfurt 1971). – 18. *Jaeggi, U.*, Macht und Herrschaft in der BRD (Frankfurt 1971). – Kapital und Arbeit in der BRD (Frankfurt 1973). – 19. *Lüdtke, H.*, Jugendliche in organisierter Freizeit (Weinheim 1972). – Sportler und Voyeursportler. Sport als Freizeitinhalt. In: Die vertrimmte Nation oder Sport in rechter Gesellschaft. Hrsg. *J. Richter* (Reinbek bei Hamburg 1972). – 20. *Marx, K.*, Das Kapital Bd. 1–3 (Berlin 1973). – 21. *Opaschowski, H.W.*, Das Freizeitproblem in der Geschichte des deutschen Erziehungsdenkens (1970); Kritische Freizeitpädagogik (1972). Beides in: Freizeitpädagogik in der Leistungsgesellschaft. Hrsg. *H. Opaschowski* (Bad Heilbrunn 1973). – 22. *Plessner, H.*, Die Funktion des Sports in der industriellen Gesellschaft. In: Leibeserziehung und Sport in der modernen Gesellschaft (Weinheim 1966). – 23. *Pohl, A.*, Arbeit und Freizeit – Zur Ideologie der heutigen Gesellschaft. In: Freizeitpädagogik. Hrsg. *H. Opaschowski* (Bad Heilbrunn 1970). – 24. *Pressel, A.*, Sozialisation. In: Erziehung in der Klassengesellschaft (München 1971). – 25. *Pross, H.*, Über die Bildungschancen von Mädchen in der BRD (Frankfurt 1969). – 26. *Rigauer, B.*, Sport und Arbeit (Frankfurt 1969). – 27. *Roth, H.* (Hrsg.), Begabung und Lernen. Gutachten und Studien der Bildungskommission 4 (Stuttgart 1972). – 28. *Schelsky, H.*, Beruf und Freizeit als Erziehungsziel in der modernen Gesellschaft. In: Freizeitpädagogik. Hrsg. *H. Opaschowski* (Bad Heilbrunn 1970). – 29. *Scheuch, E.K.*, Soziologie der Freizeit. In: Handbuch der empirischen Sozialforschung. Hrsg. *R. König*, Bd. 2 (Stuttgart 1969).

Anschrift des Autors:

Dipl.-Päd. *Gabriele Adams*
Friedrichstraße 53
5102 Würselen

6.2. Hochleistungssport in der DDR
Funktionen und Hintergründe

Dieter Voigt

Zusammenfassung

Der Spitzensport als Kulturbestandteil wird in seiner spezifischen Ausprägung durch das jeweilige Sozialsystem bestimmt. In der DDR dominiert seine politische Funktion im Rahmen der von der SED festgelegten Zielsetzung. Die Behauptung, die Anhäufung von sportlichen Rekorden sei Ausdruck der grundsätzlichen Überlegenheit einer Gesellschaftsordnung, hält wissenschaftlicher Kritik nicht stand.

Höchstleistungen im Sport beruhen auf dem Wirken objektiver und subjektiver Faktoren.

In totalitären Systemen wie der DDR verstärkt der allgemeine Mangel an Gütern und Grundrechten die Wirkung von Privilegien auf Trainingsfleiß und Siegeswillen. Das Leistungsprinzip, in anderen gesellschaftlichen Bereichen zugunsten ideologischer Zuverlässigkeit zurückgedrängt, steht im Spitzensport an erster Stelle. Aus diesen Gegensätzen resultiert eine einzigartige Leistungsmotivation; sie – und nicht „patriotische" Motive – bildet die entscheidende Grundlage für die sportlichen Rekorde in der DDR.

Summary

Top athletics as part of human culture is determined in its specific form by the particular social system. In the GDR (East Germany) its political function is predominant, conforming to the directions established by the SED. The assertion that the accumulation of sports records attests to a fundamental superiority of a social order can not be objectively substantiated.

Performance in top athletics results from the interplay of both objective and subjective factors.

In totalitarian systems such as the GDR, the general lack of possessions and basic rights reinforces the effectiveness of privileges on diligence in training and on the will to succeed. The principle of distributing rewards according to achievement, which is supressed in other social areas is paramount in top athletics. From these contradictions a unique motivation is generated; this, and not „patriotic" motives, is responsible for the sports records in the GDR.

„Lernt von den Meistern des Sports, daß auch auf diesem Gebiet die Zeit des Willkürlichen und Zufälligen vorüber ist und daß es künftighin nur mittels einer exakten wissenschaftlichen Methode möglich sein wird, große Leistungen zu erzielen. . . . Die Lebensweise des Sportlers in seinem Training, in seiner harten Arbeit an sich selber und in seiner menschlichen Disziplin – davon sind wir fest überzeugt – wird weitgehend den Lebensstil einer neuen Generation bestimmen, in der sich der Traum von der Einheit des Körpers und des Geistes und von der Schönheit und Allmacht des Menschen erfüllt" *(J.R. Becher).*

„Unsere Leistungssportler sind Repräsentanten unseres Arbeiter-und-Bauern-Staates. Wie sie auftreten und wie ihre Leistungen sind, so urteilt man über die Deutsche Demokratische Republik" *(Rudi Reichert).*

„Jeder Sportler muß wissen, daß er durch eine unklare oder negative politische Stellungnahme mehr verderben kann als er durch gute Leistungen Positives zu erreichen vermag" *(Manfred Preußger).* *)

6.2.1. Körperkultur und Sport in der sozialistischen Gesellschaft

Sport als *soziale Erscheinung* ist Teil der menschlichen Kultur. Die Kultur wiederum resultiert aus der jeweiligen Art und Weise der Produktion und wirkt — oft als unmittelbare Produktivkraft — wieder auf sie zurück. Folgt man diesem marxistischen Ansatz, dann entspricht die *Körperkultur*[1] jeweils „dem Niveau und dem Stand einer gegebenen historischen Form der Produktion" (*Sieger* 1964 a, S. 49 und 1964 b, S. 925). In der DDR wird von einer „sozialistischen Körperkultur" gesprochen, die sich von dem kapitalistischen Sportbetrieb wesentlich unterscheide. Bereits in der Definition des Begriffs *Sport* zeigt sich die aus ideologischen Prämissen abgeleitete Betonung von Leistungs- und Arbeitsfähigkeit. *Sport* kennzeichne „das Streben nach körperlichen Leistungen auf der Grundlage von Normen und Regeln in Wettkämpfen" (*Autorenkoll.* 1972, S. 20).[2] Wichtige Aspekte, wie Spiel, Interaktion, Freude, Erfolgs- und Mißerfolgserleben, Motive, Leistung als bewertete Handlung sowie das Problem der Aktions- und Präsentationsleistung (*Gebauer, Lenk, Adam, Grupe, Heinemann*) bleiben ausgespart.

Die Komplexität des Sports — z.B. als Erscheinung zwischen Spiel, Kampf und Arbeit — wird auf das Ziel reduziert, das die SED jeweils auf ihrem letzten Parteitag formuliert.

So fordert der 1. SED-Vorsitzende *E. Honecker* (1975, S. 3): „Wie in den anderen Bereichen des gesellschaftlichen Lebens, so gilt es auch im Sport, zielstrebig und kontinuierlich an der weiteren Verwirklichung der Beschlüsse des VIII. Parteitages zu arbeiten".

---

*) *Becher* (1972 a, S. 380 und S. 381).
Reichert (bei der Gründungskonferenz des DTSB in Ostberlin), zit. bei *Preußger* (1958, S. 489).
Preußger (1958, S. 491).

1) *Körperkultur* dient in der DDR als Ober- bzw. Leitbegriff und schließt ein: Sport, Körpererziehung (Schulsport) sowie Rehabilitationssport.
   J.R. Becher (1972, S. 571) ergänzt hierzu kritisch: „Man spricht von Körperkultur, aber dieser Begriff ist irreführend, denn er verleitet zu der Annahme, als ob eine Körperkultur an und für sich möglich sei. Dem ist aber nicht so. Was am Körper geschieht, geschieht am Geist und Umgekehrt. ‚Körperkultur' gehört ebenso mit zur Kultur wie die geistige Bildung, und nur der wohlausgebildete Körper ist imstande, dem Geiste so zu dienen, wie dieser es verlangt, um sich selber immer reicher und tiefer auszubilden".
2) *Leistung* im Sport wird als die bestmögliche Bewältigung eines Bewegungszieles verstanden. U.a. bleiben die Fragen offen: „Worin besteht die bestmögliche Bewältigung eines Bewegungszieles? Womit ist die bestmögliche Bewältigung zu messen oder zu werten? Was wird mit der bestmöglichen Bewältigung eines Bewegungszieles erstrebt?" (*Röblitz* 1970, S. 66ff.; vgl. *Kunath* 1968 a).

Eindeutig — allerdings nicht ganz unwidersprochen (*Röblitz* 1965, S. 56)
— definiert auch *W. Sieger* (1964 b, S. 53) die *Körperkultur* als den „sozialen Reproduktionsprozeß der allgemeinen physischen Eigenschaften, Fähigkeiten und Fertigkeiten des Menschen als Produktivkraft, als das sozial gesteuerte System der ständigen, den Lebensaltern entsprechend abgestuften physikalischen Beeinflussung des Körpers durch entsprechende Mittel und Methoden".
An anderer Stelle schließlich erklärt *W. Sieger* (1963 a, S. 746): „Körperkultur kann ja nichts anderes sein als der soziale Prozeß der bewußten Verbesserung und Vervollkommnung der physischen Qualitäten des Menschen als *Produktivkraft*".

Neuere Ansätze bestreiten zwar diesen Zusammenhang nicht, sehen aber den Sport differenzierter und weisen ihm — wie wir noch sehen werden — vielfältige Aufgaben zu.

In der DDR werden vier *Teilbereiche der Körperkultur* unterschieden, in denen die einzelnen Funktionen mehr oder weniger akzentuiert sind:
— Leistungssport als strukturbestimmender Bereich;
— Sport im Bildungssystem;
— Sport im Freizeit-, Arbeits- und Rehabilitationsbereich sowie
— Sport in den militärischen Organen.

Um die speziellen Funktionen des Leistungssports darstellen zu können, sind noch einige Bemerkungen über die allgemeinen Aufgaben des Sports in der DDR notwendig. Als Ausgangspunkt gilt dabei, daß jede Entwicklungsstufe der Produktivkräfte mit Notwendigkeit eine entsprechende Qualität der Körperkultur verlangt; aus dieser Sicht werden Körperkultur und Sport die folgenden Funktionen zugewiesen: Reproduktion der Arbeitskraft, Vorbereitung auf den Kriegsdienst, Prestige für die DDR und Beweis der Systemüberlegenheit, Gesundheit sowie Sozialisation (*Voigt* 1975).

Mehr als die explizit Einzelaufgaben diskutierenden Autoren versucht *F. Trogsch* (1964 b, S. 650ff.) die Stellung von Körperkultur und Sport im gesellschaftlichen Gesamtzusammenhang zu klären. Er (ebd.) geht von einer dreifachen *Funktion der Körperkultur* (den Gedanken entlehnt er allerdings ohne Angabe der Quelle von *Phillipp Lersch* 1960, S. 7ff.) in sozialen Systemen aus:

1. einer biologisch-ökonomischen und politischen Funktion (indem die Körperkultur der Gesundheit dient, erhöht sie die Schaffenskraft);

2. einer eigenständigen *sozialen Funktion* (sie vermittelt persönliche und kollektive Erlebnisse, entwickelt kulturelle Bedürfnisse und schafft kulturelle Leistung; Sport ist ein legitimer Bereich der Unterhaltung);

3. einer erzieherischen Funktion (ein Hauptweg zur Vervollkommnung der Persönlichkeit, indem sie über die physische Seite auch die geistige entwickelt).

6.2.2. Zum Problem der Leistung

Bevor wir näher auf den Leistungssport eingehen, sind einige Ausführungen zum *Leistungsprinzip* in der DDR angebracht. Nach Darstellung der Parteifunktionäre verkörpert die DDR eine perfekte Leistungsgesellschaft. *Leistung* sei das konstituierende Element der sozialistischen Menschengemeinschaft (*Röblitz* 1970) und es gelte das Prinzip: „Jeder nach seinen Fähigkeiten, jedem nach seiner Leistung".

Diese Behauptung muß an der Realität gemessen werden. Zunächst stellt sich die Frage, was wir unter Leistung bzw. einer Leistungsgesellschaft verstehen?

Aus westlicher (u.a. funktionalistischer) Sicht lautet die Antwort: Menschliche *Leistung* (performance, achievement) ist das Ergebnis der Wechselbeziehung zwischen einer bestimmten *Tätigkeit* und ihrer Bewertung. Leistung — und dabei kann zwischen Aktions- und Präsentationsleistung (*Gebauer*) oder Lern- und Schaffensleistung (*Röblitz* 1970, S. 64) unterschieden werden — stellt mehr als das Verhältnis von Input zu Output dar; sie ist *bewertete* menschliche Handlung, deren Maßstab das jeweils gültige *Wertesystem* der Gesellschaft bzw. Gruppe bildet.

Bei der Messung und Bewertung von Handlungen zeigt sich die Überlegenheit der *Gruppenleistung* gegenüber der Summe der Einzelleistungen (*Hofstätter*); hier liegt einer der Gründe für die Bildung von Gruppen.

In einer Leistungsgesellschaft (Industriegesellschaft) dominiert soziales Handeln auf dem Leistungsprinzip (Leistungsmotivation). Eine solche Gesellschaft ist funktional geschichtet, d.h. sie besitzt eine *funktionale Hierarchie*, entstanden auf der Grundlage des Beitrags zur Erhaltung des Wertesystems (vgl. *Parsons, Offe, Mayntz, Voigt, Ogburn*).

Je größer der Dienst, den der einzelne für den Bestand und das Funktionieren des Sozialsystems leistet — und das ist in der Regel mit adäquatem Aufwand bzw. Talent verbunden, um so höher honoriert die Gesellschaft (bzw. die Machtbesitzenden) diese Leistung in Form von *Macht*, Sonderrechten, Geld, Status und Prestige. Offen bleibt allerdings die wichtige Frage, inwieweit die Leistungskriterien und die ihnen zugrunde liegenden Werte von der gesamten Gesellschaft oder nur von bestimmten Gruppen als verbindlich betrachtet werden.

Die gleiche Leistung kann z.B. nicht nur von den *sozialen Schichten* unterschiedlich beurteilt werden, sie kollidiert unter Umständen auch mit anderen *Bewertungen* menschlicher Handlung. In diesem Rahmen ist das Verhältnis von Leistung und Beliebtheit auch in der DDR Gegenstand wissenschaftlichen Interesses. Die Behauptung G. *Vorwergs* (1971, S. 71 u. S. 162) und anderer Gruppentheoretiker der DDR, das *Divergenztheorem*[3] gelte nur in der kapitalistischen Gesellschaft, geht von der Fiktion aus, daß die Bedürfnisse, Interessen und Normen der verschiedenen sozialen Gruppen und Einzelpersönlichkeiten sowohl untereinander als auch mit denen der SED-Funktionäre im Grundsatz übereinstimmen.

---

3) Das Divergenztheorem (*Bales, Hofstätter, Selg, Slater*) besagt, daß in sozialen Gruppen die Mitglieder zweifach bewertet werden:
– einerseits entsprechend ihrer Leistung zur Erhaltung des Gruppenziels,
– andererseits entsprechend ihres Beitrages zum sozialen Zusammenhalt der Gruppe.
Nicht selten bilde sich deshalb in Gruppen ein Führungsdual; es bestehe eine Tendenz zur Unbeliebtheit des Tüchtigen. Anerkennung funktionaler Leistung impliziere keineswegs auch Beliebtheit — eher umgekehrt (*Voigt* 1975 a).

Wer befindet im „Sozialismus" und wer im „Kapitalismus", was unter (funktionaler) *Leistung* zu verstehen ist? Hier liegt der Ausgangspunkt des Problems. In der sozialistischen Gesellschaft setzen die Parteifunktionäre den Maßstab für „funktionale" Leistung; neben diesem offiziellen bestehen aber auch andere Leistungskriterien, sie sind verinnerlicht und stehen oft im Widerspruch zum Wertsystem der Machtelite. Anders liegen dagegen die Verhältnisse in der modernen westlichen Gesellschaft. Hier konkurrieren, mehr oder weniger gleichberechtigt, frei und offen die Gruppen in ihrer Bewertung von Leistung.

Leistungsbewertung ist ein mehrdimensionaler Prozeß, aber auch die Leistung selbst hängt von einer Vielzahl von Faktoren ab. Die Konstellationen und Bedingungen, unter denen sie sich vollzieht, sind in den beiden Gesellschaftssystemen keineswegs identisch. Allmacht der Partei auf der einen – unterstellte Gewinnmaximierung auf der anderen Seite: Gesichert scheint, daß sich die Leistungsbewertung im Sozialismus aufgrund des Machtbesitzes der politischen Elite und der Einbeziehung der Kategorie „sozialistisches Bewußtsein" weit widersprüchlicher gestaltet als in der westlichen Industriegesellschaft (vgl. *Offe* 1970, *Voigt* 1975 a/b).

Leistungseinschätzung – zu dem Ergebnis kommt die Jenaer Diplompsychologin *Edith Wolf* (1969, S. 167f.) – korreliert „nur in wenigen Fällen signifikant positiv mit den tatsächlichen Leistungen", zuweilen kämen sogar negative Korrelationen vor; häufiger bestehe dagegen ein signifikant positiver Zusammenhang zwischen „Leistungs"- und Sympathieeinschätzung. „Nicht die absolute oder relative Leistung eines Kooperationspartners führt zur Sympathie- oder Antipathieeinschätzung, sondern seine fördernde oder hemmende Wirkung auf die Leistung des beurteilenden Partners ist für die Einschätzung vor allem bestimmend" (ebd.).

Jeder DDR-Werktätige und -Student weiß, daß vor allem in intellektuellen Berufen und Führungspositionen keineswegs nur *fachliches Können,* sondern letztlich der Stand des *sozialistischen Bewußtseins* über die Vergabe der Stellen entscheidet. Drei Variablen: Qualifikation, Lohn und „Bewußtsein" gilt es in ein optimales Verhältnis zur zu vergebenden Position und Tätigkeit zu bringen; das ist schwierig in einem System, in dem Effizienzstreben mit Machtsicherung und Prestigedenken nahezu gesetzmäßig immer wieder kollidieren, wo Parteidisziplin höher bewertet wird als fachliche Leistung.

Die DDR verkörpert *keine Leistungsgesellschaft.* Vom Spitzensport abgesehen, werden die Rangordnungen (Einkommen, Macht, Sonderrechte, Status, Position) weniger nach funktionalfachlicher Leistung in Sinne der Gesamtgesellschaft festgelegt, als vielmehr nach der Nützlichkeit (z.B. sozialistisches Bewußtsein, Treue zur SED, Prestige für die DDR) für die machtbesitzende Schicht von Parteikadern.

Dem Grundsatz „Jeder nach seinen Fähigkeiten, jedem nach seiner Leistung" wird nur in wenigen Bereichen entsprochen: Alte, Rentner und Kranke, also Gesellschaftsmitglieder, die nicht arbeiten können, erhalten nur sehr wenig für ihre Existenz. Eine weitere Ausnahme bildet der Leistungssport. Im Gegensatz zur sonst üblichen Praxis besteht im Spitzensport die Möglichkeit, der Leistung entsprechend aufzusteigen; hier liegt der Hauptgrund für die sehr hohe *Leistungsmotivation* der Athleten, der *Mangel* an wichtigen Gütern wird zur entscheidenden Triebkraft des Handelns (vgl. *Dobriner* 1969).

Daraus folgt in den sozialistischen Ländern — verglichen mit der westlichen Industriegesellschaft — eine wesentlich geringere Arbeitsmotivation und eine höhere Motivation im Spitzensport.

Deutlich wird auch, daß dort, wo im Sozialismus das *Leistungsprinzip* funktioniert — bei den Arbeitsunfähigen und im Hochleistungssport — es als Norm der *sozialen Ungleichheit* wirkt.

Außerdem gilt — wenn man das „sozialistische" mit dem „kapitalistischen" Gesellschaftssystem vergleicht: Je weniger direkt und sichtbar der Zusammenhang zwischen Leistung und *Erfolg,* um so geringer Leistungsmotivation und Chancengleichheit.

Und: Um so größer die Übereinstimmung hinsichtlich der Leistungsbewertung in den verschiedenen *sozialen Schichten* — insbesondere zwischen ihnen und der wertsetzenden Machtelite (wenn diese ein hohes Leistungsbewußtsein besitzt) — desto wahrscheinlicher ist weit verbreitete und hohe Leistungsmotivation.

Abgeschwächt wird eine adäquate Leistungshonorierung durch die Tatsache, daß die durch Leistung erworbene *Macht* dazu mißbraucht werden kann, weitere Gratifikationen zu erzielen, die nicht auf Leistung beruhen.

6.2.3. Funktionen des Hochleistungssports in der DDR

Der *Leistungssport* verkörpert in der DDR das Kernstück der Körperkultur. *H. Röder* (1968, S. 102) unterteilt den *Leistungssport* in Hochleistungs- und Nachwuchsleistungssport; wobei beide jenen Bereich sportlicher Betätigung kennzeichnen, „in dem Kinder und Jugendliche, heranwachsende und erwachsene Sportler in einer bestimmten Sportart nach höchsten sportlichen Leistungen streben, sich planmäßig darauf vorbereiten und ihre Lebensweise danach gestalten". *Hochleistungssport* definiert *G. Erbach* (1973, S. 448) als „das sportliche Leistungsstreben mit dem Ziel von Welthöchstleistungen und Rekorden und der Teilnahme an den bedeutenden internationalen Sportwettkämpfen". „Wettkampf und Training sind die wichtigsten Betätigungsformen im Leistungssport. Sie sind die effektivsten Formen der körperlichen Vervollkommnung des Menschen und bieten im Rahmen der Körperkultur die wirksamsten Ansatzpunkte für die allseitige Erziehung und Bildung der Sporttreibenden" (*Röder* 1968, S. 102).

Die aufgeführten Definitionen erklären den Hochleistungssport nur ungenügend, eine Abgrenzung gegenüber dem Breitensport unterbleibt.

Sport ist eine soziale Erscheinung; seine Funktionen werden bestimmt von den jeweiligen Machtverhältnissen, die sich in sozialen Prozessen, die zwischen Gruppen, Schichten und Klassen ablaufen, widerspiegeln.

Die *Funktionen des Hochleistungssports* bedürfen — will man sein unterschiedliches Entwicklungsniveau erklären — eines zweifachen Blickwinkels:
— Welche Ziele verfolgt die Parteioligarchie mit dem Spitzensport?
— Welche Bedeutung hat der Hochleistungssport für den Athleten?

Für Partei und Staat hat der Hochleistungssport in der DDR sechs Hauptfunktionen zu erfüllen:[4]
1. Sportliche Spitzenleistungen bedeuten *Prestige* für die DDR. Spitzensportler sollen die *Überlegenheit* des sozialistischen Systems (besonders im Vergleich DDR–Bundesrepublik) demonstrieren, vom Leistungswillen des „DDR-Staatsvolkes" zeugen und als „Diplomaten im Trainingsanzug" wirken. Ohne auch nur eine Spur kritischer Ansätze wird das kleine Teilsystem Hochleistungssport als repräsentativ für die jeweils gesamte Gesellschaft ausgegeben.
2. *Erziehung* „sozialistischer Persönlichkeiten". Unter *sozialistischen Persönlichkeiten* werden der SED treu ergebene Kollektivmitglieder verstanden; *disziplinierte* und angepaßte sozialistische Staatsbürger, denen die Arbeit erstes Lebensbedürfnis bedeutet. Außerdem sollen durch den Sport „Verteidiger" der DDR entstehen, die – wie *Kunath* und *Thieß* (1963, S. 505) es formulieren – „auch unter schwierigen und unübersichtlichen Bedingungen des Kampfes bedingungslos alle Befehle pflichtgemäß" erfüllen.

Nur selten wird dabei unterschieden zwischen Wunsch und empirisch gesicherter Aussage, die davon ausgeht, was der Sport gegenwärtig wirklich leisten kann (vgl. *Beschluß* ... 1968). Der Bereich „Sport und Sozialisation" sowie das *Transferproblem* wurden bisher kaum untersucht.

Unbewiesen blieb auch die These, daß mit steigender sportlicher Leistung das *sozialistische Bewußtsein* zunehme – die Praxis (z.B. Flucht bei Starts in westlichen Ländern) bestätigt das nicht (*Nawrocka* 1964).
3. Leistungssportler dienen besonders der Jugend als Vorbild und Ansporn zu regelmäßigem Training und selbstdiszipliniertem Verhalten.

Die Bevölkerung soll durch die „Idealperson" zum Sporttreiben und zu einer verbesserten Lebensführung angeregt werden (*Hennig* 1961). Leistungssport sei die Grundlage des Massensports. Indes, selbst in der DDR gibt es Stimmen, die das Gegenteil nachweisen: Der Spitzensport führt dort zu einer Benachteiligung des Volks- und *Breitensports* (*Bachmann* 1959 a/b), und im Schulsport kommt es nicht selten zu einem „Leistungsfetischismus", der die Freude am Sport erheblich mindert (*Voigt* 1975 c, *Süßkoch* 1975).

Der autoritäre Führungsstil im Training gilt als *Vorbild* für den Schul- und Freizeitsport. Anstelle zwangloser und freudvoller Bewegung überwiegen Gehorsam und militärische Disziplin. So fordert der Sportpädagoge *K.-H. Göldner* (1963, S. 589) von Lehrern und Übungsleitern (Freizeitsport!), sie sollen ihre Praxis an dem „vorbildlichen Riegenwechsel bei Wettkämpfen und Meisterschaften im Geräteturnen" orientieren. Sicherlich gehe „es einzurichten, daß sich die *Sportgruppe* einen Turnwettkampf oder aber eine Übertragung im Fernsehen" ansehe (ebd.). „Ein solches eigenes Erleben der Schüler"

---

4) Vgl. *Sieger* (1963, 1964), *Autorenkoll.* (1970), *Preußger* (1958), *Kunath* und *Thieß* (1963), *Thieß* und *Kunath* (1963), *Neidhardt* (1966), *Kogel* und *Schwidtmann* (1969), *Harre* et al. (1971, S. 7–10), *Schuster* (1958, 1968), *Röder* (1961, 1968), *Beschluß* ... (1968), *Hennig* (1961), *Schossig* (1956), *Tra My* (1971), *Erbach* (1972), *Schwidtmann* (1972), *Bachmann* (1959), *Hunold* (1972), *Wohl* (1975); *Voigt* (1975), *Süßkoch* (1975), *Güntsche* (1975), *von Krockow* (1972), *Schelsky* (1973), *Schoeck* (1972), *Knecht* (1969, 1971), *Hellmann* (1975), *Wischmann* (1971), *Hammerich* (1972), *Lüschen* (1964), *Grupe* (1971), *Krüger* (1971), *Rudolph* (1970), *Pleßner* (1956), *Seppänen* (1972).

erleichtere, wie es weiter wörtlich heißt: „die Durchsetzung eines disziplinierten Stationswechsels der Riegen, der natürlich wiederholt geübt werden muß. Nachdem der Übungsleiter den Wechsel angekündigt hat, gibt der Riegenführer das Kommando: ‚Riege Achtung! Rechts um — ohne Tritt (oder im Gleichschritt) marsch!' Die Riege folgt in einer ordentlichen Reihe dem Riegenführer. Bald wird diese Form des *Riegenwechsels* für alle Schüler eine Selbstverständlichkeit" (ebd.).

Inwieweit derartige Unterrichtsformen, die auch an den Hoch- und Fachschulen der DDR praktiziert werden, mit der Forderung nach freudbetontem spielerischem Sportbetrieb vereinbar sind, wurde in der DDR bisher nicht einmal in Ansätzen diskutiert.

4. Leistungssport als positiver Faktor der *Freizeitgestaltung* sei ein Mittel der Erziehung, Bildung und Bewährung. Einschließlich des Schausports fördere er eine optimistische Einstellung zur gesellschaftlichen Entwicklung in der DDR, führe zur *Integration* und stärke das Zusammengehörigkeitsgefühl der Bürger.

An Belegen für diese Wirkung des Sports fehlt es auch hier.

5. Der *sozialistische Spitzensport* sei das wissenschaftliche Prüffeld, in dem Leistungsvermögen und -steigerung des gesunden Menschen gemessen werden. Er verhelfe zu neuen Erkenntnissen, die der physischen Vervollkommnung des Menschen dienen.

W. Sieger (1963 a, S. 747) hält den *Leistungssport* mit seiner langfristigen Trainingsplanung, bewußten Lebensgestaltung und systematischen Wettkampfvorbereitung für eine methodische Grundlage der Lebensführung aller Menschen *(Becher)*. Das im Spitzensport gewonnene Wissen könne in vielen Bereichen (Schul- und Wehrsport, aktive Erholung, Gesundheitserziehung, Rehabilitation) mit hohem Nutzen angewendet werden.

Ein Infragestellen dieser Thesen unterbleibt jedoch.

6. Förderung der Idee von *Völkerfreundschaft* und Frieden. Auch diese letzte Funktion des Hochleistungssports wird in der DDR unkritisch unterstellt, im Widerspruch dazu, daß mit sportlichen Siegen die *Überlegenheit* des „sozialistischen" über das „kapitalistische" System bewiesen werden soll. Der DDR-Athlet hat im *„imperialistischen Sportler"* einen Vertreter der feindlichen Gesellschaftsordnung zu sehen, den er unter allen Umständen bezwingen muß. Recht offen schreibt dazu der Leipziger Sportpsychologe *P. Kunath* (1968 b, S. 599) in seinem Aufsatz „Persönlichkeitsentwicklung und Sport": „Die Freude am sportlichen Erfolg, die relativen Leistungsfortschritte des einzelnen, sein größeres Wohlbefinden sowie das Teilhaben an den Erfolgen der Sportler unseres sozialistischen Staates im Kampf gegen die Repräsentanten der imperialistischen Staaten, insbesondere der reaktionären Bonner Politik, sind echte Bestandteile der Ausbildung des sozialistischen Bewußtseins, des Staatsbewußtseins lebensfroher, optimistischer Staatsbürger unserer souveränen sozialistischen Republik". Das gilt auch heute noch. Nach wie vor ist in der DDR die Erziehung zum *Haß* gegen politisch Andersdenkende eine Maxime *sozialistischer Pädagogik.*

Aufschlußreich ist hier ein Vergleich mit den sozialen Aufgaben des Leistungssports, wie sie der Pole *A. Wohl* (1975) sieht. Er unterscheidet nicht zwischen Sozialismus und Kapitalismus, lehnt die „linke" Sportkritik strikt ab und geht „dabei von der Voraussetzung aus, daß Kulturerscheinungen kein eigenständiges Dasein führen, sondern gegenüber der Gesellschaft, gegenüber bestimmten gesellschaftlichen Gruppen und menschlichen Individuen, bestimmte *Funktionen* erfüllen, die oft sehr verschiedenartig sein können und mehr oder weniger dauerhaften Charakter haben" (ebd., S. 58).

A. Wohl (1975, S. 56—68) weist dem Leistungssport fünf *gesellschaftliche Funktionen* zu: 1. Leistungssport als Mittel „zur Erweiterung der Grenzen der menschlichen Bewegungsmöglichkeiten" (antizipatorischer Charakter der Bewegung im Leistungssport gegenüber denen in der Arbeit und im sonstigen Leben), 2. Leistungssport als Ausdruck des Strebens des Menschen nach Vollkommenheit (Streben nach Höchstleistungen auf allen Gebieten), 3. gegenseitige Abhängigkeit von Leistungs- und Massensport, 4. Leistungssport als Mittel der Erziehung, 5. Integrationswirkung des Leistungssports (Abbau nationaler Barrieren, Element nationaler *Integration,* Entwicklung von *Nationalstolz*).

Auch *A. Wohl* (1975) sieht — allerdings nicht so einseitig wie seine Kollegen aus der DDR — die sozialen Wirkungen des Leistungssports überwiegend unter positiven Aspekten.

K. Adam (1975, S. 121ff.) kommt aus westlicher Sicht zu ähnlichen Funktionen des Spitzensports:
1. Schaffung von Motiven für hygienische Bewegungsgewohnheiten,
2. im Leistungssport werden Methoden für den Breitensport entwickelt,
3. Spitzensportler repräsentieren Großgruppen (Nationen etc.), und Leistungssport fördert den Gruppenzusammenhalt (Integrationswirkung).
4. Sport als „organisiertes Abreagieren von Verhaltensweisen meist aggressiver Art auf ererbter Grundlage, die in einer modernen Zivilisation überflüssig oder gefährlich geworden sind".
5. Sport als wirksamstes Mittel, um bei jungen Menschen eine hohe *Leistungsmotivation* zu entwickeln.

Hinsichtlich der Funktionen des Leistungssports aus DDR-offizieller Sicht sowie des polnischen und des Sportwissenschaftlers der Bundesrepublik besteht partielle Übereinstimmung; auf die DDR bezogen, bleiben jedoch wichtige Hintergründe offen. Wir gehen von der Hypothese aus *(McClelland),* daß das Entwicklungsniveau einer sozialen Erscheinung — und hier besonders die des Leistungssports — zwar gesamtgesellschaftlich determiniert, indes konkret von der Qualität der Motivation der Menschen abhängt. Die Leistungsmotivation wird um so größer sein, je klarer sich die Beziehung zwischen *Leistung* und *Erfolg* gestaltet, und um so höher diese Leistung bewertet wird.

6.2.4. Hintergründe sportlicher Spitzenleistung

Die genannten Funktionen des Leistungssports — wie sie die DDR selbst darstellt — genügen nicht, um die hervorragenden Erfolge der DDR-Athleten zu erklären.

Sportliche Leistung *(Kunath* 1968, *Röblitz* 1970) ist zunächst ein individuelles Phänomen, gebunden an den persönlichen Lebensweg, Talent, Training und Motivation des einzelnen; letztlich resultiert sie jedoch aus den sozialen Verhältnissen, die wiederum weitgehend auf ökonomischen beruhen.

In der Persönlichkeitsentwicklung, im Training und in der Interessen- und Motivstruktur vermittelt sich gesellschaftliche Realität (*Süßkoch* 1975). Auf diesem Hintergrund gilt es den Sport zu analysieren und der Frage nachzugehen, warum sportliche Höchstleistungen in den verschiedenen Ländern der Welt so ungleich verteilt sind. Über den Einfluß *sozial-ökonomischer Faktoren* auf das Niveau der sportlichen Leistung liegen eine Reihe von Untersuchungen vor (u.a. *Jokl* 1954, *Novikov* und *Maximenko* 1971). So konstatiert der Amerikaner *E. Jokl* (1954, S. 49ff.) gesicherte Abhängigkeiten zwischen den sportlichen Erfolgen der Staaten und ihrem sozial-ökonomischen Entwicklungsstand. Hohe sportliche Leistungen korrelieren demnach u.a. positiv mit der Pro-Kopf-Größe des *Nationaleinkommens*, dem Kaloriengehalt der Ernährung der Bevölkerung sowie mit der allgemeinen Lebenserwartung und der Kindersterblichkeit (ebd.). Eine Beziehung zwischen steigendem Einkommen der Bürger und der Zahl sportlich Aktiver vermerken *G.S. Kenyon* (USA 1966) und *Seleney* und *Tarabikin* (UdSSR 1969); *P.C. McIntosh* (1963) registrierte die Abhängigkeit sportlicher Erfolge vom materiellen Aufwand zur Vorbereitung der Sportler (*Novikov* und *Maximenko* 1971, S. 519).

Forscher verschiedener Staaten wiesen nach, daß nicht nur relativ mehr Stadt- als Landbewohner Sport treiben, sondern daß auch ihr Zeitaufwand dafür größer ist. Wenn Verstädterung sportliche Aktivität zu begünstigen scheint, so liegt das wahrscheinlich am vielfältigen Sportangebot für Stadtbewohner, ihrer längeren Freizeit und der aus verschiedenen Gründen stärkeren Motivation.

Generell dürfte höheres *Bildungsniveau* die Bereitschaft zum Sporttreiben — wie u.a. *Bard* (1962), *Skarzinski* (1962), *Volkov* (1963), *Lüschen, Kenyon* und *Pfeiffer* (1975) feststellen (ebd.) — positiv beeinflussen; hinsichtlich des Spitzensports scheint dagegen mit höherem Bildungsgrad das Interesse abzunehmen.

V.S. Rodicenko (1970, 1973) deutet den Aufschwung der Körperkultur als Folge der wissenschaftlich-technischen Revolution; Wissenszuwachs, steigendes Nationaleinkommen, zunehmende Freizeit, bessere Möglichkeiten zum Sporttreiben, Massenkommunikationsmittel etc. förderten die Entfaltung des Sports (*Eichberg* 1973).

Den Einfluß *sozial-ökonomischer Faktoren* auf das Niveau der sportlichen Leistung untersuchten auch *Novikov* und *Maximenko* (1971). Die Höhe der sportlichen Leistung wird demnach durch zwei Wirkgrößen bestimmt:
1. das sozial-ökonomische Niveau des Staates (Nationaleinkommen pro Person, Kaloriengehalt der Volksernährung, durchschnittliche Lebenserwartung der Bevölkerung, Anteil der lese- und schreibkundigen Bevölkerung, Prozentsatz der Stadtbewohner) und
2. die Einwohnerzahl des Staates (ebd.).
Im Verhältnis zur Bevölkerungszahl errechneten die Autoren einen 3,72 mal stärkeren Einfluß der sozial-ökonomischen Kennziffern (ebd., S. 526). Dagegen ist einzuwenden, daß *sportliche Leistung* wesentlich vielfältiger als hier dargestellt determiniert ist.

Ein Komplex von sozio-ökonomischen Grundlagen und subjektiven Faktoren (u.a. Wertesystem, Motive) bedingt die Entwicklung des Sports. Arbeiten von *G. Lüschen* (u.a. 1962) und *P. Seppänen* (1972) weisen darauf hin und betonen die Bedeutung von *Wertstruktur* und *Sozialisation* für den Leistungssport.

Die Ursache für das hervorragende *Niveau* des Spitzensports der DDR beruht auf drei sich durchdringenden Komplexen:
1. dem sozial-ökonomischen Niveau,
2. systemimmanenten Bedingungen in der Motivation und
3. in hoher *Wissenschaftlichkeit:* enge Verbindung der *Forschung* mit Ausbildung und Training, zentrale und langfristige Planung, direkte Transformation von Forschungsergebnissen in die Sportpraxis sowie ein lückenloses System der *Talentfindung,* verbunden mit einem hohen Prozentsatz von *Talenten,* die im Leistungstraining stehen (*Voigt* 1975 c).

In diesem Rahmen soll nur der zweite Komplex — die *systemimmanenten Bedingungen* in der Motivation — untersucht werden, da hier der Hauptgrund für die *sportlichen Erfolge* der DDR liegt.

Im allgemeinen erwachsen Spitzenleistungen im Sport — und das gilt wohl für alle Gebiete — aus einem mehrjährigen Hochleistungstraining; für beide bildet eine langanhaltende und hohe *Leistungsmotivation* die Grundlage.[5]

Formal stimmen wir mit der SED überein, daß die unterschiedliche Motivation der Spitzenathleten z.B. in der DDR verglichen mit denen der Bundesrepublik systembedingt ist. In der näheren Begründung weichen die Parteiideologen jedoch von den Tatsachen ab. Sie behaupten, die „von der Ausbeutung befreite Gesellschaft" forme einen neuen Menschentyp: allseitig und harmonisch entwickelte Persönlichkeiten mit „hohem sozialistischen Bewußtsein", deren Leistungsüberlegenheit gegenüber anderen Individuen vor allem auf der veränderten Motivation durch die „ideologisch-weltanschaulichen Grundüberzeugungen" beruhe (*Hunold* 1972, *Kunath* 1972). Auf die Körperkultur übertragen, heißt das: „Der sozialistische Mensch treibt Sport unter sozialistischer Zielstellung", er will damit zum „Fortschritt in der gesellschaftlichen Entwicklung" beitragen (*Beinroth* 1969, S. 267), die Motive seines Handelns sind also „patriotischer" Natur.

Die Furcht der DDR-Funktionäre vor westlichen *Motivationstheorien (Atkinson, Heckhausen, McClelland)* ist groß. Da man sie weder widerlegen noch gänzlich verschweigen kann, bleibt nichts weiter übrig, als ihre Gültigkeit für die sozialistische Gesellschaft zu bestreiten (*Kunath* 1972, S. 3ff.).

Man weiß sehr wohl, daß ihre Anwendung in der „sozialistischen Sportwissenschaft" das Phantom des ideologisch motivierten Spitzenathleten (Weltmeister und Olympiasieger) zerstören würde. Die Alternative sehen *P. Kunath* (1972, S. 2f.) et al. in dem „wichtigen Anliegen der Motivationspsychologie, . . . die ideologisch-weltanschaulichen Grundüberzeugungen als dominierende Quelle der Motivation aufzudecken, weil damit die gesellschaftlich-soziale Determiniertheit der Antriebe sowie die Zweckgebundenheit und Sinnhaftigkeit des Handelns erfaßbar und letztlich auch erzieherisch nutzbar werden".

---

5) Diese hohe Leistungsmotivation finden wir nicht nur bei den Athleten, sondern auch — wahrscheinlich allerdings etwas abgeschwächt — bei den Trainern und Wissenschaftlern, da sie an den Gratifikationen für den Erfolg teilhaben.

Wahrlich, der Wunsch, daß es so sein möge, impliziert hier Methode und Ergebnis.

In Wirklichkeit beruhen die Antriebsstrukturen der DDR-Hochleistungssportler in erster Linie auf Sonderrechten und Gewinnchancen, mit denen kein „kapitalistisches" (Amateur-)System konkurrieren kann.

Sportliche Spitzenleistungen stehen in der Werthierarchie der DDR-Führungsschicht mit an erster Stelle, weil sie bei der Zielverwirklichung wirksam helfen (siehe Funktionen).

Aber auch breite Teile der Bevölkerung werten Höchstleistungen im Sport recht hoch. Ein wichtiger Grund hierfür ist, daß im Spitzensport — im Gegensatz zu anderen Bereichen — *Leistung* und *Erfolg* deutlich erkennbar und ihr Zusammenhang klar determiniert ist. Der Faktor „sozialistisches Bewußtsein", der in der DDR die Beziehung zwischen Leistung und Erfolg (Belohnung, Aufstieg, Sonderrechte) verwässert, ja oft als völlig willkürlich erscheinen läßt, wirkt im Bereich des Spitzensports nur am Rande: Dort zählt meßbare Leistung und bringt Erfüllung.

Mangel kann eine der mächtigsten Triebkräfte menschlichen Handelns sein. Die DDR — und das ist hier ausschlaggebend — kann ihren Spitzenathleten individuelle Sonderrechte einräumen, die in westlichen Demokratien längst Allgemeingut aller Bürger sind. Ein totalitäres System wie das der DDR, das *Grundrechte* wie Freizügigkeit, die Möglichkeit nach Belieben zu reisen, Meinungs- und Informationsfreiheit, freie Wahl des Berufes und des Arbeitsplatzes fast allen Bürgern vorenthält, ein Regime, unter dem der *soziale Aufstieg* mehr von ideologischer Zuverlässigkeit als von funktional-fachlicher Leistung abhängt, und die herrschende Schicht das Monopol für die Zumessung des persönlichen Lebensraumes besitzt, kann durch eine Hierarchie von *Privilegien* und materielle Vorteile (durch den ständigen Blick in die Bundesrepublik werden die Bedürfnisse verstärkt und z.T. geweckt), die es den Spitzensportlern — wie kaum einer anderen Leistungsgruppe — zukommen läßt, maximale *Leistungsanreize* entwickeln *(Knecht, Krüger).*

Daß diese Art der Sportförderung auch in anderen sozialistischen Ländern üblich ist, zeigt das inzwischen verbotene Buch des ungarischen Soziologen *Antal Végh.*[6] Darin erfahren wir: „Wenn ein Normalsterblicher im betrunkenen Zustand Auto fährt und dabei erwischt wird, muß er zahlen und verliert den Führerschein. Tut ein bekannter Spieler das gleiche, schüttelt der Polizist höchstens den Kopf. Es kam sogar schon vor, daß der Ordnungshüter sich selbst ans Lenkrad setzte und den alkoholdurchtränkten Sportler persönlich nach Hause fuhr. Überfährt ein Alltagsbürger einen Fußgänger, wird er selbstverständlich bestraft. Der Fußballer kommt mit einem Urteil auf Bewährung davon. Ihm werden in allen Lebensbereichen Vorrechte gewährt. Sein Kind kommt in den Kindergarten, auch dann, wenn vorher 100 Arbeiterfamilien abgewiesen wurden. Seine Frau bekommt die Stelle im Frisiersalon, der vorher schon zehn Arbeitswillige wegschickte. Ein Fußballer erhält den begehrten Pkw von heute auf morgen, während man auf diesen Wagen sonst vier Jahre Wartezeit in Kauf nehmen muß".

6) Zit. bei *Lázár* (1974, S. 14). Es handelt sich hier um ein ungarisches Taschenbuch von *Antal Végh* mit dem Titel: „Warum ist der ungarische Fußball krank?" Wahrscheinlich 1973 oder 1974 in Budapest erschienen.

Symptomatisch für die sozialistische Gesellschaft sind Reizarmut und geringer Spielraum des Lebens — alles ist weitgehend standardisiert und reglementiert. Daraus resultiert ein *Bedürfnis- bzw. Interessenstau* (Konsum- und Reisewünsche; Drang, sich aus der Masse hervorzuheben), der — verbunden mit einer auf Leistungssport und hoher Wertschätzung sportlicher Leistung orientierten Erziehung — sehr stark Trainingsfleiß und Siegeswillen stimuliert. Der Athlet weiß, daß sich ihm durch sportliche Hochleistung die einmalige Chance bietet, seine Träume zu realisieren: eine vielbeachtete Sonderstellung in der uniformen DDR-Gesellschaft, berufliche und wirtschaftliche Absicherung (Spitzeneinkommen ohne zu arbeiten, lebenslange Renten), Westreisen, gute Wohnung am gewünschten Ort, Auto, Devisenkäufe (vgl. *Brestel* 1975) etc., also Vergünstigungen, die für den Durchschnittsbürger in weiter Ferne bleiben (*Nawrocka* 1964).

Welches Äquivalent müßte ein Spitzenathlet der Bundesrepublik wohl für seine Leistung, Entsagung, Risiko und Anstrengung erhalten, um auch nur annähernd mit den Rivalen aus der DDR konkurrieren zu können? Das ist schwer vorstellbar; zu unterschiedlich stehen beide in der Gesellschaft. Die Gleichhheit der Chancen wurde zu einer *Farce*.

In demokratischen Staaten fehlen solche Antriebe sportlicher Höchstleistung entweder ganz, oder sie stehen mit anderen Motiven die mit einer vergleichbar hohen sozialen Belohnung verknüpft sind, in Konkurrenz.

Wenn *M. Steinbach* (1971, S. 70) darauf hinweist, daß die *Motive* des Sportlers sich nur in den seltensten Fällen mit denen des Staates oder Gemeinwesens decken, die als Förderer fungieren — gleichwohl beide von der erreichten Leistung profitieren —, so trifft das sicher alle Gesellschaftsordnungen. Der Unterschied ist „nur", daß die Ideologen der sozialistischen Länder das nicht eingestehen, sondern patriotische bzw. klassenkämpferisch-ideologische Beweggründe konstruieren und „ihren" Athleten andichten, obwohl in Wirklichkeit die hohe Motivation auf dem Prinzip des *Mangels* (*Dobringer* 1969) und eindeutigem Gewinnstreben beruht, also Kategorien, die sie allein dem westlichen Sport unterstellen.

Die *soziale Schichtung* der Sporttreibenden untersuchten bisher in der DDR nur zwei Autoren; der Hochleistungssport bleibt dabei völlig unberücksichtigt. Aus den vorliegenden Befunden läßt sich jedoch der Schluß ziehen, daß die Schichtspezifik im DDR-Sport ausgeprägter ist als in der Bundesrepublik. *K. Kraft* (1966 a/b) kommt in seiner für Magdeburg repräsentativen Erhebung zu dem Ergebnis, daß nur relativ wenige Arbeiter bzw. im Arbeitsprozeß stehende Personen ein Sportabzeichen erwarben. Hier dominiert eindeutig die Gruppe der Schüler, Studenten und Lehrlinge: Sie repräsentiert nur 5,4% der Einwohner Magdeburgs, ihr Anteil am Abzeichenerwerb beträgt indes 52,3% (*Kraft* 1966b, S. 65, *Süßkoch* 1975).

K. Kraft (1966a, S. 112ff. und S. 146ff.) konstatiert auch berufs- bzw. *schichtabhängige Sportinteressen:* Aus der Industrie, in der 22,5% der Elbstädter arbeiten, kommen 31,6% der organisierten Fußballspieler. Im Handel arbeiten 5,5% der Einwohner, den Leichtathletik-Sektionen gehören jedoch nur 0,3% dieser Gruppe an (ebd.). Arbeiter stellen 96,5% der Boxer und 94,0% der Gewichtheber; die Intelligenz stellt 37,7% der Tennisspieler, 31,5%

der Federballspieler und 30,3% der Leichtathleten — dagegen nur 7,6% der Fußballer, 4,1% der Radsportler und 3,5% der Boxer (ebd.). Zu gleichartigen Befunden wie K. *Kraft* (1966 a/b) in Magdeburg gelangt *H. Perleberg* (1955) im Bezirk Rostock. In der Tendenz dürften deren Ergebnisse für die gesamte DDR auch heute noch Gültigkeit besitzen. Bei den Spitzensportlern scheint die Schichtspezifik nicht minder ausgeprägt zu sein (s. *Süßkoch* 1975, S. 120—136).

Resümee

Körperkultur und Spitzensport sind kein Phänomen „an sich"; seine Werte, Ziele und Wirkungen sind integrierender Teil des jeweiligen sozialen Systems und können nur auf dieser Grundlage verstanden und gewertet werden. O. *Grupe* (1971, S. 335ff.) unterscheidet drei miteinander verbundene Aspekte, unter denen der Hochleistungssport zu sehen ist: „ein *technisch-rationales* Merkmal, das sich auf die Sportleistung selber richtet; ein *individuelles,* das sich auf den einzelnen Athleten bezieht; ein *soziales,* das die gesellschaftlich-ökonomischen und politischen Faktoren des Hochleistungssports abmißt und auch den Zusammenhang mit den Interessen des Sportzuschauers widerspiegelt".

Grundsätzlich hat der Spitzensport in allen Gesellschaften (wenn auch unterschiedlich akzentuiert) die gleichen *Funktionen,* wie sie *Talcott Parsons* jedem *Handlungssystem* zuschreibt: Strukturbewahrung, Zielverwirklichung, Anpassung und Integration. Eine Bewertung des Hochleistungssports muß deshalb im Kontext der entsprechenden Gesellschaftsordnung geschehen; sie — insbesondere die jeweiligen Machtverhältnisse — gilt es vorher zu analysieren.

Verallgemeinernd läßt sich daraus für die *Bewertung* des Spitzensports ableiten: Je durchschaubarer Machtbildung und Herrschaftsprozesse ablaufen, um so größer ist die Chance, daß Machtmißbrauch eingedämmt wird, also der Gegensatz zwischen den Bedürfnissen der Machtelite (bzw. -eliten) und den anderen sozialen Schichten abnimmt.

Die Gefahr des Mißbrauchs des Hochleistungssports ist damit eine Funktion der jeweiligen Machtkonstellation.

Auf die DDR übertragen bedeutet das: Der Spitzensport hat für die kleine Schicht der machtbesitzenden Parteikader existenzielle Aufgaben zu erfüllen. Aus der Wichtigkeit dieser Funktionen für die SED-Führer (bes. Anerkennung und Prestige; Integration) resultiert die besondere Förderung des Hochleistungssports, die den Interessen der Mehrzahl der DDR-Bürger widersprechen dürfte.

Für die Gruppe der Spitzenathleten liegt im Sport die einmalige Chance sozialen Aufstiegs, wie er mit anderen Leistungen kaum erreicht werden kann. Daraus wiederum resultieren sehr wirkungsvolle Antriebe.

Zwei Fragen stellen sich:
1. Wohin führt die Praxis, durch sportliche Höchstleistungen die *Überlegenheit* einer *Gesellschaftsordnung* beweisen zu wollen?
2. Inwieweit entspricht es der Wirklichkeit, daß der Teilbereich Spitzensport — wie immer wieder behauptet — für das gesamte Gesellschaftssystem repräsentativ ist?

Die Überbewertung sportlicher Rekorde in ihrer Aussagekraft hat verhängnisvolle Folgen. Dieser Weg könnte eine Sackgasse sein, an deren Ende sich die Idee des Sports *(Schelsky, Lenk, Grupe, Schoeck, Rudolph, Rókusfalvy)* in ihr Gegenteil verkehrt. *Georg von Opel* (1970, S. 2) warnt vor einer derartigen Entwicklung: „Der politische Wertvergleich der Völker auf den Sportstätten erzwang die Verwandlung des Liebhabers (Amateurs) in den Staatssportler, in die Sportlermarionette politischer Vormachtskämpfe.... Die olympische Idee liegt in Agonie; aus dem Spiel wurde Fron, aus dem Sport nationaler Arbeitsdienst, aus der Leistung der Freiheit wurde der Zwang zum Rekord".[7]

Aus dem kleinen Bereich des Hochleistungssports kann *nicht* auf die höhere Entwicklung des *Sports* geschlossen werden, noch viel weniger aber auf die Überlegenheit der gesamten Gesellschaftsordnung.

Erst der Verzicht auf derartige ideologische Überhöhungen schafft die Voraussetzung einer angemessenen *Bewertung* des Leistungssports als einem wichtigen Bestandteil der menschlichen Gesellschaft, dessen soziologische Analyse noch am Anfang steht.

Literatur

1. *Adam, K.*, Leistungssport – Sinn und Unsinn (München 1975). – 2. Arbeitsfreistellung von Sportlern und Sportfunktionären. In: Arbeit und Sozialfürsorge, Nr. 20, S. 610–611 (Berlin Ost 1958). – 3. *Autorenkollektiv*, Der westdeutsche Leistungssport unter den Bedingungen des staatsmonopolistischen Herrschaftssystems (Thesen). In: Theorie und Praxis der Körperkultur, 19. Jg., H. 3, S. 196–211 (Berlin Ost 1970). – 4. *Bachmann, H.*, Die Benachteiligung der Bevölkerung bei der Bereitstellung von Hallenschwimmbädern für Sportgemeinschaften. In: Das Deutsche Gesundheitswesen, 14. Jg., H. 19, S. 863–867 (Berlin Ost 1959 a). – 5. *Bachmann, H.*, Sport und Gesundheit im Spiegel der Kritik. In: Das Deutsche Gesundheitswesen, 14. Jg. H. 42, S. 1956 bis 1963 (Berlin Ost 1959 b). – 6. *Becher, J.R.*, Bemühungen I. Verteidigung der Poesie. (Berlin Ost und Weimar 1972 a). – 7. *Becher, J.R.*, Bemühungen II. Macht der Poesie. (Berlin Ost und Weimar 1972 b). – 8. *Beinroth, H.*, Zu einigen Fragen der Einstellungsbildung im Sport. In: Theorie und Praxis der Körperkultur, 18. Jg., H. 3, S. 265–272 (Berlin Ost 1969). – 9. Beschluß des Staatsrates der DDR vom 20. September 1968: „Die Aufgaben der Körperkultur und des Sports bei der Gestaltung des entwickelten gesellschaftlichen Systems des Sozialismus in der DDR." In: Schriftenreihe des Staatsrates der DDR, 3. Wahlperiode, 4, S. 89–109 (Berlin Ost 1968). – 10. *Brestel, H.*, Wenn drüben einer Westgeld hat. Neue Eindrücke aus der DDR. In: Frankfurter Allgemeine Zeitung, Nr. 135, Frankfurt, den 14. Juni 1975, S. 11. – 11. *Dobringer, W.M.*, Social Structures and Systems: A Sociological Overview, Pacific Palisades (California 1969). – 12. *Eichberg, H.*, Der Weg des Sports in die industrielle Zivilisation (Baden-Baden 1973). – 13. *Erbach, G.*, Körperkultur und Sport im gesell-

---

7) Vgl. *Schuster* (1958, 1968), *Preußger* (1958), *Bachmann* (1959), Von der Auszeichnung ... (1974), Hohe Anerkennung ... (1974), Hohe staatliche Auszeichnungen ... (1972), Verdienstvolle Sportler ... (1974), Arbeitsfreistellung ... (1958), *Kunath* (1972), *Kogel* und *Schwidtmann* (1969), *Autorenkoll.* (1970), *Beinroth* (1969), *Tra My* (1971); *Knecht, Grupe, Lenk, Adam* (1975), *Süßkoch* (1975), *Güntsche* (1975), *Lersch* (1960), *Schelsky* (1973).

schaftlichen Planungsprozeß, unter besonderer Berücksichtigung des Hochleistungssports. In: Referate und Kurzreferate der Sportwissenschaftler der DDR auf dem Wissenschaftlichen Kongreß 1972 in München (I), S. 1–11 (1972). – 14. *Gebauer, G.,* „Leistung" als Aktion und Präsentation. In: Sportwissenschaft, 2. Jg., H. 2, S. 182–203 (Schorndorf 1972). – 15. *Göldner, K.-H.,* Wie schaffe ich ein Sportkollektiv in der SSG? In: Körpererziehung, 13. Jg., H. 11, S. 587–590 (Berlin Ost 1963). – 16. *Grupe, O.,* Spitzensport zwischen Ideologie und Wirklichkeit. In: amateur '72, S. 331–360 (Mainz 1971). – 17. *Güntsche, I.,* Sportberichterstattung in beiden Teilen Deutschlands. Exemplarisch untersucht am „Neuen Deutschland" und der „Frankfurter Allgemeinen Zeitung" im ersten Halbjahr 1974. Staatsexamensarbeit an der Justus Liebig-Universität Gießen (1975). – 18. *Hammerich, K.,* Berufskarrieren von Spitzensportlern. Diskussion und Illustration der Konzeption einer international vergleichenden Studie. In: Sportwissenschaft, 2. Jg., H. 2, S. 168–181 (Schorndorf 1972). – 19. *Harre, D. et al.,* Trainingslehre. Einführung in die allgemeine Trainingsmethodik (Berlin Ost 1971/3). – 20. *Heinemann, K.,* Leistung, Leistungsprinzip, Leistungsgesellschaft. Elemente einer Soziologie der Leistung und des Leistungsverhaltens im Sport. In: Sportwissenschaft, 5. Jg., H. 2, S. 119–146 (Schorndorf 1975). – 21. *Hellmann, R.,* Körperkultur und Sport in unserer Gesellschaft. In: Einheit, 30. Jg., H. 4/5, S. 520–528 (Berlin Ost 1975). – 22. *Hennig, W.,* Hervorragende Sportler als Vorbilder von Kindern und Jugendlichen. In: Körpererziehung, 11. Jg., H. 6, S. 297–308 (Berlin Ost 1961). – 23. Hohe Anerkennung für große Leistungen im Sport. In: Neues Deutschland, (A-Ausgabe), 29. Jg., Nr. 136, Berlin Ost, den 18. Mai 1974, S. 1. – 24. Hohe staatliche Auszeichnungen verliehen. In: Die Union, 27. Jg., Nr. 256, Dresden, den 29. Oktober 1972, S. 1f. – 25. *Honecker, E.,* Für einen weiteren Aufschwung unserer sozialistischen Körperkultur. Rede des Ersten Sekretärs des ZK der SED, Genossen *Erich Honecker,* auf der konstituierenden Sitzung des Fest- und Spartakiadekomitees der DDR zum VI. Turn- und Sportfest und zur VI. Kinder- und Jugendspartakiade der DDR 1977. In: Das Volk, Gotha, 15. Februar 1975, S. 3. – 26. *Hunold, A.,* Der Beitrag des Sports im Prozeß der Persönlichkeitserziehung. In: Referate und Kurzreferate der Sportwissenschaftler der DDR auf dem Wissenschaftlichen Kongreß 1972 in München, S. 1–5 (1972). – 27. *Jokl, E.,* Alter und Leistung (Berlin/Göttingen/Heidelberg 1954). – 28. *Knecht, W.,* Verschenkter Lorbeer. Deutsche Sportler zwischen Ost und West (Köln und Berlin 1969). – 29. *Knecht, W.,* Das Förderungssystem der DDR (Interviews). In: amateur '72, S. 149–254 (Mainz 1971 a). – 30. *Knecht, W.,* Olympische Medaillen, Orden für Tapferkeit und Selbstverleugnung. In: amateur '72, S. 9–33 (Mainz 1971 b). – 31. *Kogel, H. und Schwidtmann, H.,* Zur ideologischen Relevanz sportlicher Tätigkeit im Lichte des Staatsratsbeschlusses „Die Aufgaben der Körperkultur und des Sports bei der Gestaltung des entwickelten gesellschaftlichen Systems des Sozialismus in der DDR" (Theoretische Studie als Beitrag zur klassenmäßigen Erziehung). In: Wissenschaftliche Zeitschrift der Deutschen Hochschule für Körperkultur Leipzig, 11. Jg., H. 1/2, S. 5–13 (Leipzig 1969). – 32. *Kraft, K.,* Die Struktur der DTSB-Mitglieder und der Sportabzeichenerwerber in ihren Beziehungen zur Bevölkerungsstruktur Magdeburgs. Eine vergleichende sozialdemographische Analyse als Beitrag zur Verbesserung der Planung und Leitung der Körperkultur in einer sozialistischen Großstadt. Päd. Diss. an der DHfK Leipzig (1966 a). – 33. *Kraft, K.,* Sportabzeichen und Bevölkerung. (Erste Ergebnisse soziologischer Untersuchungen vom Sportabzeichenerwerb in einer sozialistischen Großstadt). In: Wiss. Zeitschrift der DHfK Leipzig, 8. Jg., H. 1, S. 59–68 (Leipzig 1966 b). – 34. *Krockow, von Ch. G.,* Sport und Industriegesellschaft, (München 1972). – 35. *Krüger, H.,* Zur Motivation im Leistungssport der Kinder und Jugendlichen in der DDR. In: V. Kongreß für Leibeserziehung, 7.–10. Oktober 1970 in Münster, Motivation im Sport, S. 163–170 (Schorndorf 1971). – 36. *Kunath, P.,* Der sportliche Leistungsbegriff. In: Theorie und Praxis der Körperkultur, 17. Jg., Beiheft, Teil II, S. 114–116. (Berlin Ost 1968 a). – 37. *Kunath, P.,* Persönlichkeitsentwicklung und Sport. In: Theorie und Praxis der Körperkultur, 17. Jg.,

H. 7, S. 595–599 (Berlin Ost 1968 b). – 38. *Kunath, P.,* Die Veränderung der Leistungsmotivation in Abhängigkeit von den gesellschaftlich-sozialen Bedingungen. In: Referate und Kurzreferate der Sportwissenschaftler der DDR auf dem Wiss. Kongreß 1972 in München (I), S. 1–6 (München 1972). – 39. *Kunath, P.,* Sozialpsychologische Komponenten der sportlichen Leistung. In: Beiträge zur Sportpsychologie 2, S. 11–30 (Berlin Ost 1974). – 40. *Kunath, P.,* Der Sport als gesellschaftlich-sozialer Bereich der Entwicklung sozialistischer Persönlichkeiten. In: Theorie und Praxis der Körperkultur, 24. Jg., H. 5, S. 441–455 (Berlin Ost 1975). – 41. *Kunath, P.* und *Thieß, G.,* Die wissenschaftliche Begründung des allgemeinen Ziels und der Aufgaben der körperlichen Erziehung und Bildung der jungen Generation in der DDR. In: Theorie und Praxis der Körperkultur, 12. Jg., H. 6, S. 502–537 (Berlin Ost 1963). – 42. *Lázár, S.,* Fußballer in Ungarn. Privilegierte Klasse. In: Die Zeit, 29. Jg., Nr. 51, Hamburg, 13. Dezember 1974, S. 14 (1974). – 43. *Lenk, H.,* Leistungssport: Ideologie oder Mythos? Zur Leistungskritik und Sportphilosophie (Stuttgart–Berlin–Köln–Mainz 1972). – 44. *Lersch, Ph.,* Der Sport als Aufgabe unserer Zeit. In: Jahrbuch des Sports, S. 7–16 (Frankfurt/M. 1960). – 45. *Lüschen, G.,* Der Leistungssport in seiner Abhängigkeit vom sozio-kulturellem System. In: Zentralblatt für Arbeitswissenschaft, 19. Jg., H. 12, S. 186–190 (Frechen 1962). – 46. *Lüschen, G.,* Die gesellschaftliche Funktion des modernen Sports. In: Krankengymnastik, 16. Jg., H. 8, S. 209–213 (München 1964). – 47. *Mayntz, R.,* Kritische Bemerkungen zur funktionalistischen Schichtungstheorie. In: Kölner Zeitschrift für Soziologie und Sozialpsychologie, Sonderheft 5, hrsg. von *D. V. Glass* und *R. König,* S. 10–28 (Köln und Opladen 1970/4). – 48. *McClelland, D. C.,* Die Leistungsgesellschaft. Psychologische Analyse der Voraussetzungen wirtschaftlicher Entwicklung (Stuttgart–Berlin–Köln–Mainz 1966). – 49. *Nawrocka, W.,* Die Motivation der sportlichen Betätigung und ihre gesellschaftliche Bedingtheit. In: Theorie und Praxis der Körperkultur, Sonderheft, „Über die philosophische und soziologische Probleme der Körperkultur" (Materialien des Warschauer Seminars vom 2.–8. Dezember 1963), 13. Jg., H. 9, S. 207–209 (Berlin Ost 1964). – 50. *Neidhardt, H.,* Der Anteil der Körperkultur bei der Durchsetzung der sozialistischen Kulturrevolution in der DDR. Päd. Diss. an der Deutschen Hochschule für Körperkultur (Leipzig 1966 a). – 51. *Neidhardt, H.,* Sozialistisches Menschenbild und Körperkultur. In: Wiss. Zeitschrift der DHfK Leipzig, 8. Jg., H. 2, S. 39–47 (1966 b). – 52. *Novikov, A.D.* und *Maximenko, A.M.,* Der Einfluß einiger sozial-ökonomischer Faktoren auf das Niveau der sportlichen Leistung der Länder. Dargestellt am Beispiel der XVIII. Olympischen Spiele in Tokio. In: Theorie und Praxis der Körperkultur, 20. Jg., H. 6, S. 518–529 (ders. Aufsatz auch in: Sportwissenschaft, H. 2/1972) (Berlin Ost 1971). – 53. *Offe, C.,* Leistungsprinzip und industrielle Arbeit. Mechanismen der Statusverteilung in Arbeitsorganisationen der industriellen „Leistungsgesellschaft" (Frankfurt/M. 1970). – 54. *Ogburn, W.F.,* On Culture and Social Change, University of Chicago (1964). – 55. *Opel, von G.,* Die Zukunft des Sports (Frankfurt/M. 1970). – 56. *Perleberg, R.,* Über die soziale Schichtung der Sporttreibenden in den einzelnen Sportarten. Eine Untersuchung in sozialer und pädagogischer Hinsicht über die entsprechende Situation im Bezirk Rostock um 1954. Diss. an der Ernst-Moritz-Arndt-Universität Greifswald (1955). – 57. *Pfeiffer, R.,* Soziale Schichtung bei Tanzsportlern in Hessen. Eine empirische Untersuchung im Leistungssport. Staatsexamensarbeit an der Justus Liebig-Universität Gießen (1975). – 58. *Pleßner, H.,* Die Funktion des Sports in der industriellen Gesellschaft. In: Wissenschaft und Weltbild, S. 262–274 (Wien 1956). – 59. *Preußger, M.,* Der gesellschaftliche Auftrag des Leistungssportlers in der DDR. In: Theorie und Praxis der Körperkultur, 7. Jg., H. 6, S. 489–491 (Berlin Ost 1958). – 60. *Röblitz, G.,* Zu den Funktionen der Freizeitbetätigungen und speziell des sportlichen Tuns im Lebensvollzug der Menschen der sozialistischen Gesellschaft. In: Wiss. Zeitschrift der DHfK Leipzig, 7. Jg., H. 2, S. 51–60 (1965). – 61. *Röblitz, G.,* Leistung als konstituierendes Element der sozialistischen Menschengemeinschaft und als Zentralbegriff der Sportwissenschaft. In: Wiss. Zeitschrift der DHfK, 12. Jg., H. 3,

S. 61–73 (Leipzig 1970). – 62. *Röder, H.*, Der Trainer als Erzieherpersönlichkeit im Leistungssport der DDR. Päd. Diss. an der Deutschen Hochschule für Körperkultur Leipzig (1961). – 63. *Röder, H.*, Die sozialistische Sportorganisation – ihre Rolle und Bedeutung bei der Entwicklung sportlicher Höchstleistungen. In: Theorie und Praxis der Körperkultur, Beiheft, 17. Jg., S. 101–107 (Berlin Ost 1968). – 64. *Rodicenko, V.S.*, Über den vielfältigen Einfluß der wissenschaftlich-technischen Revolution auf Körperkultur und Sport. In: Theorie und Praxis der Körperkultur, 19. Jg., H. 7, S. 616 bis 622 (Berlin Ost 1970). – 65. *Rodicenko, V.S.*, Sportliche Wettkämpfe als soziale Erscheinung. In: Theorie und Praxis der Körperkultur, 22. Jg., H. 7, S. 638–641 (Berlin Ost 1973). – 66. *Rókusfalvy, Pái*, Sportpszichológia (Budapest 1974). – 67. *Rudolph, H.*, Die Krise im deutschen Sport (IV). Ein Volk in Spikes und Schwimmtrikots? In: Christ und Welt, XXIII. Jg., Nr. 4, Düsseldorf, den 23. Januar 1970, S. 26. – 68. *Seppänen, P.*, Die Rolle des Leistungssports in den Gesellschaften der Welt. In: Sportwissenschaft, 2. Jg., H. 2, S. 133–155 (Schorndorf 1972). – 69. *Sieger, W.*, Einige philosophische Fragestellungen bei der Bestimmung des Zieles der Körpererziehung. In: Theorie und Praxis der Körperkultur, 12. Jg., H. 8, S. 743–747 (Berlin Ost 1963a). – 70. *Sieger, W.*, Zu theoretischen Fragen der Körperkultur in der sozialistischen und kommunistischen Gesellschaft. In: Theorie und Praxis der Körperkultur, 12. Jg., H. 11, S. 1002–1012 (Berlin Ost 1963 b). – 70. *Sieger, W.*, Produktivkraft Mensch und Körperkultur. In: Wiss. Zeitschrift der DHfK Leipzig, 6. Jg., H. 3, S. 43–98 (1964a). – 71. *Sieger, W.*, Zur Körperkultur in der sozialistischen Gesellschaft. In: Deutsche Zeitschrift für Philosophie, 12. Jg., H. 8, S. 923–934 (Berlin Ost 1964 b). – 72. *Steinbach, M.*, Motivation im Leistungssport. In: V. Kongreß für Leibeserziehung, 7.–10. Oktober 1970 in Münster, Motivation im Sport, S. 69–83 (Schorndorf 1971). – 73. *Süßkoch, A.*, Leistungssport im gesellschaftlichen System der DDR – Analyse und Kritik der Selbstdarstellung. Staatsexamensarbeit an der Justus Liebig-Universität Gießen (1975). – 74. *Schelsky, H.*, Friede auf Zeit. Die Zukunft der Olympischen Spiele (Osnabrück 1973). – 75. *Schoeck, H.*, Ist Leistung unanständig? (Osnabrück 1972/4). – 76. *Schossig, C.*, Der Wettkampf – ein wichtiges Erziehungsmittel. In: Körpererziehung, 6. Jg., H. 5, S. 281–288 (Berlin Ost 1956). – 77. *Schuster, H.*, Zu Grundfragen des Leistungssports in der DDR. In: Theorie und Praxis der Körperkultur, 7. Jg., H. 5, S. 393–411 (Berlin Ost 1958). – 78. *Schuster, H.*, Die gesellschaftliche Funktion des Leistungssports in der DDR. In: Theorie und Praxis der Körperkultur, 17. Jg., Beiheft, Teil II, S. 107–113 (Berlin Ost 1968). – 79. *Schwidtmann, H.*, Erzieherische und persönlichkeitsbildende Relevanz des Hochleistungssports – soziales Problem und pädagogische Aufgabe. In: Referate und Kurzreferate der Sportwissenschaftler der DDR auf dem Wissenschaftlichen Kongreß 1972 in München (II), S. 1–7 (1972). – 80. *Thieß, G.* und *Kunath, P.*, Thesen über das Ziel und die Aufgaben der körperlichen Erziehung und Bildung der jungen Generation in der DDR. In: Theorie und Praxis der Körperkultur, 12. Jg., H. 3, S. 239–253 (Berlin Ost 1963). – 81. *Tra My, Ph.*, Der Sport in der Gesellschaft. Zur theoretischen Grundlegung eines marxistisch-leninistischen Sportbegriffs. Päd. Diss. an der Deutschen Hochschule für Körperkultur Leipzig (1971). – 82. Verdienstvolle Sportler mit Ehrentiteln ausgezeichnet. In: Neues Deutschland, (A-Ausgabe), 29. Jg., Nr. 136, Berlin Ost, den 18. Mai 1974, S. 6. – 83. *Voigt, D.*, Kleingruppe und Kollektiv als Forschungsgegenstand in der DDR. In: Deutschland Archiv, 8. Jg., H. 3, S. 270–290 (Köln 1975 a). – 84. *Voigt, D.*, Sozialstrukturforschung in der DDR. Eine kritische Analyse. In: Deutschland Archiv, 8. Jg., H. 5, S. 476–511 (Köln 1975 b). – 85. *Voigt, D.*, Soziologie in der DDR. Eine exemplarische Untersuchung (Köln 1975 c). – 86. Von der Auszeichnung hervorragender Sportler. In: Neues Deutschland, (A-Ausgabe), 29. Jg., Nr. 136, Berlin Ost, den 18. Mai 1974, S. 3. – 87. *Vorwerg, G.*, Führungsfunktion in sozialpsychologischer Sicht. Theoretisches Modell und empirische Analysen zur Rolle des sozialistischen Leiters und des Führungskollektivs (Berlin Ost 1971). – 88. *Wischmann, B.*, Leistungssport – ein Mittel zur Selbsterziehung. Sinn und Zweck sportlichen Hochleistungsstrebens und die Idee der Fairneß. Bd. 5 der „Beiträge zur Leistungsförderung" (Berlin–München–Frankfurt/M. 1971). – 89. *Wohl, A.*, Der Leistungssport und seine sozialen Funktionen. In: Sportwissenschaft, 5. Jg., H. 1, S. 56–68 (Schorndorf 1975). – 90. *Wolf, E.*, Über den Einfluß von formeller und informeller Autorität auf die Einstellung zu Kooperationspartnern. In: Bericht über den 2. Kongreß der Gesellschaft für Psychologie in der DDR, hrsg. von *J. Siebenbrodt*, S. 166–168 (Berlin Ost 1969).

Anschrift des Autors

Prof. Dr. *D. Voigt*
Am Birkfeld 6
6301 Biebertal 6

Sachregister

Abhängigkeit 140f.
Aggression (aggressives Verhalten) 4ff.,
    61, 64, 66, 70ff., 100, 120f., 127, 137,
    151, 191
—, Abreaktion von 69f., 72f., 75, 121,
    127, 204
—, Enthemmung von 69, 121
—, instrumentelle 65, 70
—, Nachahmung von 69
—, primäre 65, 70f.
—, regelgemäße 65
—, regelwidrige 65
—, Sublimierung von 74f.
—, Übertragung von 69
—, Wettkampf- 64ff., 73, 128, 194
—, Zuschauer- 68ff., 129
Aggressionstrieb 74, 75
Angst 63f., 66, 70ff., 75, 82f., 85, 92,
    102f., 158, 166ff.
Antisemitismus 124
antisoziales Verhalten s. Aggression
Arbeit 174, 182ff., 192, 194, 197, 204,
    210
Attraktivität 143, 147f.
Attribuierung 83, 87
—, externale 83f.
—, internale 83f.
autoritäre Persönlichkeit 123f.

Basketball 12, 66, 74, 128, 141, 145,
    150f., 190
Bedürfnisstau 208
Bekräftigung s. Verstärkung
Belohnung 5, 13, 62, 64, 68, 72, 94, 96,
    107, 109, 130, 173, 207
—, Erfolg 62, 68
—, extrinsische 62
—, soziale Anerkennung 62, 68
Beruf 11, 182f., 193
Bestrafung 66, 71f., 96, 107, 173
Bildungsniveau s. Schichten
Boxen 63ff., 69, 141, 190f., 208f.

Chauvinismus 118

Deutsche Turnerschaft 131
Deutsche Jugendkraft 131
DFB 114, 121
Disziplin 67, 102, 125, 202f.
Divergenztheorem 199
Dominanzverhalten, s. Aggression
Dominanztrieb 61
DSB 4, 115, 132

Edwards Personal Preference Schedule
    (EPPS) 16ff., 23f.
Eichenkreuz 131
Einflußstreben (s. auch Motiv, Macht-)
—, personalisiertes (pE) 6, 78, 81ff.
—, soziales (sE) 6, 78, 84ff.
Einstellungen 6f., 122f., 193
—, Änderung von 122, 124, 126ff., 130
—, antisoziale 121
—, autoritäre 128
—, ethnozentrische 124, 126f., 129, 116
—, nationalistische 7, 113ff.
—, soziale 115ff., 120ff.
—, zum Sport 7, 12, 87, 97f., 108, 116,
    156ff., 188ff., 205, 208
Eishockey 65, 69, 117, 151, 190
Eislaufen 164, 190f.
Emanzipation 98, 101, 103f.
Entropie 85
—, streben 85
Erfolg (s. auch Belohnung) 63f., 68, 71,
    75, 82ff., 105, 128, 132, 197, 201,
    203ff.
—, Hoffnung auf 71, 84, 86ff.
Erfolgskontrolle s. Lernkontrolle
Experimentelle Planung 3, 37ff.
fachliches Können (in der DDR) 200

Fairneß 68, 73f., 98ff., 121, 156, 158, 161
Fechten 65, 69, 190
Federball 190f.
Football 128, 141f., 151
Foul 65f., 71, 151
Freizeit 184f., 187, 193, 205
Freizeitverhalten 11f., 156, 158, 182ff.,
    203
Frieden 117f.
Frustration 65, 69, 158
Führung 137, 139f., 143, 148, 150, 199
Furcht s. Angst
Fußball 65, 68ff., 74, 97f., 114, 117f., 125,
    129f., 151, 162f., 190f., 207ff.
—, Fan 72f.
—, Rowdy 72f.

Gegenmacht s. Macht
Gehorsam 67, 76, 156, 202
Generalisation s. Transfer
Generalisierbarkeit 43, 48, 50f., 54ff.
Generalität des Verhaltens (s. auch Transfer) 92ff., 97, 100

215

geschlechtsspezifische Erziehung (s. auch Sozialisation) 103ff., 162ff., 188
geschlechtsspezifische Rolle 9, 99, 163ff., 182, 189, 193f.
geschlechtsspezifische Unterschiede 11, 20, 23f., 84, 103ff., 162, 166ff., 182ff.
geschlechtsspezifisches Verhalten 5f., 9, 101, 103, 188, 193
Geschlechtsstereotyp 104, 106, 188
Gesellschaft 113ff., 121, 134, 159, 183, 186, 193f., 197ff., 202, 206, 208f.
–, funktionale Hierarchie der 199
Gesellungsstreben s. Motiv, Gesellungs-
Gesellungsbedürfnis s. Motiv, Gesellungs-
Gesundheit 63, 68, 98, 106, 128, 159, 191f., 194, 198, 203
–, serziehung 66
–, spflege 66
–, svorsorge 66f.
Golf 63, 109
Grundrechte 207
Gruppe
–, Ingroup 123f., 128, 204
–, Leistung der 199
–, Outgroup, Fremdgruppe 123ff., 127f.
–, Sport- 120, 128f., 133, 202
Gymnastik s. Turnen

Handlungssystem 209
Haß 62, 72f., 75f., 128, 203
Haßreduktion 75
hilfreiches Verhalten (s. auch prosoziales Verhalten) 137, 147f., 150, 161
Hochsprung s. Leichtathletik
Hypothesen 3, 38
Hypothetisches Konstrukt 78

Identifikation 70ff., 84, 115, 125, 130, 132
Ideologie 113, 197, 206ff., 210
Imperialismus 203
Inhaltsanalyse (von Sportreportagen) 7, 114, 129
instrumentelles Verhalten 62
Integration 203f., 209
Interaktion, rudimentäre 142, 145f., 149f.
Interaktion, soziale 6ff., 49, 136ff., 197
Interaktionsformen s. soziale Kontingenzen
Interesse am Sport s. Einstellungen zum Sport
Judo 141, 190

Kameradschaft 119, 121, 156, 192
Katharsis s. Aggression, Abreaktion von
Kegeln 109, 191
Körperkultur 197f., 205, 209
–, Funktionen der 198
–, Teilbereiche der 198
kognitive Interpretationen 94, 100, 107, 147
kognitive Schemata 95f., 104, 106ff.
Kommunikation (nonverbale) 137, 149
Konditionierung
–, klassische 125
–, operante 125
Konflikt 73f., 116, 137
Konformität 131, 137
Konkurrenz s. Wettbewerb
Konkurrenztrieb 61
Kontakt 127f.
Kontrolle
–, der Cues 142, 146, 148
–, der Konsequenzen 146ff., 150f.
–, Kontakt- 140
–, Situations- 69, 74
–, Stimulus- s. Situations-
Kooperation 6, 8f., 131, 136, 147ff., 158, 161
Korrelation 38f.
Krieg 5, 118f., 198

Länderkämpfe 120, 130, 133
Längsschnitt 49
Laufen s. Leichtathletik
Lehrplan 98, 105f., 154ff.
–, Inhaltsteil des 157, 159f., 162
–, Präambelteil des 157ff.
Lehrerverhalten 9f., 87f., 98, 108f., 166ff.
Leibeserziehung s. Sportunterricht
Leichtathletik 12, 64f., 102, 109, 162f., 166ff., 175f., 190, 208f.
Leistung
–, Definition der 198f., 207f.
–, sanreize 207
–, sbewertung 175ff., 199f., 204, 210
–, sfähigkeit 63, 66
–, sgesellschaft 198, 200
–, sprinzip 198ff.
–, sstreben s. Motiv, Leistungs-
Lernkontrolle 8f., 11, 87, 160, 172, 179
Lernplanung 8f.
Lernziele 8f., 86ff., 98, 101, 104f., 154ff., 180
–, affektive 9ff., 107, 156ff., 165, 175
–, Inhaltsaspekt 159f., 162ff.

–, kognitive 9, 107, 156f., 159ff., 163, 165, 175
–, psychomotorische 9f., 107, 156f., 160, 162ff., 175, 179f.
–, Verhaltensaspekt 156, 159
Lob s. Belohnung
Macht 140f., 144f., 199ff., 209
Mangel 201, 207f.
Mannschaft 70ff., 75, 98, 115f.
matching 42, 47, 50
Meßmethoden 3
Messung
–, kriteriumsorientierte 178ff.
–, normorientierte 175ff.
militärisch 67, 114, 118f., 198, 202 (s. auch Training, paramilitärisches)
Militarismus 118f.
Minderwertigkeitsgefühl 63, 68, 70
Mißerfolg 63, 71, 82ff., 102, 105, 158, 197
–, Furcht vor 71, 82f., 87
Modell 71, 107, 109, 125, 130, 133, 202
–, lernen 125, 129f.
Motiv 77f., 191ff., 197, 205, 208
–, Anschluß- (s. auch Gesellungs-) 78, 80f., 88
–, Gesellungs- (s. auch Anschluß-) 3f., 6, 16f., 19, 23f., 149, 192
–, Leistungs- 3f., 6, 16f., 19, 22ff., 31, 78, 82ff., 87, 107, 161, 174, 191ff., 199, 201, 204, 206
–, Macht- 6, 200
–, Tüchtigkeits- 82
–, Wirksamkeits- 81
Motivation
–, Anerkennungs- 63
–, extrinsische 63
–, intrinsische 88
–, Niederlagevermeidungs- 63f.
–, sekundäre Erfolgs- 63
–, stheorien 206
–, Vermeidungs- 63f.
motivationale Konstellation 63

Nation 120, 124, 204
Nationaleinkommen 205
Nationalflagge 125
Nationalgefühl 125
Nationalhymne 125
Nationalismus 4f., 7, 118, 120ff., 133
Nationalsozialisten 114, 132, 156
Niederlage 62f., 66, 75, 128
Noten 10, 107, 166, 173f.

Notengebung 10, 87, 172ff.
Olympische Spiele 76, 113f., 117f., 120, 127f., 130, 132, 175

Patriotismus 125, 133, 206, 208
Pferderennsport 63
Politik (im Sport) 4, 7f., 12, 113ff., 210
politisch-psychologische Analyse 114, 131, 133
Prestige 66f., 109, 122, 130f., 133, 190f., 194, 198ff., 202, 209
Privilegien 207f.
Produktivkraft 197f.
Professionalisierung 151
prosoziales Verhalten 100
Provokation 65, 70f.
Psychoanalyse 121, 126, 130f.

Radfahren 190, 208
Randomisierung 41f., 44, 46f., 52ff.
Rangordnung 61, 200
Rassismus 116, 118, 127, 156
reaktive Arrangements 44, 48, 51
Redundanz 83, 85
–, streben 83, 85
Reiten 109, 190f., 194
Relationen 38f.
Reliabilität 173
Riegenwechsel 202f.
Ringen 65, 69, 190

Schichten, soziale 107, 189f., 194, 199, 201, 205, 208f.
Schießen 149f., 190f., 194
Schulsport s. Sportunterricht
Schwimmen 65, 102, 164, 190
Segeln 190f.
Selbstbekräftigungssystem 84, 88
Selbstwertgefühl 70f., 103
Sicherheitsgefühl 70f.
Sicherheitsreiz 70f.
Situationsgebundenheit s. Kontrolle, Situations-
Skala
–, Angst- 167
–, Autoritarismus 124
–, Dimensionen der Gesellungsmotivations- 24ff., 30ff.
–, Dimensionen der Leistungsmotivations- 24ff., 30ff.
–, Einstellungs- 124
–, Ethnozentrismus- 124
–, Gesellungsmotivations- 16ff., 22, 24ff., 29, 32ff.

217

–, Itemanalyse der Gesellungsmotivations- 19, 27, 29 ff.
–' Itemanalyse der Leistungsmotivations- 19, 27, 29 ff.
–, Leistungsmotivations- 16 ff., 22, 24 ff., 29, 32 ff.
–, Militarismus- 124
–, Nationalismus- 124
–, Reliabilität der Gesellungsmotivations- 16 f., 19, 21 f., 24
–, Reliabilität der Leistungsmotivations- 16 f., 19, 21 f., 24
–, Validität der Gesellungsmotivations- 16 f., 19 f., 22 ff.
–, Validität der Leistungsmotivations- 16 f., 19 f., 22 ff.
Skilauf 64, 87, 109, 160
soziale Anerkennung (s. auch Belohnung) 63, 88, 95, 109, 209
soziale Erscheinung 197, 201, 204
soziale Kontingenzen 8, 138 ff.
soziale Ungleichheit 201
soziale Wahrnehmung 128
sozialer Aufstieg 207, 209
Sozialisation 5, 12, 95 ff., 101, 188 ff., 193 f., 206
–, geschlechtsspezifische 5, 11, 101 ff., 188, 193 f.
–, sbedingungen 6, 91
–, sforschung 92, 110
–, swirkungen 5, 91 ff., 180, 198
–, sziele s. Lernziele
sozialistisches Bewußtsein 200, 202 f., 206
sozialistische Pädagogik 203
sozialistische Persönlichkeit, Erziehung zur 202
sozialökonomische Faktoren (im Leistungssport) 205 f.
Soziometrie 143 ff.
Spezifität des Verhaltens 92 ff., 97
Spielregeln 67, 73, 178, 197
Sport
–, Amateur- 117 f., 120
–, Arbeiter- 131
–, berichterstattung 114, 129, 134
–, Breiten- (Freizeit-) 4 f., 11 f., 95, 103, 108, 114, 120, 133, 149, 174, 182 ff., 198, 201 f., 204
–, Definition von 188, 197
–, forschung (in der DDR) 206
–. interesse s. Einstellung zum Sport
–, lehrer 68, 160, 164, 166 ff., 202
–, Leistungs- (Spitzen-) 2, 4 f., 11 f., 66,

95, 98, 101 ff., 108, 114, 116 f., 120, 122, 126 ff., 130 ff., 149, 151, 155, 164, 174 f., 189, 196 ff.
–, Leistungs-, Bewertung des 205 ff.
–, Leistungs-, Funktionen des 196 ff.
–, Leistungs-, Niveau des 206
–, note s. Noten
–, pädagogik s. Sportunterricht
–, politik 122, 126, 131 ff.
–, Profi- 117 f., 120, 189
Sportunterricht 5 f., 8 ff., 66, 68, 86 ff., 95, 100 f., 103 ff., 149, 155 ff., 166 ff., 172 ff., 202
–, koedukativer 105 f., 155, 164 f.
–, Zielsetzung des 174 f.
Staat 66 f., 120, 124, 131, 174, 203
Statusverlust 62 f.
System
–, soziales 122, 131 ff., 194, 199 ff., 209
–, immanente Bedingungen 206
Tabu 6, 121 f.
Taktik 139
Talent 206
Tanz 162 f., 190
Tennis 65, 74, 99, 109, 140, 144, 190 f., 194, 208
Todestrieb 74
Trainer 67 f., 102, 116, 128, 137 ff., 150 f., 164, 202, 206
Training
–, paramilitärisches 67, 76
–, sportliches 63, 66 f., 95, 101, 106, 109, 174, 201 f., 204 ff.
Transfer 69, 74, 76, 99, 107, 119, 161, 202
Turnen 64, 102, 160 ff., 180, 190 f.
Überlegenheit 202 f., 209
Unsicherheit s. Angst
Validität (s. auch Generalisierbarkeit) 42 f., 44 ff., 173
Varianzanalyse 39, 41, 56, 168 ff.
Vaterlandsliebe 126
Verein 95, 115, 137, 143, 164, 186, 190, 193 f.
Verhaltensplan 139 ff., 144
Verstärkung
–, differentielle 107
–, negative 10, 96, 131
–, positive 10, 12, 96, 130 f., 166 ff.
–, soziale 104
–, stellvertretende 107, 109
Verstärkungskontingenzen 94 f., 100, 107

Versuchsleitereffekte 57f.
Verteidigungstrieb 75
Völkerfreundschaft 117ff., 121, 203
Volleyball 141
Vorbild s. Modell
Vorurteile 7, 93, 113ff.
—, antikommunistische 128
Wechselwirkungseinheiten 80
Weitsprung s. Leichtathletik
Wertesystem 107, 199f., 206f., 209
Wettbewerb 8, 88, 107, 117, 121, 127f., 147, 149, 173f., 180, 194, 208

Wettkampf 4ff., 8, 61ff., 104f., 118, 127, 129, 133f., 155, 172, 174, 194, 197, 201f.
—, regeln s. Spielregeln
—, sport 4f., 7, 61, 63, 66ff., 73ff., 116f., 121, 127ff., 131, 133, 201, 203
—, sportförderung 66ff., 76, 133f., 175, 205, 207, 209
Zorn 71
Zuschauer 68ff., 129f., 137
—, sport 66

Soziologie

Werner Herkner
Dr. phil., Wien

Einführung in die Sozialpsychologie

1975 · 423 Seiten, 124 Abbildungen, 56 Tabellen, kartoniert DM 48,00

Das Buch informiert über Theorie und Ergebnisse der Sozialpsychologie. Folgende Themenkreise werden ausführlich dargestellt:

Sozialisierung und soziales Lernen – Sprachen und Kommunikation – Meinungen und Einstellungen – interpersonelle Wahrnehmung und Selbstwahrnehmung – Gruppenstukturen und -prozesse. Außerdem behandelt ein einführendes Kapitel allgemeine Fragen der Theoriebildung und Hypothesenprüfung, sowie der Methoden der Sozialpsychologie.

Größtes Gewicht wurde auf eine möglichst voraussetzungslose und leicht verständliche Darstellung gelegt, so daß das Buch auch von Nichtpsychologen ohne Schwierigkeiten gelesen werden kann.

Verlag Hans Huber

PRAXIS DER SOZIALPSYCHOLOGIE

Herausgegeben von Prof. Dr. *Georg Rudinger*, Bonn

Band 1. **Solidarität und Wohnen**
Eine Feldstudie
Von Dr. *Ernst-Dieter Lantermann*, Wissenschaftlicher Assistent am Institut für Psychologie der Rheinisch-Westfälischen Technischen Hochschule Aachen
VIII, 148 Seiten, 12 Abb., 38 Tab. Kunststoffeinband DM 25,80

Band 2. **Spielplätze und ihre Besucher**
Von Dr. *Hans Werner Bierhoff*, Wissenschaftlicher Assistent am Psychologischen Institut der Universität Bonn
VIII, 142 Seiten, 3 Abb., 51 Tab. Kunststoffeinband DM 25,80

Band 3. **Die Rolle der Mutter in der Sozialisation des Kindes**
Von Prof. Dr. *Ursula Lehr*, Ordinaria für Psychologie der Universität Bonn
Mit einem Beitrag von Frau Prof. Dr. *Rita Süßmuth*, Neuß
XVIII, 169 Seiten, 4 Tab. Kunststoffeinband DM 19,80

Band 4. **Reisen und Tourismus**
Herausgegeben von Dr. *Reinhard Schmitz-Scherzer*, Akademischer Oberrat am Psychologischen Institut der Universität Bonn
VII, 109 Seiten, 4 Abb., 16 Tab. Kunststoffeinband DM 19,80

Band 6. **Einstellung und Verhaltensabsicht**
Eine Studie zur schulischen Weiterbildung.
Von Dr. *Reinhard Oppermann*, Bonn-Beuel
Etwa XII, 160 Seiten. In Vorbereitung.

Band 7. **Aktuelle Beiträge zur Freizeitforschung**
Herausgegeben von Dr. *Reinhard Schmitz-Scherzer*, Akademischer Oberrat am Psychologischen Institut der Universität Bonn
Etwa XII, 160 Seiten. In Vorbereitung.

Die Reihe wird fortgesetzt.

DR. DIETRICH STEINKOPFF VERLAG · DARMSTADT

Psychologische Beiträge

Vierteljahresschrift für alle Gebiete der Psychologie
Organ der Deutschen Gesellschaft für Psychologie

Hrsg. G. Bäumler . H. von Bracken . H. Schmidtke . W. Witte

Band 16, Heft 4

E. Roth: Begriffsfindung und Intelligenz
K. Daumenlang . D. Vaitl − K. Hülter − K. Borlinghaus: Der Einfluß komplexer Reize auf die phasischen Komponenten der Herzfrequenz
H. v. Benda: Ist die Struktur von Verwechslungsmatrizen als Ergebnis eines tachistiskopischen Erkennungsexperiments gegenüber dem Grad der Störung invariant?
P. Pomm: Entwurf zu einem informationspsychologischen Gedächtnismodell
E. Kleiter: Zur Konstruktion differentieller Kategoriensysteme von Lehrern
H. Allmer: Taxinome-Programm und Automatische Klassifikation in der Anwendung: eine Vergleichsstudie
M. Steller: − K. Meurer: Zur Reliabilität eines Q-Sort zur Veränderungsmessung
Buchbesprechungen

Abo-Preis 84,00 DM . Studentenpreis 52,00 DM . Einzelheftpreis 23,00 DM

Peter Kmieciak

Auf dem Wege zu einer generellen Theorie sozialen Verhaltens

1974 . IV, 247 Seiten . broschiert 34,00 DM . ISBN 3-445-01162-1

Aus dem Inhalt:

    Wissenschaftstheoretische Grundlagen
    Die Misere der Soziologie
    Entwicklung einer Theorie der dynamischen Homöostase
    Theorie der kognitiven Dissonanz
    Erste Ansätze zu einer Reformulierung
    Reaktanz als Dissonanzreduktionsmodus
    Kritik zur Theorie der kognitiven Dissonanz
    Neue Ansätze zu einer Reformulierung der Dissonanztheorie
    Zusammenfassende Beurteilung der Dissonanztheorie
    Theorie der subjektiven Theorie
    Ein konsistenztheoretischer wissenschaftswissenschaftlicher Ansatz

Verlag Anton Hain · 6554 Meisenheim · Postfach 180

UTB

Uni-Taschenbücher GmbH
Stuttgart

282. **Wirkung der Psychotherapie**
Von Dr. *Stanley Rachman*, London
VII, 199 Seiten, 2 Abb., 5 Tab. DM 16,80
(Steinkopff)

508. **Gestalttheorie und Erziehung**
Herausgegeben von Dr. *Kurt Guss*, Duisburg
XII, 272 Seiten, 26 Abb., 3 Tab. DM 23,80
(Steinkopff)

614. **Verhaltenstherapie in der Psychiatrie**
Herausgegeben von der *American Psychiatric Association*
Etwa XII, 120 Seiten, 1 Abb. ca. DM 15,80
(Steinkopff)

In Vorbereitung:

Gestalttheorie und Didaktik
Herausgegeben von Dr. *Kurt Guss*, Duisburg
Etwa VIII, 200 Seiten. In Vorbereitung.
(Steinkopff)

Handeln in sozialen Situationen
Ein sozialpsychologisches Praktikum
Von Dr. *Ernst-Dieter Lantermann*, Aachen und
Prof. Dr. *Georg Rudinger*, Bonn
Etwa VIII, 200 Seiten. In Vorbereitung.
(Steinkopff)

Frühsyntax bei deutschsprachigen Kindern
Von Dr. *Tschang-Zin Park*, Bern
Etwa VIII, 160 Seiten. In Vorbereitung.
(Steinkopff)

Gestalttheorie und Psychotherapie
Von *Hans-Jürgen Walter*, Stuttgart
Etwa VIII, 200 Seiten. In Vorbereitung.
(Steinkopff)

Psychomotorik

Empirie und Theorie der Alltags-, Sport- und Arbeitsbewegungen
Von Prof. Dr. *Arnulf Rüssel*, Alsfeld-Altenburg
(Wissenschaftliche Forschungsberichte, Reihe I, Abt. C, Band 77)
Etwa XII, 180 Seiten, 20 Abb., 2 Tab. Kunststoffeinband ca. DM 60,—

Psychologie

Die Entwicklung ihrer Grundannahmen seit der Einführung des Experiments
Von Prof. Dr. Dr. *Wolfgang Metzger*, Bebenhausen
(Wissenschaftliche Forschungsberichte, Reihe I, Abt. C, Band 52)
5. Auflage. XXI, 407 Seiten, 42 Abb. Kunststoffeinband DM 36,—

Gestalttheorie in der modernen Psychologie

Herausgegeben von Prof. Dr. *Suitbert Ertel*, Göttingen, Prof. Dr. *Lilly Kemmler*, Münster i.W. und Prof. Dr. *Michael Stadler*, Münster i.W.
X, 322 Seiten, 55 Abb., 11 Tab. Kunststoffeinband DM 44,—

Vom Vorurteil zur Toleranz

Von Prof. Dr. Dr. *Wolfgang Metzger*, Bebenhausen
(Steinkopff Taschenbücher 9)
2. Auflage. XII, 104 Seiten, 2 Abb. Kunststoffeinband ca. DM 18,80

Homo investigans

Was ist und warum Wissenschaft?
Eine Orientierungshilfe
Von Prof. Dr. *Werner A. P. Luck*, Marburg/Lahn
(Steinkopff Taschenbücher 8)
Etwa VIII, 180 Seiten. In Vorbereitung

DR. DIETRICH STEINKOPFF VERLAG · DARMSTADT